www.ingramcontent.com/pod-product-compliance
Lightning Source LLC
Chambersburg PA
CBHW061631040426
42446CB00010B/1359
* 9 7 8 1 9 3 9 1 2 3 1 6 9 *

دارامەحمود

خوا، مەزهەب، مرۆڤ
٢٠١٣

پێشکەشە بە هاو ڕێ و هاوسەرم چیمەن، کە بێ یارمەتی و هاوکاریی ئەو، ئەم پەرتووکە بەرهەم نەدەهات.

ISBN: 978-1-939123-16-9
Publisher: Supreme Century

ناوەرۆک

پێشەکی..7
بەشی یەکەم: پرسی پەیدابوونی هەبوون لەهزری مرۆڤدا.........21
ئا- قۆناغی ئەفسانە..........................22
ب- قۆناغی فەلسەفە..........................38
پ- قۆناغی مەزهەب..........................48
ت- پەیدابوونی هەبوون و وەڵامە زانستییەکان..........67
بەشی دووەم: پرسەکانی سەبارەت پەیدابوونی هەبوونسەنگەرگرتنی مەزهەب لە زانست..........................79
بەشی سێیەم: خواو مەزهەب..........................91
بەشی چوارەم: ڕۆح..........................141
بەشی پێنجەم: خەون، ئیلهام، وەحی..........................155
بەشی شەشەم: تەفسیرو تەئویل..........................173
بەشی حەوتەم: دەستکارییکردنی دەقە پیرۆزەکان..........................197
ئا: نەسخ لەقورئاندا..........................200
ب: دەستکارییکردنی قورئان..........................207
بەشی هەشتەم: پەیامبەران و ئیمامان..........................213
بەشی نۆیەم: گروپبەندیی ناو ئایینەکان..........................235
حەسەن سەباح و ترۆری ئیسلامیی..........................257
بەشی دەیەم: مەزهەب و کۆیلایەتی..........................271
بەشی یانزە: خورافات و جادووگەریی..........................285
بەشی دوانزە: فەلسەفەو حیکمەتی مەزهەب..........................311

پێشەکی

مەزهەب وبیروباوەڕی خواپەرستیی، بەشێوەیەکی ڕەها گرنگترین و کاریگەرترین شتێکە بەدرێژایی دیرۆک لەسەر مرۆڤ. ئەو گرنگییە لە ئاستێکدایە کە هیچ بیروباوەڕو ئایدیۆلۆژیایەکی تر ناتوانێ پێشی بگرێت و بەسەریدا زاڵ بێت. و سنووری کاریگەرییەکانیش لەسەر مرۆڤ تەنیا بە پرسەکانی وەک خواپەرستی و ڕێوڕەسمە ئایینییەکان و حوکمە شەرعی و تێکستە پیرۆزەکان... سنووردار نابێت. بەڵکو دەربازی کولتوور دەبێت. تائەو جێگایەی بۆخۆی دەبێتە کولتوور و یانیش کولتوور لەناو خۆیدا دەتوێنێتەوەو دەیکات بە ئایین. و هەروا تێکەڵاوی پێداویستییەکانی ژیان لە خواردن و خواردنەوەو پۆشاک و هاوسەرگیریی و منداڵبوون، و سیاسەت و فەلسەفەو دەروونناسیی و ئابووریی و هونەرو... هیتر دەبێت. و هەروەک مرۆڤناسی ئینگلیزی تۆماس هێنری هاکس دەڵێت: مەزهەب، هەروەک شانەکانی دروستکەری جەستەیە کە وەک تەونی جاڵجاڵۆکە پێکەوە چنراون. و بەناخی کۆمەڵگاکاندا چۆتە خوارێ و کاریگەریی خۆی لەسەر بیرو ئەندێشە داناوە.١

بێگومان شتێک هێندە گرنگ و کاریگەرییەکەی هێندە مەزن و فراوان بێت، بێسنوور لێکۆڵینەوەو دیراسەکردنیش هەڵدەگرێت. و ئەمڕۆ لە زانستگاکانی جیهاندا ژانرو ڕشتەیەکی تایبەت بە مەزهەب ودیرۆکی ئایینەکان لە ژێر ناوی (Comparative Religion History) و (Religious Studies) و هیتر دەخوێنرێت و دیراسە دەکرێت. بەڵام زۆربەی هەرەزۆری ئەو دیراسانە لەچوارچێوەی ئێلێتی زانستگایی و پسپۆرو شارەزایانی ئەم بوارەدا سنووردار بووەو بەئاستی فراوان نەهاتۆتە ناو خەڵک. هەرلەبەر ئەمەشە کە کۆمەڵگا جۆربەجۆرەکانی مرۆڤایەتی لە سۆنگەی پێباشتربوونی

ئایینی خودی، هەرکۆمکەڵگایە بە درێژایی دیرۆک و ئایینەکەی خۆی، دیرۆکی مەزهەب و خواپەرستیی و ئایندەی مرۆڤایەتی لەچوارچێوەی ئایینەکەی خۆیدا دەبینێت و پێیوایە تەنیا ئەو ڕێگای ڕزگاریی ئەبەدیی دیتۆتەوەو ئەوانی تر هەموو لادەرو هەڵەن. هۆکارەکەشی قەتیسمان و خۆگۆشەگیرکردن لە ناو ئایینی خودیداو قەدەغەکردن، و یانیش لانیکەم بە پێویستنەزانینی دیراسەکردن و بەدەستهێنانی زانیاریی لەسەر بیروباوەڕی مەزهەبیی کۆمەڵگا جۆربەجۆرەکانی تری مرۆڤایەتی و دیرۆکی ئەو باوەڕانە.

بێگومان کاری ئەو زانستە زانستگاییانەی ناومانبردن و ئێمەش لە دووتوێی ئەم بابەتەدا ئەوە نییە کە دەستنیشانی ئەمە بکەین داخوا کێهە ئایینە ڕاستەو کێهە هەڵە. یان هەوڵ بدەین بیسەلمێنین داخوا خوایەک هەیە یان نا..! کارێکی وا نەلە توانای ئێمەو هیچ زانستێکدایە، و نە سوودێکیشی هەیە. بەڵام ئەو مافەمان هەیە لەهەر شوێنێکدا پێویست بێت جارێکی تر ئەو پرسیارانە دووبارە کەینەوە کە تائێستا وەڵامی گردەبڕیان بۆ نەدیتراوەتەوەو هەروا ئەو کێشەو ململانێیانەش کە لەنێوان ئایینە جۆربەجۆرەکان، گروپەکانی ناو یەک ئایین، مەزهەب و سیاسەت، مەزهەب و زانست، و هیتر بخەینە بەر باس و لێکۆڵینەوە.

هەروا لایەنێکی تری ئامانجی نووسینی ئەم چەند لاپەڕەیە، تا ئاو ئاستەی لەم پەرتووکەدا جێگای دەبێتەوە، بەدەستهێنانی هەندێک زانیاریی بواری مەزهەب و خواپەرستیی و چەند لاپـەڕە لەدیرۆک و تایبەتمەندیی هەندێک لە ئایینە جۆربەجۆرەکانی جیهان.

لە جیهاندا بەدەیان ملیۆن مرۆڤ لەپەیڕەوانی ئایینە جۆربەجۆرە گەورەو بچوکەکان پێیانوایە بیروباوەڕە مەزهەبییەکەی ئەوان بەشێوازێکی ڕەهاو بێ ئەملاوئەولا باشترین باوەڕەو ئاکامی ئەویش دوای مەرگ بەختەوەرییەو باقی مرۆڤایەتیش دۆزەخ. یانیش بەختڕەشی. ئەمە لەکاتێکدا بەشی هەرەزۆری ئەو مرۆڤانە هەر لە ڕیشەوە هیچ

زانیارییەکیان تەنانەت لە سەر ئایینەکەی خۆیان نییە و ئەو بیروباوەڕە ڕەهایانەیان لەدایک و باوک و کۆمەڵگاوە وەک فێربوونی زمان و کولتووری نانخواردن و جل لەبەرکردن پێگەیشتووەو لەبەرئەوەی بەدرێژایی تەمەن و بەتایبەتیش سەردەمی منداڵیی کەسەردەمی ڕیشەداکوتانی باوەڕەکانە، بووە بەو ڕاستییە ڕەهایەی تەنانەت گفتوگۆش هەڵناگرێت. کاتێکیش بیروباوەڕی مەزهەبیی گەیشتە ئەو ئاستە، بەرەبەرە، بەرەو دەمارگیریی و بەستەڵەکی فکریی و جەزمییەت دەچێت. ئاکامە گشتییەکەشی گەلێک زیانبەخشە. چونکە خاوەنی ئەم جۆرە بیرکردنەوانە بە شەڕو خوێنڕشتن و بەیەکتر لەتوپەتکردنیش دڵیان ئاو ناخواتەوە.. ململانێ و کێشە خوێناویەکانی عیراق، شەڕی نێوان شیعەو سوننە لە پاکستان، کوشتارو پێکدادانی خوێناوی نێوان مەسیحی و موسوڵمانانی نێجیریا، ئەندۆنوسیا، شەڕی مەزهەبی نێوان هیندۆس و سیک و موسوڵمانانی هیند، شەڕی نێوان جوولەکەو ئیسلامیش ئەوە هەر باس ناکرێت.. و ئەمانە. چەند نموونەن لەو شەڕە خوێناوییە بێکۆتاییانەی ڕۆژانە لە ڕیزی هەواڵەکاندا گوێبیستیان دەبین.

ئەم ناوچەیەی ئێمە و بە گشتی کۆمەڵگا ئیسلامییەکان، هێشتا لەو قۆناغەدا دەژین کە چەند سەدە پێش کۆمەڵگا مەسیحیەکانی ئەوروپا پێیدا تێدەپەڕین. قۆناغێک کە سیستەمی یەک باوەڕیی ئایینی، یەک یاسا، یەک پادشا. حوکمفەرمابوو. واتا یەک ئایین بناغەی یاساو هێزو دەسەڵاتی پادشا بوو. کە ئەمەش بە ڕۆڵی خۆی هەر جیاوازییەکی مەزهەبی و هەر دیدو خوێندنەوەیەکی مەزهەبیی جیاواز لە دیدو خوێندنەوە باوەکە، وەک دووبەرەکی، لە ڕێگای خوا لادان، و کوفر دادەنران. و کافران و لەدینوەرگەڕاوانیش بە تاوانبارانی گەورەو سەرچاوەی مەترسیی لە بەرانبەر کڵێساو کۆمەڵگا دادەنران. ئەم ڕەوشە هێشتا لە کۆمەڵگا ئیسلامییەکاندا زاڵەو هیچکەس ناتوانێ ئازادانە، ئایینی حوکمڕان، و زۆرینە، بەبەهانەی ئەوەی هی زۆرینەیە، ڕەتکاتەوە، یان تەنانەت ڕەخنەی لێ بگرێ. و ئەگەر کەسێک بخوازێ

دەست بۆ کارێکی وا بەرێت دەبێ بە شێوازی پێچاوپچ و ناڕاستەوخۆ بێت، دەنا زوو دەکەوێتە بەر پەلاماری بێئەمان. و ڕەنگە تا ئەو جێگایە بڕوات کە ژیانیشی بکەوێتە مەترسییەوە. لەمەشەوە پەیڕەوی لەو مێتۆدانە دەکەن کەلەسەردەمە سەرەتاییەکانی پەیدابوونی ئایینی ئیسلام پەنای بۆ دەبرا. کە ئەمە لەبەر دوو هۆکار هەڵەیەکی یەکجار گەورەیە. یەکەم/ چواردە سەدەپێش کاتێک ئایینی ئیسلام سەرهەڵدەدات، فاکتەری هەبوونی باوەڕ بەو خوایەی ئەو پێناسەی دەکات و ئەو یاساو ڕێسایانەی ئەو پیادەیان دەکات، بۆئەوەی ئایینە نوێیەکە پەرەبستێنێت و بنەماکانی دەوڵەت دابمەزرێنرێت و پاشانیش قەڵەمڕەوی دەوڵەتەکەی فراوانتر بکات.. یان دەبێ بەوجۆرە بێت، یانیش کارەکە لە ڕێشەوە سەرناگرێت و ئایینەکە لەناودەچێت. ئەمەش پاساوێکی سیاسی پراگماتی ، گونجاو، و پێویست بۆ ئەو سەردەمە بووە. دووەم/ ئەگەر ڕووداوەکانی ئەو کاتە بەچاوی ئەو کاتە بخوێنینەوەو هەڵسەنگێنین، دەبینین لە ئاست سەردەمەکەی خۆیدایە. بەڵام ئەمڕۆ جیاوازە! ئەگەر موسوڵمانێک پێیوابێ ئامانجی ئەم سەردەمەی ئیسلام دەستبەسەرداگرتنی جیهان و موسوڵمانکردنی تەواوی مرۆڤایەتییە، ئەوە لەخەیاڵێکی منداڵانەی کرچ و کاڵ بەولاوە شتێکی لەسەردا نییە. و یان ئەگەر پێیوابێ بەمکارە ئایینەکەی لە لەناوچوون دەپارێزێت، لەمەشیاندا بەهەڵەدا دەچێت. مەسیحیەت، کاتێک لەسەدەی سیانزەهەم بەملاوە خەسڵەتی لێبووردەیی بەسەردا سەپێنرا، نەک هەر لاواز نەبوو، بەڵکو بەرەبەرە ڕووە دزێوو ناشیرینەکەشی لەبیر خەڵکی چوونەوە. و ئەمڕۆ مەسیحیەت بەم خەسڵەتەی خۆی ئایینی ئیسلام و ئایینەکانی تر دەشکێنێت.

بەڵام پەیڕەوانی ئیسلام، بەتایبەتی ڕێبەرانی ئایینیی، لەبەرانبەر غەیرە موسوڵمان و بێباوەڕان و خوانەناساندا لێبووردە نین. و گەرچی لە سەر ئاستی ئەم یان ئەو تاک یان گروپ لێبووردەیی دەبینرێت. بەڵام ئەو خەسڵەتە گشتییەی ئیسلامی داپۆشیوە هەر شتێکە جگە لە لێبووردە. کە تەنانەت ئەم نالێبووردەییە گروپێک لەبەرانبەر

گروپێکی تری ئیسلامیشدا پەیڕەوی دەکات. و شیعەو سوننە ڕوونترین نموونەن و ئەگەر هەلومەرجەکانی سەردەم ڕێگای بدایە گەلێک لەمە خراپتریان بەیەکتر دەکرد کە تا ئێستا کردوویانە.

زۆرجار دەگوترێت کە ئایینی ئیسلام بە ماهیەتی خۆی لێبووردەیە. ئەمە گوفتارێکی بێواتایە. ئایینی ئیسلام یان هەر ئایینێکی تر، بە ماهیەتی خۆی لێبووردە بێت یان نا، نە هیچکات دەسەلمێت، نە گرنگیشە. چونکە ئایین ئەو شتەیە کە بەکردەوە پەیڕەو دەکرێت. ئەگەر بەلایەنە باشەکەیدا پەیڕەو بکرێت ئایینێکی باشەو بەلایەنە خراپەکەشیدا خراپ..!

خۆ ئەگەر موسوڵمانێک بخوازێت لێبووردە بێت، بەشی ئەوەندە تێکستی قورئانی و حەدیس هەن کە پشتیان پێ ببەستێت. و ئەگەر پێچەوانەکەشی بخوازێت دیسان هەروایە.

ئایینی مەسیحی ئیمڕۆ بەبەراورد لەگەڵ سەدەکانی پێشووتردا هیچ گۆڕانکارییەکی بەسەردا نەهاتووە. ئەوەی گۆڕانکاریی بەسەردا هاتووە شێوازی پەیڕەوکردن و دیدو بۆچوون و تێگەیشتنی پەیڕەوان و ڕێبەران و تەفسیرکارانە. کە ئەمەش هەروا لەخۆڕا بەدیی نەهاتووە. بەڵکو بە کارو بیری تازەی بیرمەندان و فەیلەسوفەکانی کۆمەڵگای مەسیحیی بوو. کە بوێرانە هەوڵیاندا بەر لە هەرشت خودی ئایینەکە ڕزگاربکەن. ئەمەش لەڕێگای پێداچوونەوە بەسەرتاپای بیرو باوەڕە مەزهەبیە باوەکانداو هاندانی لێبووردەیی. و ئەگەر کەسێک لەدین وەرگەڕێت و نافەرمانی خوا بکات، ئەوە لەجیهانی دوای مەرگ، خواوەند سزای شیاوی خۆی بەسەردا دەسەپێنێت. ئیتر سزاو شکەنجەی ئەم جیهانە چ واتایەکی هەیە..؟ بەلای منەوە ئەگەر بڕیاربێت ئەمە واتای هەبێت ئەوە یەک شتە ئەویش لاوازیی لۆژیک و تێنەگەیشتنی خودی ئەو پێشەوا ئایینیانەیە لە ئایینەکەی خۆیان. کەسێکی چەکدار بە بیروباوەڕێکی ڕوون و ئاشکراو پتەو. کەلەگەڵ عەقڵ و لۆژیکدا گونجاوبێت، لە ڕەخنە ناترسێت و باگی

بەهیچ لەدینوەرگەڕانێکی تاکەکانی نییەو ئەو لەبەرانبەردا هێندەی بەرپەرچدانەوەی هزریی پێیە کە پێویست بە تووڕەبوون و بەکارهێنانی توندوتیژی نەکات. حەقیقەتێکی تریش هەیە کە دەبێ دانی پێدابنێین. ئەویش ئەمەیە کە هێرش و نواندنی توندوتیژی و نەبوونی لێبووردەیی هەمیشە هەر لەمەزهەبگەرایانەوە نەبووە. بەڵکو پێچەوانەکەشی لەلایەن دەسەڵاتی سیاسیی وڵاتانی ئیسلامییەوە، بەوپەڕی بێڕەحمی و نامرۆڤانە دژی مەزهەبگەرایان لە سەرکوتکردن، لەزیندان پەستاوتن، تومەتبارکردنی درۆوساختە، قەدەغەکردنی جموجۆڵی سیاسیی و هتد... پەیڕەوکراوە. کە بەشێکی نالێبووردەیی مەزهەبگەرایان هەر هەمان کاردانەوە لەبەرانبەر نالێبووردەیی دەسەڵات لەبەرانبەر مەزهەبدا بووە. بەبڕوای من یەکێک لە هۆکارە هەرە سەرەکییەکانی ئەم ململانێ و ناتێگەیشتنانەو لە ئاکامیشدا نالێبووردەیی. جەهلێکی تەواوە بە بیرو باوەڕی خودی. جاهل ئەو کەسە نییە کە تەنیا شارەزایی لەبیرو باوەڕی بەرانبەرو دژبەرەکانیدا نەبێت. بەڵکو جاهیلی گەورە ئەو کەسەیە، هێشتا لەبیرو باوەڕەکەی خۆی نەگەیشتووەو سوودو زیانەکانی خۆی لێک جیاناکاتەوە.

لە ئەنجامی کەموکوڕی تێگەیشتنەکان لەم ئایینەی پەیڕەوی دەکەین، خواوەند تادێت لەبەرچاوی موسوڵمانان بچوکترو لاوازتر دەبێت. لەوەتەی مرۆڤ هەیە هەمیشە خواوەند پەناگەی مرۆڤ و بوونەوەران بووە. کەچی واخەریکە ئەم هاوکێشەیە هەڵدەگەڕێتەوەو خواوەند بووە بەوشتە لاوازەی پێویستی بەبەزەیی پێداهاتنەوەو کۆمەک هەیە. چونکە کاتێک گەمژەیەک قورئان دەسووتێنێت و نەفامێک جنێو بەخواوەندو پیرۆزییەکانی دەدات، یان داخ لەدڵێک، کاریکاتر دژی پەیامبەری ئیسلام و دەرهێنەرێکی ئەمریکایی فیلمێکی پڕ لەسووکایەتی بە ئیسلام و پەیامبەر بەرهەم دێنێت... موسوڵمانان وادەزانن خواوەند لەتەنگانەدایەو ئەگەر فریای نەکەون خەریکە لەناودەچێت.

کردارو گوفتاری ناشایست، دژی خواو پیرۆزییەکانی ، یان دژی هەرجۆرە بیروباوەڕێکی مەزهەبیی، خودیی یان غەیرەخودیی، ناپەسەندە. بەڵام خواوەند باکی بەم کارانە نییەو. میکانیزمەکانی پاداشت و سزا، لەم جیهانەو لەئاخیرەت لەدەستی خۆیدایەتی. ئیتر ئەم هەموو خۆسەخڵەتکردن و تەنگەتاوبوونە بۆچی..؟

ئاکامێکی تری ئەم جۆرە تێگەیشتنە جاهیلانەو هەڵەیە لە مەزهەب، ئەمەیە کە دەرگای هەر درۆو خورافاتێک دەخاتە سەر پشت و میکانیزمێک نامێنێتەوە تا درۆ لەگەڵ ڕاست و خورافات لە واقیع جیاکاتەوە.

ئەم شێوازی مامەڵەکردنە لەگەڵ مەزهەب لەناو ئێمەی کوردا چەندان جار بەهێزترە. چونکە تێکستە پیرۆزەکانی ئایینی ئیسلام لە قورئان و حەدیس بەزمانی عەرەبین و ڕەنگدانەوەی کولتووری نەتەوەی عەرەب و خەڵکی نیوەدوورگەی عەرەبی چواردە سەدە پێشە. و لەبەر ئەوەی ڕێبەرانی ئایینیی کوردو بەگشتی ناشارەزاییان بە ئایینەکەی خۆیان، ئایینی ئیسلامیان لەچوارچێوەی خواناسی و پەیڕەوکردنی کرداری باش و دوورکەوتنەوە لەخراپە کردووە بە مامەڵەو بازاڕیی کە لە چوارچێوەی پاداش و سزادا خڕبۆتەوەو جیهانێک لەدرۆودەلەسەی بێ سەرچاوەو بێ بنەمای عەقڵ و لۆژیک بەسەر خەڵکیدا دادەبارێنن و بە ملیۆنیش گوێی بیستن لەبەرانبەریاندا ئامادەیە. هەواڵ لەبەهەشت و دۆزەخ و گۆڕەوە دەهێنن و بێئەوەی پێمان بڵێن لە کوێوە ئەو هەواڵانەیان پێگەیشتووەو چۆن دەزانن ئەمانە ڕوویانداوەو فێڵبازانە یان ئیتر واژەو تێکستی وا دێنە سەر زاران کە هیچ واتایەکیان نییە کەچی بەلێکدانەوەی بیری عەوام دەکرێتە واقیعێکی حاشاهەڵنەگر. و ئەفسانەیەکیشی پێوە دەلکێنرێت کەهیچ پشتیوانەیەکی تەنانەت لەخودی ئایینەکەوە نییە.

واژەی (دجال) بووە بەجەجاڵ. لەحاڵێکدا دەجال واژەیەکی عەرەبیە وسیمبۆلی ڕێبەرایەتییەکی درۆزن و ساختەبازو فێڵبازە. لەکوردیدا بووە بە دەعبایەکی گەورەو زەبەلاح کە گوایا لەسەردەمی دەرکەوتنی حەزرەتی مەهدیدا دەردەکەوێت و

هەرکەس نەزان و خوانەناس بێت بەدوای ئەو جەجاڵە دەکەوێت کەلەژێر سێبەری هەر گوێیەکیدا یەک لەشکر مرۆڤ بەڕێدا دەڕۆن.

داستانی حەزرەتی مەهدی بوونی هەبێت یان نا، زۆر گرنگ نییەو ئەگەر ئەفسانەش بێت، ئەفسانەیەکی جوانەو بەشێکە لەخەونی مرۆڤایەتی کە لەئاکامدا ڕۆژگارێک، فریادڕەسێک بێت و کۆتایی بە زوڵم و ستەم و خراپەکاریی بهێنێت و عەدالەت و ئازادی و بەرابەریی و ژیانێکی شایستە بۆ هەمووان دابین بکات. و هەبوونی دەجالیش لەبەرانبەر حەزرەتی مەهدیدا وەک بوونی ئەهریمەن لەبەرانبەر ئاهورا مزداو، شەیتان لەبەرانبەر خوادایە. کە لەسەر بنەمای هەمان یاسای فەلسەفی (یەکپارچەیی دژەکان)ە کە خراپەو چاکە، تاریکی و ڕووناکی، مەرگ و ژیان لەحاڵێکدا کەدژ بەیەکن بەبێ یەکتریش بوونیان نابێت.

ئەفسانەو خەونی حەزرەتی مەهدی لە ئایدیۆلۆژیا جیهانییەکانی وەک کۆمۆنیزم، و ئانارشیزم، و لیبرالیزمیشدا هەیەو مەگەر ئەوە نییە هەمووان بانگاشەی ئەوە دەکەن کەلە ئاکامدا جیهان لەسەردەستی ئەوان دەگاتە پلەی کۆتاییهاتنی دیرۆک و قۆناغی خۆشگوزەرانی و نەمانی زوڵم و ستەم دەستپێدەکات..؟

ئێمە دەکرێ بیروبۆچونی مەزهەبیمان لەگەڵ یەکتردا جیاواز بێت، و تەنانەت هەندێک لە ئێمە هەر لەڕیشەوە باوەڕمان بەمەزهەب نەبێت. بەڵام مۆرکپێوەنانی شتەکان تەنیا بەوجۆرەی من باوەڕم پێیەتی جیهان بەرەو پێشەوە نابات و مرۆڤەکان هۆشیارتر ناکاتەوە.

ئەمە جگەلەوەی کارێکی وا هەر لە ڕیشەوە هەڵەیە. و هەمان کارە کە ڕێبەرانی ناشارەزای مەزهەبی پەیڕەوی دەکەن. ئەرکی ئێمە کردنەوەی ئاسۆی دیالۆگ و لێکۆڵینەوەی زانستیانەو یەکتر ناسین و گەیشتن بە زانیارییەو پاڵنەری نووسینی ئەم چەند لاپەڕەیەش هەر ئەمەیە. کاتێکیش زانست و زانیاریی نوێ لەبەردەستاندا نەبن و بەردەوام تەنیا بەبیروبۆچوونە کۆن و چەقبەستووەکاندا بچینەوە، لەڕاستی

دوور دەکەوینەوەو درۆ باڵ بە سەر هەموو شتەکاندا دەکێشێت، و هەروەک نیچە دەڵێت: (تا ئەو کاتەی خاوەنی زانست و زانیاریی کەمین، خۆبواردن لە درۆ لە تواناادا نییە.)٢

بەداخێکی زۆرەوە پەڕتووکخانەی ئیسلامیی بەتەواوی بەتاڵە لە دیراسەو لێکۆڵینەوەی بێلایەنانەو بەلای ئۆتۆریتەی ئایینیی و ئەم کوولتووره ئایینە زاڵەی کە ئەمڕۆ حوکمفەرمایە، تەنانەت پرسیارو بەراوردو دیرۆکێک کە لەگەڵ ئەمەی خودیدا یەکنەگرێتەوە بە کوفرو لەڕێلادان دادەنرێت و بە گشتی تابووی لەسەرە. لەم ناوەدا پەڕتووکخانەی کوردی کە هەر لەبناغەوە و لەبەر هۆکاریی بابەتی هەژارە، و هەمووی دوو دەهەیە کە بەهۆی هەبوونی دەسەڵاتی کوردیەوە لەباشووری کوردستان بواری نووسین و چاپ و بڵاوکردنەوە ڕەخساوە، لەگەڵ ئەمەشدا، مەگەر چەنددانە، دەنا ئەوە جێگای بابەت و لێکۆڵینەوەی مەزهەبیی لەسەر بنەمایەکی ڕەخنەگرانەی هەر تێدا نابێتەوە.

لێرەدا پێویستە ئەم پرسیارە بکەین کە ئایا دەکرێ بە دیدێکی ڕەخنەگرانەوە بە خوێندنەوەی قورئاندا بچینەوە..؟ بە بڕوای من بەڵێ..! و ئەم کارە گەلێکیش پێویستە. بەڵام واتای دیدی (ڕەخنەگرانە)، ئەوە نییە لە قورئاندا بۆ هەڵە بگەڕێین. بەڵکو ئەوەی بەسەر تێگەیشتنەکانماندا بچینەوە لەقورئان و دەربارەی قورئان. کە ئەمەشیان، واتا تێگەیشتنەکانمان، دەکرێ هەم هەڵە بن و یانیش ڕاست.. دەستنیشانکر دنی خاڵە گومانهەڵگرەکان و ڕەخنەگرتن لە تەفسیرو تەئویل، پرسیار دەربارەی ناکۆکییەکان... هیچ بەواتای هەڵسەنگاندنی خودی قورئان نییە. بەڵکو بەواتای پێداچوونەوەیە بە تێگەیشتنەکانی خۆمان.

یەکێک لەو کەموکوڕی و گرفتانەی هۆکارێکی تری نووسینی ئەم پەرتووکەیە، ئاوێتەبوونی ئایینی ئیسلامە لەگەڵ بیری نەتەوایەتی عەرەب و بوونی خەسڵەتە جۆربەجۆرەکانی ئەم نەتەوەیە بە خەسڵەتی ئایینەکە.

ئایینی ئیسلام بە هاوتەریب لەگەڵ بیری عەرەب دەچێتە پێشەوەو ئەوەی هەست پێدەکرێت ئەمەیە کە ئەم ئایینە هی عەرەبەو عەرەبیش نەتەوەی تایبەت و میراتگری ڕەسەنی ئەم ئایینەیەو ئەوانی تر هەموو پەراوێزو پاشکۆ. و لەبەر ئەوەی تایبەتمەندیی نەتەوەی عەرەبیش لەبەر کۆمەڵێک هۆکاریی دیرۆکیی، چەقبەستن و ژیانکردنی لە ڕابردوودایە، ئایینەکەشی لەگەڵ خۆی بەو ئاقارەدا بردووەو بەدوای خستووە. ئەمەش بەهیچ جۆرێک بۆچوونێکی نەژادپەرستانە دژی نەتەوەی عەرەب نییە. بەڵکو واقیعێکە بیرمەندانی عەرەب بۆخۆیان پێیگەیشتوون.

فەیلەسووف و بیرمەندی ناوداری عەرەب محەمەد عابد جابری(٢٠١٠ -١٩٣٥) دەڵێت: ئێمە (عەرەب) هێشتا هەر لەسەردەمی جاهلی بە هەموو ئەو توخمە (جیوگرافیایی، ئابووریی، کۆمەڵایەتی، و فەرهەنگی)یانەی کە سیماکانی ئەم سەردەمە دیاریی دەکەن، نەچووینە دەرێ. ٣

بیرمەندێکی تریش بە لێکدانەوەی ئەم وتانەی جابری دەڵێت: **ئەمەش بەم واتایەیە کە لە لێکدانەوەکانماندا لە حاڵی ئێستادا ناژین و (ئێستا) لە هاوکێشەی عەقڵی عەرەبیدا هیچ ئامادەبوونێکی نییە. ئێمە لەدەرەوەی بازنەی زەمانی زیندوودا دەژین و ئەوەی ژیاندەکات قەوارەی زەمانیمان نییە بەڵکو ئەوەی ئامادەیە سەردەمی جاهلییە کە لەمیانی ئێمەوە دەژی و لە ناخماندا نیشتەجێیە. ٤** کاتێکیش باسی جاهلییەت دەکەین دەبینین تەنیا عەرەب خۆی بەر لە ئیسلام، لەسەردەمی جاهیلیدا ژیاوەو ئایینی بتپەرستیی پەیڕەوکردووە. کەچی ئەم دیرۆکەی خۆی دەکاتە دیرۆکی هەموو مرۆڤایەتی و ئێمەش قبوڵمانە. لە حاڵێکدا، نەک هەموو جیهان بەڵکو تەواوی کۆمەڵگاکانی دەوروبەری نیوەدوورگەی عەرەب خاوەنی ئایینی مەسیحی، و جوویی، و زەردەشتی بوون.. کە لە ئایینی ئیسلامدا بە (ئەهلی کتاب)، ناوبراون و تاکە خواوەندێکیان پەرستووە. و بەواتایەکی تر نە بتپەرست بوون و نە جاهل. و کاتێک کە هێشتا ئیسلام پەیدانەبووە خاوەن باوەڕو لە سەر ڕێبازی خواوەندابوون.

عەرەب بەپێی هەڵسەنگاندنی بیرمەندانی خۆی خاوەن خەسڵەتێکە کە **(هەمیشە ئەو ئامادەییەی تێدایە بیرێکی ئامادە بێ هیچ لێوردبوونەوەو ڕەخنەیەک وەربگرێت، و ببێتە جێگای متمانەی، و بەمجۆرە کارێکی سەخت و زەحمەتە کە ڕێگا بدرێت کەسێک خۆ لەو بیروباوەڕانە بدات. چونکە ئەو بیروباوەڕە وەرگیراوانە، جیهانی ئەوان دادەڕێژێت. ئەمەش بەڕۆڵی خۆی، دەبێتە هۆی ئەوەی بە شێوازێکی میکانیکیانە، لەبەرانبەر هەر ڕەخنەیەک، کاردانەوەیەکی نێگەتیڤانە لەخۆ نیشانبدەن، وەک بڵێی دەترسن لەوەی جیهانەکەیان بەسەر یەکدا بڕمێت.)٥ بۆیە کاتێک زانایەکی وەک نەسر حامد ئەبوزەید(١٩٤٣-٢٠١٠)، لەبەر ئەوەی دەیخواست و هەوڵی دەدا تەفسیرو تەئویلی قورئان لەو گەڕەلاوژەیەی تێیدایەتی دەربهێنێت و بۆ ئەمکارە پشت بە مێتۆدی زانستیی ببەسترێت، دامـەزراوەی ئاییینی میسرو وڵاتانی تری ئیسلامی پەلامارێکی وەهایان دا کە ئەگەر زوو فریای خۆی نەکەوتبایەو میسری بەجێ نەهێشتبایە بە ئەگەری هەرە گەورە لەناودەبرا. پاشانیش کە دوورکەوتەوەو ئیتر دەستیان پێی ڕانەدەگەیشت فتوایان دەرکرد کە تەڵاقی کەوتووە. ئاخر ئەگەر مرۆڤێک بیروبۆچوونێکی بەگریمانە هەڵەشی هەبێت چ پەیوەندییەکی بە تەڵاقەوە هەیەو ئەو لەوێ بۆ دەبێ بکەوێت..؟**

لێرەدا پەی بەو مەودا دوورودرێژەی نێوان عەقڵیەتی سەردەست و زاڵی نەریتی نەتەوەی عەرەب و عەقڵی نوێخواز و لۆژیکمەندو زانستپەروەر دەبەین. کە لەم سەردەمەدا بواری لەیەکتر نزیکبوونەوە یەکجار بەرتەسکە.

هـەروا ئەم بابەتە هەوڵدانێکە بۆ تیشک خستنەسەر هەندێک بـوارو بابەتی تەمومژاوی و کردنەوەی بواری دیالۆگێکی هێمنانە، و بوێری بەخۆدان بۆ گفتوگۆکردن لەسەر بابەتێک کەتائێستا یەکلایەنانەو ڕەهائاسا سەپاوە. بەو هیوایەی بابەتی تر، و ڕەخنەی قوڵ و بایەخدار، و گفتووگۆی بەدوادابێت، و ئەگەر وابێت دیارە ئامانجی خۆی پێکاوە. و هەروەک زانای ئەڵمانیش، ماکس مۆلەر دەڵێت: **کەسێک**

کە سنووری زانیارییەکانی تەنیا بەیەک ئایین چوارچێوەدار بێت لەڕاستیدا هیچ شتێک لە مەزهەب نازانێت.٦

دارامەحمود

لایدن-هۆڵەندا

٢٠١٢

پەراوێزەکان

١- محمد جواد مشكور. خلاصهء اديان در تاريخ دينهاى بزرگ. انتشارات شرق. تهران ١٣٧٧. ديباجه، ص١٢

٢- فريدريک نيچه. چنين گفت زرتشت. ترجمه: مسعود انصارى. جام ١٣٧٧ ص١٦٥

٣- محمد عابد الجابرى. تكوين العقل العربى. دار الطليعة، بيروت٤ ١٩٨، ص٣٤

٤- عبدالعزيز بو مسهولى، استعادة الحاضر فى المشروع الفلسفى عند الجابرى. بڕوانە: د. محمد الداهى، التراث والحداثة، فى المشروع الفكرى لمحمد عابد الجابرى. كتاب جماعى، منشورات دار التوحيدى ٢١٠٢ ص٤٠٢

٥- يحيى بن الوليد، محمد عابد الجابرى، و اعادة بناء القول الدينى. بڕوانە سەرچاوەی پێشوو. ل ١٩٦

٦- محمد جواد مشكور. سەرچاوەی پێشوو. ديباجه ص١١

خوا، مەزهەب، مرۆڤ

بەشی یەکەم
پرسی پەیدابوونی هەبوون لەهزری مرۆڤدا

کەی هەبوون درووست بووە، یان کەی دەستی پێکردووە...؟ پێش هەبوون چی بووە..؟ و کەی و چۆن کۆتایی دێت..؟ماهییەتی گەردوون چییە..؟ و مرۆڤ چ پێگەیەکی لەم گەردوونەدا هەیە..؟ ئەمانەو چەندان پرسیاری تری هاوشێوەیان ، لەوەتەی دیرۆک هەیەو ڕەنگە پێشتریش و هەرلەو کاتەوە مرۆڤ قەدی خۆی ڕاستکردۆتەوە و بووە بەو مرۆڤەی ئەمڕۆ بە مرۆڤی عاقڵ ناودەبرێت، کەڵکەڵەی دیتنەوەی ڕازی هەبوون و دەستپێکردنی زەمان و خاڵی سەرەتای پەیدابوونی ژیانی کەوتۆتە مێشک. و بۆ دیتنەوەی کلیلی ڕازی هەبوون و، ئاشنابوون بەخۆ، دەستەوەستان دۆش دانەماوە، و لەسەردەمی نەبوونی هەرکەرەسەیەکی زانستیی و سەرەچاوەیەکی مەعریفیدا مرۆڤ مێشک و خەیاڵی خۆی کردۆتە کەرەسەو سەرچاوە. و هەرلەو دەستپێکەوە تائەمڕۆ کە پاشان بەرەبەرە بووە خاوەنی کەرەسەی زانستیی، گەڕان و توێژینەوە هەروا بەردەوامەو لەو مەودا زەمانییەشدا بەچەندان قۆناغی جۆربەجۆردا تێپەڕیوە. کە هەندێک لەم قۆناغانە لەگەڵ ئەوەی دوای خۆیدا تێکەڵبووەو کۆتایی نەهاتووە. و لەم ناوەدا، هەرقۆناغە ئەزموونێک و کەرەسەگەلێکی نوێی بەمرۆڤ بەخشیوە. ئەم قۆناغانەش دەتوانین بە : قۆناغی ئەفسانە. قۆناغی فەلسەفە. قۆناغی مەزهەب. و قۆناغی زانست، ناو ببەین.

ئا: قۆناغی ئەفسانە

پاشماوە دیرۆکییەکان، گوزارە لە عەقڵی داهێنەرانەو خەیاڵی فراوان و لۆژیکی ڕاڤەکردنی دیاردەو ڕووداوەکان و سروشت و دەوروبەری مرۆڤی سەرەتایی دەکەن، کە لە چوارچێوەی سیستەمێکی فکریدا کە پاشان ناوی لێنرا ئەفسانە، خۆی دەنوێنێت. ئەفسانە وەک هەندێک پێیانوایە، بریتی نییە لە درۆو خورافات. بەڵکو خەیاڵی زانستیی و خەونە ڕەواکانی مرۆڤایەتی و دیرۆک و ئەدەب و هونەرە. هەر لەبەر ئەم گرنگییەشە کە ئەمڕۆ زانستێکی تایبەت بەدیراسەکردن و لێکۆڵینەوەی ئەفسانە بە ناوی میتۆلۆژیا (Mythology) لە ئارادایە.

بێگومان ئەمەش ئەوە ناگەیەنێت کە ئیتر ئەفسانە بریتییە لە ڕاستییە حاشاهەڵنەگرەکان..! بەڵکو هەوڵدانی داهێنەرانەو بێوچانی مرۆڤە و هەر لە شێوازی ئەو تیۆرییە زانستیی و بایەخدارە هاوچەرخانەن کە گەلێکیان پاش ماوەیەک ناڕاستبوونیان دەسەلمێت؛ مەگەر ئەوە نییە تیۆرییەکانی نیوتن لە زانستی فیزیکدا، لابلاس دەربارەی پەیدابوونی هەبوون، فرۆید لەدەروونناسیدا، تەنانەت تیۆرییە ناودارو بایەخدارەکانی ئەنیشتاینیش گومان هەڵدەگرن و پێیاندا دەچنەوە..؟ مەگەر دەکرێ ئەو تیۆرییە زانستیانەی چەندان ساڵ کاری زانستییان لەسەر دەکرێت و پشتیان پێدەبەسترێت و لەزانستگاکاندا دەخوێنرێن، کاتێک ناڕاستبوونیان سەلما بە درۆو خورافات ناویان ببەین..؟

لەسەرەتای سەدەی نۆزدەهەمدا زانایان پێیانوابوو تەمەنی هەبوون لەچەند هەزار ساڵێک پتر تێپەڕناکات. بەڵام لە کۆتایی سەدەی نۆزدەهەمدا ئەو مەودا زەمانییە بوو بە چلهەزار ساڵ، و لە کۆتایی سەدەی بیستەمیشدا گەیشتە نزیک بە ١٥ ملیار ساڵ.١ ئەفسانەش هەرهەمان تیۆرییە. بەڵام بەکەرەستەی جیاواز لەزانست. وئەفسانەش هەمان ڕێچکە دەبڕێت. و بیری مرۆڤایەتی لەو قۆناغەوە پێدەنێتە مەزهەب و فەلسەفەو پاشانیش زانست. تەنانەت فەلسەفەش دەتوانرێ بە زمانی ئەفسانە بنوسرێت. و لەمڕووەوە دەتوانین نموونەی پەرتووکە نەمرەکەی نیچە (زەردەشت وای گوت) بهێنینەوە.

پەیدابوونی هەبوون، لە ئەفسانەو بیروباوەڕە مەزهەبییەکان و فەلسەفەو زانستدا.. بە شێوازی جیاواز باسی لێوەکراوەو دەکرێت. لەهەندێک خاڵی زۆرگرنگ و ڕیشەییشدا هەمووان وەک یەک، یان تائاستێکی زۆر لەیەکتر نزیک بۆی دەچن.

کۆنترین زانیارییەکی دیرۆکیی دەربارەی بیری مرۆڤایەتی سەبارەت هەبوون، لە هەزارەی چوارەمی پێش زایین و لە سۆمەرییەکانەوە دەستپێدەکات. و هەرچەندە ئەم زانیارییانە تۆکمەو تەواو، و دەقی تێروتەسەل نین بەڵکو کۆکراوەی وردە زانیاریی جۆربەجۆرن کە لە خەتی بزماریی سەر تابلۆ گڵییەکانەوە بەدەست هاتوون و بەشێوەیەکی گشتیی باس لە پەیدابوونی هەبوون بەمجۆرە دەکات:

سەرەتا هیچ شتێک نەبوو جگە لە(نەمۆ)ی خواوەند. ئەمەش یەکەمین ئاوێکە کە پاشان هەموو شتێکی لێوە پەیدابوو. (نەمۆ) ی خواوەند، دوو خواوەندی (ئان) ،کە خواوەندی ئاسمانە. و (کی) کە خواوەندی زەمینەی لێوە پەیدابوو. ئەمانە سەرەتا پێکەوە نووسابوون و بریتی بوون لەیەک شت. پاشان هەردوو خواوەند ئان و کی زەماوەدیان کردو (ئەنلیل)ی خواوەندیان لێ بەرهەم هات. کە خواوەندی هەوایەو لە مەودایەکی تەنگەبەردا لە نێوان دایک و باوکیدا لەجووڵەدابوو. و ئەم خواوەندە بچکۆلەیە لەو مەودا بەرتەسکەدا نەدەحەوایەوەو هەوڵیدا تا دایک و باوکی لەیەکتر

جیاکردەوە. و بەمجۆرە ئاسمان چووە سـەرەوەو زەوی لەخوارەوەو ئەویش لە ناوەڕاستیاندا سەقامگیربوو. و لەبەر ئەوەش کە (ئەنلیل) لە تاریکیکیدا دەژیا، منداڵێکی بوو، کە (نانا) ی خواوەندی مانگ بوو تاکو تاریکیی لە ئاسمان بڕەوێنێتەوەو زەوی ڕووناک کاتەوە. و پاشانیش نانا (ئۆتۆ)ی خواوەندی خۆری بوو. و دوای ئەوەی زەوی و ئاسمان لەیەکتر جیابوونەوە، و ڕووناک کرایەوە، ئەنلیلی خواوەندو خواوەندەکانی تر، باقی بوونەوەرو دیاردەکانی ژیانییان خوڵقاند.

لەیەکێک لەو تابلۆ گڵیانەدا هاتووە:

دوای ئەوەی ئاسمان لەزەوی دابڕاو،

زەوی لە ئاسمان دوورکەوتەوەو

مرۆڤ خوڵقێنرا،

خواوەند(ئان) ئاسمانی بۆخۆی هەڵگرت و

(ئەنلیل)یش زەوی بەرکەوت،

خواوەند(کور)یش (ئاریشکیژال)ی بە غەنیمەت گرت...

خواوەند (کور) لە ئەفسانەی سۆمەریدا، خواوەندی جیهانی ژێرو، یانیش جیهانی مـردووان، و ئەو جیهانەیە ڕۆحی مردووەکانی بۆدەچێت. بەڵام (ئاریشکیژاڵ) خواوەندێکی زەمینییە، کە (کور) هەڵیگرتووەو کردویّتی بە هاوسەری خۆی.

پاشان لە ئەفسانەی سۆمەریدا هاتووە، کە دوای ئەوەی جیهان خوڵقێنراو کاروبارەکان لە شەوورۆژ، چواروەرزەکانی ساڵ، خوڵقاندنی گژوگیا و ڕووەک، ڕووبارو کانیاوەکان، ئاژەڵ و ماسی... ڕێکخران. ئەمجار مرۆڤیش خوڵقێنراوە. مەبەستیش لە خوڵقاندنی مرۆڤ، بەپێی ئەو ئەفسانەیە، پەرستنی خواوەندەکان و خزمەتکردنیانە. چونکە بەدرێژایی زەمانێکی دوورودرێژ ئەو خواوەندانە بەکاری قوڵقاندنەوە خەریکبوون و گەلێک ماندووبوون. تائەوەی سکاڵای خۆیان بۆ خواوەند (ئانکی) دەبەن. بەڵام ئانکی لەجێگادایە و لە سکاڵایان ناپێچێتەوە. ئەمجار دەچن بۆ لای دایکی. واتا،

خواوەندی مەزن (نەمۆ)، ئەویش ڕوو لە ئانکی دەکات و دەڵێت:

ئەی ڕۆڵەی خۆم، ڕاپەڕە لە ناو جێگات و.

کارێکی حەکیمانە ئەنجام بدە

خزمەتکاران بۆ خواوەندان بخوڵقێنە، تا پیێانڕابگەن..

ئەمجار ئانکی دەکەوێتە بیرکردنەوەو فەرمان بۆ پیشەوەرە لێهاتووە خواوەندییەکان دەردەکات و ڕووش لە دایکی دەکات و دەڵێت:

ئەو بوونەوارەنەی خوازیاری قوڵقاندیانی پەیدا دەبن.

و شێوازی خواوەندییان پێوە دەلکێنین.

هەندێک قوڕ لە سەر ئاوی قوڵاییەکان تێکەڵ بکەو

پیشەوەرە خواوەندییە لێهاتوەکانیش دەیگرنەوە

تۆش ئەندامەکانی بۆ درووست بکە... ٢

جێگای سەرنجە کە دەبینین پرسی خوڵقاندنی مرۆڤ لەقوڕ، وەک لە ئایینە ئیبراهیمییەکاندا باسی لێوەکراوە، لە ئەفسانەی سۆمەرییەوە دەستپێدەکات.

بەڵام بیروباوەڕی پەیدابوونی هەبوون و خوڵقاندنی مرۆڤ لە ئەفسانەی بابلیشدا، جگە لە هەندێک جیاوازیی لێرولەوێ بەهەمان ڕێچکەی ئەفسانەی سۆمەریدا دەڕواتەوە. ئەمەش بە شێوازێکی گشتیی لە حەماسەی بابلی (ئانیوما ئیلیش)دا دەردەکەوێت. ئەمەش لە پاڵ حەماسەی گلگامشدا بە کۆنترین حەماسەی دیرۆک دەژمێردرێت و سەردەمی نووسینی دەگەڕێتەوە هەزارەی دووەمی پێش زایین. ئەم حەماسەیە لە سەر حەوت تابلۆی گڵی سورکراوەدا نووسراوەتەوە. و لەوێدا هاتووە کە کاتێک هێشتا ئاسمان لە ژوور، و زەوی لە ژێردا نەبوو. لە بووندا جگە لە ئاوی یەکەمین کەبریتی بوو لە سێ خواوەند: (ئابسۆ)، (تەعامە)، (مەمۆ)، نەبوو. ئابسۆ ئاوی شیرینە، و تەعامە کە دەبێتە ژنی ئابسۆ، ئاوی سوێرەو مەمۆش شەپۆل، یانیش ئەو تەمومژەی بەسەر ئاوی یەکەمەوە بووە. هەروا لەو ئەفسانەیەدا هاتووە کە ئەو

سێ خواوەندە هەمیشەو بەشێوازێکی ئەزەلی لەتەک یەکەوە هەبوون تا ئەوەی زاووزێیان کردوەو خواوەندی تریان لێ کەوتۆتەوە.

کاتێک لە بڵندایییەووە هێشتا ئاسمان نەبوو،

لەخوارەوەش زەوی نەبوو،

هیچ خواوەندێکیش جگە لە ئابسۆی باوکیان

مەمۆ، و تەعامە، نەبوو

سەرەتا ئابسۆ وتەعامە دوو خواوەندیان بوو بەناوی (لخمۆ)، و (لخامۆ). ئەوانیش دوو خواوەندی تریان بووە بە ناوەکانی: (ئەنشار)، و (کیشار). ئەم دووانەش کوڕێکیان لێ دەکەوێتەوە بەناوی (ئامۆ)، کە دەبێتە خواوەندی ئاسمان. و ئەویش منداڵێکی دەبێت بەناوی (ئانکی)، کە خواوەندی حیکمەت و داناییە. و پاشانیش دەبێتە خواوەندی ئاوە شیرینەکانی ژێرزەوی.

دوای ئـەوەی ئەم خـواوەنـدە نوێیانە پەیدادەبن ژیانی پێشدان و نەریتیی خواوەندەکان کە تەنیا بریتی بووە لە مانەوە لە دۆخی بێجووڵەیی و نەبوونی هیچ جۆرە چالاکییەکدا، دەشێوێت و ناتوانن بەو دۆخە نوێیە ڕابێن. چونکە کاتێک شتی نوێ دێنە ئاراوە، پێویست بەکارو چالاکی و جووڵەو ماندووبوون دەکات. لەبەر ئەمە ئابسۆ بڕیاردەدات پیلانێک داڕێژێت تا نەفشی نوێ بەتەواوی لە ناوبەرێت:

ئابسۆ دەمی کردەوەو ڕووی لە تەعامە کردو بە دەنگی بەرز هاواری کرد:

ئەم ڕەوشتانەیان گەلێک ئازارم دەدەن!

بەڕۆژ ناتوانم بحەسێمەوە، و بەشەو خەو ناچێتە چاوانم.

بڕیاربێ لەناویان ببەم و سنوور بۆ کردارەکانیان دابنێم

با بێدەنگی بێتە ئاراوەو، پاشانیش خەو بمانباتەوە.

هەرچەندە تەعامەی دایک بەهۆی هەست و سۆزی دایکایەتییەوە هەوڵ دەدات پەشیمانی کاتەوە:

کاتێک تەعامە ئەمەی بیست

تووڕە بوو هاواری بەسەر مێردەکەیدا کرد

بۆچی ئەوانەی خۆمان ژیانمان پێ بەخشیون لەناویان ببەین..؟

ئەمجار مەمۆ دێتە ناو ناوان و هانی ئابسۆ دەدات تا سووربێت لەسەر ئەنجامدانی پیلانەکەی. بەڵام خواوەندە گەنجەکان بە پیلانی ئابسۆ دەزانن و سەریان لێدەشێوێت. هەتا ئەوەی (ئانکی) حەکیم و دانا فریایان دەکەوێت و لەڕێگای سیحرو جادووگەرییەوە ئاڵقەیەک بە دەوری خواوەندە گەنجەکاندا دروستدەکات و لە مەترسی ئابسۆی باوک دەیانپارێزێت. و لەڕێگای سیحرەوە خەو لە ئابسۆ دەخات. بەجۆرێک کە ئیتر ئاگای لەهیچ شتێک نامێنێت و ئانکیش ئەمجار تاجی خواوەندیی لەسەر باوکی دادەگرێت و لەسەری خۆی دادەنێت. و هەروا نازناوی خواوەندیشی لێ دەستێنێتەوەو دەیکات بەنازناوی خۆی و دواتریش سەری دەبڕێ. ئەمجار پەلاماری مەمۆ کە خواوەندی شەپۆل و تەمومژی سەر دەریابووە، دەدات و بەپەتێک دەیبەستێتەوەو بۆهەر شوێنێک بچێ بەدوای خۆیدا ڕایدەکێشێت و ئیتر لەو کاتەوە بەملاوە ئانکی دەبێتە خواوەندی ئاوی شیرین و سازگار.

ئابسۆ خەوی لێکەوت و بێجووڵە ئاگای لە جیهان بڕا

و مەمۆی بە تەنیاو بێ پشتیوان هێشتەوە

ئەمجار ئانکی تاجەکەی لەسەر داکەند

شکۆو مەزنایەتی لێ داماڵی و بەخۆیەوەکرد

ملکەچی کردو ئەمجار سەری بڕی

دوای ئەو ڕووداوانە (مەردۆخ) لەدایک دەبێت کە مەزنترین خواوەندی بابلییە. و پاشان دیسان کێشەو پیلانگێڕان لەنێوان بەرەی کۆن، بەسەرکردایەتی تەعامەو بەرەی نوێ، بەسەرکردایەتی مەردۆخ، دەستپێدەکاتەوە. و تەعامە شوو بە خواوەندێکی تر بە ناوی (کنگۆ) دەکاتەوەو هاوسەرە نوێیەکەی دەکات بەسەرلەشکری خۆی. دوای

هەڵگیرسانی شەڕێکی توندو خوێناوی، لەئاکامدا بەرەی نوێ بە سەرکردایەتی مەردۆخ سەردەکەوێت و دۆخێکی پڕ لەکارو چالاکی و خوڵقاندن دەهێنێتە ئاراوە.

مەردۆخ چەکی تۆقێنەری خۆی،(لافاوی باران)ی بەرزکردەوەو

ڕووی لە تەعامە کرد:

با بەس بێئەوەی لە غرورو لەخۆباییبوونت دیتمان

کینە، دڵی داگرتی و هانی شەڕەت دا

باب و کوڕت بەگژ یەکداکرد

خۆشەویستی ئەوانەت بیرچۆوە کە لەتۆبوون

کنگۆت کردە مێردی خۆت و کردت بەسەرداری هەمووان

مەردۆخ جەستەی مردووی تەعامە دەهێنێت و بەپەنجەکانی ئەو جەستەیە لێک هەڵدەتڵیشێنێت و دەیکاتە دوو لەتەوە. لەتێکیان بەرەو ژوور بەرزدەکاتەوەو دەبێتە ئاسمان و لەتەکەی تریش فڕێدەداتە خوارو دەبێتە زەوی. و پاشان دەکەوێتە خوڵقاندنی ئەستێرەو مانگ و خۆر، و ئەمجاریش مرۆڤ لە خوێنی (کنگۆ)ی خواوەند دەخوڵقێنێت. کەلەشەڕدا بەدیل دەکەوێتە دەست مەردۆخ و پاشان دەیکوژێت. پاش کۆتاییهاتنی پرۆسەی خوڵقاندن هەموو لەگەڵ باقی خواوەندەکان **کۆدەبنەوەو بوونی مەردۆخ بەخواوەندی گەردوون دەکەن بە جێژن.**

خوێن و ئیسقان دەخوڵقێنم

(لالۆ)یان لێ دروست دەکەم و ناوی دەنێم مرۆڤ

بەڵێ! لالۆی مرۆڤ دەخوڵقێنم و

ئەرکی خزمەتکردنی خواوەندەکانیان پێدەسپێرم ۳

لەهەردوو ئەفسانەی سۆمەری و بابلیدا، دەبینین هەبوون لەشتێکی سەرەتاییەوە پەیدادەبێت نەک لە عەدەم. ئەو شتە سەرەتاییەش ئاوە، کە سەرچاوەی هەرە بنەڕەتی ژیانە. وەک پێدەچی و دەبینین لەهەردوو ئەفسانەو باوەڕدا ژیان و

هەبوون، هاوتای یەک و وەک دوو شتی لەیەکتر جیانەکراوە دەبینرێت و لەهەردوو باوەڕدا و بەحوکمی بچووکی مەودای دیدی زانستیی مرۆڤی ئەوکاتە دەربارەی زەوی و ئاسمان، زەوی وەک تەواوی جیهان و ئاسمانیش وەک بنمیچی ئەو جیهانە دەبینێت و دەرک بەبچووکی زەوی لەچاو هەبووندا ناکات و لە هەردووکیشیاندا بوون لە قەبارەیەکی بچوکی بێجووڵەو چالاکیدا دەبینێت. کە پاشان بەرەبەرە جووڵەو وزەی تێدەکەوێت و باقی هەبوونی لێوە پەیدادەبێت..

جێگای سەرنجە کە ناوەرۆکی ئەم بیرۆکەیە زۆر لە تیۆرییە زانستییە هاوچەرخەکانەوە نزیکە، کە پاشان دێینەسەری. هـەروا دەربـارەی نەفشی ئادەمیزادو ڕیشەی پەیدابوونی مرۆڤ لە دوو ڕەگەزی نێرو مێ، زۆر نزیکە لە بیرۆکەی ئادەم و حەوا کە باوەڕی ئایینە ئیبراهیمییەکانی لەسەر دامەزراوە. لەهەردوو باوەڕیشدا حیکمەت و فەلسەفەی خوڵقاندنی مرۆڤ پەرستن و خزمەتکردنی خواوەندە. کەلەزۆربەی هەرەزۆری ئایینەکانی تری جیهانیش هەر هەمان حیکمەت و فەلسەفەیە.

دیسان شتێکی تر کە لە ئەفسانەی بابلیدا جێگای سەرنجە، ململانێی نێوان دوو نەفشی کۆن و نوێ. کەئەمەش یاسایەکی فەلسەفییە بە ناوی (نفی النفی- The Negation of the Negation) ، و بنەمای ئەم یاسایەش بریتییە لەوەی کە هەرشتێک، و دیاردەیەک... سەرەتاو خاڵێکی دەستپێکی هەیە. ژیان دەکات و بەردەوام دەبێت، تا کۆن یان پیر، یان بێسوود دەبێت و ئیتر وەلادەنرێت، یان دەمرێت. و لەشوێنی ئەو یەکێکی نوێتر دێتە ئاراوە. و بەمجۆرە تەواوی هەبوون لەپرۆسەیەکی بەدەوامدایە کە هەمیشە بێ ڕاوەستان، نوێ جێگای کۆن دەگرێتەوەو هەر بەپێی ئەم یاسا فەلسەفیەشە کە تەکامول و پێشکەوتن و گۆڕان بەدیدێن.

جێگای سەرسووڕمانە کە دیسان دەبینین هەمان ئەفسانە لە میتۆلۆژیای میسری کۆندا دووبارە دەبێتەوە، و شیاوی هەڵوێستەو پرسیارە کە ئەم دووبارەبوونەوانە لە ئەفسانەی نەتەوە جۆربەجۆرەکاندا کە هەندێجار لە ڕووی جیوگرافیاییەوە گەلێکیش

لە یەکترییەوە دوورن، چییە..؟ لەوەڵامدا بیروبۆچوونی جۆربەجۆر هەن. یەکەم کاریگەریی ئەو گەلانەیە لەسەر یەکتر بەتایبەتی ئەو نەتەوانەی دراوسێی یەکترن و لەتەک یەکترییەوە دەژین، و یانیش لەڕێگای تێکەڵاوبوونی یەکتر بە هۆی بازرگانی یان شەڕوشۆڕو داگیرکاریی، ئاشنابوون بەکولتووری یەکتر ئەم کاریگەرییە درووست دەبێت. بەڵام دوو بۆچوونی تری جیاوازیش هەن کە لەڕووی دەروونناسییەوە پرسەکە هەڵدەسەنگێنن. یەکەمیان ئەوەی بیری مرۆڤایەتی بریتییە لەیەکەیەکی لەیەکتر جیانەکراوە. (هەندێک بیرۆکە تا ئاستێکی زۆر لەهەموو شوێنێک و لەهەموو سەردەمێکدا دەدیترێنەوەو تەنانەت دەتوانن بەشێوازی خۆبەخۆ بەدی بێن، واتا بێئەوەی هەرگیز لەشوێنێکەوە بۆ شوێنێکی تر گواسترابنەوە. ئەم بیرۆکانە دەستکردو ساختەی هیچکەس نین. بەڵکو لەناو دەروونی خەڵکیدا بەدیدێن و بەدیار دەکەون. بەڵێ! تەنانەت دەتوانرێ بگوترێ کە دەڵێی خۆیان بەسەر ویژدانی مرۆڤدا دەسەپێنن. ئەمە فەلسەفەی ئیفلاتوونی نییە بەڵکو دەروونناسیی پراکتیکییە)٤

هەروا، لێکدانەوەو شیکردنەوەیەکی تریش بەتایبەتی لەسەر ئەفسانە، و بەڵکو تیۆریی پەیدابوونی ئاویی، بریتییە لە ڕەنگدانەوەی بیرەوەرییەکی حەشاردراو لە نەست (لاشعور)ی مرۆڤ، لەحاڵەتێکدا لەسکی دایکیدایە. کەلەوێدا چواردەوری بە ئاو گیراوەو سەرەتای هەبوونییەتی. لەوێشەوە دوای لەدایکبوونی دەپەڕێتەوە وشکایی. هەروا ئەفسانەی چۆنییەتی لەیەکتر دوورکەوتنەوەی ئاسمان و زەویش دەگێڕدرێتەوە بۆ کۆمپلێکسی ئۆدیپ(عقدة أوديپ)، کە بەشێکی تیۆریی زیگمۆند فرۆییدە. کە لە نەستی منداڵدا جێگیرەو پەیوەندیی بە لێک جیاکردنەوەی دایک و باوکەوە هەیە. کە لە ئەفسانەکاندا مرۆڤ هەوڵدەدات ئاسمان (کە باوکە) دووربخاتەوەو خۆی لەسەر زەوی (کە دایکە) بمێنێتەوە. ٥

بەمجۆرە هەمان لۆژیک لە ئەفسانەی میسری فیرعەونیشدا بەردەوام دەبێت. بەپێی ئەو ئەفسانەیە لە سەرەتای هەبووندا تەنیا ڕووباری نیل هەبووە، تا ئەوەی

خواوەندی هەموو خواوەندەکان کە ناوی (خێپری)یە لە قوڵایی ئاوی نیلەوە هەموو شتێکی خوڵقاندوەو لە زمانی ئەو خواوەندەوە لە تێکستێکدا بەمجۆرە باس لە پەیدابوونی هەبوون دەکات:

ئاسمان و زەوی بوونیان نەبوو

من هەموو شتێکم لە سووڕی ئاوی قوڵایی نیل خوڵقاند

من جادوی خۆمم لە ڕاڕەوی (مات)٦ بڵاوکردەوە، ئەمجار (شو) ی خواوەندی هەوا، و (توفنێت)ی خواوەندی تەڕاییم خوڵقاندن و لە زارمەوە هێنامنە دەرەوە

بەڵام لە ئەفسانەیەکی تردا هاتووە کە، بەر لە پەیدابوونی گەردوون تەنیا خۆرو ڕووباری نیل هەبوون، و تا ئەوەی لە سووڕخواردنی ئاوی نیل گردۆلکەیەک بە ناوی (بن بن)، پەیدا بووە. و لەحاڵێکدا خواوەندی خواوەندەکان (ئەتوم)، لەسەر ئەو گردۆلکەیە وەستاوە، واپێدەچێت بەبیرو خواستی خۆی، خۆی خوڵقاندبێت. پاشان کۆکەیەک دەکات و کوڕەکەی بەناوی (شو) لە زارییەوە دێتە دەرێ و جارێکی تریش دەکۆکێتەوەو کچەکەی بەناوی (توفنێت) دەخوڵقێنێت. و ڕۆژێک شو لە گەڵ توفنێت دەچن بۆ گەڕان و پاشان ڕێگا گوم دەکەن و نایەنەوە. بەڵام ئەتۆم بەدوایاندا دەگەڕێت و سەرئەنجام دەیانبینێتەوەو لە خۆشحاڵیان فرمێسک بە چاوانیدا دێنە خوارێ و لەو فرمێسکانەوە مرۆڤ پەیدابوون. پاشان، شو لەگەڵ توفنێت پەیوەندیی هاوسەرگیریی دەبەستن و دوو منداڵیان بەناوەکانی (گپ) خواوەندی زەوی، و(توت) خواوەندی ئاسمان دەبێت. پاش ماوەیەک گپ و توتیش دەبنە هاوسەری یەکترو چوار منداڵیان دەبێت. دوو کوڕ بەناوەکانی (ئۆزیریس) و (ست)، و دووکچ (ئایزیس) و (نفتیس) ئۆزیرۆس(خواوەندی کشتوکاڵ)، پەیوەندیی هاوسەرگیریی لەگەڵ خوشکی خۆی ، ئایزیس(خواوەندی دایک) دەبەستێت. منداڵێکیان دەبێت بە ناوی هۆرۆس (خواوەندی خۆر). ئۆزیرۆس بەدەستی براکەی خۆی (ست) دەکوژرێت. ئیزیس جەستەی مێردی کوژراوی خۆی بەزەحمەتێکی زۆر بەدەست

دەهێنێت و دەیگێڕێتەوە میسرو لەوێ دەیشارێتەوە. کاتێک (ست) لەمە ئاگادار دەبێتەوە ئەو جەستەیە دەبینێتەوەو دەیکاتە چواردە پارچە و هەر پارچەیەکی لەشوێنێکی میسر دەشارێتەوەو ئەو جێگایانە بەبەرەکەتی ئەو لەتە جەستانە ئاوەدان و بەپیت و بەرەکەوت دەبن. هۆرۆسیش کە ئێستا گەورە بووە، بۆتۆڵەی خوێنی بابی دەکەوێتە جەنگ لەگەڵ مامی. و هەرچەند لەو جەنگەدا چاوێکی خۆی لەدەست دەدات، بەڵام لە ئاکامدا سەرکەوتوو دەبێت. مامی بەدیل دەگرێت و دەیباتە بەردەم ئیزیسی دایکی. بەڵام ئەو دەیبەخشێت. هۆرۆسیش لەتوپەتەکانی جەستەی بابی بە یارمەتی خواوەندی حیکمەت بەیەکەوە دەنووسێنێتەوەو زیندووی دەکاتەوە. لەو کاتەوە ئوزێس جیهان جێدەهێڵت و دەیداتە دەست هۆرۆس. بۆخۆشی لەژێر زەمین فەرمانڕەوایی جیهانی مردووەکان دەگرێتە ئەستۆ.٧

لەم ئەفسانەیەدا لەگەڵ ئەمەدا کە پەی بە مەزنی خەیاڵ و روئیای مرۆڤی ئەو کاتە لە خوڵقاندن و بگرە جوانناسیدا دەبەین، بەڵام دیسانیش بە دیوێکی تردا سنوورداربوونی ئەو خەیاڵە هەست پێدەکەین. بەتایبەتی کاتێک ڕووباری نیل، کە لەڕووبارێک بەولاوە شتێکی تر نییەو جیهان چەندان ڕووباری تری لەو شێوەی تێدایە، بەڵام بۆ ئەو مرۆڤە سەرچاوەی هەبوونەو بگرە خوڵقێنەرییەتی. هەموو شتێک سەرەتاو دەستپێکێکی هەیە بەڵام ئاوی نیل بەپێی ئەم ئەفسانەیە هەر هەبووە، و تەنانەت بەر لەدرووستبوونی خودی زەویش...! هەروا دەبینین شێوازی هاوسەرگیریی خواوەندەکان لەنێوان خوشک و برادایە. ئەمەش لەکولتووریی خودی میسرییەکانەوە سەرچاوەدەگرێت کە هاوسەرگیریی نێوان خوشک و برا لە کۆمەڵگای میسری کۆندا باو، و شتێکی ئاسایی بووە.

ئەگەر کەمێک بەولاوەتر بڕۆین و بپەڕینەوە سەرزەمینی گریک و ڕۆم و لاپەڕەکانی ئەفسانەی پەیدابوونیان هەڵدەینەوە، دیسان هەمان شت دووبارە دەبێتەوە کە پێشتر لە ئەفسانەی سۆمەری و بابلی و فیرعەونیدا دیتمان. دیسان خواوەندێک

لەسەرەتای پەیدابووندا کە (خائۆس)ە خواوەندەکانی زەوی (گایا)، جیهانی ژێر (تارتارۆس)، و ئارەزووی سێکس (ئێرۆس)، تاریکی (ئێربۆس)، شەو (نیخ) دەخوڵقێنێت. کە لە پەیوەندی هاوسەرگیریی نێوان ئەماندا خواوەندی ڕۆژ (هامرا)، ڕوناکیی (ئایتەر) لەدایکدەبن. و لە خواوەندی زەوی (گایا) سێ خواوەند: ئاسمان (ئۆرانۆس)، دەریا (پۆنتۆس)، و چیاکان (ئۆریا) لەدایک دەبن.

ئاسمان (ئۆرانۆس) هەرشەو، باوەش بە زەوی (گایا)دا دەکات و ئەویندارییی دەکەن، و پێکەوە جووت دەبن. لە ئاکامی ئەو جووتبوونەدا: دوانزە تایتان (Taitans) ، سێ دێوی یەکچاو، و سێ دێوی سەددەست لەدایک دەبن.

ئورانۆس یان ئاسمان، ڕقی لەو منداڵانە دەبێتەوە کە لە زەوی یان گایا بوون و هەموو ئەوانە لە قوڵاییترین چینی زەویدا زیندانیی دەکات. ئەمە دەبێتە هۆی ئەوەی گایا زۆر لە ئۆرانۆس تووڕەبێت و داوا لە تایتانەکان، واتا منداڵەکانی خۆی دەکات تا تۆڵەی لێ بکەنەوە. لە ناو ئەوانەدا بچوکترینیان (کرۆنۆس) ئامادەی ڕاپەڕاندنی ئەو ئەرکە دەبێت. گایا، داسێکی فلزی دەداتە دەست ئەو منداڵەی خۆی، تا باوکی خۆی بخەسێنێ. و شەوێ کاتێک ئۆرانۆس بەمەبەستی جووتبوون لە گایا نزیکدەبێتەوە، کرۆنۆس بەو داسە تیژە ئەندامی سێکسی ئۆرانۆس دەبڕێت و فڕێی دەداتە ناو دەریا. کەلەو ئەندامە سێکسە بڕاوەوە خواوەندی ئەوین (ئەفرۆدێت) دەخوڵقێت.٨

هەبوونی ئەفسانەی پەیدابوون و خوڵقاندنی مـرۆڤ لەناو زۆر نەتەوەی جۆربەجۆری کۆنی مرۆڤایەتیدا هەن و لێرەدا جێگای ئەو هەمووانە نابێتەوە تا یەکە یەکە ئاماژەیان پێ بکەین بەڵام ئەم باسە ناتەواو دەبێت ئەگەر بەرلە پەڕینەوە بۆ ئایینە ئیبراهیمییەکان هەڵوێستەیەکیش لەسەر دیرۆکی کۆنی نەتەوەیەکی ترو سەرزەمینێکی تری دەوڵەمەند بە ئایین و ئەفسانە دەربارەی پەیدابوونی هەبوون نەکەین، ئەویش هیندوستانە.

کۆنترین تێکستێک کە سەرچاوەی گشت بیروباوەڕە عیرفانی و مەزهەبییەکانی ئەو سەرزەمینەیە، ڤیدایە. کە لەچوار بەش پێکهاتووەو لە نیوەی هەزارەی دووەمی پێش زایین، دانراوە. ناوەرۆکەکەی بەشێوازی شیعرە و بریتییە لە هەزاروبیستوپێنج بەیت، کە هەموویان مناجات و دوعاو پاڕانەوەو ستایشی خواوەندەکانی ئەو سەردەمەیە. و ئەو پەڕتووکە لەلایەن گەلێک شاعیرەوە بەزمانی سانسکریتی گووتراوە.

لە ریگ (ڤیدا) دا کە گرنگترین بەشی ڤیداو کۆڵەکەی ئایینەکانی هیندۆسییە. بەمجۆرە هاتووە:

کاتێک کە نە لەهەبوون نیشانەیەک هەبوو، و نەلە نەبوون.

نە هەوا هەبوو، نە خاک و ئاسمان..

نەپۆششێک هەبوو نە پەنایەک..

نە ئاو و نەدەریای قوڵ..

نە مەرگ هەبوو نە ژیان..

نە نیشانەیەک تا ڕۆژو شەو لێک جیاکاتەوە..

تەنیا یەکتایەک هەبوو، و جگە لەو هیچی تر نەبوو..

تاریکی باڵی بەسەر هەمووشتێکدا کێشابوو، و نائارامیی.

جیهان لە تاریکیدا شاردرابۆوە.

هەرچی هەبوو، بێفۆڕم و قەبارە..

پاشان لەگەرماوە یەکبوون، بەدییهات..

ئەمجار حەزو ئارەزوو، کە کاکڵی ڕۆحن، بەدییهاتن..

بیرمەندان، کە بە بیری دڵ لە توێژینەوەدا بوون، پەیوەندی بوونیان بە نەبوونەوە دیتەوە..

دووهێڵی یەکتر بڕ بەرفرەبوونەوە، سەروخوار پەیدا بوو..

کێ دەتوانێ بزانێ، کێ دەتوانێ بڵێ، کە هەبوون لەکوێوە هـات، و چۆن بەدیارکەوت..؟

خودایان دوای جیهان پەیدا بوون، دەی کێ دەتوانێ سەرەتای جیهان بزانێ..؟

تەنیا ئەو کە بنەمای هەبوونە، ئەو کە جیهانی خوڵقاندووە، یان نەیخوڵقاندووە، ئەو کە لە بڵندایی ئاسمانەوە، حوکمفەرمایە، ئایا ئەم ڕازە دەزانێت..؟

یان ئەویش هەر نایزانێت..؟؟

لێرەداو بەوجۆرەی لەم تێکستەدا دەیبینین، هەبوون لە ئاوەوە پەیدا نابێت وەک ئەوەی لە ئەفسانەی نەتەوەکانی تردا هاتووە. هەروا هیچ بیرێکی ڕەها لەئارادا نییەو گومان و پرسیار جێگای بیری ڕەهاو خەون و ڕاڤەکردن دەگرنەوەو ئەم گومانە لە ئایینی جایین، کە ئایینێکی تری هیندۆییە تۆختر دەبێتەوە، تا ئەوەی دان بە هەبوونی خوڵقێنەرێک بۆ هەبووندا نانێت.

پەیدابوونی ئایینی جایین، دەگەڕێتەوە پتر لە ٥٠٠ ساڵ پێش زایین، و پێشەوای ئەو ئایینە ناوی مهاویرا واتا (پاڵەوانی مەزن) ە. و مهاویرا، خۆی وەک پەیامبەرێک بەخەڵکی نەناساند. بەڵکو تەنیا وەک ڕێبەرێکی ئەخلاقیی، کە بەمەبەستی ڕزگارکردنی مرۆڤایەتی لە جەهل و خوارافات بوو. ئەو پێیوایە کە: پێویست نییە پێمانوابێ خوڵقێنەرێک یان هۆکاریی بەدیهاتنی یەکەمین بوونەوەران هەبوونی هەیە. دەرکپێکردنی خوڵقێنەرێکی نەخوڵقاوو ئەزەلی، هەمان ئەندازە دژوارە کە گەردوونێکی نەخوڵقاوو ئەزەلی. واتا چەندە زەحمەتەو تێگەیشتنی ئەوە لەتوانادا نییە کە پێمانوابێ هەبوون هەمیشە هەبووەو سەرەتاو کۆتایی نییە. هەرئاواش زەحمەت و دژوارە کە پێمانوابێ خودا هەمیشەییەو نە خوڵقاوەو نە لەناودەچێت. کەواتە لۆژیکمەندانەتر ئەمەیە کە باوەڕمان بە ئەزەلیبوونی جیهان هەبێت، جیهانێک کە سەرچاوەی هەموو گۆڕانکارییەکانی، لە هێزە شاردراوەکانی سروشتەوەیە، نەک لە هێزێکی خواوەندیەوە.١٠

ئایینی زەردەشتیش کە بەپێی سەرچاوە دیرۆکیەکان درێژەپێدەرو ریفۆرمخوازی ئایینی ڤیداییە. و بەوجۆرەی کە لە ئاڤێستادا هاتووە، تەمەنی گەردوون بە دوازدەهەزار ساڵ مەزەندە دەکات. و لەسێهەزار ساڵی سەرەتادا هورمز یان ئاهورا مزدا کە هەمان جیهانی ڕووناکییە، لەتەک ئەهریمەن کە جیهانی تاریکییە پێکەوە ژیاون. جیهانی ڕووناکی لەبەشی سەروو، و تاریکیش لە خوار نیشتەجێ بوون. و مەودای نێوانیان بەهەوا پڕکراوەتەوە. پاشان ئەهریمەن ڕووناکی دیتووەو بڕیاری لەناوبردنی داوە. و کاتێک هورمز هەست پێدەکات جەنگ لە نێوانیاندا بەرپا دەبێت و نۆساڵی ڕەبەق درێژە دەکێشێت. و لەئاکامدا ئاهورامزدا ئەهریمەن ڕەوانەی قوڵایی تاریکی دەکات و سێهەزار ساڵ لەوێدا گیردەکات. و لەماوەی ئەو سێهەزار ساڵەدا، ئاهورامزدا، دەست بە خوڵقاندنی هەبوون و گیانداران و (مشیک) و (مشیانک) دەکات. ئەم دووانەش لە ئایینی زەردەشتیدا ڕۆڵی هەمان ئادەم و حەوایان هەیە کە لە ئایینە ئیبراهیمیەکاندا هاتووە. و زەردەشت پێیوایە ڕاپەڕینی ئەو، دوای سێ هەزارساڵ لە خوڵقانی مرۆڤەو دوای سێ هەزار ساڵی تریش جیهان کۆتایی پێدێت.١١

لێرەدا جێگای خۆیەتی ئاماژەیەکیش بە قۆناغی ئەفسانە لە بیروباوەڕی ژاپۆنییەکاندا دەربارەی پەیدابوونی هەبوون بکەین.

بەپێی ئەفسانە کۆنەکانی ژاپۆن، سەرەتا گەلێک خواوەند هەبوون. تێکەڵپێکەڵی و پەشێوی لەئارادا بووە، و ئەم خوایانە بەردەوام لەشەڕو کێشەو ململانێدابوون لەگەڵ یەکتر. تاسەرئەنجام جگە لەدوو خواوەند ئەوانی تر هەموو یەکتر لەناودەبەن. و ئەم دوو خواوەندەش ئیدزانامی (Idzenami) و ئیدزاناگی (Idzanagi) بوون. کە ئەم دوو خواوەندە پێکەوە دوورگەکانی ژاپۆنییان خوڵقاندووە کە نزیک بە چوارهەزار دوورگەدەبن. (وڵاتی ژاپۆنی ئەمڕۆش هەر لەم دوورگانە پێکدێت).

هەروا لەو باوەڕەدا بوون کە ئەو دووخواوەندە پردێکیان لەکۆلکەزێڕینە بەرەو

ئاسمان درووست کردووە، کە مرۆڤ بەئاسانی توانیویەتی لەڕێگای ئەو پردەوە بچێت بۆ ئاسمان. بەڵام لەپڕ ڕۆژگارێک ئەو پردە ڕووخاوەو ئیتر هیچکات چاک نەکراوەتەوە. دیسان پێیانوابووە کە هەم لە ئاسمان و هەمیش لەژێر زەوی ژیانێکی تر و لەشێوازی ژیانی سەرزەوی هەبووەو سەردەمانێک مرۆڤی سەرزەوی توانیویەتی لە ڕێگای دەلاقەیەکەوە ئەوێ، واتا ژێـرزەوی ببینێت. و دیدار لەگەڵ خەڵکی ئەوێدا هەبێت. بەڵام ڕۆژگارێک و لەئەنجامی بوومەلەرزەیەکەوە ئەو دەلاقەیە تێکڕووخاوەو ئیتر ڕێگای دیدارو پەیوەندیی بۆهەمیشە بەستراوە. ١٢

جێگای سەرنجە کە ئەم دووخوایەی دوایی، بە پێچەوانەی خواوەندی ئەفسانەکانی تر، کەلەئاکامدا دەمێننەوە، ئیتر کێشەیەک لەئارادا نامێنێت و ئەم دووانە پێکەوە کاری خولقاندن ئەنجام دەدەن و چیتر باس لەشەڕو ململانێ ناکرێت. ئەمەش ڕەنگە لە بیرو باوەڕی پێکەوەژیان و لێبووردەیی کولتووری دێرینی ئەم نەتەوەیەوە سەرچاوەی گرتبێت. هەروا بەشێوازی ئەفسانەکانی تر دەبینین سنووری گەردوون هەمان سنووری وڵاتەکەی خۆیانە. واتا کاتێک باس لەخولقاندن دەکرێت، تەنیا خولقاندنی دوورگەکانی ژاپۆن جێگای باسە و پێیانوابووە جیهان هەر ئەوەندیە. جێگای سەرنجیشە کە پەیوەندیی دیاردەیەکی سروشتیی کە بوومەلەرزەیە بەپرسی هەبوون و وێرانکارییە لەمێژینەکان، دەبەسترێتەوە. ئەمەش ڕەنگدانەوەی کاریگەریی ئەم دیاردە سروشتییەیە لەسەر ژیانی ژاپۆنییەکان، کە بەدرێژایی دیرۆک، زیان وماڵوێرانی هێجگار زۆری پگەیاندوون. و لەمەوە جێگای سەرسووڕمان نابێت کاتێک کاریگەریی ئەم دیاردەیە لەسەر هەر وێرانکارییەکی ئەفسانەییش هەبێت.

بێ: قۆناغی فەلسەفە

دوای چەند سەدە لە ئەفسانەگەرایی دەربارەی هەبوون، مرۆڤایەتی پێینایە قۆناغێکی تر، کە قۆناغی فەلسەفەیە. و ئەویش لە یۆنانەوە دەستپێدەکات. فەلسەفە ئەوکات بەشێک بوو لە زانست. و وبیرکاریی و میکانیک و ئەستێرەناسیی و پزیشکیی و بیناسازیی و هونەرییشی... لەخۆی دەگرت. قۆناغی فەلسەفەی یۆنانی لەناو بیرمەنداندا بە قۆناغی گواستنەوەی مرۆڤایەتیی لە ئەفسانەوە بۆ عەقڵ ناودەبرێت. تایبەتمەندیی ئەو قۆناغە لە دوو خاڵی سەرەکیدا بوو. یەکەم: هەوڵدان بۆ بەدەستهێنانی زانست لەسەر بنەمای سەلماندن. دووەم: فەلسەفە تەواوی باوەڕە ئەفسانەییەکانی پێش خۆی خستە ژێر پرسیار، و بەڵکو خودی پرسیاری کردە بنەمای بیرکردنەوە. هەرچەندە تائاستێکی زۆر سەرهەڵدانی فەلسەفەی یۆنانی لە ناکاو بوو، بەڵام وەنەبێ لەهیچەوەو لەزەویەکی دێمەکارەوە پەیدابووبێ بەڵکو کاریگەریی شارستانییەکانی سۆمەری و بابلی و فیرعەونی و تەنانەت ئێرانی و هیندیش.. نکوڵی ناکرێت.

فەلسەفەی یۆنانی کاریگەرییەکی وای لەسەر بیری مرۆڤایەتی دانا کە ئێستاشی لەگەڵ بێت، فەلسەفە بەتایبەتی قوتابخانە ئەڵمانییەکەی لەگەڕانەوەیەکی بەردەوامدایە بۆ ئەو فەلسەفەیە. و هەربۆیە فەیلەسوفێکی وەک نیچە لەشوێنێکدا دەڵێت کە ئەو قوتابی قۆناغە هەرە دێرینەکانی فەلسەفەی یۆنانییە. یەکێک لەو شتانەی بەگشتیی بیروباوەڕو بەرهەمەکانی زەینی مرۆڤ لە نێوان بیروباوەڕە ئەفسانەییەکانی ڕۆژهەڵات و چالاکی هزریی یۆنانییەکان کەلەزۆر جێگادا هەر دەچێتەوە سەرئەفسانە، لەیەک جیادەکاتەوە. ئەمەیە کەهەرچی بیروباوەڕی ڕۆژهەڵاتە؛ بە شێوازە سۆمەری، بابلی، فینیقی، میسری، هیندییەکەی... تەنیا لەقاڵبێکی ئایینیدا دەربڕدراوەو بەرهەمهاتووە. لەحاڵێکدا نموونە یۆنانییەکەی، بەتەواوەتی بەدوور لەهەر باوەڕێکی ئایینی و ترس لەهیچ هێزێکی غەیبی بووە. هەر لەبەر ئەمەشە کە

بەوەی یۆنان دەگوترێت فەلسەفە و بەوانی تر نا.

سەبارەت بەمە هێگل دەڵێت: یەکەمین فۆرمی هۆشمەندیی زاتی ئازاد و ڕۆحیی، دوای سەرەتای فەلسەفە، تەنیا لە ناو گریکەکاندا دەبینینەوە. لێرەدا لەو هۆکارە دەگەین کە چما گەلانی ڕۆژهەڵات نەگەیشتوونەتە ئاست و پلەی فەلسەفەگەرایی. ئەمەش دەگەڕێتەوە بۆ پرسی عیبادەت. چونکە تەواوی ئایینە ڕۆژهەڵاتییەکان لەسەر بنەمای ترس لەخواوەند بەدییهاتوون. ئەم ترسەش تەنیا بەگۆڕەپانی ئایین سنووردار نەبووە بەڵکو پەڕیوەتەوە گۆڕەپانی سیاسەتیش. چینی خزمەتکاران لە ئاغاکانیان دەترسن... بەڵام ئەو جیهانە ئازادو یاساگەرییە ئـازادە، وەک کەشوهەوایەکی پێویست بۆ لەدایکبوونی فەلسەفە کەپێشمەرجی هۆشمەندیی زاتییە، تەنیا لە ناو گریکەکەندا هاتە کایەوە.١٣

جەختکردنەوەی هێگل لەسەر چەمکی (زات)، بەم واتایەیە کە فەلسەفەی یۆنانی بێ هیچ کاریگەرییەکی دەرەکی، و تەنیا لەسەر بنەمای سروشت و تایبەتمەندیی زاتی خۆی هاتۆتە کایەوە. ئەمە هەرگیز لەڕووی لۆژیک و واقیعەوە بەم واتایە نییە. کە کۆمەڵگاو شارستانییە مەزنەکانی ڕۆژهەڵات هیچ کاریگەرییەکیان لەسەر یۆنان نەبووە. بەڵکو واتاکە لەجیاوازیی شێوازی بیرکردنەوەو چۆنییەتی داڕشتنی بەرهەمی ئەم بیرکردنەوەیەیە.

نیچە لەشوێنێکی تردا باشتر ئەم جیاوازییە ڕووندەکاتەوەو دەڵێت: گریکەکان حەکیمیان هەبوو. بەڵام گەلانی تر خاوەنی قەدیس بوون. قەدیسیش تەنیا داوای یەک شت دەکات ئەویش ئیمان و باوەڕە. ئەو ئیمانەش تەنیا یەک واتای هەیە ئەویش دەرۆکردنە بەهەربایەخێک بێت، و گوێنەدانە بەزانینی ئەوەی حەقیقەت چیە. ئەمەش بەواتای سڕینەوەی توانای ئازادیی ژیان. و لەناوبردنی هەرفرەییەک کە لەئارادا بێت.١٤

ئەمانە هەموو تایبەتمەندییەکی تریان بەفەلسەفەی یۆنانی بەخشیبوو. کە لەسەر

بنەمای فرەیی، ئازادی بیرکردنەوەو ڕادەربڕین، و تەنانەت فرەخواییش، دامەزرابوو. فەلسەفەیەک کە نەپرسی خوڵقاندن هێندەی بۆگرنگ بوو، نە ژیانی ئەزەلی، نەدیرۆک و نەزەمان..!

بنەمای ئەو فەلسەفەیەش لەسەر دەستی تالیس دومیلە دامەزراوە. ئەو نزیکەی ساڵی ٥٦٠ پێش زایین لەدایکبووە. دەگوترێ ئەو بەڕەچەلەک فینیقی بووەو لە میسر پەروەردەو فێربوونی بەدەست هێناوە. هەرچەندە تالیس پێشکەوتنی بەرچاوو سەرسووڕهێنەری لە بواری ماتماتیک و ئەندازیاریی بەدەست هێناوەو دەگوترێت ، کە ئەو توانیویەتی بە یارمەتی زانیاریی میسری و بابلی، پێشبینی مانگگیرانی، مانگی مەی ساڵی ٥٨٥ی پێش زایین بکات، بەڵام تیۆرییەکانی ئەو، دەبارەی گەردوون و پەیدابوونی هەبوون زۆر لە ئەفسانە کۆنەکان جیاواز نەبوو. و ئەویش هەروەک ئەوان پێیوابوو کە هەبوون لە ئاوەوە پەیدا بووە، لە ئاکامیشدا دەبێتەوە بە ئاو. هەروا تالیس پێیوابوو هەرشتێک لەهەبووندا خاوەنی گیانە، و مرۆڤ و گژوگیاو داروبەرد... هەموو خاوەنی گیانێکی ئەبەدی و هەمیشەیین و هەربۆیەش ئەو، جیاوازیی لە نێوان ژیان و مەرگدا نەدەدیت. و دەڵێن ڕۆژێک کەسێک بەمەبەستی ئازاردانی ئەو لێی دەپرسێت: ئەگەر جیاوازی لە نێوان ژیان و مەرگ، زیندوو مردوو نییە، ئەدی بۆچی ئەو ژیانی هەڵبژاردووە نەک مەرگ..؟ تالیس وەڵام دەداتەوە: لەبەر ئەوەی جیاوازییان نییە..!١٥

پاش ئەو ئاناکسیماندروس، (ساڵی١٦٠ پێش زایین لە دایک بووە). قوتابی تالیسەو پێیوایە هەبوون شتێکی ئەبەدی و ئەزەلییە. سەرەتا بریتی بووە لە بوونێکی بێسنوور، بێفۆرم، بێچلۆنایەتی..! و لە ئاکامی وزەی ناخی خۆیەوە بەرەو تەکامول دەڕوات. وتەواوی ڕووداو، و دیاردەکانی تری گەردوون بەدیی دەهێنێت. هەروا ئەو پێیوایە کە زەوی لە سەرەتاییترین قۆناغی خۆیدا بەشێوازێکی شل بووە. پاشان بەهۆی کاریگەریی گەرمای دەرەوەی خۆی بەشێک لەو ئاوە بووە بەهەڵم و ووشکایی

بەدییهاتووه، و لەئاکامی جیاوازیی پلەکانی گەرمای چینەکانی دەرەوەی زەوی، با پەیدابووه، و بوونەوەرانی گیانداریش لە گۆڕانکارییەکانی شێ، و تەڕاییەوە پەیدابوون. و کاتێک کە هێشتا وشکایی پەیدانەبووە تەواوی گیانداران سەرەتا ماسی بوون و پاشان بە پەیدابوونی وشکایی گیاندارانی تریش پەیدابوون. ١٦

ئاناکسیماندروس، دەربارەی هەبوون، بیرێکی تری شیاوی سەرنجی هەیە کە دەڵێت: تەواوی ئەو بەرهەمانەی لە(شت)ەوە پەیدادەبن دەبێ جارێکی تر بەرەو ڕووی خۆی بگەڕێنەوە، تا وەک حەتمییەتێک بەکۆتایی خۆی بگات، و سزای گوناهی خۆی بەپێی سیستەمی زەمان، بدات.

لە لێکدانەوەی ئەم وتە فەلسەفییە قوڵەدا هەرکام لە نیچە، مارتن هایدگەر، و هانز گۆرگ گادامر.. دیدوبۆچوونی خۆیان کەتا ئاستێکی زۆر لەیەکترییەوە نزیکە دەربڕیوە.

گادامر دەڵێت: شتە پەرشوبڵاوەکان، بەهای ئەو گوناهەی کردوویانە بەوەی لە گشتێکی یەکپارچە جیابوونەوە دەدەن.١٧

واتای گشتیی ئەمە باوەڕ بە یەکپارچەیی هەبوونە. بەوپێیەی هەرچی هەیە لەیەک سەرەتاو سەرچاوەوە پەیدابووەو لەئاکامیشدا هەموو بەرەو ئەو سەرەتایە دەگەڕێنەوەو دەبنەوە بەئەو. یان گشتێکی یەکگرتوو. ئەو گوناهەش کە باسی لێوە دەکرێت لە واتای مەرگ و ژیانەوەیە. بەوپێیەی بەلەدایکبوونی هەرشتێک، دەبێ دەرکردن و لەناوبردنی شتێکی تر ڕوویدات، واتا، هەرلەدایکبوونێک ئەنجامدانی تاوانی لەناوبردنی یەکێکی ترە، سزای ئەو تاوانەش لەئاکامدا مەرگ و بەمجۆرە بەردەوامی و دووبارەبوونەوەی مەرگ و ژیان، وهاتنەکایەی نوێ و فڕێدانی کۆنە.

پاشان، فیساغۆرس (٥٧٠-٥٤٩پ.ز) بووە هۆی ئەوەی فەلسەفەی یۆنانی قەڵەمبازێکی مەزن لەبواری موتوربەکردنی فەلسەفە لەگەڵ زانستدا بهاوێژێت. فیساغۆرس پێیوابوو هەمووشتێک ملکەچی ماتماتیک و لەڕێگای ئاڵقەگەلێکی خاوەن

کێشی موزیکییەوە دەکرێ هەرشتێک پێشبینی بکرێت و بپێورێت. و تیۆرییەکانی فیساغۆرس لەبواری ماتماتیک و ئەندازەدا لەرۆژگاری ئەمرۆشماندا دەخوێنرێت و کاری پێدەکرێت.

فیساغۆرس پێیوابوو کە لە رێگای ژمارەو حسابەوە دەتوانرێ لە واقیعی جیهانیی و مادییەوە کە خاوەن خەسڵەتی گۆڕان و لەناوچوونی هەیە بچین بۆ جیهانی زەینیی نەگۆڕو هەمیشە زیندوو، کە دەکەوێتە سەرووی هەموو شتێکەوە. و تەنیا لەم جیهانە زەینیی و ژمارەییەدا، بە یەقینی تەواو دەگەین. و هیچ ژمارەیەکیش بەدەر لەواقیعی (شت) نییە بەڵکو پێیەوە گرێدراوەو ئاوێتەی بووە.

لەبواری فەلسەفەشدا فیساغۆرس پێیوابوو: ئێمە لەم جیهانەدا نامۆین. جەستە گۆڕی رۆحە. لەگەڵ ئەمەشدا نابێ هیچکەس هەوڵی خۆقووتارکردن لەرێگای خۆکوشتنەوە بدات. چونکە ئێمە موڵکی خواوەندین و ئەو پێمان رادەگات.

بەڵام هێراکلیتس،(٥٤٤-٣٨٤ پ.ز) بەباوەڕیکی ماتریالیستانەی بێباوەڕ بە هەبوونی واتایەکی ئەخلاقی لە خولڵاندنی هەبووندا و بەواتایەکی تریش بێباوەڕ بە هەبوونی خواوەندێک، قوتابخانەیەکی نوێی لە ناو فەلسەفەی یۆنانیدا هێنایە کایەوە. ئەو پێیوایە کەسەرەتای هەبوون لەئاگرەوە پەیدادەبێت. و پاشانیش دەبێتە خۆڵ و لەئاکامیشدا دەبێتە ئاو. ئەو، پرۆسەی پەرەسەندنی گەردوون و گۆڕانی بەردەوام لە حاڵەتێکەوە بۆ حاڵەتێکی تر، بەدوور لەدەسەڵاتی هەر هێزێکی خواوەندییەوە دەبینێت و بەیاریکردنی منداڵێکی دەچوێنێت کە لەکەنار دەریا، تەپۆلکە لمێکی لەبەردەستدایەو بەردەوام قۆرمی لێ درووستدەکات و پاشان تێکی دەداتەوەو فۆرمێکی ترو بەم شێوەیە تاکۆتایی.. و ئەوەی لەگەردوونیشدا ڕوودەدات هیچ واتایەکی ئەخلاقی و ئیلاهی نییەو یارییەکی دڵپاکانەیە لەشێوازی یاری منداڵان. ١٨

دواتر قۆناغی شکۆمەندیی فەلسەفەی یۆنانی لەسەر دەستی سێ کەڵە فەیلەسوف: سوکرات، ئیفلاتون، ئەرەستۆ دەستپێدەکات، و فەلسەفە بەگشتیی و پرسی هەبوون

لەفەلسەفەدا پێدەنێتە قۆناغێکی نوێ.

سوکرات،(٣٩٩-٤٦٩ پ.ز) باوەڕی بە ئامانجێکی ئەخلاقی لەپشت هەبوونی گەردوونەوە هەبوو. ئەمەش بەواتای باوەڕ بەهێزێکی خواوەندیی و هەبوونی بەرنامەیەک لەگێڕانی چەرخی گەردوون. و پێیوایە کە سەرەتا هەمووشتێک لە تێکەڵپێکەڵی و پەشێویدا بووە. پاشان عەقڵ هاتووەو ڕێکوپێکی پێ بەخشیوە. و وای لێکردووە، بەباشترین سیستەم بەڕێوەبچێت. بەڵام هەربیروباوەڕیکی ئەفسانەیی بە خواوەندەکانیشەوە. ڕەت دەکاتەوەو پێیوایە خواوەندی خوڵقێنەریی هەبوون هەمان خواوەندی ئەفسانەیی نییە. و ئەو سیستەمەی گەردوون دەگێڕێت، لەبەرژەوەندی مرۆڤ کاردەکات و ئەرکی مرۆڤیش بەشداریی کردنە لەڕێکوپێککردنی ژیان و کۆمەڵگا.

سوکرات، کە بۆخۆی هیچ بەرهەمێکی نووسراوی لەپاش بەجێ نەماوە، و ئەوەی هەیە لەمیانی بەرهەمی قووتابی و پەیڕەوان و لایەنگرانییەوە، بەتایبەتی ئیفلاتوونەوەیە. لەنامەی تیمائوسدا باس لە کۆمەڵگا نموونەییەکەی خۆی دەکات، پاشان تیمائۆسی دۆستی، هەمان کۆمەڵگای نموونەیی دەبەستێتەوە بە خواوەندو هێزی خوڵقێنەر. و ڕایدەگەیەنێت کە گەردوون دەبێ سەرتایەک و خوڵقێنەرێکی هەبێت. چونکە گەردوون لەڕێگای هەستەکانمانەوە دەرک پێدەکرێت و شیاوی گۆڕانکاریشە. هەروا تیمائۆس ڕایدەگەیەنێت کە خوڵقێنەری گەردوون هێزێکی خواوەندییە کە بەسەر پێکهاتنی کۆمەڵگای نموونەییدا ڕادەگات. (بەمجۆرە خواوەند خوازیاریی ئەمەیە کە هەمووشتێک خێر بێت و تائەو جێگایەی لەتوانادایە کەموکوڕی لەهیچ شتێکدا نەبێت. و ئەم جیهانە هەستپێکراوە ناڕێکوپێکە، بەرەو ڕێکوپێکی دەڕوات. چونکە حوکمی خواوەندیی حاڵەتی ڕێکوپێکی پێ باشترەو بەهەرشتێکی دەبەخشێت).١٩

ئیفلاتوون(٤٢٧-٣٤٧پ ز) یش، بەئیلهام وەرگرتن لە باوەڕەکانی فیساغۆرس پێیوابوو کە: جەستە بارستاییەکە لەشەڕوخراپە. و هۆکاری ڕەنج و ئازاری مرۆڤە،

و بەردەوام تووشی نەخۆشی دەبێت و لەهەڵپەی خۆراکدایە. بەمەبەستی تێرکردنی خواستە هەوەسبازییەکانی جەستەی بەدوای بەدەستخستنی سامانەوەیە. بەجۆرێک هیچکات سنووری کۆتایی و تێربوونی بۆ نییەو گشت ئەمانەش لەئاکامدا دەبنە هۆی هەڵگیرسانی شەڕو کوشتار. و خۆئەگەر مرۆڤ لەبری ئەوکاتانەی بە نەخۆشی و شەڕوکوشتار و خواردن و خواردنەوە بەسەری بردووە، خەریکی دیراسەکردنی فەلسەفە بووایە. بە ئاسانی بەمەعریفەی ڕاستەقینە دەگەیشت. کەواتە ئەوەی ڕێگرە لەبەردەم گەیشتن بە مەعریفەدا تەنیا جەستەیە..![٢٠]

ئیفلاتوون، لە پەڕتووکەکەیدا(کۆمار)، دەربارەی میتافیزیک دەدوێت. هەرچەندە ئەو یەکەمین فەیلەسوفێک نەبوو لەوبارەیەوە بدوێت، بەڵام دیدو بۆچونەکانی ئەو لەمڕووەوە تەواو نوێ بوون.

ئیفلاتوون پێیوابوو کەهەبوون، لە ڕێگای عەقڵەوە نەک (هەست) دەناسرێت. بەگشتیی ئەو هەبوون دەکات بەدوو بەشەوە. یەکەم جیهانی هەستگەرایی و دیاردەکان، واتا ئەو جیهانەی لەڕێگەی هەستەوە دەرک پێدەکرێت و دەناسرێت. دووەم جیهانی (ئایدە)، کە ڕێگای ناسینی ئەو جیهانە بێ بەکارهێنانی عەقڵ لەتوانادا نابێت. بۆ ڕاڤەکردنی پرسی (ئایدە). لە فەلسەفەی ئیفلاتونیدا زۆرجار نموونەیەک دەهێنرێتەوە کە ئەسپە. ئێمە دەزانین کە لە جیهاندا چەندان شێوازو جۆری ئەسپ، لەڕووی ڕەنگ، قەبارە، خەسڵەتی نەژادیی.. هەیە. بەڵام لەدیدو بیری ئێمەدا ئەوانە هەموو ئەسپن، نەک ئاژەڵێکی تر. هۆکارەکە ئەوەیە کە لەجیهانی باڵادا نموونەو ئایدەیەکی ڕاستەقینەو کامڵ لە ئەسپ هەیە. ئیفلاتوون باوەڕی بەزنجیرەبەندییەکیش لەمڕووەوە هەیە. بەجۆرێک کە ئایدە بچوکەکان ئایدەی گەورەتر پێک دەهێنن، و لەئاکامدا بە پێکهێنانی حەقیقەتێکی یەکتا کە خواوەندە کۆتایی دێت. ئیفلاتوون هەوڵی نەدا بۆچوونەکانی خۆی بسەلمێنێت و لەچوارچێوەی گریمانەدا هێشتییەوە. بەجۆرێک کە هەبوونی خواوەندیش بە شیاوی

سەلماندن نازانێت. و تەنیا لەڕێگای دیتنی بەرهەم و نیشانەکانیەوە پەی بە هەبوونی دەبەین. و دیسان لەمڕوەوە پێیوایە ئەگەر حەز و ئارەزووی (خێر)و (جوانیی) لە ئارادایە دەبێ خێری ڕەهاو جوانیی ڕەهاش هەبوونیان هەبێت، کە هەمان خوایە.
لەبەشی حەوتەمی پەرتووکی (کۆمار)دا، ئیفلاتوون، چیرۆکێکی سیمبۆلیکی دەگێڕێتەوە. کە ئەگەر بانگاشەی پەیامبەرێتی بکردایە، دەیتوانی ببێتە ئەو چیرۆکانەی لە پەرتووکە پیرۆزەکاندا هاتوون.
ئەشکەوت، چیرۆکی کۆمەڵێک خەڵکە لەئەشکەوتێکدا دەژین. دەستوپێیان بە کۆتوبەند بەستراوە. بەجۆرێک کە پشتییان لەدەرگای ئەشکەوتەکەیەو بەهیچ جۆرێک ناتوانن ئاوڕ بەرەو دەرگای ئەشکەوتەکە بدەنەوەو بەردەوام ڕوویان لەدیوارێکە کە سێبەری بوونەوەران و شتی دەستکردی دەرەوەی ئەشکەوتەکەی دەکەوێتە سەر. درووستبوونی ئەو سێبەرانەش لەئەنجامی ئاگرێکەوەیە کە لەدەرەوەی ئەشکەوتەکە کراوەتەوە. ئیتر دانیشتووانی ناو ئەم ئەشکەوتە جگە لەو سێبەرانەو دەنگەکانیان کەلەدەرەوە دێن و ئەوان پێیانوایە لە سێبەرەکانەوەیە هیچیتر نازانن. و لەبەرئەوەی ئەوان هەمیشە بەوجۆرە لەدایکبوون و ژیاون پێیانوایە ئەو سێبەرانەی بەسەر دیواری ئەشکەوتەکەوە دەیبینن. خودی حەقیقەتەو گومانێک هەڵناگرێت. بەڵام کاتێک یەکێک لەوانە دێتە دەرەوە. و چاوی بە ڕووناکایی خۆر دەکەوێت و تەواوی ئەو شتانە دەبینێت کەساڵەهای ساڵ ئەو سێبەرەکانییانی دیتووەو پێیوابووە ئەوسێبەرانە خودی ڕاستییەکانن، سەرەتا سەرسام دەبێت و لەگەڵ خۆیدا دەکەوێتە کێشەو گفتووگۆو هەڵسەنگاندن. بەڵام لەئاکامدا بۆی دەردەکەوێت کە ئەو سێبەرانەی بەدرێژایی تەمەنی بەسەر دیواری ئەشکەوتەکەوە دیتوونی جگە لە شتگەلێکی ساختە بەولاوە هیچی تر نەبوون و حەقیقەت شتێکی ترەو ئەوەیە کەلەدەرەوەی ئەشکەوتەکە ڕوویداوە.

بەمجۆرە ئیفلاتوون دوو جیهانمان نیشاندەدات: یەکێکییان جیهانی ساختەو ناحەقیقی، ئەوی تریش جیهانێکی ڕاستی و واقیعی. ئەشکەوت، سیمبۆلە بۆ جیهانی هەستەکانمان. و خۆری دەرەوەی ئەشکەوتەکەش سیمبۆلی خێرو باشییە. و مەبەستی سەرەکی لەم چیرۆکە سیمبۆلیکییەدا، ئەمەیە کە مرۆڤ لەڕێگای هەستەوە دەرک بە حەقیقەت ناکات بەڵکو لە ڕێگای عەقڵەوە. و ڕزگاربوونی مرۆڤیش لە جیهانی ساختەو ناواقیعی و تاریک، تەنیا لەڕێگای بێنەوبەرەی هزری و بیرکردنەوەو بەکارهێنانی بیرو عەقڵەوە دەبێت کە ئەویش بە جیهانی فەلسەفە سنووردار دەکات، و وەک تاکە شتێک پێناسەی دەکات. کە توانای ڕزگارکردنی مرۆڤی لەتاریکیدا هەیە.٢١

بایەخی فەلسەفەی ئیفلاتوون، لەمڕووەوە لەمەدا بەدیاردەکەوێت، کە گەرچی ئەو خاوەنی باوەڕێکی مەزهەبییەو دان بەهەبوونی هێزی خواوەندیی وخوڵقێنەری هەبووندا دەنێت، بەڵام گەوهەری بیروباوەڕەکەشی لەمەدا خڕدەبێتەوە کە مرۆڤ بە یارمەتی فەلسەفە دەتوانێت بە حەقیقەت و فەزیلەت بگات. و ئەو لەو باوەڕەدا بوو کە لە جیهاندا هیچ شتێک ناتوانێت تەواو، و بێ کەموکوڕی بێت. و لەوبەریی جیهانی مادییەوە جیهانێکی خواوەندیی هەیەو ئەمەش کە لەم جیهانە مادییەدا ڕوودەدات ڕەنگدانەوەی کەموکوڕییەکانی ئەو جیهانەی ترە. بەڵام لەگەڵ ئەمەشدا بەپێی باوەڕی ئەو، مرۆڤ توانای ئەوەی هەیە ژیانێکی باشتر لەوەی ئێستا، بۆخۆی دابین بکات. ٢٢

ئەمجار ئەرەستۆ (٣٨٤-٣٢٢)پ.ز کە بناغەدانەری قوتابخانەی (لۆژیک)ە، باوەڕی بە هەبوونی خوا هەبوو، و پێیوایە کەسەرچاوەی بوون خواوەندە. بەڵام ئەو لە ڕەوتی فەلسەفی خۆیدا بەئاکامێکی گرنگ لە بواری بیرو مەعریفەدا گەیشت ئەویش پرسی گومان، و یەقینە. کە ئەو جیاوازیی لە نێوان ئەم دووانەدا دادەناو یەقینی بەوە لە گومان جیادەکردەوە کە جگە لەوشتانەی لە ڕێگای سەلماندنی بێ

چەندوچۆنەوە ڕاستبوونیان ئاشکرا دەبێ، هەر بۆچوونێکی تر لە چوارچێوەی گوماندا دەمێنێتەوە. و هەروەکو ئیفلاتوونیش پێیوابوو، لەجیهانی مەعریفەدا عەقڵ بناغەیە نەک هەست. پێشیوابوو نموونەی ڕەهای ئەخلاق، تەنیا خواوەندەو بەس.٢٣

پاش ئەرەستۆ، ئەبیکورEpicure ، (٣٤١-٢٧١ پ.ز) لە دیدێکی تەواو جیاوازەوە بۆ پرسی هەبوون دەچێت، ئەویش بیری ماتریالیستی و بێباوەڕی بە هەبوونی هەر هێزێکی دەرەوەی سروشت یان هەر خواوەندێک بوو. ئەو باوەڕی بە هەمیشەیی و لەناونەچوونی مادە هەبوو. بە پێچەوانەی ئەرەستۆو ئیفلاتوون ئەو لە جیهانی بیرو مەعریفەدا گرنگی هەستی بەپێش عەقڵ دەداو لەو باوەڕەدا بوو کە هەست بەسروشت و ماهیەتی خۆی ڕاستگۆترە لەعەقڵ، و هۆکاری هەڵەکانیش بۆ خودی هەستەکە ناگەڕێتەوە بەڵکو بۆ تەفسیرەکانی هەست کەلە ڕێگای عەقڵەوە دەبێت. هەروا ئامانجی مەعریفەشی بە ڕزگارکردنی مرۆڤ لە جەهل و خورافات و ترس لە خواوەند، و ترس لەمردن.. دیاریی دەکرد و دەیگوت تا مرۆڤ خۆی لەو ترس و باوەڕە هەڵانە ڕزگار نەکات ناتوانێ لە ژیاندا بەختەوەریی بەدەست بخات.٢٤

گەرچی ئەم بیروباوەڕە فەلسەفییانە جیاوازیی زۆر لە نێوانیاندا هەبوو، و هەریەک بوونە خاوەنی قووتابخانەیەکی تایبەت و جیاواز لەویتر، پاشانیش گەلێک هەڵەی بیروبۆچوونیان سەلما و لەمە بەولاوەتریش فەلسەفە وەڵامی پرسە بنەڕەتییەکانی پێ نەدرایەوە. بەڵام ئەمە بەواتای شکەستی فەلسەفە نییەو لە پلەی گرنگی ئەو باوەڕە فەلسەفیانە ، نەهاتەخوارێ . چونکە ئەرکی فەلسەفە وەڵامدانەوەی پرسیارەکان نەبوو، بەڵکو خولقاندنی پرسیار. لەم میانەشەوە، گۆڕینی دیدو بۆچوونی مرۆڤەکان بەگشتی و شێوازی بیرکردنەوەیان بوو. فەلسەفە ئەو باوەڕەی دا بە مرۆڤ کە لە ڕێگای روئیاو خەیاڵەوە ناتوانێ پەی بەڕازی هەبوون ببات. بەڵکو لە ڕێگای بەکار هێنانی عەقڵ وئیدراک، و چۆنیەتی بەکار هێنانی ئەو عەقڵە. هەروا فەلسەفە بۆ یەکەمین جار پرسی یەقین و گومانی لەیەکتر جیاکردەوەو جەزمییەتی خستە ژێر

پرسیارەوە، و ڕەخنەو دیالۆگ، ڕەتکردنەوەو ڕاستکردنەوە، بەراوردو هەڵسەنگاندن و توێژینەوە، فێربوون و بەدەستخستنی زانیاریی...کردە بناغەی مەعریفە. و بەگشتیی، مێتۆدێکی نوێیان لەبواری بیرو مەعریفەو ناسین، بەناسینی گەردوون و هەبوونیشەوە هێنایە گۆڕێ و بووە بناغەی شێوازێکی نوێی بیرکردنەوەی مرۆڤایەتی دەربارەی خۆی و دەوروبەری.

پ: قۆناغی مەزهەب (ئایینە ئیبراهیمییەکان)

پێویست بەڕوونکردنەوەو لێدوانە کە دەستپێکردنی قۆناغێک دوای قۆناغێکی تر، بەم واتایە نییە کەئەم قۆناغانە لەسەر هێڵێکی ئاسۆیی دەجوڵێن، یەکێکیان تەواو دەبێت و یەکێکی تر دەستپێدەکات. بەڵکو گشت ئەم قۆناغە دیرۆکیانە، چوونەتە ناو یەک و ئاوێتەی یەکتر بوون. بۆ نموونە کاتێک باس لەقۆناغی ئەفسانە دەکرێت، بەدەستپێکردنی قۆناغی مەزهەب نەک هەر کۆتایی نەهاتووە، بەڵکو تەنانەت لەڕۆژگاری ئەمڕۆشماندا کاریگەریی ئەفسانە لەسەر بیروباوەڕە مەزهەبییەکان بەجۆرێک لەئارادایە کە جوێکردنەوەیان لەیەکتر کارێکی زەحمەت و ئەستەمە. هەروا کاریگەریی قۆناغی مەزهەبیش لە فۆرمگرتنی قۆناغی فەلسەفی و زانستیی کە دواتر باسیان دەکەین هەر بەهەمان شێوەیە. دیسان گەرچی قۆناغی ئەفسانە وەک یەکەمین قۆناغی بیری مرۆڤایەتی لەپەیوەندی لەگەڵ مەزهەب و خواپەرستیی و دیدی مرۆڤ لەسەر پەیدابوونی هەبووندا دادەنرێت، بەڵام ئەم قۆناغە بۆخۆی بەدوور لەبیروباوەڕی مەزهەبیی نەبووە، بەڵکو تژی بووە. و ناولێنانی قۆناغی مەزهەبیی تەنیا لەبەر ئەو تایبەتمەندییەیە کە لەم قۆناغەدا ئایینە ئیبراهیمییەکان، نەک مەزهەب بەگشتی هاتوونەکایەوە.

ئایینی جوویی وەک یەکەمین ئایینی ئیبراهیمی، لەژێر کاریگەریی ئەفسانەکۆنەکانی پێش خۆی دەرناچێت، و بۆ توێژەرەوەو تەنانەت خوێنەرێکی ئاسایی کە زانیارییەکی

کەمی دەربارەی ئەفسانەکانی سۆمەری و فینیقی و بابلی، و میسری...هەبێت و بەراوردێک لە نێوان ئەم ئەفسانانەو تەوراتدا بکات بەئاسانی بۆی دەردەکەوێت کە درێژەو بەردەوامیی هەمان ئەفسانەن بە هەندێک ڕیفۆرم و بیروباوەڕی نوێوە. ئەم ڕاستییەش نەدەزانرا تائەوەی بەشێک لەدەقەکانی ئەو ئەفسانە کۆنانە لەماوەی دوو سەدەی ڕابردوودا، دیترانەوە. و بەسەرسامییەکی زۆرەوە بۆ زانایانی ئەرکۆلۆگ و گشت ئەوانەی لەم بوارەدا کاریان دەکرد. کە بەشێکی زۆر لەدەقە تەوراتییەکان بێ جیاوازییەکی ئەوتۆ لەو لەوحە گڵێنیانەی بەخەتی بزماری لەسەریان نووسراوە دەبینرێنەوە. لەمانە: لەوەسفی بەهەشتدا کە باس لە باخێک دەکات بەناوی باخی عەدەن، لەهەمان ئەودەقە هەڵکەنراوانەی پاشماوەی دیواری کۆشکەکانی پادشایی بابلدا کە بە EDINU ناوبراوە هاتووە، و دەگەڕێتەوە سەدەی هەژدەهەمی پێش زایین. و لەناوەڕاستی سەدەی ڕابردوودا دیترایەوەو ئەمڕۆ لە موزەخانەی لۆفەر لە پاریس پارێزراوە.

دەربـارەی پەیدابوونی هەبوونیش زۆر لە ئەفسانە کۆنەکان دوورناکەوێتەوە. لەهەندێک شوێندا بەهەمان ڕێچکەداو بەکەمێک گۆڕانکاریی لەڕووالەتدا دەڕواتەوە. لەتەورات (پەرتووکی پەیدابوون- بەشی یەکەم) دا هاتووە کە: سەرەتا خوا ئاسمانەکان و زەوی خوڵقاند. زەوی وشک و برینگ و تاریک بوو. پاشان ڕۆحی خوا ئەوانەی داگرت. خوا گوتی ئاوەکانی ژێر ئاسمان لە شووێنێک خڕبنەوەو وشکایی جیابێتەوە. خوا ناوی لەوشکایی نا زەوی، و ناویشی لە ئاوە کۆکراوەکان نا دەریا. خوا فەرموی زەوی ڕووەک بڕوێنێت. و فەرمووی ئاوەکان پڕبن لە ماسی و پەلەوەرانیش لەژێر ئاسمان و بە سەرزەویەوە بفڕن. و فەرمووی زەوی جرۆجانەورو ئاژەڵ بە شێوازی جۆراوجۆر بهێنێتە دەرەوە.. پاشان فەرمووی ئادەم لە شێوازی خۆمان بخوڵقێنین تا فەرمانڕەوایی بەسەر ماسیەکانی ناو دەریاو باڵندەکانی ئاسمان و جرۆجانەوەرانی زەمینەوە بکات. پاشان ئادەمیزادی بەشێوازی نێرومێ خوڵقاند...

هەروا لەهەمان پەرتووکی پەیدابوونی تەوراتدا هاتووە کە خوا تەواوی هەبوونی لە ماوەی ٦ ڕۆژدا خوڵقاندووەو ڕۆژی حەوتەمیشی بۆ حەسانەوە هەڵبژاردووە. چونکە لەئاکامی خەریکبوونییەوە بەخوڵقاندنی هەبوون زۆر ماندوو بووە.

لەدەقێکی تری دواتر، واتا(بەشی دووەم)دا هاتووە، کە خوا ئادەم و حەوای لە قوڕ درووست کردوو فووی پێداکردو گیانیان هاتە بەر. لەمەشدا ناکۆکیەک بەدی دەکرێت لە نێوان بەشی یەکەم و دووەمدا. چونکە لەهی یەکەمیاندا فەرمان دەدات ببێت. ئەویش دەبێت. هەر یەکسەریش دوو ڕەگەزی نێرو مێیان لێ درووست دەکات. بەڵام لەوەی دووەمیاندا سەرەتا پەیکەرێکی قوڕی لێ درووستدەکات و بەفووتێکردن ئەو پەیکەرە قوڕییە گیانی بەبەردا دێت و مرۆڤی لێ پەیدا دەبێت.

هەروا چوارچێوەی گشتیی و ناوەڕۆکی بیری پەیدابوونی تەوراتیی دووبارەکردنەوەی هەمان ئەفسانەی سۆمەریی و بابلییە کە سەرەتا ئاوێک هەیەو لەو ئاوەوە زەوی و ئاسمان پەیدا دەبن و ئاسمان بۆ سەروو، و زەویش بۆ خواروو، و پاشان بەرەبەرە زیندەوەرانیش درووست دەبن.

لە ئەفسانەکاندا سەرەتا خواوەندێکی بەتوانا هەیەو بەشە سەرەکییەکانی سروشتیش وەک ئاسمان و زەوی و ئاوو هەوا... هەمان خەسڵەتی خواوەندیین و ئەوانیش منداڵی خواوەندی یەکەمینن. و لەوەوە پەیدا دەبن. بەڵام لەتەوراتدا خواوەند یەکەو تەنیایە. سروشت و پێکهاتەکانیشی، نەخواوەندن و نە منداڵی ئەویشن. بەڵام هەر بەرهەمی ئەون.

هەروا ئەگەر بە بیرو عەقڵی ئەمڕۆیی تەورات هەڵسەنگێنین دەبینین جیهانی تەورات، وەک جیهانی ئەفسانە، بچووکەو زەوی بەتەواوی گەردوون، ئاسمانیش بەمیچی ئەو گەردوونە دەزانێت. و حیکمەت و فەلسەفەی خوڵقاندنی ئەو ئاسمانە پان و بەرینەی ئەمڕۆ کەمێک زانیاریمان لەسایەی زانستەوە لەسەری هەیە، و ئەو هەموو ئەستێرەو هەسارەو مەنزومە گەورەو لەژماردن نەهاتووانە، تەنیا بۆ ئەوەن

تا زەوی ڕووناک کەنەوە..!

دەبینین، تەورات بیرێکی ئەوتۆ نوێی نییە بیخاتە سەر باوەڕە ئەفسانەییەکان دەربـارەی پەیدابوونی هەبوون. نەباسێک لە تەمەنی هەبوون، و نەبچوکترین ئاماژەیەک بە تەمەنی خۆرو زەوی و مرۆڤیش لەئارادانیە..! لە ئینجیل و قورئانیشدا بەهەمان شێوە. بەڵکو ئینجیل بەتاکە دێڕێکیش باس لە پرسەکانی دەربارەی هەبوون و پەیدابوونی سروشت و ژیانی مرۆڤ ناکات. هەروا مەگەر لەچەند شوێنێک و بەگوزەرێکی خێرا دەنا باسێک لە بتپەرستییش لەئارادا نییەو پرسەکانی دەربارەی خەتەنەکردن یان نەکردن پترن لەوباسانەی دەربارەی هەبوون و خوڵقانی سروشت و ژیانن.

بەلای ئینجیلەوە دیرۆکی مرۆڤایەتی و دیرۆکی ژیان و سروشت و گەردوون هیچ گرنگییەکیان نییە. مرۆڤ بیزانێ یان نا شتێکی دەست ناکەوێت. بەڵام ئایندە کە پاداشت و سزا، بەهەشت و دۆزەخی لەخۆی گرتووە، مۆتیڤبەخشن بەمرۆڤ تا دوای عیسای مەسیح بکەون و ژمارەی پەیڕەوانی هەرچی زۆرتر بن. لەنامەی یەکەمی پۆلس بۆ باوەڕدارانی کۆرنسۆس دەربارەی هەڵسانەوەو زیندووبوونەوەی مـردووان هاتووە: ئەوەی لە فەوتاویی دەچێنرێت، لەهەڵسانەوە فەوتاو نییە. لەسوکایەتی دەچێنرێ، لە شکۆمەندی هەڵدەستێتەوە. لەلاوازیی دەچێنرێ، لە هێز هەڵدەستێتەوە. بەجەستەی سروشتیی دەچێنرێ، بەجەستەی ڕۆحی هەڵدەستێتەوە. گەر جەستەی سروشتیی هەبێ، جەستەی ڕۆحیش هەیە... ئادەمی یەکەم لەشێکی زیندوو بوو، بەڵام دوا ئادەم ڕۆحێکە ژیانمان پێدەبەخشێ... مرۆڤی یەکەم لەزەوی بوو لەخۆڵ، بەڵام مرۆڤی دووم لە ئاسمانەوەیە...

مەبەستی ئەم چەند دێڕەی سەرەوەی ئینجیل، وێناندنی دیمەنەکانی ئایندەی مرۆڤن کە لەزیندووبوونەوەدا وەک ژیانی یەکەم کەلەناو ئەم جیهانەدایە لاوازو نەخۆش و هەبوونێکی مادیی نابێت، و لەژیانی دووەمی دوای مەرگ و زیندووبوونەوەی

دووبارەی بەهەبوونێکی ڕۆحیی، بەهێزو شکۆمەند دەستپێدەکاتەوە.

جێگای پرسیارە کە چما ئینجیل بەلای ڕابردوودا ناچێت..؟ ئایا لەبەر ئەوەیە کە لەتەوراتدا هاتووەو ئینجیلیش درێژکراوەو بەردەوامیی هەمان پەیامە، و لە بەشی چوارەمی نامە بۆ عیبرانییەکاندا ئاماژەی پێکراوەتەوە کە خواوەند جیهانی بەشەش ڕۆژ درووست کردووەو ڕۆژی حەوتەمی بۆ حەسانەوە داناوەو ئیتر پێویست بە دووبارەکردنەوەی ناکاتەوە..؟ پێناچێت هۆکارەکەی ئەمە بێت. بەڵکو پەیوەندیی بە کەسایەتی حەزرەتی مەسیح و پەیڕەوانیەوە هەیە. ڕابردوو، شتێکە لە چوارچێوەی ئەگەرو شیمانە دەرچووەو شتێکی ڕەهایە. واتا هەرشتێک دەربارەی ڕابردوو بگوترێت دەبێ بەشێوەیەکی ڕەها ڕاست بێت و ئەگەر زانیارییەکان لەسەر ئەو ڕابردووە لەبەردەستاندا نەبن یان ناتەواو بن، نەگوتنی باشترە. بەڵام دەکرێ دەربارەی ئایندە هەرشتێک بگوترێت. ئایندە کەهێشتا نەهاتووە، پێویستی باشاهیدو سەلماندن نییە، و دەکرێ بەئەگەرو شیمانە پڕبکرێتەوە.

سەرەڕای ئەمە ئایینی مەسیح، هەلومەرجێکی مادیی هێنایە کایەوە، کە لەو هەلومەرجەدا کۆمەڵگا بە لاڕێی گەندەڵی و خراپەدا دەڕۆیشت. چەوسانەوەی هەژاران و بێدەسەڵاتان لەلایەن دەوڵەمەندو دەسەڵاتدارانەوە، گەیشتبووە لوتکە، نەزانی و پاشڤەڕۆیی، نەخۆشی و بێدەرەتانی... تەنگی بەهەمووان هەڵچنیبوو. کێشەی ئایینی مەسیح بتپەرستیی نەبوو، چونکە ئەو کۆمەڵگایەی مەسیحی تێدا بەدیارکەوت، کۆمەڵگایەکی خاوەن باوەڕی جوویی بوو. هەروا مەسیح پێویستیی بەوەنەبوو هەبوونی خواوەند بسەلمێنێ، بەڵکو پێویستیی بە سەلماندنی خۆی بوو کە پەیامبەریی خواوەندە. دیسان هیچ پێویستییەکی بەوە نەبوو مرۆڤ لەڕابردووی خۆی ئاگادارکاتەوە، ڕابردوویەک کە سەرنجی ڕاناکێشیت و توانای گۆڕینی هەلومەرجەکانی ژیانیی ئەمڕۆیی نییە. بەڵکو بۆ تاکەکانی کۆمەڵگای ئەوکاتە، نانێک بایەخدارتر بوو، لەزانینی دیرۆک. نانێک گەر ئەمڕۆش دەست نەکەوێت،

بەوهیوایەی سبەینێ دەبێت، هێشتا لەسەرووی بایەخەکانەوەیە.

بەڵام ئایینی ئیسلام کەلە کۆمەڵگاو هەلومەرجێکی تەواو جیاوازدا سەریهەڵدا، پەیام و گووتارو مۆتیڤەکانیشی جیاواز بوون.

کۆمەڵگای حیجاز، کۆمەڵگایەکی بیابان نشینی بتپەرست، خێڵەکیی، شەڕکەر، موعجیزەخوازو خورافاتیی دوور لەهەر زانیارییەکی مەزهەبیی پەرتووکیی. پێویستیی بە لۆژیکێکی نوێ هەبوو، تا گۆڕان بەسەر بیروباوەڕە مەزهەبییەکانیدا بهێنێت. لۆژیکێک کە بە پەردەی موعجیزە داپۆشرابێت. و کاتێکیش پەیامبەر هیچ کردەوەیەکی موعجیزەئاسای نەنواندو خۆی وەک مرۆڤێکی ئاسایی پێناسە کرد، لانیکەم گوفتارەکەی پێویستی بەو موعجیزەیە دەکرد. موعجیزەش ئەو شتەیە کە لە ژیانی ئاساییدا نامۆو سەرسوڕهێنەرە. هەربۆیە دەبووایە قورئان وەڵامدەرەوەی پرسەکانی ئەوکاتە بن چ دەربارەی هەبوون، کە هێشتا لای ئەو کۆمەڵگایە بێ وەڵام بوون، و چ دەربارەی ئاکام و ئاییندە، کە مۆتیڤبەخش و پاڵنەرو مایەی هیواو بەختەوەریی بوون.

ئیسلام وەک تەواوی ئایینەکانی پێش خۆی و دوای خۆی، لەهیچەوە درووست نەبوو. بەڵکو درێژەپێدەری میراتێکی دەوڵەمەندبوو. کەلەهەندێک شوێندا پێویست بە پشتڕاستکردنەوەو درێژەپێدان، لەهەندێک شوێنی تریشدا، ڕیفۆرم و چاکسازی و گۆڕانی دەکرد.

پرسەکانی دەربارەی خوڵقاندنی هەبوون، درووستبوونی مرۆڤ، و سروشتەکەی دەورەبەری بەهەردوو بەشە گیاندارو بێ گیانەکەیەوە، بەشێکی گرنگ و واتاداری ناوەرۆکی قورئانە. کەبەدوور لەناکۆکی نێوان ئایەتەکان، و هەبوونی تەمومژ لەهەندێک شوێنی تردا نییە.

خوڵقاندنی هەبوون لەقورئاندا بە بوونی چەند جیاوازییەکەوە، تا ئاستێکی زۆر لە تەورات دەچێت.

لە سورەی (ص) ئایەی ٣٨ هاتووە:

ولقد خلقنا السماوات ولأرض وما بينهما فی ستة أيام وما مسنا لغوب.

واتا: زەوی و ئاسمان و ئەوەی دەکەوێتە نێوانیانمان لە شەش ڕۆژدا دروست کردو، تووشی هیچ ماندوێتییەکیش نەبووین.

لێرەدا جیاوازی و ناکۆکییەکی ئاشکرا لە نێوان دوو دەقی تەورات و قورئاندا هەیە. کەلەتەوراتدا خواوەند ماندوو دەبێت و ڕۆژی حەوتەم

دەکاتە ڕۆژی پشوودان. بەڵام لە قورئاندا خواوەند بە هەمان شەش ڕۆژ، هەبوون دەخوڵقێنێت بەڵام، ماندوو نابێت.

لە تەفسیری (جلالين) دا هاتووە کە مەبەست لە ماندوونەبوونی خوا لەقورئاندا ڕەتکردنەوەی دەقە تەوراتیەکەیە، بۆ ئەوەی خەسڵەتی مرۆڤ نەداتە پاڵ خوا. چونکە خوا هەر شتێک بخوڵقنێت بە (کن فیکون) دەبێت. بەڵام ئەم تەفسیرەش بۆخۆی پڕ لە ناکۆکییە:

یەکەم/ تەورات پەرتووکێکی ئاسمانی باوەڕپێکراوە و لەچەندان شوێنی قورئاندا ئاماژە بە تەورات کراوە وەک پەرتووکێکی خواوەندیی و لە ئایەتی ٤٣ سورەی (مائدە) هاتووە:

وكيف يحكمونك وعندهم التوراة فيها حكم الله...

واتا ئەوان بۆخۆیان تەوراتیان هەیە کە حوکمی خواوەندیی تێدایە، ئیتر بۆچی دێن و تۆ دەکەن بەدادوەر..

دیسان لە ئایەی ٤٤ هەمان سورە هاتووە:

أنا أنزلنا التوراة فيها هدى ونور، يحكم بها النبيون...

واتا: ئێمە تەوراتمان ناردە خوارەوە ڕێنوێنی و ڕۆشنایی تێدا بوو، و پەیامبەران حوکمیان پێدەکرد...

دووەم/ دەستەواژەی (کن فیکون) بەواتای (ببە، دەبێ) . واتا خواوەند فەرمان

بەهەرشتێک بکات ببێت، یەکسەر دەمودەست دەبێ. دەی کەواتە بۆچی زەوی و ئاسمانی بەشەش ڕۆژ خولقاند. و ئەدی کاریگەریی (کن فیکون)ەکە لە کوێیە..؟

لەمەش گرنگتر، لەهەردوو دەقە تەوراتیی و قورئانییەکەدا، سەبارەت خولقاندنی هەبوون لەلایەن خواوە، دوو خەسڵەت دەدرێتە پاڵ خواوەند، کە دیسان خەسڵەتی مرۆڤن و لەگەڵ تواناو شکۆمەندیی ڕەهای خواوەندا نایەنەوە. ئەمانەش: یەکەم، پێویستیی خواوەندە بە فاکتەری کات. دووەم، پێویستی خواوەندە بە کاروچالاکی و هەوڵ و کۆشش...!

لەناو تەفسیرکاران و بیرمەندانی ئیسلام و بەگشتیی موسوڵماناندا ئەم بیروڕایە هەیە کە ئەوەی لەدەقە تەوراتییەکەدا هاتووە، دەربارەی ماندووبوونی خوا شتێکی نالۆژیکمەندانەیەو لە گەڵ عەقڵدا ناگونجێت کە خواوەند ماندوو ببێت. بەڵام ئەگەر کەمێک قوڵتر بۆ پرسەکە بڕوانین هێندەش نالۆژیکمەندانە نییە. چونکە کاتێک خواوەند پێویستیی بەفاکتەری زەمان و هەوڵ و کۆشش و کارکردنە، نامۆ نییە ئەگەر پێویستی بەحەسانەوەش بێت. واتا بۆچی خواوەند پێویستیی بەفاکتەری کات بێت نامۆ نییەو دەگونجت. بەڵام ئەگەر لەئاکامی نواندنی هەوڵ و کۆشش و کارکردنی شەش ڕۆژەدا ماندووبێت نامۆو نالۆژیکمەندانەیە. پرسەکە ئەوکاتە لەنالۆژیکمەندیی دردەچوو کە خواوەند هەبوونی نەک بە شەش ڕۆژ، بەڵکو بە (کن فیکون)، بخوڵقاندایە. چونکە ئەوکاتە ئیتر نەباس لەفاکتەری زەمانەو نە پێویستیی بە هەوڵ و کۆششێکیش لەئارادایە.

هەروا ناکۆکی لە ناو دەقە قورئانییەکانیشدا دەبینرێن. و لە کاتێکدا لە سورەی (أعراف) ئایەی ٥٤، هەروا (یونس) ئایەی ٣ جارێکی تر هاتووە:

أن ربكم الله الذى خلق السماوات والأرض فى ستة أيام

واتا: یەزدانی ئێوە ئەو خوایەیە کە زەوی و ئاسمانی لەشەش ڕۆژدا درووست کردووە. کەچی وەک پێشتر ئاماژەمان پێکرد لە سورەی (ص) ئایەی ٣٨. ولەسورەی (فرقان)،

ئایەی ٥٩. شتێکی لێ زیاد دەبێت کە لە ناوەرۆکی دەقەکەی تر جیای دەکاتەوە دەڵێت:

الذی خلق السماوات ولأرض وما بینهما فی ستة أیام

واتا: ئەو خواوەندەی زەوی و ئاسمان و ئەوەش کە دەکەوێتە نێوانیانی بە شەش ڕۆژ درووست کردوو. دەبینین جارێک هەبوون، لە زەوی و ئاسماندا خڕ دەکاتەوەو جارێکی تر (وما بینهما)ی لێ زیاد دەکرێت.

پاشان لە سورەی (فصلت)، ئەم ناکۆکییە گەورەتر دەبێت، کاتێک دەفەرموێ:

قل أئنکم لتکفرون بالذی خلق الأرض فی یومین (ئایەی ٩)

وجعل فیها رواسی من فوقها وبرک فیها وقدر فیها أقواتها فی أربعة أیام (ئایەی ١٠)

فقضاهن سبع سماوات فی یومین وأوحی فی کل سماء أمرها وزیننا السماء الدنیا بمصابیح وحفظا ذلک تقدیر العزیز علیم..(ئایەی ١٢)

دەبینین لە ئایەی ٩ دەفەرموێ: ئایا ئێوە باوەڕتان بەو زاتە نییە کە زەوی لە دوو ڕۆژدا درووست کردووە..؟ بەڵام لە ئایەی ١٠ دەفەرموێ: ئەو خواوەندەی لەسەر ڕووی زەوی لەنگەری بە کێوەکان گرت. و بەرەکەتی تێ خست و خێروبێرو خۆراکی لە ماوەی چوار ڕۆژدا تێدا هێنایە کایەوە. کەچی لە ئایەی١٢ دا دەفەرموێ: خوا لە ماوەی دوو ڕۆژدا ئاسمانی لە حەوت چیندا خوڵقاند و بۆ هەرچینێکیش وەحی نارد، و ئاسمانی دنیاشمان بە چرا ڕازاندەوە، و کردمانە هۆی پاراستن. و ئەمەش بە ویست و فەرمانی زاتێکە کە توانامەندو زانایە.

دەبینین کۆی ئەو ڕۆژانە لە بری شەش کەلەئایەکانی پێشتردا هاتووە لێرەدا دەبێتە هەشت. دوو ڕۆژ بۆ زەوی چوار ڕۆژیش بۆ کێوەکان و پێوستییەکانی تری سەرزەوی و دوو ڕۆژی تریش بۆ ئاسمان.

لە تەفسیری(أبن کثیر) دا هاتووە: کە مەبەست لە چوار ڕۆژەکە دوو ڕۆژەو لە گەڵ دوو ڕۆژی پێشتردا دەبێتە چوار. ئیحتیمالێکی وا دەکرێ هەبێت. بەڵام ئەم

ئیحتیماله کاتێک دەگاتە ناوەڕۆکی ئایەی ١٢ی هەمان سورە لاواز دەبێت. چونکە بەپێی لۆژیکی ئەم تەفسیرە لە ئایەی دوازدوشدا (دوو) دەبووایە ببێ بە شەش. و ئەو کات بەمجۆرە تەفسیر دەکرا: خوڵقاندنی زەوی دوو ڕۆژ، خوڵقاندنی کێوەکان و پێویستییەکانی تر لە ئاژەڵ و خۆراک دووڕۆژی تر، کۆیەکەی دەبێتە چوارڕۆژ. خوڵقاندنی ئاسمانیش دووڕۆژی دیکە، کۆی هەموویان دەبێتە شەش ڕۆژ. بەڵام لە جیاتی ئەم شەش ڕۆژەی دوایی دیسان بگەڕێتەوە سەر دوو.. چی دەگەیەنێت..؟ سەرەڕای ئەم ناکۆکییە، ئایا لە ڕووی عەقڵ و لۆژیکەوە ڕێی تێدەچێت خواوەند، ئەم هەموو گەردوونە فراوان و بێکۆتاییەی لە دوو ڕۆژدا درووست کردبێت و کەچی زەوییەکی بەم بچکۆلەییە لەچاو تەواوی گەردوون چوار ڕۆژی پێویست بووبێت..؟ دەربارەی ساتە هەرەسەرەتاییەکانی خوڵقاندنی هەبوونیش قورئان ئاماژە بەئاو دەکات و لە سورەی (هود) ئایەی ٧ دەڵێت:

هو الذی خلق السماوات والأرض فی ستة أيام، وكان عرشهعلى الماء

واتا: زاتی خواوەندە کە زەوی و ئاسمانەکانی لە شەش ڕۆژدا خوڵقاندو عەرشی خۆشی لەسەر ئاو بوو.

بەڵام دیارنییە کاتێک هێشتا زەوی و ئاسمان نەخوڵقاوە ئەو ئاوە لە کوێ بووە..؟ واتا لەکوێی هەبوون بووە. ئایا ئاویش هەر بەشێک نییە لە هەبوون.؟ ئایا بە پێی دەقە قورئانییەکان هەبوون هەمووی بریتی نییە لە زەوی و ئاسمان..؟ ئایا کە هێشتا شوێن (مكان) نەخوڵقاوە، ئاویش پێویستیی بە شوێن(مكان)ێک هەیە، چۆن دەتوانین وێنای ئەم شتە بکەین..؟ هەروا ئایا ئەم ئایەتە ئەفسانەکانی بابلی و میسریمان بیر ناخاتەوە کە لەوانیشدا سەرەتای هەبوون لە ئاوەوە دەستپێدەکات..؟!

دەربارەی خوڵقاندنی مرۆڤ، لە ئایەی ٥ سورەی (حج) دا هاتووە:

يا أيها اللذين أن كنتم فی ريب من البعث، فأنا خلقناكم من تراب، ثم من نطفة، ثم من علقة، ثم من مضغة مخلقة وغير مخلقة...

واتا: ئەی خەڵکینە ئەگەر ئێوە گومانتان لە زیندوو بوونەوە هەیە ئەوە بزانن کە ئێمە ئێوەمان سەرەتا لە خاک درووست کرد پاشان کردمانن بە نوتفەیەک، پاشان دەبێتە ئەو شتەی بە دیواری منداڵداندا هەڵدەواسرێت، ئەمجار دەبێتە گۆشتپارەیەکی تەواو یان ناتەواو ..

هەروا ئەمە لە سورەی (مؤمنون) یشدا دووبارە دەبێتەوەو.

دەربارەی خوڵقاندنی ئادەم و حەواش بە چەندان شێوازی جۆراوجۆر لە قورئاندا هاتووە کە دوور لەناکۆکی نین:

أن مثل عیسی عند الله کمثل آدم خلقە من تراب ثم قال لە کن فیکون:

واتا: نموونەی خوڵقاندنی عیسا وەک نموونەی خوڵقاندنی ئادەمە لە خاک، کە فەرمانی پێدا، ببێت بە مرۆڤ دەستبەجێ، بوو. (سورەی -آلعمران- ئایەی ٥٩)

بەڵام لە شوێنێکی تری قورئاندا باسی خوڵقاندنی عیسا واناکات کە لەخاک درووست کراوەو بە (کن فیکون)یش بووە. بەڵکو لە دایکێک بێئەوەی لەگەڵ پیاوێکدا جووت بووبێت دەبێت. و ئایەی ١٢ سورەی (تحریم) دەڵێت:

ومریم أبنت عمران التی أحصنت فرجها فنفخنا فیە من روحنا، وصدقت بکلمات ربها وکتبە وکانت من القانتین.

واتا مریەمی کچی عەمران کە داوێنی خۆی بە پاکی ڕاگرت و ئێمەش فوومان بەو داوێنەدا کردو ئەویش باوەڕی بەخواوەندی خۆی و پەرتووکەکانی هەبوو، و لەڕیزی ملکەچ و فەرمانبەرداراندا بوو.

هەروا لە چەند شوێنی تری قورئاندا، بەشێوازی جیاواز، باس لە خوڵقاندنی ئادەم دەکات. لە ئایەی ٧١ ی سورەی (ص) هاتووە

أذ قال ربک للملائکة أنی خالق بشرا من الطین.

واتا خواوەند بە فریشتەکانی گوت، من خوڵقێنەری ئادەمم لە قوڕ

بەڵام لە ئایەی ٢٠ سورەی (الروم) ، لە جیاتی قوڕ، ناوی خاک دەهێنێت:

ومن أياته أن خلقكم من تراب ثم أذا أنتم بشر تنتشرون.

واتا: لە بەڵگەکانی خواوەندیی ئەوەیە کە ئێوەی لە خاک درووست کردووە، پاشان دەبنە مرۆڤ و بەسەر زەویدا بڵاو دەبنەوە.

هەروا لە ئایەی ٢٦ سورەی (حجر) هاتووە:

ولقد خلقنا الأنسان من صلصال من حماء مسنون

لە تەفسیری (جلالین)دا هاتووە: **صلصال** بەواتای قوڕێکی وشک کە ئەگەر پتی لێ بدەی دەنگێکی لێ دێت، **حماء** بەواتای ڕەش. **مسنون** بەواتای حاڵەتی گۆڕان. واتا ئێمە مرۆڤمان لە قوڕێکی وشکی ڕەش کە لە حاڵەتی گۆڕاندایە خوڵقاند.

بەڵام لە تەفسیری(قرطبی) دا هاتووە کە مەبەست لە **صلصال من حماء مسنون،** قوڕێکی بۆگەنیوە.

جێگای سەرنجە، کە لە سورەی فرقان ئایەی ٥٤ دەربـارەی خوڵقاندنی مرۆڤ، لەدیدێکی ترەوە، کە لایەنە سروشتییەکەی پەیدابوونی مرۆڤە، باس لەخوڵقاندن دەکات: **(وهو اللذی خلق من الماء بشرا فجعله نسبا وصهرا وكان ربک قديرا)**. واتا: هەر ئەو خواوەندەیە کە مرۆڤی لە ئاو خوڵقاندووە، بۆ ئەوەی هاوسەرگیریی ئەنجام بدەن و زاوزێ بکەن، و خواوەندی تۆ بەتوانایە.

هەروا بەسەرهاتی ئادەم و حەوا، هەڵخەڵەتانیان لەلایەن شەیتانەوەو خواردنی میوەی حەرامکراو، و دەکردنیان لەبەهەشت.. دیسان بەرلەتەوارات، لە ئەفسانەی گلگامشدا بەهەمان نـاوەرۆک و ڕواڵەتێکی جیاوازەوە، باسی لێوەکراوە. لەو ئەفسانەیەدا ئەنکیدۆ، مرۆڤێکی وەحشی، ڕووتوقووت، لەشێوازی ئاژەڵ، گژوگیا دەخوات و خۆی تێردەکات. بەڵام کاتێک ژنێک کە کاهینی ئەوینە، هانی ئەنکیدۆ دەدات بۆ خواردنی نان و شەراب. و دوای ئەوەی بۆ یەکەمین جار لەخواردن و خواردنەوەی مرۆڤ دەخوات، تازە بەخۆی دەزانێت، کە جاهیلەو شەرم لەڕووتبوونی خۆی دەکات و خێروشەڕ لەیەک جیادەکاتەوە. و هاتووە:

کاتێک نانیان لەبەردەم دانا سەری سوڕماو شڵەژا

بۆ ماوەیەک چاوی لەو نانە بڕی

بەڵێ! ئەنکیدۆ نەیدەزانی چۆن نان بخوات

ناشزانێت چۆن مەی دەخورێتەوە

کاهینی ئەوین زاری کردەوەو گووتی:

بخۆ، ئەنکیدۆ! ئەمە مایەی ژیانە.

لەم شەرابە بخۆرەوە. ئەمە نەریتی ئەم وڵاتەیە

ئیتر ئەنکیدۆ تا تێربوو خواردی.

حەوت پیاڵەشی لەو شەرابە خواردەوە

گیانی ئازادبوو، سینگی کرایەوە، لێوانی شادییان لێ نیشت، ڕۆشەنی باڵی بەسەر دەمووچاوانیدا کێشا...

بوو بەمرۆڤ، وەک تازە زاوایەک جلوبەرگی پۆشی... ٢٥

دەبینین ئادەمیش لەشێوازی ئەنکیدۆ، تەنیا کاتێک بەڕووتبوونی خۆی دەزانێت، کە میوەی حەرامکراو دەخوات و تازە خۆی دەناسێت و چاکەو خراپە لەیەکتر جیادەکاتەوە. دوای ئەمەشە کە چارەنووسی دەگۆڕێت و وەک مرۆڤێکی عاقڵ، لەبەهەشت دەردەکرێت و دێتە سەر زەوی.

یەکێک لە بوارو لایەنەکانی تری لەیەکچوونی ئەفسانەو چیرۆکەکانی ئایینە ئیبراهیمییەکان، لە ڕوودانـی تۆفان و کەشتی نووحدا دەبینین کە پێشتر لە ئەفسانەکانی بابلیی و سۆمەریی و فینیقیدا هاتووە. ناوەرۆکی ئەفسانەکەش، لە هەمووواندا یەکێکە. کە دوای خوڵقاندن، خواوەند دەبینێت ژیان و گوزەران لەسەر زەوی ڕێکوپێکی خۆی لەدەست داوەو شەڕو شۆڕو خراپە، هەموو شوێنێکی داگرتووە. و بۆ ڕزگاربوون لەم حاڵە خوا پیاوچاکێک ڕادەسپێرێت، تا کەشتییەک درووست بکات و لەهەر جۆرە ئاژەڵ، جووتێکی نێرو مێ و هەر جۆرە ڕووەکێک

لەگەڵ خۆیان هەڵگرن تا دوای تۆفان جیهان جگە لەو کەشتییەو ئەوەی لەناویدایە، لە ناو بەرێت و پاکی کاتەوەو پاشان تۆفان بنیشێتەوەو ئەوانەی لەو کەشتییەدان، ژیان و پێویستییەکانی لەسەر زەوی دەستپێبکەنەوە.

لە ئەفسانەی سۆمەریدا هاتووە:

گێژەڵووکە لە هەموو لایەکەوە هەڵیکرد

لەگەڵ خۆیدا شەپۆلی تۆفان ڕووی زەوی داگرت

حەوت شەو، و حەوت ڕۆژ

سێڵاوی باران تەواوی زەوی داپۆشی و

باوبۆران بەسەر ئاوەوە پاڵی بەکەشتیە مەزنەکەوە دەنا

ئەمجار (ئۆتۆ) (خواوەندی ڕۆژ)، بەدیارکەوت، و ڕووناکایی خۆی لەئاسمانەوە بۆسەر زەوی پەخش دەکردەوە.

زیۆسۆدرا، کڵاوڕۆشنەیەکی لە کەشتیەکەوە کردەوە

تا تیشکی ڕووناکایی ئۆتۆی لێوە بێتە ژوور

پادشا زیۆسۆدرا

لەبەرانبەر ئۆتۆدا کڕنۆشی دبر

گایەک و مەڕێکی کردە قوربانی٢٦

هەروا لە مەلحەمەی (گلگامش) دا کە کۆنترین چیرۆکێکی ئەفسانەییە کە مرۆڤ نووسیبێتی و ساڵی ١٨٥٣ لە ناوچەی نەینەوای عیراق دۆزراوەتـەوەو لە دوازدە تابلۆی گڵی پێکهاتووەو بە خەتی بزماری نووسراوە، هاتووە کە گلگامش بۆخۆی پاشاو قارەمانی شاری (ئوروک)ە. و بوونەوەرێکی تێکەڵ لەمرۆڤ و خواوەندە. سێیەکی گلگامش خواوەندە و دووبەشەکەی تریش مرۆڤ. گلگامش زۆربەی ژیانی بە ڕاوکردن و خۆشی و ڕابواردن و چەوساندنەوەی خەڵک بەسەر دەبات. بەڵام پاشان حەریفێکی لێ پەیدادەبێت بە ناوی ئەنکیدۆ کەلەهێزو توانادا وەک گلگامش وایەو

دەکەونە زۆرانبازی و لە ئاکامدا گلگامش سەرکەوتوو دەبێت. بەڵام لەو کاتە بەدواوە گلگامش و ئەنکیدۆ دەبنە دۆستی گیانیبەگیانی یەکتر. وتووشی چەندان شەڕو کێشە دەبن و لەو میانەدا لەیەکێک لەو شەڕو کێشانەدا ئەنکیدۆ دەکوژرێت، و تازە گلگامش هۆشیار دەبێتەوەو پەی بە ئاکامی حەتمی خۆی کە مەرگە دەبات. چوونکە دووبەشی ئەو مرۆڤە. کەواتە ڕۆژگارێک دێت کە دەبێ بمرێت. و لەمەشەوە پەی بە ئێش و ئازاری مرۆڤ دەبات و بڕیار دەدات تەختوبەختی پاشایەتی بەجێ بهێڵێت و بەدوای ئیکسیری نەمریدا بگەڕێت. تا ئەوەی دوای سەختیی و دژوارییەکی زۆر بە کەسێک دەگات بە ناوی (ئوتناباشیم) کە لە لایەن خواوەندەوە نەمریی پێ بەخشراوە. لێی دەپرسێت کە چۆن دەکرێ و چ نهێنییەک لەپشت نەمری ئەوەوەیە. و ئوتناباشیم بۆی باس دەکات کە پەیوەندیی بە ڕووداوی کارەساتی تۆفانی گەورەوە هەیە. لەوێداخواوەند بڕیاردەدات کە تۆفانێک هەڵ بکات و هەمووان جگە لە ئۆتناباشیم و خانەوادەکەی و لەهەر جۆرەی جووتێک، ئەوانی تر هەموو لە ناو ببات.

لە یەکێک لەو تابلۆ گڵییە، و لە زاری ئۆتناباشیمەوە هاتووە کە کارەساتەکە بۆ گلگامش دەگێڕێتەوە. کە خواوەند پەیامی بۆ دەنێرێت و لە ڕوودانی تۆفان ئاگاداری دەکاتەوە کە سەرەتا خانوو، و دارو دیوار هۆشیار دەکاتەوەو پاشان خودی ئۆتناباشیم و دەڵێت:

ئەی خانوو، ئەی خانووی قامیشی، ئەی دیوار گوێ بگرە

ماڵت بەجێ بێڵەو کەشتییەک بۆخۆت درووست بکە

ماڵ و ملکت بەجێ بێڵەو بەدوای ڕزگاربووندا بگەڕێ

تۆوی هەر زیندەوەرێک لەگەڵ خۆت هەڵگرە بۆ ناو کەشتییەکە

کەشتییەک درووست کە درێژی و پانییەکەی وەک یەک بێت

پاشان دەڵێت:

هەرچیم هەبوو خستمە ناوی

هەرچیم هەبوو لە زیو خستمە ناوی

هەرچیم هەبوو لە زێڕ خستمە ناوی

تۆوی هەر زیندەوەرێکم لە بەردەساندا بوو خستمە ناوی

پاشان هەرچی خزم و کەسوکارم بوو خستمنە ناوی

زیندەوەرانی کێوی، و پیشەوەران

خواوەند(شمش) کاتێکی بۆ دیاریی کردم و ڕایسپارم:

هەرکات گەورەکەت تۆفان دەنێرێت

بچۆ ناو کەشتیەکەو دەرگا لەسەر خۆت داخە

کاتی دیاریکراو هات و

تۆفانی وێرانکەر لە ئاسمانەوە هات

دواتر دەڵێت:

ڕوانیم بۆ دەوروبەر هەر شت ترسناک و تۆقێنەر

باوبۆران بەدرێژایی ڕۆژ هەر بەردەوام بوو،

هێندە توندو بەهێز بوو تا چیاکانی داپۆشی

و مرۆڤەکانی وا لەناوبرد دەتگووت جەنگێکی بێئەمانە

برا ئاگای لە برا نەبوو

بەمجۆرە تۆفان شەش شەوو شەش ڕۆژ درێژە دەکێشێت و پاشان لە ڕۆژی حەوتەمدا ئارام دەبێتەوە:

ڕوانیم بۆ ئاسمان، هەموو شت ئارام و بێدەنگ

مرۆڤەکانم دەدیت هەموو بووبوونەوە بە قوڕ

و وەک میچ زەوی پان و ڕێک

کڵاوڕۆژنەی ژوورەکەم کردەوە

خۆر نیشتە سەر ڕووم

کڕنۆشم برد، دانیشتم و گریام

فرمێسک لە چاوانم دابارین٢٧

تۆفانی نوح بە پێی تەوراتیش زۆر نزیکە لەوەی لە ئەفسانەی گلگامشدا هاتووەو کەسایەتی ئوتناباشیم دەبێت بە نوح کە بەمجۆرەیە:

کاتێك مرۆڤەکان دەستیان بە زاووزیەکی زۆر لەسەر زەوی کردو کچێکی زۆریان بوو، کوڕانی خوا، دیتیان کچانی خەڵک جوان و ڕازاوەن، حەزیان چووە ئەو ژنانەو لەگەڵیان جووت بوون و منداڵیان لێیان بوو. ئەو منداڵانەش هەمان ستەمکارانی هەمیشەیین لەسەر زەوی. هەروا خواوەند دەفەرموێ کە ڕۆحی ئەو بۆ هەمیشە لەناو مرۆڤدا نامێنێتەوەو تەمەنی ئەوان تەنیا سەدو بیست ساڵە.. و دیسان خواوەند دەبینێ شەڕەنگێزی و خراپەی خەڵک لەسەر زەوی یەکجار زۆر بووەو خواوەند پەشیمان دەبێتەوە لەوەی مرۆڤی لەسەر زەوی درووست کردووە، و لە دڵیەوە ئەفسوس دەخوات. و بڕیاردەدات مرۆڤ لەسەر زەوی نەهێڵیت. و هەرچی زیندەوەر هەیە لەناوی ببات.. بەڵام بەتەنیا پیاوێکی باش و خواناس کە نوح دەبێت. بەر فەرمانی لەناوبردن ناکەوێت و نوح سێ کوڕی هەبوو: سام، حام ، یافت. خواوەند، بەنوح دەڵێت کە تابووتێک لە داری قەتران درووست بکات و لەدەرەوەو ناوەوی بە قیر بیگرێت. و گەورەییەکەی سێسەد باڵ درێژی، و پەنجا باڵ پانی و ئەستووریشی سی باڵ بێت. تۆفانێک دێت. زیندەوەر بەسەر زەوییەوە ناهێڵێت. و من لەگەڵ تۆ پەیمان دەبەستم، کە بچۆ ناو ئەو تابووتە، خۆت و ژن و منداڵەکانت، لە هەر زیندەوەرێکیش جووتێک، نێرو مێ لەگەڵ تۆ بێنە ناو ئەو تابووتە تا لەمەرگ ڕزگاریان بێ.

هەروا لە قورئانیشدا، بە لەیەکچوونێکی زۆر لەگەڵ تەوراتدا، باس لە کارەساتی

تۆفانی نوح دەکات و لە ئایەی ١٤ سورەی (عنکبوت) دەڵێت:

ولقد رسلنا نوحا ألى قومه فلبث فيهم ألف سنة ألا خمسين عاما فأخذهم الطوفان وهم ظالمون.

واتا: ئێمە نوحمان بۆ سەر نەتەوەکەی ڕاسپارد، نۆسەدوپەنجا ساڵ لەناویاندا مایەوەو لە ئاکامدا تۆفان هەموویانی ڕامالّی و ئەوان ستەمکار بوون.

هەروا لە ئایەی ٢٧ سورەی (مۆمنون)، لە شێوازی تەورات دەگێڕێتەوە کە:

فأوحينا أليه أن أصنع الفلک بأعيننا ووحينا فأذا جاء أمرنا وفار التنور فأسلک فيها من کل زوجين أثنين وأهلک ألا من سبق القول منهم ولا تخاطبنى فى اللذين ظلموا أنهم مغرقون.

واتا: وەحیمان بۆ (نوح) نارده خوارەوە کە کەشتیەکە لە ژێر چاوەدێری ئێمەدا درووست بکات و هەرکات فەرمانماندا و تەندورەکە کوڵا لە هەر جۆرەی جووتێک بخە ناو کەشتیەکەو ئەوانەش کە پێشتر بڕیاری لە ناوبردنیان دراوە، و بۆ ئەوانەش مەپاڕێوە کە ستەمکارییان ئەنجامداوەو ئەوانە نوقم دەبن.

لە تەفسیری (جلالین)دا هاتووە کە مەبەست لە(تەندورەکە کوڵا) نیشانەیە بۆ نوح کە هەمان تۆفانەکەیە.

ناوەرۆکی ئەم ئەفسانەیە لە ناو گریکەکانیشدا دووبارە دەبێتەوە. و خواوەند(زیوس) بڕیار دەدات، زەوی وێران بکات هەمووی جگە لە پیاوێک بە ناوی (دیکلیۆن)، و ژنەکەی بەناوی(فەرحە) نەبێ کە بەسواری کەشتییەک لە تۆفان ڕزگاریان دەبێت وپاشان ژیان دەست پێدەکەنەوە.

هەروا ئەم ئەفسانەیە لە ناو گەلانی تری ئێرەو ئەوێی جیهاندا کە هیچ پەیوەندییەکی جیوگرافییایی و دیرۆکییشیان بەیەکەوە نییە بوونی هەیە. وەک بۆلیڤیا، نیوزیلەندا، هیندییەسوورەکانی ئەمەریکاو هیتر...٢٨ بەو جیاوازییەوە کە لەهەندێک شوێندا لە جیاتی تۆفان ئاگر لەزەوی بەردەبێت و تەڕو وشک جگە لە جووتێکی نێرومێ لە

مرۆڤ و جۆرەکانی ئاژەڵ هەموو دەسووتێن و لەناودەچن.

هۆکاری ئەم لەیەکچوونانە لە هەبوونی کارەساتێکی وێرانکەر نێوان ئەم نەتەوە جۆربەجۆرانەو ئەم قۆناغە دیرۆکییە لەیەک جیاوازانەدا چییە..؟ ئایا بەڕاستی کارەساتێکی وا ڕوویـداوەو پاشماوەیەکی دیرۆکی وا لەئارادایە کە شتێکی وا بسەلمێنێت. ئەگەر ئا، ئەدی چما لە شوێنێک لافاوەو لە شوێنێکی تر ئاگر..؟ هەروا ئەگەر گێڕانەوە مەزهەبییەکان ڕاستن و هۆکاری ئەو کارەساتە تووڕەبوونی خواوەندە لە ستەم و خراپەکاریی مرۆڤ، ئەدی ئاژەڵ بوونەوەرانی تر، لەبەر چ هۆکارێک بووەو بۆچی لەبەر گوناهی مرۆڤ، دەبێ لەناو بچن..؟

بۆ ڕاڤەکردن و شیکردنەوەی ئەو کارەساتە بە ناچاریی دەبێ چەند ئیحتیمال وەربگرین. بەڵام بەر لەهەر شت ڕوودانی کارەساتێکی گەورە کە سەرتاسەری جیهانی گرتبێتەوەو جگە لە چەند کەس کە نوح و خانەوادەکەی بووە، لە ڕووی زانستی و لە ئەنجامی لێکۆڵینەوەی ئەرکۆلۆژییەوە، شتێک لەبەردەستاندا کە ڕوودانی کارەساتێکی وا بسەلمێنێت نییە.

بەپێی ئەو دیرۆکەی تەورات بۆ ڕوودانی تۆفانی نوحی داناوە دەبێ نزیک بە بیستودوو سەدە بەر لە زایین بووبێت. واتا ئەوکاتە دووهەزار ساڵ بەسەر دەستپێکی دیرۆکی فیرعەونییەکان و حەوتسەد ساڵ بەسەر بنیاتنانی پیرامیدی (کیوپس) دا تێپەڕیوە. کەچی لەهیچ دیرۆکێکدا باس لەوەنەکراوە کەفیرعەونییەکان، یان هیچ پیرامیدێک، و هەروا هیچ شارستانییەکی تری چینی و هیندی و شارستانییەکانی نێوان دووزێی دیجلەوفورات... ژێرئاو کەوتبن.٢٩

بەڵام ڕوودانی کارەساتی تۆفان کە سەرزەمینێکی فراوانی گرتبێتەوە و زیانی گیانی وماڵی گەورەی بەدواوە بووبێت، بەدوور نییەو لە ڕۆژگاری ئەمڕۆشدا کارەساتی تسونامی و ئەو ئۆرکانە مەزنانەی ساڵانە چەندان جار لە کەنارەکانی ئەمەریکا دەدەن، و بوومەلەرزەو تەقینەوەی گڕکانەکان لەو جۆرەن و ئەمانەش هەمیشە

هەبوون و ڕوویانداوە. هەربۆیەش لە شوێنێک تۆفانەو لە شوێنێکی تر ئاگر.. چونکە هەر نەتەوەیە ئەوە دەگوازێتەوە ناو ئەفسانەو ئەدەبیاتی خۆی کە دیتوویەتی و بەسەری هاتووە. لەڕووی دەروونناسیشەوە ئەو لێکدانەوەیە دەتوانێ هەبێت کە مرۆڤ هەمیشە لەژێر سێبەری ترسی لەناوچوونی ڕەگەزەکەی خۆی بەسەربردووەو ڕەنگدانەوەی ئەو ترسەش لە ئەفسانەو ئەدەبیاتدا بەدیاردەکەوێت. هەربۆیە هیچ ڕێگرێکی زانستیی لەئارادا نییە ئەگەر تۆفانی نوحیش بەڕاستی ڕوویدابێت. بەڵام هەمیشە جیاوازیی لێکدانەوەی مەزهەبی و زانستی لەئارادایە. چونکە لە لێکدانەوە مەزهەبیەکاندا، ئەو شتانەش کە لەگەڵ عەقڵی مرۆڤ و لۆژیکدا یەکناگرنەوە دەتوانرێ بە هێزی خواوەندیی ڕووبدەن. بەڵام لە لێکدانەوە زانستییەکاندا تەنیا ئەو شتانە کە لەگەڵ عەقڵ و بەشێوازی سەلماندنی مادیی یەکدەگرنەوە، پشتڕاست دەکرێنەوە.

ت: پەیدابوونی هەبوون و وەڵامە زانستییەکان

زانست بەشێوەیەکی گشتیی پێ ناخاتە ناو قەڵەمڕەوی مەزهەبەوەو خۆی بە پرسەکانی وەک بوون، یان نەبوونی خوا، ڕاستیی، یان ناڕاستیی پەیامبەران، پەڕتووک و تێکستە پیرۆزەکان...، خەریک ناکات. بەڵام هەندێک بابەت هەن، بێئەوەی مەبەستی زانست ئەوە بێت وەڵامی مەزهەب بداتەوە، شتێک پشتڕاست یان ڕەت، بکاتەوە..خۆی بەسەر زانستدا دەسەپێنێت. یەک لەو بوارە گرنگ و ئاڵۆزانەش پرسی سەرەتاو کۆتایی هەبوونە. کە جیاوازییەکی ڕیشەیی لە نێوان تیۆرییە زانستیی وباوەڕە مەزهەبییەکاندا هەیە.

مەبەستی زانست، لە دیتنەوەی وەڵامی ئەم پرسانە، تەنیا فزولی و چێژی دیتنەوەی ڕاستییەکان نییە. بەڵکو پێویستییەکانی ژیانی مرۆڤ، داهاتووی، دیتنەوەی میکانیزمەکانی مەترسییە سروشتییەکان، زانستی پزیشکی و چارەسەری

نەخۆشییەکان، زانستی بۆماوەیی (علم الوراثة)، زانست و شێوازەکانی پەرەسەندن (التطور).، پەیوەندیی لایەنە جۆربەجۆرە سروشتییەکان بەیەکترییەوەو کاریگەرییان لەسەر یەکتر. و بەگشتیی پەیڕەوی بەداهاتوو، لەسەر بنەمای ناسینی ڕابردوو، و دیتنەوەی ئەو کۆدو کلیلانەیە کە نهێنییەکان ئاشکرا دەکەن.

بۆ ناسینی گەردوون، چۆنییەتی پەیدابوونی و ئاکام و کۆتاییەکەی پێشکەوتنی مەزن بەدەستهاتوون و زانیاریی بایەخدار لەبەردەستاندان. و ئەمڕۆ لە زانستگاکاندا ژانرێکی نوێ بەناوی زانستی دیرۆکی ئەتۆمی گەردوون

nucleocosmochronology دەخوێنرێت و لەڕێگای هەبوونی ئامرازو کەرەسەی نوێ وەک: تلسکۆب و مانگی دەستکردو کەشتییە ئاسمانییەکان، ئەو توانایە هەیە کە تیشکە ئاسمانییەکان شی بکرێنەوەو جۆرو سیفات و درێژی شەپۆلەکەی و ئەو مەودایەی لێیەوە هاتووەو دیرۆکی هەبوونی بسەلمێنرێت.

دەربارەی هەبوون چەندان تیۆریی زانستیی هەن کە بەگشتی لە سێ تیۆرییدا خڕدەکرێنەوە:

یەکەم- تیۆری حاڵەتی سەقامگیر:(Steady state). بەپێی ئـەم تیۆرییە گەردوون هەر لە ئەزەلەوە بەرەو فراوان بوونەوە بە ڕێژەیەکی نەگۆڕ دەڕات، و هەمیشە چەندایەتییەکی نەگۆڕی مادە لە هەبووندا هەیە. و هیچ تەقینەوەیەکی گەورە لە پێکهاتنی گەردووندا نەبووەو گەردوونیش هیچکات ناگەڕێتەوە چەقی ناوەندی بەگریمانە دانراو.

دووەم- تیۆری (Pulsating universe): ئەم تیۆرییە دەڵێت کە مادە لەبەر هۆکاری بارستاییەکی گوشاردراو پەرش و بڵاو دەبێت. بەڵام لە ئاکامدا ڕادەوەستێت و جارێکی تر بەهۆی کاریگەریی گوشاری دەوروبـەر مـەودای لێککشانەوەی کەم دەبێتەوەو بەرەو چڕبوونەوە دەچیت و ئەمە بەردەوام دەبێت تا ئەو چڕبوونەوەیە دەگاتە ئاستێک کە ئیتر جارێکی تر دیسان دەتەقێتەوەو لەئاکامی

ئەم پرۆسەیەدا ئەو مادەی بەدیی دێت لەناوناچێت، بەڵکو جارێکی تر دابەش دەبێتەوە.

سێیەم- تیۆری تەقینەوەی مەزن (Big Bang)، ئـەمـەش ئـەو تیۆرییەیە کە دەڵێت گەردوون لە ئاکامی تەقینەوەیەکی مەزنەوە بەدییهاتووە، و مەجەرە ئاسمانییەکان تا دێت بەشێوازێکی بێکۆتایی بەرفراوان دەبنەوە بێئەوەی هیچکات بگەڕێنەوە چەقێکی ناوەندیی بەگریمانە دانراو. هەروا ئەم تیۆرییە دەڵێت کە هەموو توخمەکان لە نیوسەعاتی یەکەمی دوای تەقینەوەکەدا پەیدابوون. کەواتە هیچکات مادەیەکی نوێ درووست نابێت. و ئەمڕۆ ئەم تیۆرییە لە ناو پسپۆرو شارەزایانی زانستی فیزیکدا ڕەواجی زۆرتری هەیەو توێژینەوەو دیراسەکانی دواتر بەتایبەتی ئاژانسی وزەی ئەمریکایی، و دووایین تاقیکردنەوە سەبارەت بە مۆلکولی هیگز (Higgs)، کە لەسەرەتای مانگی ئەیلولی ٢٠١٢ دا لەتاقیگاییەکی گەورەی سویسرا ئەنجامدرا ئەم تیۆرییە پشتڕاست دەکەنەوە.

بە پێی ئەم تیۆرییە سەرەتا گەردوون لە بچوکیدا لە نووکی دەرزییەک بچووکتر بووە. و بە زمانی زانست دەگووترێت کە ٢٠-١٠ جار لە ناوکی ئەتۆم بچوکتر بووە. لە کاتێکدا کە بە سفر دەستپێدەکات و بە کاتی (بلانک) ناودەبرێت، تەقینەوەکە ڕوودەدات و چەند قۆناغی دواتریش لە هەزارەم و بگرە ملیارەمی یەک چرکە کەمتردا کە بەزمانی فیزیکی دیاریی دەکرێت، ڕوودەدات. پاشان زانایان قۆناغەکانی دواتر بەپێی گەورەبوونی ئەو قەبارەی پاش تەقینەوەکەو ئەو پێکهاتانەی لەوزەو مادەدا بەدیی دێن دابەش دەکەن:

قۆناغی یەکەم/سفر تا١٠-٤٣ چرکە: ئەم ژمارەیە بریتییە لە: ١٠ توانای ٤٣ بە نێگەتیف، یان:

0.0000000000000000000000000000000000000000001

چرکە

کە ئەمە زەمانێکی یەجار کەمە. لە ڕووی زانستییەوە لەم قۆناغەدا وەڵامی ئەم پرسە لە بەردەستاندا نییە، کە لە کاتە هەرە سەرەتاییەکانی سفرو دەستپێکردنی زەمان چ شتێک بووە بەو گوللە بچووکە ئاگرینیەی کە پاشان گەردوونی لێوە پەیدابووە. بەڵام ئەمە دەزانرێت کەهەر لەم قۆناغەدا هێزی ڕاکێشان (قوة الجاذبة)، کە یەکێکە لەچوار هێزی بنیاتنان، پەیدا دەبێت.

قۆناغی دووەم/:١٠-٣٤چرکە: ئەمەش بریتییەلە: ١٠ توانای ٣٤ بە نێگەتیف. یان: 0.0000000000000000000000000000000001 چرکە.

لەم قۆناغەدا یەکەمین بناغەکانی مادە، لە کوارک، ئەلکترۆن، ودژەکانیان بەدیی دێن. و بەشێک لەم پێکهاتە بنەڕەتییانە جارێکی تر بەریەکتر دەکەونەوەو بەشێوازی تیشک لەناودەچن. هەر لەم قۆناغە هەرە سەرەتاییانەدا مۆلکۆلە سوپەرقورسەکانی ئیکس دەتوانن درووست بووبن. ئەم مۆلکولانە ئەو سیفاتانەیان هەیە کە لەکاتی دارِماندا مادەیەکی زۆرتر لەچاو دژەمادەدا، وەک بۆ نموونە کوارکێکی زۆرتر، لە چاو دژە کوارکدا بەدیی دەهێنن. شایانی گوتنە، کە هەبوون لەم قۆناغەدا بەقەدەر، تۆپێکی فوتبال، یان شوتیەکی لێ هاتووە.

قۆناغی سێیەم/ لە ١٠-٦چرکە: واتا.0.000001 چرکە

لەم قۆناغەشدا، گـەردوون لە تێکەڵاویەکی نێوان کوارکەکان، کە پەیوەندیی بەیەکترییەوە دەکەن، پرۆتۆن و نیۆترۆن پێکدێن. کە هەریەک لەمانە لە سێ کوارگ پێکدێن و دەبنە پێکهاتەی بنەڕەتیی ناوکی تەواوی ئەتۆمەکانی مادە. لەم قۆناغەدا زۆر بە خێرایی پلەی گەرما بەرەو خوار کەم دەبێتەوە.

قۆناغی چوارەم/ لە 0.001 چرکە: لەم قۆناغەدا هەموو کوارک و دژە کوارکەکان دەبن بە وزە، و ئیتر لە پلە گەرمابیەکانی خوارتردا چیتر کوارک بەدیی نایەن. بەڵام لەبەر ئەوەی کوارکەکان لەچاو دژە کوارکەکان ژمارەیان زۆرترە، جووتێکیان لێ پەیدانابێت و دەمێننەوە، و هەر سێ کوارک بەیەکەوە یان یەک پرۆتۆن، یانیش

یەک نیۆترۆن بەدیی دێنێت. لەم قۆناغەدایە کە بناغەی ناوکی ئەتۆم بەدیی دێت.

قۆناغی پێنجەم لە ١٠٠ چرکەی یەکەمدا: ئەلکترۆنەکان و دژە ئەلکترۆنەکان، لەکاتی بەیەکتر کەوتندا تیشکی ئیکس بەدی دێنن. و هەندێک ئەلکترۆن بە تەنیایی دەمێننەوە. چونکە مادەی زۆرتر لە چاو دژەمادەدا لەئارادایە. و ئەو ئەلکترۆنانە پاشان مەداری ئەتۆمی درووست دەکەن.

قۆناغی شەشەم/ ٣٠ خولەک: لەم قۆناغەدا ئەتۆمی سووک، بەتایبەتی ناوکە هەرە پایەدارەکان (هیلیۆم)، و هایدرۆژین درووست دەبن. بەڵام ناوکە قورسەکانی وەک ئاسن و کاربۆن هێشتا درووست نەبوون.

قۆناغی حەوتەم/ ٣٠٠هەزار- یەک ملیۆن ساڵ: گۆی ئاگریین هێندە گەرمایی خۆی لەدەست دەدات، کە ناوکی ئەتۆمەکان و ئەلکترۆنەکان لە پلەی گەرمای ٣٠٠٠ سانتیگرادا دەتوانن بەیەکەوە بنوسێن، ئەمە بێئەوەی جارێکی تر تێک بشکێن و لێک جیاببنەوە. و بەمجۆرە ئەتۆم پێک دەهێنن. و لەئاکامدا پێکهاتەیەکی کە پێشدان شیاوی دیتن نەبوون، لەم قۆناغەدا شیاوی دیتن دەبن.

قۆناغی هەشتەم/یەک ملیۆن ساڵ – تا ئەمڕۆ: لە هەورە هایدرۆژینییەکان: مەجەرە، ئەستێرەو هەسارەکان پەیدا دەبن، و ناوکی ئەتۆمە قورسەکانی وەک ئۆکسژین، ئاسن.. درووست دەبن. و پاشان لەتەقینەوەی ئەستێرەکان ئازاد دەبن و بۆ درووستکردنی ئەستێرەو هەسارەی ترو ژیان بەکاردێنەوە.٣٠

بەگشتی تەمەنی هەبوون واتا لەدوای تەقینەوەی مەزنەوە، ١٣،٧ ملیار ساڵە. و ئەمڕۆ لە هەبووندا مادەو وزە بەشێوازی مەجەرەو سوپەر مەجەرە و لەهەر مەجەرەیەکیشدا چەندان مەنزومەی خۆریی هەن کە تەمەنیان دەگاتە ٨ ملیار ساڵ. و خۆری ئێمە کە تا ئاستێک لاوە، تەمەنی خۆی لە ٦،٤ ملیار ساڵ دەدات.

پێش ٦،٤ ملیار ساڵ خۆر بەشێوازێک بوو کە غوبارێکی گەردوونی چڕ دەوری دابوو. و بەهۆی هێزی فڕێدەر (القوة النابذة) و لەبەر هۆکاری سووڕانەوەیەکی

ناڕێکوپێک، پێکهاتەکانی ئەم غوبارە بەیەک دەکەوتن، کۆدەبوونەوەو بارستایی گەورەو گەورەتریان پێک دەهێنا. تا هەسارەیان لێ پێکهات. و پاش ئەوەی چواردەوری خۆر بەرەبەرە لەغوبار پاک بۆوە، زەوی ئێمەش پێش نزیک بە ٥،٣ ملیار ساڵ درووست بوو، یان ڕاسترە بڵێین بەقەبارەی کۆتایی خۆی گەیشت. و ئەوکات خۆر تەمەنی یەک ملیار ساڵ دەبوو، و بە پێی تیۆرییە زانستییەکان، خۆرو مەنزومەکەی هێشتا ٥ ملیار ساڵی تر بەردەوام دەبن. و بەواتەیەکی تر تەمەنی خۆر هێشتا ٥ ملیار ساڵی تری بەبەرەوە ماوە. ٣١

بەڵام بۆ وەڵامی ئەو پرسەی ئایا بەر لە ڕوودانی تەقینەوەی مەزن، و ئەو شتەی کە خودی تەقینەوەکەی لێوە پەیدا بووە چییەو لەکوێ بووە، یان لەچییەوە پەیدا بووە.. هێشتا زانیاریی تۆکمە لەبەردەستاندا نییە. هەروا کاتێک باس لە دەستپێکردنی زەمان دەکرێت، کۆمەڵێک پرسیار سەرهەڵدەدەن وەک ئەوەی ئایا واتای هیچ، یان عەدەمی ڕەها، چین و چۆن پێناسەدەکرێن..؟ هیچ وەڵامێکی ڕۆشەن و گردەبڕ لەئارادا نین. کەواتە هێشتا ڕێگایەکی دوورو درێژ لەبەردەمی زانستدایە، تا پەی بەڕازیی هەبوون ببات.

لە مانگی سێپتامبری٢٠١٢دا لە دەزگاکانی ڕاگەیاندنەوە بیستمان کە زانایان بە تازەیی ٥٥٠ مەجەرەی تریان دیتۆتەوەو دووری، ئەوسنوورەی کە تائێستا مرۆڤ شناسایی کردووە پتر لە ٣٠ ملیار ساڵی تیشکییە. ئەوەی کە جێگای سەرنجە ئەمەیە، کاتێک مرۆڤ بەقوڵایی فەزادا دەچێتەخوار، ئەمە چوونەخوارە بە قوڵایی زەمانیشدا. واتا تەواوی ئەو شتانەی کە مرۆڤ دەیانبینێت، وەک ملیاران ساڵ پێشە، نەوەک ئێستا.

فیزیکزانی ناسراوی بەریتانیایی، ستیڤان هاوکینگ، پێیوایە کە هەبوون دەتوانێت لەهیچەوە درووست بووبێت. و هەبوونی خواوەندێک لەئارادا نییە. بەڵام ئەو تائێستا نەیتوانیووە ئەم باوەڕەی خۆی بە شێوازی زانستیی بسەلمێنێت و لەوەی

وەک بیروباوەڕێکی شەخسی خۆی بـەولاوە، هیچ بایەخێکی زانستیی نەداوە بەدەستەوە. چونکە هێشتا دەتوانرێ بگوترێت کەئەوەی ڕوویداوە، بەهێزوتواناو خواستی هێزێکی دەرەوەی سروشت و هەبوون کەهەمان خواوەندە ڕوویداوە، و بەرلەهەبوونی ئەو (هیچ)ە زانستییە تەنیا یەک ئیحتیمال و پێشبینی دەتوانێ لە مێشکی ئێمەدا جێگای بێتەوە. ئەویش هەبوونی خواوەندە. کە پێش (هیچ) و پێش (زەمان) و پێش (مادە) بوونی هەبووبێت.

هەروا دەربارەی چۆنیەتی دروستبوونی مرۆڤیش جیاوازییەکی زۆر لە نێوان تیۆرییە زانستییەکان و مەزهەبدا هەیە. و بەگشتی ئەوەی کە تیۆرییە زانستییەکان بە پشتبەستن بە توێژینەوەو گەڕان لە ناو پاشماوە دێرینەکانی دەیان هەزار ساڵە، و ئێسکوپروسکی شێوە مرۆڤ و مرۆڤە سەرەتاییەکاندا بە ئاکامێک دەگەن کە دژایەتی لەگەل ئەوەدا هەیە کە مرۆڤ لە جووتێکی نێرومێی وەک (ئادەم و حەوا) وە درووست بووبێت. بەڵکو بەپێی ئەو تیۆرییە زانستییانە، مرۆڤ سەرەتا لە شێوازی ئاژەڵ یانیش ئەو مەیمونانەی لە مرۆڤ دەچن، Anthropoid apes ، لەسەر چوارپێی خۆی ڕۆیشتووە. کە لە شیکارییە تاقیگاییەکاندا دەرکەوتووە مرۆڤ و شەمپانزی، لە ٩٨%ی ژێنە بۆ ماوەییە (جينات وراثية)کانیان لە یەکتر دەچن. و بۆ گواستنەوەش لەو قۆناغەوە تا ئێستا چەندان ملیۆن ساڵ درێژەی کێشاوە.

بەگشتی تەمەنی ژیان لەسەر زەوی نزیک بە ٣،٣ ملیار ساڵ دەبێت. بێگومان ئەمە باس لە ژیانێکی هەرەسادە دەکات. و توێژینەوە زانستییەکان ئەمە دەسەلمێنن کە سەرەتا بوونەوەرانی یەک شانەیی پەیدا بوون کە لەناو ئاودا و خاوەنی پێست یان توێکڵیکی دەرەوەیـی بوون کە لە توانەوە لە ئاودا پاراستوونی. و لە ناو پێکهاتوی توخمەکانیدا مادەی (DNA) هەبووە، کە زانیاریی پێویستی دەربارەی درووستکردنی پرۆتین بەشێوازێکی تۆمار کراو لەسەر لابەلای خۆی هەبووە. دیارە ئەم بوونەوەرە زیندووانە گەورەیی میکرۆسکۆبی و میکرۆنییان هەبووە. (یەک میکرۆن

١ هەزارەمی ملیمیترێکە). و لەساڵی ١٩٥٠ بەملاوە، پاشماوەی ئەم زیندەوەرانە دیترانەوەو ناوی (ئیسترۆماتۆلیتها) یان لێنرا.

ناسینی ساختاری مولکولیی DNA لە ساڵی ١٩٥٢ بەملاوە شۆڕشێکی لە بواری زیندەوەرناسی و دیرۆکی بوونەوەرانی زیندوو هێنایە کایەوە. کە بەیارمەتی ئەم زانیارییانە پۆلێنکردنی زیندەواوەران لەسەر بنەمای ڕواڵەت و پەیکەری ئێسقان و سیفاتەکانی ترەرە نابێت. بەڵکو لە ڕێگای بەراوردی DNA . کەهەر لەم ڕێگایەشەوە دیرۆکی پەیدابوونی مرۆڤ لەسەر زەوی و چۆنییەتی پەرەسەندنەکەی بەشێوازێکی زانستیی و ڕاست و درووست بەدەست دێت.٣٢

بەمجۆرە تەمەنی ئەو گیاندارانەی لە مرۆڤ دەچوون واتا، توانای ڕۆیشتنیان لەسەر دووپێ هەبووە، دەگەڕێتەوە بۆ ٧ ملیۆن ساڵ. و تەمەنی مرۆڤی پێشکەوتووتریش، واتا ئەو مرۆڤەی ئاگری دیتەوەو بەردی کرد بە ئامرازو سوودی لێ وەرگرت، دەگەڕێتەوە دوو ملیۆن ساڵ پێش.٣٣

سەرچاوەو پەراوێزەکانی بەشی یەکەم:

- دکتر علی أفضل صمدی. أفسانهء زندگی. دفتر نشر فرهنگ أسلامی. چاپ أول ٣١٧٧ ل٤١

٢- بۆزۆرتر زانیاری بڕوانە: فراس السواح. مغامرة العقل الأولی. دراسة فی الأسطورة، سوریا، أرض الرافدین.١٩٧٨ص٣١-٥٠

٣- هەمان سەرچاوە ل ٥١-٩٦

٤- کارل گوستاو یونگ، روانشناسی و دین. ترجمهء فؤاد روحانی. شرکت سهامی کتابهای جیبی. تهران ١٣٧٠. ل٥

٥- فراس السواح. سەرچاوەی پێشوو ل٣٨

٦- مات، ئەو ڕاڕەوەیــە کە بە پێی ئەو ئەفسانەیە لەوێ دڵی مردووەکان بە تەرازوویەک دەپێورێ و دەکێشرێ. ئەمەش تا ئاستێک هەمان پردی سیراتمان بیردەهێنێتەوە کەلە قورئاندا باسی لێوەکراوە.

٧- سیدجلال صیادمیری. أفسانه فرینش در مصر باستان. ویبلاگ، دنیای بی جواب. ٧ آذر ١٣٨٦

٨- آرتیمیس ع. خدا در أندیشة یونانی و پیدایش خدایان، أساطیر یونان و روم

٩- بۆزۆرتر زانیاریی بڕوانە: دکتر محمد جواد مشکور، خلاصه أدیان در تأریخ دینهای بزرگ. أنتشارات شرق. چاپ ششم ١٣٧٧. ل٥٨

١٠- هەمان سەرچاوە لاپەڕە ٨٤

١١- هەمان سەرچاوە لاپەڕە ٩٤-١٠٠

٢١. - هەمان سەرچاوە ل٥٠

١٣- هیگل محاضرات فی تاریخ الفلسفه، ترجمه خلیل احمد خلیل، المؤسسه الجامعیه للدراسات والنشر والتوزیع، بیروت، الطبعه الأولی ١٩٩٦

١٤- عبدالکریم عنایت. قراءة نیتشه للفلسفه الیونانیه. جزائر، جامعه منتوری-

خوا، مەزهەب، مرۆڤ

قستنطينه. ٢٠٠٩-٢٠١٠ ل٢٥

١٥- ويل دورانت- تاريخ تمدن. پەڕتووكی دووەم- یونان باستان (نوسخەی ئێنتەرنێتی)

١٦- هەمان سەرچاوە.

١٧- عبدلكريم عنايت سەرچاوەی پێشوو ل٤٠

١٨- بۆ زۆرتر زانیاری دەربارەی بیروباوەڕو فەلسەفەی هیراكلیتس بڕوانە: محمد الشيخ. نقد الحداثه فی فكر نيتشه. الشبكه العربيه للآبحاث والنشر. بيروت، الطبعه الآولی، ٢٠٠٨

١٩- سيريل اسميت. كارل ماركس و خودآفرينی انسان. ترجمه دكتر فالح رضايی. نشر نيكا. مشهد ١٣٨٤ ل٣٩-٤٠

٢٠- عبدالكريم عنايت، سەرچاوەی پێشوو. ل٩٤

٢١- افلاطون. الجمهوريه. تقديم جيلالی اليابس، موفم للنشر. الكتاب السابع الجزائر ١٩٩٠ ص٣١١-١٥٣

٢٢- سون اريک ليدمان، تاريخ عقايد سياسی از افلاتون تا هابرماس. ترجمه سعيد مقدم. نشر دانش ايران ١٣٧٩ ل٢٨

٢٣-.موسوعة الماركسية. أرشيف الماركسيين على الأنترنيت.

٢٤- دكتر ابوالقام طاهری. تاريخ انديشەهای سياسی در غرب. نشر قومس. تهران ١٣٧٩. ل٩٥

٢٥- طه باقر، ملحمة گلگامش. دار الحرية للطباعة. بغداد ١٩٧٥. ص٦٨

٢٦- بڕوانە: فراس السواح. سەرچاوەی پێشوو. ل١٥٩- سفر الطوفان

٢٧- هەمان سەرچاوە. ل ١٧٤-١٦٧

٢٨- هەمان سەرچاوە ل١٥٤

٢٩- شجاع الدين شفا. تولدی ديگر. چاپ پنجم. نشر فرزاد،٢٠٠١ل٢٨٥

٣٠- جێگای ئاماژەپێکردنە، کەئەم بابەتە، واتا قۆناغە هەرەسەرەتاییەکانی پەیدابوونی هەبوون، لە هەندێک سەرچاوەی تردا بەوردەکاریی زۆرترەوە باسی لێوەکراوەو ئەم قۆناغانە بەسەر بەقۆناغی بچوکتردا دابەشکراون. بەڵام لەبەر ئەوەی ئەمە بابەتێکی زانستیی ڕووت و دەرەوەی تواناو تێگەیشتنی ئێمەیە، تەنیا ئەوەندەمان لێ هەڵبژارد، کە لەم پەرتووکەدا جێگای بێتەوە.

٣١- بۆ زانیاری زۆرتر دەربارەی تیۆرییەکانی پەیدابوونی هەبوون و تیۆری تەقینەوەی مەزن، بۆنموونە بڕوانە:

کریگ هوگان. انفجار بزرگ. ترجمهء علی فعال پارسا. انتشارات:آستان قدس رضوی.

٣٢- دکتر علی افضل صمدی. افسانهء زندگی. سەرچاوەی پێشوو.ل٢٢٢

٣٣- بڕوانە، کریگ هۆگان، سەرچاوەی پێشوو.

خوا، مەزهەب، مرۆڤ

بەشی دووەم
پرسەکانی سەبارەت پەیدابوونی هەبوون
و
سەنگەرگرتنی مەزهەب لەزانست

لەبەشی یەکەمدا دیتمان، جیاوازییەکی زۆرو لە ئاکامیشدا کێشەیەکی جدیی دەکەوێتە نێوان مەزهەب و زانست. و لەمڕووەوە زانست باکی پێ نییەو بەردەوام بەسەرخۆیدا دەچێتەوەو هەڵەکانی خۆی ڕاستدەکاتەوەو بەرەوپێش هەنگاودەنێت و پێشی وانییە مەزهەب ڕێگرو یانیش ڕکەبەرێکییەتی. بەڵام مەزهەب بەپێچەوانەوە، بـەردەوام زانست وەک ڕکەبەرێکی خۆی دەبینێت و هـەردەم و لەگەڵ هەر پێشکەوتنێکی زانستیی نوێدا دەبێ فریای خۆی بکەوێت تا باوەڕو بنەماکانی نەکەونە ژێر مەترسییەوە. لێرەدا ئۆتۆریتەی مەزهەبیی بەهەموو پێکهاتە جۆربەجۆرەکانییەوە کێشەیەک بۆخۆیان و مەزهەبەکەیان درووستدەکەن کە هی ئەوان نییە. پەرتووکە پیرۆزەکان: ڕیگ ڤیدا، ئاڤێستا، تەورات، ئینجیل، قورئان... هیچکامیان پەرتووکی زانستیی نین و زیادەڕەویەکی زۆرو چاوەڕوانییەکی بێجێیە ئەگەر لەناو ئەواندا بۆ زانست و زانییەرییە زانستییەکان بگەڕێین. و لەوەتەی مەزهەب هەیە هیچکات و هیچکات بچوکترین نهێنییەکی زانستیی ئاشکرا نەکردووەو پێویستیش نییە ئاشکرای بکات. چونکە ئەمە ئەرکی مەزهەب نییە. بەواتایەکی ڕاستریش مەزهەب هەر لە بناغەوە ئەمەی نەکردووە بە ئەرکی خۆی. بەڵام کاتێک ڕێبەرو پێشەوا مەزهەبییەکان دێن و لەم پەرتووکە مەزهەبیانەدا بۆ زانیارییە زانستییەکان دەگەڕێن، کاری پینەو پەڕۆ ئەنجام دەدەن و لەوەی بەرەو خۆفریودان و هەڵخەڵەتاندنی خەڵکی بڕۆن، شتێکی تر بەدەست ناخەن و لە بایەخ و مەزنایەتی مەزهەبەکەش دەهێننە خوارێ.

بەمجۆرە ئەگەر لەئاییندەدا، پتر لەمرۆ، ڕووبەڕووی حەقیقەتێکی زانستیی وابووینەوە کە لەگەڵ دەقە مەزهەبییەکاندا ناکۆکییەکی ڕەهای هەبوو چی بکەین و چۆنییان پێکەوە هەڵسەنگێنین..؟

بەبڕوای من لەوەها حاڵەتێکدا دەبێ بەچەند ئەگەردا تێپەڕین:

یەکەم: ئەوەی ئەو دەقانە هەر لە بناغەوە دەقی پیرۆزو گوفتاری خواوەندیی نین و زادەی بیری مرۆڤن.

بەڵام ئەگەر ئێمە لەشوێنێکی تری ئەو دەقە مەزهەبییانەدا لۆژیکێکی بەهێزی ترمان دیتەوە کە نەخێر ئەمانە دەقی خواوەندیین و جێگای گفتوگۆو گومانی تێدا نییە، دەبێ ئەگەرێکی تر وەربگرین.

دووەم: ئەوەی ئەو دەقانە بنەڕەتیی و ڕاستەقینەکان نین و لە میانەی دەستاودەستکردن و خڕکردنەوەو نووسینەوەو ڕاستکردنەوەو پێداچوونەوەدا... بەتایبەتی کەئەم دەقە کۆنانە هیچکامیان لەسەردەمی خۆیدا دەستبەجێ نەنووسراونەوەو کۆنەکراونەوە، دەکرێ گۆڕانیان بەسەردا هاتبێت و هەڵەو بۆچوونی تاکی بێژەر یان نووسەرەوەی کەوتبێتە ناو.

خۆئەگەر ئێمەی موسوڵمان ئەم ئەگەرو لۆژیکەمان بۆ دەقە مەزهەبییەکانی تر لە تەورات و ئینجیل قبوڵ بێت. بەڵام سەبارەت بە قورئان پێمان هەرس نەکرێت و گوتمان نەخێر! قورئان دەستکاری ناکرێت و ئەگەر گریمانەیەکی وا بسەلمێنین بەهێزیی خۆی لەوەی پەرتووکێکی خواوەندییە لەدەست دەدات و بەرەبەرە هەمووی دەبێتە جیگای گومان. ئەوکات دەبێ بۆ ئەگەرێکی تر بگەڕێین کە لۆژیکمەندانە ترە.

سێیەم: ئەوەی ئەو دەقە مەزهەبییانەی باس لە ڕازێکی زانستیی، یان ڕووداوێکی دیرۆکیی دەکەن، کە لەگەڵ عەقڵ و لۆژیک و بنەما زانستییەکاندا ناکۆکن، نەدرۆن و نەخورافات بەڵکو واتای سیمبۆلیکییان هەیە. ئەمەش نەک تەنیا دەربارەی

پرسەکانی سەبارەت چۆنییەتی پەیدابوونی هەبوون، بەڵکو گەلێک کێشەو پرسی تریش کەلەئایندەدا ڕووبەڕووی مرۆڤ دەبنەوە.

بۆ نموونە: کاتێک دەگووترێت هەبوون لەماوەی شەش ڕۆژدا خوڵقێنراوەو زانستیش دەیسەلمێنێت کە جۆرێکی ترە. پێویست نییە خۆ تەنگەتاوبکەین و ئەمە بە سەلماندنی ناڕاستبوونی قورئان لێک بدەینەوە. بەڵکو واتا سیمبۆلیکییەکەی ئەمەیە کەخواوەند ئەو هێزوتوانایەی هەیە هەبوون بەبێ دووفاکتەریی: کات و نواندنی کاروچالاکی بخوڵقنێت، بەڵکو نیشاندانی ماوەی شەش ڕۆژ بۆ خوڵقاندن ئەم واتاو پەندەی تێدایە کە مرۆڤ دەبێ ئەمە بسەلمێنێ کە هیچ خوڵقاندنێک بەبێ بەکارهێنانی کات و کاروماندووبوون بەدیی نایەت. ئەم پەندەش بۆ مرۆڤە نەک بۆ خواوەند. و بەواتایەکی تریش هاندانی مرۆڤە بۆ ڕێزگرتن لە کات و هەروا بۆکاروچالاکیی و دوورکەوتنەوە لە تەمبەڵیی و مشەخۆریی و خواردنی بەری ڕەنجی خەڵکانی تر. چونکە ئەگەر خواوەند بەم هەموو شکۆو مەزنایەتییە ڕەهایەیەوە کاروچالاکیی و بەکارهێنانی کات پەیڕەو بکات، بەدڵنیاییەوە نابێ مرۆڤ خۆی لێ ببوێرێت و پێچەوانەکەی خەتاوگوناهە. و پێویستیشە مرۆڤ ئەم خەیاڵە پووچ و بێواتایە لەمێشکی خۆی دەرکات کەبەهەشت تەمبەڵخانەیەو ئارەزووی هەرشتێک بکەیت بێ کارو ماندووبوون و زەحمەت دێتەدەستی.

یان کاتێک باس لە درووستبوونی مرۆڤ لە خاک دەکات واتاکەی ئەوە نییە کە خواوەند تەشتێکی گەورەی قوڕ گرتۆتەوەو چەند ڕۆژ لەسەری ڕاوەستاوە تا ئەو قوڕە بترشێ، یان خۆش ببێ بۆ بەکارهێنان و پاشان چین چین ئەو قوڕەی لەسەر یەکتر داناوە تاپەیکەری ئادەمی لێ درووستکردووە. کارێکی وا لەگەڵ پلەو پایەی خواوەندیدا نایەتەوە. چونکە ئەم کارە درووستکردنی گۆزەو دیزەو تەندوورە...، نەک خوڵقاندنی مرۆڤ، و لەگەڵ بنەمای (کن فیکون) یشدا یەک ناگرێتەوە. بەڵام کارەکە بەمجۆرەیە: کە، ئەم زەوییە سەرەتا تەنیا خاک و خۆڵێکی بێگیان بووەو هیچ

زیندەوەرێکی تێدا نەبووە. بەڵام بەرەبەرە زیندەوەرانی سادەو بچوک و تاک شانەیی پەیدا بوون و ئەوانیش بەرەبەرە بەچەند قۆناغی پەرەسەندنی چەندان ملیۆنساڵدا تێپەڕیون تا زیندەوەرانی پێشکەوتووتریان لە ئاژەڵ و مرۆڤ لێ درووست بووە. بەواتایەکی دیکە ئەم زیندەوەرانە بە بچوک و گەورەیانەوە هەر لەم خاک و خۆڵەوە پەیدابوون نەک لە شتێکی ترەوەو لەئاکامیشدا هەر دەبنەوە بە خاک و خۆڵ. ئەو مادەو توخمانەش کە خاک و خۆڵیان لێ درووست بووە لە : ئاسن، کاربۆن، فۆسفات، سۆدیۆم، هایدرۆژین، ئۆکسژین... هەر ئەمانەشن کە مرۆڤیان لێ درووست بووە. کەواتە ڕاستە مرۆڤ لەخاک درووست بووە. لێکدانەوەیەکی ئاوا نەلەگەڵ دەقە مەزهەبییەکاندا ناکۆکەو نەلەگەڵ زانستیشدا هیچ دژایەتی و ناکۆکییەکی هەیە. و ئیتر هەر کەسێکیش پێیوابێ تەواوی ئەو پرۆسەی پەرەسەندنانە بە ویستی خواوەندیی بەڕێوەچوون گرفتێک درووست ناکات. کەواتە دەبێ لەبری لێکدانەوەی ڕاستەوڕاستی واژەو دەستەواژە مەزهەبییەکان و یانیش داهێنانی ناشیانەو پینەوپەڕۆ، لێکدانەوەی جوانناسیانەمان هەبێت.

هەروا لەنموونەیەکی تریشدا، وەک داستانی نوح. دیسان دەتوانین واتا سیمبۆلیکەکانی لێوە هەڵێنجین و لە دقێکی خورافاتییەوە بیکەنە دەقێکی جوانناسی. چونکە ئەگەر ئێمە بێ هیچ لێکدانەوەیەکی جوانناسیانە دەقەکانی تەورات و قورئان بخوێنینەوە لەدەقی ساردوسڕ بەولاوە شتێکمان دەستگیر نابێت کە شیاوی باوەڕکردن نین و چەندان مەحاڵیشی تدایە:

١- کارەساتێکی گەورە کە هەموو جیهانی گرتبێتەوەو هیچ زیندەوەرێک جگە لە یەک نموونەی هەرجۆرێک بەپێوە نەمابێ، لەڕووی زانستییەوە نەشیاوو مەحاڵەو لە هیچ لێگەڕینێکی زانستیشدا پاشماوەی شتێکی وا بەدی ناکرێت. و ئەگەر توانا زانستییەکان لەئاستێکدا بن ڕووداوەکانی دەرەوەی زەوی و پێش چەندان ملیار ساڵ ببینێتەوە، ئەوە بێگومان لەتواناشیدایە ڕاستیی ڕووداوی لافای نوحیشی ئاشکرا

بکردایە. ڕاستە لە لێگەڕینەکاندا پاشماوەی کەشتی دۆزراونەوەو ئەگەری ڕوودانی لافاوی گەورەش هەیە، بەڵام تۆفانی نوح ڕووداوێکی ناوچەیی نەبووە، بەڵکو جیهانگیر ، کە جگە لە دانیشتووانی ناو ئەو کەشتییە، زیندەور بەسەر زەوییەوە نەماوەو ئەمەیانە کە بەعەقڵ و لۆژیکی ئەمڕۆیی ناسەلمێنرێت.٢- بەپێی دەقە مەزهەبییەکان نوح ٩٥٠ ساڵ ژیاوە، ئەمەش لەڕووی زانستییەوە مەحاڵەو تائێستا هیچ بەڵگەیەکی زانستیی لەبەردەستاندا نییەو توانایەکی واش نییە کە هیچ مرۆڤێک بتوانێ ٩٥٠ساڵ بژی ٣- حەزرەتی نوح کە پەیامبەرێکی خواوەندیی بووە، چ واتایەک لەو پەیامبەرێتییەدایە کاتێک هیچ بوونەوەرێکی زیندوو لەسەرزەویدا جگە لەنوح خۆی بەشێک لەخانەوادەکەی نەمابێ و ئیتر ئەو بەسەر کێوە پەیامبەرێتی کردەو هەروا کاتێک کە کەسێک بەسەر زەوییەوە نەمابێ ئیتر پەندو عیبرەتی کارەساتەکە بۆ کێبە..؟ ٤- ئەگەر کارەساتی تۆفانی نوح بۆ لە ناوبردنی زاڵم و ستەمکارو بێباوەڕان بووە و مەبەستی خواوەند هێنانەکایەی نەفشێکی نوێی مرۆڤایەتی خاوێن و ڕاست و درووست بووە، ئایا ئەو ئاکامە بەدیهاتووە و نەفشە یەک لەدوای یەکەکانی پاش نوح لەوەی سەردەمی نوح باشتر بوون..؟ ٥- خڕکردنەوەی ئەم هەموو زیندەوەرو جڕوجانەوەرانە و لە هەر جۆرەی جووتێک کارێکی مەحاڵەو لە توانای تاکێکدا نییە. و جۆرەکانی زیندەوەر لەسەر زەوی ئەوەندە زۆرن کە لەچەندان ملیۆن تێپەڕ دەکەن و لەهەریەکە جووتێک لەوکەشتییەدا جێگای نابێتەوە. بێگومان دەزانم کە دەڵێن گشت ئەمانە بەخواست و پشتیوانی خواوەندیی بەڕێوە چوون..! ئەمانە کاری ئاسایی نەبوون و لەدەرەوەی تواناو تەنانەت تێگەیشتنی مرۆڤایەتیدا بووە..! دەڵێم جا ئەگەر باس لە ویستی خواوەندی بێت، ئەوە چ پێویست بەو هەموو بێنەوبەرەیە بووە. خواوەند هەر بەویستی خۆی دەیتوانی هەموو کارەکان ڕێکبخات، ئیتر نە پێویست بەتۆفان و نە بەکەشتی ونە شتێکی تر دەبوو. بەڵکو لەچاوتروکانێکدا زۆرداران لەناودەچوون و دەبوون بە نۆزو و نوح و ئەوانی تریش هیچیان لێ

نەدەهات. کەواتە لێرەدا پرسەکە ئەوە نییە کە ئایا تۆفانی نوح بەڕاستی ڕوویداوە یان نا..؟ بەڵکو پرسەکەمان ئەوە بێت ئایا پەیام و پەندەکانی ئەم داستانە چین..؟ کە بۆ دەستنیشانکردنی ئەمانەش تەنیا لە واتا جوانناسییەکەیدا لەتواناماندا دەبێت. کە بۆنموونە دەکرێ بەمجۆرە بێت:

یەکەم: وەبیرهێنانەوەی مرۆڤە بە ڕووداوی مەرگ. بەتایبەتی چەوسێنەرو ستەمکاران کە بە درێژایی دیرۆک هەروابووەو کاتێک لە ناو دەسەڵات و سامان و ناوداریدا نوقم دەبن بیریان دەچێتەوە کە مرۆڤی ئاسایین و وەک تەواوی مرۆڤایەتی ڕۆژگارێک دێت کەدەمرن.

دووەم: دەبینین خوا فەرمان بە نوح دەدات کە بۆ ئەوانە نەپاڕێتەوە کە پێشتر باسیان لێوەکراوەو لە ڕیزی ستەمکاراندا بوون لەناویاندا کەنعانی کوڕی نوح و هاوسەرەکەی. واتای بایەخداری ئەم دەربڕینەش ئەوەیە کە مرۆڤی ستەمکار ستەمکارەو بەوەی کوڕی کێیەو سەر بەچ خانەوادەیەکەو پلەوپایەی چییە ناونیشان و ئەسڵ و نەسەبی چییە لە ستەمکارییەکەی کەم نابێتەوە و لەڕیزی ئەواندایە. ئەمەش جەختکردنە لەسەر چەمکی عەدالەت. کە لەڕۆژگاری ئەمڕۆشماندا هێشتا بەم شێوازە پەیڕەو ناکرێت.

سێیەم: خودی کەشتییەکە سیمبۆلە بۆ جیاکردنەوەی مرۆڤە باش و خراپەکان لەیەکترو جێگای وەبیرهێنانەوەیە کە لەسەدەی سێیەمی زاییندا کەشیشێک بە ناوی (ئوریلێس ئوگستین) ٣٥٣-٤٣٠ گوتی کە کارەسانی تۆفانی نوح واتای سیمبۆلیکی هەیەو مەبەست لەکەشتی نوح هەر کڵێسایە و هەر مەسیحییەکی ڕاست و درووست بێتە سەر ڕێگای کڵێسا خوا ڕزگاری دەکات و ئاکامی بەختەوەری بە نسیب دەکات و هەر کەسیش وەک زاڵم و خراپەکارانی چیرۆکەکەی نوح لە دەرەوە بمێنێتەوە مەرگ و سزای ئەبەدیی.١

ئیتر کاتێک ئەم داستانە لەڕووی جوانناسییەوە هەڵسەنگێنین، هیچ ناکۆکییەک

لەگەڵ عەقڵ و لۆژیکدا بەدیی نایەت. و ڕێگریش نیە لەوەی ئەمە بەدەقێکی پیرۆزو خواوەندیی بزانین. بەومەرجەی جەخت لەسەر پەیام و واتا جوانناسییەکەی بکەینەوە. نەک ئەو وردەکارییانەی لەخورافات بەولاوە واتایەکی تریان نییە. و بەمەش مەزهەب خۆی لەو کێشمەکێشە بێکۆتایی و سەنگەرگرتنە لەزانست ڕزگاردەکات. و بەڕاستی چ کارەساتێکە بۆ هەر ئایینێک زانست لەبەرانبەر خۆیدا وەک مەترسییەک ببینێت. و ئەمە چ لۆژیکێکە سەرکەوتنی مەزهەب لە تێکشکاندنی زانستدا ببینینەوە...؟

دیـارە ئەمە هەر ئایینی ئیسلام نییە کە لەبەرانبەر پێشکەتن و گۆڕانکارییە زانستییەکاندا هەستیاریی لەخۆی نیشانددات. بەڵکو ئایینەکانی تریش بەهەمان شێوازو بگرە توندڕەوانەتریش. و زۆربەی هەرەزۆری ئەو کێشانەش لەگەڵ زانستدا لە لێکدانەوەی هەڵەی تێکستە ئایینییەکانەوەو نەبوونی مێتۆدی درووستی مامەڵەکردن لەگەڵ زانستدا بەدیی دێن.

ڕەتکردنەوەی تیۆرییە زانستییەکان تابوو نییەو هەر بیروباوەڕێکی زانستیی کە هێشتا لە قۆناغی تیۆری و گریمانەدایەو دەکرێ هەڵەبێت. و یانیش لەئەنجامی دیدو تێگەیشتنی جیاوازەوە ڕەت بکرێتەوە. بەڵام زۆر گرنگە کە ئەو ڕەتکردنەوەیەش هەردەبێ لەچوارچێوەی خودی زانست و بە مێتۆدی زانستیی بێت نەک مەزهەبیی. چونکە پێشەوایەکی ئایینی و زانایەکی بواری مەزهەب کە هیچ لە زانستەکانی ماتماتک و فیزیک و شیمی و گەردووناسیی نازانێت چۆن دەتوانێت، تیۆرییەکی ئەو بوارە زانستییانە هەڵسەنگێنێت و ڕاستیی و درووستیی بۆ ساغ بێتەوەو هەر لەبەر ئەمەشە کە بە درێژایی دیرۆک، شارەزایانی بواری مەزهەب لە هەڵسەنگاندنی تیۆرییە زانستییەکاندا بەهەڵەدا دەچن. و پاشان نەفشەکانی دواتر لەهەمان پەیڕەوانی مەزهەب پەی بەو هەڵانە دەبەن و پاکانەش لەو کردارو باوەڕە ناعەقڵانی و نا لۆژیکمەندانە دەکەن کە نەفشی پێشتر پەیڕەویان کردووە. کەچی خۆشیان

لە شوێنێکی تر دیسان هەمان هەڵە دووبارە دەکەنەوە. ئەمەش چونکە بەهەمان مێتۆدو کەرەستە مامەڵە لەگەڵ زانستدا دەکەن.

کاتێک ساڵی ١٦٣٣ گالیلەیان ناچار بەتۆبەکردن کرد چونکە تیۆری کۆپرنیکی پەسەندکردبوو کە نیوسەدە پێشتر پەی بەمە بردبوو کە زەوی بەدەوری خۆردا دەسووڕێتەوە و ساڵی١٦٦٠یش بە فەرمانی کڵێسا زاناو فەیلەسوفی ئیتالیایی (ژیوردانو برۆنۆ)، بەهەمان تاوان زمانی بڕدرا و پاشان بەزیندوویی سوتێنرا. کەچی هێندەی نەبرد ساڵی ١٨٣٥ گالیلەو نووسینەکانی لەلیستی ڕەش دەرهێنران و شکۆمەندیی بۆ گێڕدرایەوە. بەڵام ساڵی ١٩٢٥ لە زۆربەی ویلایەتەکانی ئەمەریکادا بە یاسا خوێندنی تیۆریی داروین دەربارەی پەرەسەندن یاساغ کراو ئەم یاساغکردنە تا ساڵی ١٩٦٨ بەردەوام بوو، لەوە بەدوا ڕێگای پێدرا بەو مەرجەی باوەڕە مەزهەبییەکانیش لە پاڵ ئەو تیۆرییەدا بخوێنرێت. ئیتر ئەو یاسایە ساڵی ١٩٨٧ بەیەکجاریی لابرا.٢

لە ناو موسوڵمانانیشدا نموونەکانی لەم جۆرە لەژماردن نایەن. زانایەکی وەک ئیمامی غەزالی کە موسوڵمانانی سوننە شانازی پێوەدەکەن، لە پەرتووکی (المنقض من الضلال)، زانست و فەلسەفە بە گومڕاکەر ناودەبات و نەفرەت و لەعنەت لە زانایان و فەیلەسوفان دەکات و سێ کەس لە گەورەترین زاناو فەیلەسووفانی ئیسلام، واتا فارابی، ئیبن سینا، خەیام. بە (کفارالثلاثە) و خوێندنەوەی بەرهەمەکانیان حەرام و پەرتووکەکانیان بەگڵاو ناودەبات.٣

هەمان غەزالی لەشوێنێکی تردا دەڵێت(خەریکبوون بە ماتماتیکەوە موسوڵمانانی خاوەن باوەڕ بەرەو جیهانی کوفر دەبات) ٤

هەروا، زاناو فەیلەسوف و سۆفیەکی وەک سهروردی (١١٥٤-١١٩١) تەنیا لە بەر پێناسەی تایبەت بەخۆی سەبارەت بە خوا کە پێیوابوو، هەمووشتێک بە پێی تاریکی و ڕوناکی پلەبەندی دەکرێت و خواوەند ڕووناکایی ڕەهایەو دەیگووت خواوەند (نور الأنوار)٥ و هەرکەس تالەو نزیکتر بێتەوە پتر ڕووناکایی بەردەکەوێت و

پێچەوانەکەشی بەرەو تاریکی. بە فەرمانی سەلاحەدینی ئەیووبی لە برسان کوژرا.٥
پێشتریش ئیمام ئەبو حنیفە (٨٠-١٥٠ک)، کە یەکێک لەچوارئیمامی مەزهەبی سوننەیە، تەنیا لەبەر ئەوەی لەتەفسیری قورئاندا پێیوابوو کەدەبێعەقڵو لۆژیک بەکاربێت، و هەروا لە جێبەجێکردنی حوکمە شەرعیەکاندا یەکجار نەرم و لێبووردەبوو، تەواوی ڕێبەرانی ئایینی سەردەمی خۆی دژایەتیان دەکردو لەئاکامیشدا مەنسوری خەلیفەی عەباسی دەستگیری کردو لەژێر شکەنجەی ئەودا لە زیندان کۆچی دوایی کرد. ٦

پاشانیش ئیمامی چوارەمی مەزهەبی سوننە، واتا ئەحمەد کوڕی حەنبەل (١٦٤-٢٤١ک)، لەچارەنووسێکی هاوشێوەی ئەبو حەنیفەدا، لەبەر ئەوەی باوەڕی وابوو کە قورئان بەحوکمی ئـەوەی گوفتاری خواوەندە کەواتە هەبوونێکی ئەزەلی هەیەو شتێکی خوڵقێندراو نییە، بەفەرمانی خەلیفەی عەباسی ئەوکات موعتەسەم بیللا، دارکارییەکی وەهای دەکەن کە تا کۆتایی ژیانی پاشماوەی ئەو دارکارییە بەجەستەیەوە دیاردەبێت.٧

هەروا ئیبن موقەفەع (١٠٦-١٤٢کۆچی)، گەورەترین ئەدیبی سەردەمی خەلافەت، لەبەرئەوەی پێیوابوو، کە دەکـرێ هـەر ئایینێک، بەدیدێکی گوماناوییەوە هەڵسەنگێنرێت، بەفەرمانی خەلیفە مەنسوری عەباسی بەزیندوێتی فڕێدرایە ناو بڵێسەی ئاگرو سوتێندرا.٨

دیسان کندی(٨٠٠-٨٧٩ز)، کە بەباوکی حەکیمان ناسراوە. و یەکێک لەهەرە شارەزاو بەهرەمەندەکانی جیهانی ئیسلام، لەبوارەکانی ماتماتیک، فەلسەفە، و ئەستێرەناسییە، بەتاوانی ئەوەی باوەڕی وابوو کەدەکرێ لۆژیک و فەلسەفەو ئیلاهیات تێکەڵ بەیەکبکرێن، یان سوود لەیەکتری وەربگرن، بەفەرمانی متەوەکیلی خەلیفەی عەباسی لەتەمەنی شەست و دووساڵیدا فەلاقەو دارکاریی کرا.٩

کەچی ئەمڕۆ ئەمانە لە لایەن پەیڕەوانیانەوە، وەک مرۆڤی پیرۆزو بەهەشتیی و

کۆڵەکەی مەزهەبەکانیان دادەنرێن، و حەیف و ئەفسوس دەخۆن لەو ڕەفتارە ناشایست و نامرۆڤانەی لەگەڵ ئەم بیرمەندو زاناو ڕێبەرانەدا کراوە. بەڵام لەشوێنێکی تردا هەمان ئەم کەسانە دیسان لەبەرانبەر دژبەرەکانیاندا هەمان ڕەفتاری ناشایست و پشتیوانی فتوای سزادان و لەناوبردن دەکەنەوە.

پرسەکانی سەبارەت پەیدابوونی هەبوون و سەنگەرگرتنی مەزهەب لەزانست

سەرچاوەو پەراوێزەکانی بەشی دووەم:

١- بڕوانە: پل استراترن. أشنایی با سنت اوگستین قدیس،ترجمە شهرام حمزەای. تهران. نشر مرکز.

٢- دکتر علی أفضل صمدی. سەرچاوەی پێشوو ص١٦

٣- یوسف فصائی. تحقیق در تاریخ و فلسفەی مذاهب اهل سنت و فرقەی اسماعیلیە. مؤسسە مطبوعاتی فرخی. تهران ص٢٣٠-١٢٣

٤- شجاع الدین شفا، تولدی دیگر. چاپ پنجم. نشر فرزاد،٢٠٠١، ص٤١٧

٥- فریدە متعکف. دولت مستعجل شیخ مقتول. کیهان فرهنگی.مرداد ١٣٨٠.ص٩

٦- یوسف فصائی. سەرچاوەی پێشوو ص٤٢

٧- هەمان سەرچاوە. ل١٢٥-١٢٦

٨- شجاع الدین شفا. سەرچاوەی پێشوو، ل٤١٩

٩- هەمان سەرچاوە. هەمان لاپەڕە.

بەشی سێیەم
خواو مەزهەب١

خوا چییە..؟ سیفاتەکانی چین..؟ یەکێکە یان پتر..؟ ئایا لەشوێنێکدایە..؟ ئەگەر ئا..! لە کوێیە..؟ ئایا هەر لەناو ئەم گەردوونەدایە، یان لەدەرەوەیدا..؟ وەڵامی ئەم پرسیارانەو چەندانی تر، لە باوەڕێکەوە بۆ باوەڕێکی ترو لە ئایینێکەوە بۆ یەکێکی تر جیاوازن..

دیرۆکی باوەڕی خواناسیی دەگەڕێتەوە قۆناغە هەرە سەرەتاییەکانی دیرۆک و بگرە پێشتریش.

هەندێک لە زانایان و دیرۆکناسان، پەرەسەندنی باوەڕی خواناسی بەسەر سێ قۆناغدا دابەش دەکەن:

١- دەرککردنی مەزنایەتییەک: وەک دیتنی گڕکانێک، دەریا، ڕووبارێکی بەخوڕ، دۆڵیکی ترسناک.

٢- ترسان لەو مەزنایەتییە: کە مرۆڤی سەرەتایی لە دیتنی ئەو دیمەنانە تووشی ترس و سەرسامی بووە.

٣- داوای کۆمەک و یارمەتی لەو مەزنایەتییە: چونکە لەو هێزە مەزن و وێرانکەرانە ترساوەو هەوڵیداوە لەپێناوی پاراستنی خۆیدا، و لەڕێگای پاڕانەوە، داوای یارمەتی لێ بکات. و لە مەترسییەکانی بیپارێزێت.٢

وێناندنی خواوەند، بەشێوازە گشتییەکەی و پێش نزیک بەپێنجهەزار ساڵ لەلایەن مرۆڤەوە وەک نێرینە وێنەی لێهەڵگیراوەتەوە. بەڵام لەودیرۆکە پێشترو لەو پاشماوە کۆنانەی وەک تابلۆو وێنەی هەڵکۆڵراو بۆ دیرۆکی لەمێژینەتر دەگەڕێنەوە خواوەند بەشێوازی ژن لەخەیاڵی مرۆڤدا بەرجەستە بووە. و هۆکاری ئەمەش پەیوەستەی

دوو سەردەمی باڵادەستیی، دایکسالاریی و باوکسالارییە. و جگەلەمەش پەیوەستەی توانای ژنە لە زاوزێ و زۆرکردنی نەفشی مرۆڤ و فاکتەری بەردەوامیی ژیان کە بەهاوتای توانای خوڵقاندن دانراوە. ونەریتی دایکخوایی لەڕۆژگاری ئەمڕۆشماندا لە وڵاتانی وەک باکووری ئەوروپا هێشتا لەئارادایە.

(خواوەندە بچوک و گەورەکانی قۆناغی ئەفسانەیی، لەهەریەک لە میتۆلۆژیا جۆربەجۆرەکاندا ڕەنگی هەلومەرجی جیوگرافیایی و هەرێمی و نەتەوەیی تایبەت بەخۆیانی پێوەیە. هەموو ئەو خواوەندانە بەرهەمی ناوچەیی، واتا بەرهەمی تایبەت بەخاک و نەریت و کولتوورو وەڵامدەرەوەی پێویستییە مادی ورۆحییەکانی دانیشتوانی ئەوێ بوون. یۆنانییە کۆنەکان لە میتۆلۆژیای خۆیاندا خواوەندێکیان بەناوی خواوەندی شەراب هەبوو، چونکە لەم ناوچەیە باشترین جۆری ترێ بەرهەم دەهات. بەڵام ئەفریقای ڕەش خواوەندێکی وەهای نەبوو. چونکە ترێی نەبوو. و لەبەرانبەردا خواوەندی درەختی(Bayvbab)یان هەبو. ومیسرییەکان خواوەندی تیمساح و سوورپێستەکان خواوەندی گامێشیان هەبوو...)٣

پێویست بە وەبیرهێنانەوەیە کە باوەڕی خواناسیی لەگەڵ مەزهەبدا جیاوازە. و وەک هەندێک پێیانوایە، مەزهەب و خواناسیی بریتی نین لە یەک شت. بۆ نموونە: زۆر کەس باوەڕیان بە هەبوونی خوایەک هەیە بێئەوەی باوەڕیان بە هیچ ئایین و مەزهەبێک هەبێت. هەروا ئایینی واش هەیە بۆ نموونە بودایی باس لە باوەڕهێنان بەخوایەک ناکات. هەروا لە خوا پەرستییشدا چەندان شێواز هەیە: یەکتا پەرستیی، دووتا پەرستیی، سێتا پەرستیی، فرەخواپەرستیی... و تەنانەت لە شێوازی یەکتا پەرستیشدا جیاوازیی هەیە، و لەگرنگترینی ئەم باوەڕانەش دەتوانین ناوی ئەمانە ببەین:

- (تئیزم)(THEISM)، ئەو شێوازەیە کە باوەڕی بە یەک خوای تاک و تەنیاو

خاوەنی تایبەتمەندیی خۆی و خوڵقێنەری بوون هەیەو هەروا لەم شێوازەدا باوەڕ بە ئایینیش هەیە. و دەشتوانرێت هەبوونی خوا بسەلمێنرێت. ئایینە ئیبراهیمییەکان بە ئیسلامیشەوە، بەشێکن لەم باوەڕە.

- ئاتیزم (Atheistm)، ئەو شێوازەیە کە باوەڕ بە هەبوونی خوایەک لە ئارادا نییەو ، لەم باوەڕەدا دەتوانرێت نەبوونی خوا بسەلمێنرێت. پەیڕەوانی ئەم باوەڕە بە بێخودایان ناودەبرێن. ئەمەش وەک کۆنترین باوەڕێک دەناسرێت کە ڕاشکاوانە نکوڵی لەهەبوونی خواوەند بکات و سەرەتا لە یۆنانی کۆن بەدیی هات و باوەڕەکانی ناسراو بە سەگگەرایان (کلبیون- Cynisme)، و سوفستاییان بەتایبەتی دامەزرێنەری قوتابخانەی گومانگەرایان گرگیاس (Gorgias). لەپەیڕەوانی ئەم باوەڕە بوون.

ئاتیزم، بەگشتی ڕەوتێکی فکرییە، کە نەک تەنیا باوەڕ بەهەبوونی هەر هێزێکی خواوەندیی ناکات، بەڵکو سەرتاپای مەرجەعیەتی ئایین بۆسەر ژیانی مرۆڤ ڕەتدەکاتەوە. و بەمافی مرۆڤ خۆی بەدەر لەهەر حوکم و ئامۆژگاریی و شەریعەتێکی موقەدەسی دەزانێ کە نەخشەی ژیانی ئێستایی و داهاتووی دابڕێژێت. و هەر دەقێکی ئایینی بەبەرهەمی زەینی مرۆڤ دەزانێت و لەبەر ئەمەش هیچ دەقێک بە پیرۆزو لەهەڵەبەدەر نازانێت.

- ئەگنوستیزم(Agnostism)، لەم بـاوەڕەدا هەبوونی خوایەک ناتوانرێت بسەلمێنرێت. بەڵام دەکرێ مرۆڤ باوەڕی بەهەبوونی ئەو خوایە هەبێت، یانیش نەبێت. ئەم باوەڕە بە (نازانمگەرایان)یش، ناودەبرێت. و دەگوترێت کە بناغەداڕێژی ئەم باوەڕە تۆماس هاکسلی (١٨٢٥-١٨٩٥)، بووەو هاکسلی لەسەر ئەم باوەڕە بووە، کە مرۆڤ هیچکات ناتوانێت، سەرچاوەو مەبەست و هۆکاری هەبوون بزانێت. بەگشتیی نازانمگەرایان دەپرسن: کە ئەگەر مرۆڤ نەتوانێت هەبوونی خواوەندێک بسەلمێنێت ئایا دەتوانێ نەبوونی بسەلمێنێت...؟

- دایزم (DEISM)،لەم شێوازەدا تەنیا باوەڕ بە هەبوونی خودایەک بەجیا لە ئایین و مەزهەب هەیە. هەروا پەیامبەرانیش بە نێردراوان و ڕاسپێردراوانی خوا نازانرێن و باوەڕیان پێ ناکرێ. بەڵکو ئەم باوەوڕە لە ئارادایە کە مرۆڤ لەڕێگای عەقڵ و ئیدراکەوە پەی بە هەبوونی خوا دەبات نەک لە ڕێگای پەیامبەرانەوە. پێشەواو بنیاتنەری ئەم باوەڕە بیرمەندی ئینگلیزی لۆرد هیربرت (١٥٨٢-١٦٤٨ز) ٥. کە خاڵی هاوبەشی هەموو باوەڕە مەزهەبییەکان لە پێنج خاڵدا خڕدەکاتەوە: ١- هەبوونی هێزێکی خواوەندیی. ٢- پەرستنی ئەو هێزە خواوەندییە. ٣- ئەم خواوەندە پێویستی بە هیچ ڕێوڕسم و عیبادەتێک نییەو تەنیا ڕاستیی و پاکیی بەسە. ٤- هەر گوناهێک پێویستە بە پێشکەشکردنی کەفارەیەک قەرەبوو بکرێتەوە.٥- باوەڕهێنان بە هەبوونی پاداش و سزا.٤

- پانتیزم، (PANTHEISM) ئەو باوەڕەیە کە هەموو جیهان و بوون بەرابەر بەخوا دەبینێت، یان (هەمووشتێک خواوەندە) و بەو پێیە لەدەرەوی ئەم بوونەدا خودایەک نییە. و بەپێی ئەم باوەڕە تانانەت بێباوەڕانیش هەر بەشێکن لەم هەبوونە کە لە هەمان کاتدا بریتیشە لە خوا. هەروا ئەمە چەمکێکیشە لەسەر ئەو بنەمایەی کە عەقڵ یان ویژدان بە دوور لە (وەحی)، بەشێک لە حەقیقەت و حوکمە ئەخلاقییەکان بەپێی پێوەرە جیهانییەکان دەخەنە بەردەستی مرۆڤ. بەمەش دەگوترێت مەزهەبی سروشتیی و ئەم مەزهەبەش بە کاکڵ و بنەمای هەرەسەرەکی تەواوی مەزهەبە دیرۆکییەکان دادەنرێت. چونکە لە توانامەندییەکانی مرۆڤ چ لەقەڵەمڕەوی (وەحی و ئیلهام) و چ لە پرسە دیرۆکییەکانەوە سەرچاوە دەگرێت. شایانی گوتنە کە هەندێک لە ئایینناسان، بیروباوەڕی عیرفانیی و سوفیگەرییش هەر لەم شێوازەدا دەبیننەوە. بەوپێیەی هەرچی لەهەبووندا هەیە تەنیاوتەنیا خواوەندەو باقی شتەکانی تر سێبەرو تارمایی ئەون و حەقیقەتێکیان نییە. یەکەمین کەسێک چەمکی پانتیزمی بەکارهێنا، زانای ئینگلیزی جۆزێف رافسون، ساڵی ١٦٩٧ بوو.

بەڵام باوەڕی پانتیزم لە فەلسەفەی کۆنی یۆنانییش وەک باوەڕەکانی هێراکلیتوس، ئاناکسیماندر، و ڕەواقیەکانداو، هەندێک باوەڕی هیندۆسیشدا دەبینرێتەوە. لەکۆتاییەکانی سەدەی بیستەم و سەرەتای ئەم سەدەیەشدا بیروباوەڕی پانتیزم، جارێکی تر سەری هەڵدایەوە. و پێویست بەگووتنە کە پانتیزم باوەڕیکی خاوەن دیدوبۆچوونی ڕۆشەن و یەکپارچەی وانییە کەهەمووان لەسەری کۆک بن. و گەلێک بیروباوەڕی لەیەکجیاوازو تەنانەت دژ بەیەکیش لەخۆیدەگرێت و دەتوانین ئەمانە لە سێ گروپی سەرەکیدا خڕکەینەوە: ١- خواناسان، ئەمانەش پتر لە لایەنگرو پەیڕەوانی فەیلەسوفی هۆڵەندی باروخسپینوزا، و لەۆژهەڵاتیش پەیڕەوانی ئیبن عەرەبیدا دەبینینەوە. ٢- خوانەناسان. ئەمانەش پتر لایەنگرانی بزووتنەوەی پانتیزمی جیهانی (World Pantheist Movement) کە لە ساڵی ١٩٩٩ لەلایەن (پاول هاریسۆن) ەوە دامەزراندنی ڕاگەیەنرا. ٣- گروپە نێوەندییەکان.

لەناودارانی جیهان لەوانەی لەپەیڕەوانی باوەڕی پانتیزم بوون دەتوانین ناوی شاعیری ئینگلیزی ویلیام وردزۆرت. کۆمپۆنیست، سامۆئیل تایلۆر کۆلریدج. فەیلەسوفی ئەڵمانی یۆهان گۆتلیپ فیختە، و فریدریک هیگل. و شاعیری ئەمەریکایی والت ویتمان، و ڕۆماننوسی بەریتانیایی دێڤید هێربرت لورانس، و بیناسازی ناوداری ئەمەریکایی فرانک لۆید رایت، و ئالبێرت ئەنیشتاین و هیتر... ببەین.

کە لەگەڵ دەقە مەزهەبییەکاندا ناکۆکییەکی ڕەهای هەبوو چی بکەین و چۆنییان پێکەوە هەڵسەنگێنین..؟

بەبڕوای من لەوەها حاڵەتێکدا دەبێ بەچەند ئەگەردا تێپەڕین:

یەکەم: ئەوەی ئەو دەقانە هەر لە بناغەوە دەقی پیرۆزو گوفتاری خواوەندیی نین و زادەی بیری مرۆڤن.

بەڵام ئەگەر ئێمە لەشوێنێکی تری ئەو دەقە مەزهەبییانەدا لۆژیکێکی بەهێزی ترمان دیتەوە کە نەخێر ئەمانە دەقی خواوەندیین و جێگای گفتوگۆو گومانی تێدا نییە،

دەبێ ئەگەرێکی تر وەربگرین.

دووەم: ئەوەی ئەو دەقانە بنەڕەتیی و ڕاستەقینەکان نین و لە میانەی دەستاودەستکردن و خڕکردنەوەو نووسینەوەو ڕاستکردنەوەو پێداچوونەوەدا... بەتایبەتی کەئەم دەقە کۆنانە هیچکامیان لەسەردەمی خۆیدا دەستبەجێ نەنووسراونەوەو کۆنەکراونەوە، دەکرێ گۆڕانیان بەسەردا هاتبێت و هەڵەو بۆچوونی تاکی بیژەر یان نووسەرەوەی کەوتبێتە ناو.

خۆئەگەر ئێمەی موسوڵمان ئەم ئەگەرو لۆژیکەمان بۆ دەقە مەزهەبییەکانی تر لە تەورات و ئینجیل قبوڵ بێت. بەڵام سەبارەت بە قورئان پێمان هەرس نەکرێت و گومان نەخێر! قورئان دەستکاری ناکرێت و ئەگەر گریمانەیەکی وا بسەلمێنین بەهێزیی خۆی لەوەی پەرتووکێکی خواوەندییە لەدەست دەدات و بەرەبەرە هەمووی دەبێتە جیگای گومان. ئەوکات دەبێ بۆ ئەگەرێکی تر بگەڕێین کە لۆژیکمەندانە ترە.

سێیەم: ئەوەی ئەو دەقە مەزهەبییانەی باس لە ڕازێکی زانستیی، یان ڕووداوێکی دیرۆکیی دەکەن، کە لەگەڵ عەقڵ و لۆژیک و بنەما زانستییەکاندا ناکۆکن، نەدرۆن و نەخورافات بەڵکو واتای سیمبۆلیکییان هەیە. ئەمەش نەک تەنیا دەربارەی پرسەکانی سەبارەت چۆنییەتی پەیدابوونی هەبوون، بەڵکو گەلێک کێشەو پرسی تریش کەلەئایندەدا ڕووبەڕووی مرۆڤ دەبنەوە.

بۆ نموونە: کاتێک دەگووترێت هەبوون لەماوەی شەش ڕۆژدا خوڵقێنراوەو زانستیش دەیسەلمێنێت کە جۆرێکی ترە. پێویست نییە خۆ تەنگەتاوبکەین و ئەمە بە سەلماندنی ناڕاستبوونی قورئان لێک بدەینەوە. بەڵکو واتا سیمبۆلیکییەکەی ئەمەیە کەخواوەند ئەو هێزوتوانایەی هەیە هەبوون بەبێ دووفاکتەریی: کات و نواندنی کاروچالاکی بخوڵقێنێت، بەڵکو نیشاندانی ماوەی شەش ڕۆژ بۆ خوڵقاندن ئەم واتاو پەندەی تێدایە کە مرۆڤ دەبێ ئەمە بسەلمێنێ کە هیچ خوڵقاندنێک بەبێ

بەکارهێنانی کات و کاروماندووبوون بەدیی نایەت. ئەم پەندەش بۆ مرۆڤە نەک بۆ خواوەند. و بەواتایەکی تریش هاندانی مرۆڤە بۆ ڕێزگرتن لە کات و هەروا بۆکاروچالاکیی و دوورکەوتنەوە لە تەمبەڵیی و مشەخۆریی و خواردنی بەری ڕەنجی خەڵکانی تر. چونکە ئەگەر خواوەند بەم هەموو شکۆو مەزنایەتییە ڕەهایەیەوە کاروچالاکیی و بەکارهێنانی کات پەیڕەو بکات، بەدڵنیاییەوە نابێ مرۆڤ خۆی لێ ببوێرێت و پێچەوانەکەی خەتاوگوناهە. و پێویستیشە مرۆڤ ئەم خەیاڵە پووچ و بێواتایە لەمێشکی خۆی دەرکات کەبەهەشت تەمبەڵخانەیەو ئارەزووی هەرشتێک بکەیت بێ کارو ماندووبوون و زەحمەت دێتەدەستی.

یان کاتێک باس لە دروستبوونی مرۆڤ لە خاک دەکات واتاکەی ئەوە نییە کە خواوەند تەشتێکی گەورەی قوڕ گرتۆتەوەو چەند ڕۆژ لەسەری ڕاوەستاوە تا ئەو قوڕە بترشێ، یان خۆش ببێ بۆ بەکارهێنان و پاشان چین چین ئەو قوڕەی لەسەر یەکتر داناوە تاپەیکەری ئادەمی لێ دروستکردووە. کارێکی وا لەگەڵ پلەو پایەی خواوەندیدا نایەتەوە. چونکە ئەم کارە دروستکردنی گۆزەو دیزەو تەندوورە...، نەک خوڵقاندنی مرۆڤ، و لەگەڵ بنەمای (کن فیکون) یشدا یەک ناگرێتەوە. بەڵام کارەکە بەمجۆرەیە: کە، ئەم زەوییە سەرەتا تەنیا خاک و خۆڵێکی بێگیان بووەو هیچ زیندەوەرێکی تێدا نەبووە. بەڵام بەرەبەرە زیندەوەرانی سادەو بچوک و تاک شانەیی پەیدا بوون و ئەوانیش بەرەبەرە بەچەند قۆناغی پەرەسەندنی چەندان ملیۆن ساڵدا تێپەڕیون تا زیندەوەرانی پێشکەوتووتریان لە ئاژەڵ و مرۆڤ لێ درووست بووە. بەواتایەکی دیکە ئەم زیندەوەرانە بە بچوک و گەورەیانەوە هەر لەم خاک و خۆڵەوە پەیدابوون نەک لە شتێکی ترەوەو لەئاکامیشدا هەر دەبنەوە بە خاک و خۆڵ. ئەو مادەو توخمانەش کە خاک و خۆڵیان لێ درووست بووە لە : ئاسن، کاربۆن، فۆسفات، سۆدیۆم، هایدرۆژین، ئۆکسژین... هەر ئەمانەشن کە مرۆڤیان لێ درووست بووە. کەواتە ڕاستە مرۆڤ لەخاک درووست بووە. لێکدانەوەیەکی ئاوا نەلەگەڵ دەقە

مەزهەبییەکاندا ناکۆکەو نەلەگەڵ زانستیشدا هیچ دژایەتی و ناکۆکییەکی هەیە. و ئیتر هەر کەسێکیش پێیوابێ تەواوی ئەو پرۆسەی پەرەسەندنانە بە ویستی خواوەندیی بەڕێوەچوون گرفتێک درووست ناکات. کەواتە دەبێ لەبری لێکدانەوەی ڕاستەوڕاستی واژەو دەستەواژە مەزهەبییەکان و یانیش داهێنانی ناشیانەو پینەوپەڕۆ، لێکدانەوەی جوانناسیانەمان هەبێت.

هەروا لەنموونەیەکی تریشدا، وەک داستانی نوح. دیسان دەتوانین واتا سیمبۆلیکەکانی لێوە هەڵێنجین و لە دقێکی خورافاتییەوە بیکەنە دەقێکی جوانناسی. چونکە ئەگەر ئێمە بێ هیچ لێکدانەوەیەکی جوانناسیانە دەقەکانی تەورات و قورئان بخوێنینەوە لەدەقی ساردوسڕ بەولاوە شتێکمان دەستگیر نابێت کە شیاوی باوەڕکردن نین و چەندان مەحاڵیشی تدایە:

١- کارەساتێکی گەورە کە هەموو جیهانی گرتبێتەوەو هیچ زیندەوەرێک جگە لە یەک نموونەی هەرجۆرێک بەپێوە نەمابێ، لەڕووی زانستییەوە نەشیاوو مەحاڵەو لە هیچ لێگەڕینێکی زانستیشدا پاشماوەی شتێکی وا بەدی ناکرێت. و ئەگەر توانا زانستییەکان لەئاستێکدا بن ڕووداوەکانی دەرەوەی زەوی و پێش چەندان ملیار ساڵ ببینێتەوە، ئەوە بێگومان لەتواناشیدایە ڕاستیی ڕووداوی لافای نوحیشی ئاشکرا بکردایە. ڕاستە لە لێگەڕینەکاندا پاشماوەی کەشتی دۆزراونەوەو ئەگەری ڕوودانی لافاوی گەورەش هەیە، بەڵام تۆفانی نوح ڕووداوێکی ناوچەیی نەبووە، بەڵکو جیهانگیر ، کە جگە لە دانیشتووانی ناو ئەو کەشتییە، زیندەور بەسەر زەوییەوە نەماوەو ئەمەیانە کە بەعەقڵ و لۆژیکی ئەمڕۆیی ناسەلمێنرێت.٢- بەپێی دەقە مەزهەبییەکان نوح ٩٥٠ ساڵ ژیاوە، ئەمەش لەڕووی زانستییەوە مەحاڵەو تائێستا هیچ بەڵگەیەکی زانستیی لەبەردەستاندا نییەو توانایەکی واش نییە کە هیچ مرۆڤێک بتوانێ ٩٥٠ساڵ بژی ٣- حەزرەتی نوح کە پەیامبەرێکی خواوەندیی بووە، چ واتایەک لەو پەیامبەرێتییەدایە کاتێک هیچ بوونەوەرێکی زیندوو لەسەرزەویدا جگە لەنوح

خۆی بەشێک لەخانەوادەکەی نەمابێ و ئیتر ئەو بەسەر کێوە پەیامبەرێتی کردەو هەروا کاتێک کە کەسێک بەسەر زەوییەوە نەمابێ ئیتر پەندو عیبرەتی کارەساتەکە بۆ کێیە..؟ ٤- ئەگەر کارەساتی تۆفانی نوح بۆ لە ناوبردنی زاڵم و ستەمکارو بێباوەڕان بووە و مەبەستی خواوەند هێنانەکایەی نەفشێکی نوێی مرۆڤایەتی خاوێن و ڕاست و درووست بووە، ئایا ئەو ئاکامە بەدییهاتووە و نەفشە یەک لەدوای یەکەکانی پاش نوح لەوەی سەردەمی نوح باشتر بوون..؟ ٥- خڕکردنەوەی ئەم هەموو زیندەوەرو جڕوجانەوەرانە و لە هەر جۆرەی جووتێک کارێکی مەحاڵەو لە توانای تاکێکدا نییە. و جۆرەکانی زیندەوەر لەسەر زەوی ئەوەندە زۆرن کە لەچەندان ملیۆن تێپەڕ دەکەن و لەهەریەکە جووتێک لەوکەشتییەدا جێگای نابێتەوە. بێگومان دەزانم کە دەڵێن گشت ئەمانە بەخواست و پشتیوانی خواوەندیی بەڕێوە چوون..! ئەمانە کاری ئاسایی نەبوون و لەدەرەوەی تواناو تەنانەت تێگەیشتنی مرۆڤایەتیدا بووە..! دەڵێم جا ئەگەر باس لە ویستی خواوەندی بێت، ئەوە چ پێویست بەو هەموو بێنەوبەرەیە بووە. خواوەند هەر بەویستی خۆی دەیتوانی هەموو کارەکان ڕێکبخات، ئیتر نە پێویست بەتۆفان و نە بەکەشتی ونە شتێکی تر دەبوو. بەڵکو لەچاوتروکانێکدا زۆرداران لەناودەچوون و دەبوون بە تۆزو و نوح و ئەوانی تریش هیچیان لێ نەدەهات. کەواتە لێرەدا پرسەکە ئەوە نییە کە ئایا تۆفانی نوح بەڕاستی ڕوویداوە یان نا..؟ بەڵکو پرسەکەمان ئەوە بێت ئایا پەیام و پەندەکانی ئەم داستانە چین..؟ کە بۆ دەستنیشانکردنی ئەمانەش تەنیا لە واتا جوانناسییەکەیدا لەتواناماندا دەبێت. کە بۆنموونە دەکرێ بەمجۆرە بێت:

یەکەم: وەبیرهێنانەوەی مرۆڤە بە ڕووداوی مەرگ. بەتایبەتی چەوسێنەرو ستەمکاران کە بە درێژایی دیرۆک هەروابووەو کاتێک لە ناو دەسەڵات و سامان و ناوداریدا نوقم دەبن بیریان دەچێتەوە کە مرۆڤی ئاسایین و وەک تەواوی مرۆڤایەتی ڕۆژگارێک دێت کەدەمرن.

کەچی ئەمڕۆ ئەمانە لە لایەن پەیڕەوانیانەوە، وەک مرۆڤی پیرۆزو بەهەشتیی و کۆڵەکەی مەزهەبەکانیان دادەنرێن، و حەیف و ئەفسوس دەخۆن لەو ڕەفتارە ناشایست و نامرۆڤانەی لەگەڵ ئەم بیرمەندو زاناو ڕێبەرانەدا کراوە. بەڵام لەشوێنێکی تردا هەمان ئەم کەسانە دیسان لەبەرانبەر دژبەرەکانیاندا هەمان ڕەفتاری ناشایست و پشتیوانی فتوای سزادان و لەناوبردن دەکەنەوە.

پانێنتیزم،(PANENTEISEM)، ئەمەش ئەو باوەڕەیە، کەلە بنەمادا بۆ ڕاستکردنەوە یان پەیوەندیی لەگەل باوەڕی (پانتیزم) دا کە پێشتر باسکرا هاتۆتە کایەوە. لەم باوەڕەدا ناگوترێت: **خواوەند هەموو شتێکە.** بەڵکو دەگووترێت: **خواوەند لەهەموو شتێکدایە. واتا ئەم گەردوونە.** بەهەرچی وزەو مادەیەک تیایەتی خوڵقاوی دەستی خواوەندەو خواوەند بۆخۆشی هەر لەناو ئەم گەردوونەدایە.

بەگشتیی بیروباوەڕی مرۆڤ لەپەیوەندی لەگەڵ خوادا دەکرێ بەسێ بەشەوە: ١- خواناسیی. ٢- خوانەناسیی.٣- گومانهەڵگرو نازانم گەرایان.

خواناسان، بەهەموو جۆرەکانی و لە ناو گشت ئایین و باوەڕە خواناسییەکاندا پشتیوانەی باوەڕی خۆیان لە چەند بنەماوە هەڵدەهێنجن یەکەم، ئەوەی ناکرێ گەردوون و هەبوون هەر لەخۆیەوەو بە شێوازکی ئەزەلی هەبێت و حەتمەن دەبێ خوڵقێنەرێکی هەبێت کە ئەویش جگە لەوەی خواوەندێکی خاوەن عەقڵی ڕەها بێت شتێکی تر نییە. دووەمیش پشتیوانەیان پەیامبەرو ئەو تێکست و پەرتووکانەیە کە نیشانەی خواوەندیی دەسەلمێنێت. و سەرەڕای ئەمە هەندێک بۆچوونی زانایانیش دەکەنە پاڵپشت بۆ باوەڕەکانیان وەک ئیسحاق نیوتن کە باوەڕیی بە هەبوونی خواوەندێکی خوڵقێنەریی هەبوون هەبوو.

لایەنی خوانەناسانیش، بە پشتبەستنێکی ڕەها بەزانست کە هەبوونی خواوەندیی ناتوانێت بسەلمێنێت، و یانیش تێکستە مەزهەبییەکان بە نیشانەیەک بۆ هەبوونی خوا نازانن و پێیانوایە ئەمانە زادەی بیری مرۆڤن نەک وتەی خواوەندی و نەزانینی

هۆکاریی پەیدابوونی هەبوونیش ئەو پاساوە نادات بەدەستەوە کە حەتمەن دەبێ هێزی خواوەندیی لە پشت خوڵقاندنییەوە هەبێت و ئەو حەتمییەتە دەتوانێ بۆ جیهانی مادیش بێت. واتا بۆ دەکرێ باوەڕ بەمە بکرێت کە خواوەند دەتوانێ بێ خوڵقێنەرێکی پێشتر هەبوونی هەبێت بۆ ناکرێ ئەو باوەڕە لەئارادابێت کە جیهانی مادیی و گەردوون لەهیچەوە دەتوانێ پەیدابێت. و هەندێک باوەڕی زانستیش دەکەنە پشتیوانەی ئەم باوەڕە. بۆ نموونە، بۆچوونەکانی فیزیکزانی بەریتانیایی ستیڤان هاوکینز و هیتر.

دەستەی سێیەمیش خاوەن گومان و ئەوانەن کە پێیان دەگوترێت (نازانمگەرایان). کە خاوەن باوەڕێکی پتەو نەبەهەبوون و نە نەبوونی خواوەند نین و هەمیشە لە گومان و وەڵامی (نازانم)دا بەسەر دەبەن. و لە لایەکەوە گومانی خۆیان لەوپرسیارەوە بەدەردەخەن کە ئایا ئەگەر خوایەک هەبێت، یان هەبێت و بخوازێت هەبوونی خۆی بسەلمێنێت، بۆدەبێ بەم هەموو شێوازی پێچاوپێچ و گومانهەڵگرو ناڕاستەوڕاستانە هەوڵ بدات ئەو بوونە نیشان بدات...؟ و بۆچی بەڕێگاوشوێنێکی گردەبڕ و حاشاهەڵنەگر ئەم کارە ناکات..؟ ئەگەر ئایینەکانی خوا بەڕاستی خواوەندیین و لەڕێگای پەیامی ئاسمانییەوە بەدیهاتوون، چۆن ئەوهەموو تاوان و خراپەکارییانەی سەدە لە دوای سەدە بەناوی خواوە دەکرێن، خوا بێدار ناکاتەوە تا لانیکەم دیفاعێک لە ناوەکەی خۆی بکات.؟. ئەگەر ئایینەکان پەیامی خوان و پەیامەکان هێندە ڕۆشەنن کە لایەنگران و پەیڕەوانیان دەیڵێن، ئەدی بۆچی تەنانەت پەیڕەوانی یەک ئایین ئەو هەموو گروپ و تاقمە مەزهەبییەیان لێکەوتۆتەوەکە نەک هەر دان بەهەبوونی یەکتردا نانێن بەڵکو هەر گروپە ئەوی تری پێ لادەرو مورتەدو ڕافزی و مونافیقەو خوێنی یەکترییان لا حەڵاڵە..؟ فەرموو بەدرێژایی دیرۆک، دوای لەتبوونی ئایینی مەسیح، پروتستان و کاتۆلیک، یان شیعەو سوونە چیان بە یەکتر نەکردووە..؟ هەروا، ئەگەر خواوەندێک هەیە بۆ لە نیشاندانی خۆی و ناردنی پەیامەکانی بەردەوام

نابێت و بۆ لەسەردەمە جیاوازەکەنی دیرۆکی مرۆڤایەتیی بۆ نموونە ئەم سەردەمەی ئێمەدا هیچ نیشانەو پەیامێک نییەو چۆن دەبێ هەر پشت بەو تێکستانە ببەسترێت کە واتای خۆیان لەدەست داوەو بەکەڵکی ئەم سەردەمە نایەن..؟ بەڵام لەهەمان کاتدا ئەم گومانانەی خۆیان بەوە وەڵام دەدەنەوە کە ڕەنگە خواوەندێک هەبێت بەڵام لەدەرەوەی باوەڕە مەزهەبییەکانەوەیەو هیچیش بۆی گرنگ نییە داخوا مرۆڤ ئەو دەناسێت یان نا، ڕێوڕەسمی ئایینی بەجێ دەگەیەنێت یان نا.. بەڵکو بنەمای خواناسیی ، لەیەک جیاکردنەوەی باشی و خراپیی و گرتنەبەری ڕێگای چاکەیە کە لەڕێگای عەقڵی مرۆڤەوە بە ئاسانی شیاوی ناسین و دەستنیشانکردنە.

هەر لەم سۆنگانەشەوە بۆ وەڵامی ئەو پرسیارەی ئایا مرۆڤ پێویستە خواوەندێک بناسێت و بپەرستێت و خاوەن ئایینێک بێت، بەگشتی وەڵامەکان لە چوار شێوازدا خڕدەبنەوە:

یەکەم/ ئەو باوەڕەیە کە خواناسیی و خواپەرستیی و هەبوونی ئاینێک بەئەرکێکی ڕەهای مرۆڤایەتی دەبینێت. و لەم ناوەدا مرۆڤ هەلی هەڵبژاردنی لەبەردەمدا نییەو ئەگەر ئەو ئەرکەی بەجێ نەگەیەنێت لەئاکامدا بەر سزای توندی خواوەندی دەکەوێت. ئەمانەش وەک مەزهەبگەرایان لە ئایینە ئیبراهیمییەکان و ئیسلامیش لە ناویاندا.

دووەم/ ئەو باوەڕەیە کە لە شیکردنەوە دەروونییەکانەوە سەرەچاوەدەگرێت، و پێیوایە کە بێئەوەی مرۆڤ بپرسێت یان بزانێت کە خواوەندێک هەیە یان نا، پێویستە خواوەند بپەرستێت و خاوەن باوەڕێکی ئایینی بێت. ئەمەش نەک لە پێناوی بەدەستخستنی پاداشتی دواڕۆژ، بەڵکو بۆ بەدەستخستنی ئارامیی دەروونیی لە ژیاندا.

بەپێی ئەم باوەڕە، مرۆڤ بەهۆی هەستی ئایینیی و باوەڕی بەهێزییەوە بەهەبوونی خواوەندێک کە چاوەدێری کاروبارەکان و ژیانی مرۆڤەکان دەکات، و لە مەترسییە

لەژماردن نەهاتووەکانی دەوروبەریی کە هەڕەشەی مردنی لێدەکەن دەیپارێزێت. و باوەڕ بە هەبوونی خواوەندێک لە تەک مرۆڤدا هێزو ئارامیی پێ دەبەخشێت، و ئەو شتانەی بۆ فەراهەم دەکات کە بە هەوڵە مادیی و هزریەکانی خۆیەوە ناتوانێ بەدەستییان بخات. و ژیانی مرۆڤ لەدەرەوەی چوارچێوەی باوەڕی ئایینیی دەبێتە دۆزەخێک کە تەحەمول ناکرێت. و هەموو واتاکانی خۆی لەدەست دەدات. لەمڕووەوە دەروونناس و فەیلەسوفی پراگماتی ئەمریکایی ویلیام جیمس دەڵێت: (ئەزموونی مەزهەبگەرایی هەستێکی باشاترمان دەربارەی ژیان و رۆحانیات پێ دەبەخشێت)٥ ویلیام جیمس بەمە ناوەستێ کەمرۆڤ پێویستی بە خواوەندو ئایینی خواوەندیی هەیە، بەڵکو بە پێویستیشی دەزانێت کە مرۆڤ ڕێوڕەسمە ئاینییەکانی وەک نوێژ و پاڕانەوە پەیڕەو بکات.

سێیەم/ ئەوەی کە خواپەرستیی و باوەڕ بەهەبوونی خواوەند، زیان بە مرۆڤ و پرۆسەی گەشەکردنی بیرومێشکی دەگەیەنن. چونکە خواوەندێک هەبوونی نییە، و لەمەوەش ئاینەکان هەموو ساختەن و لە بری ڕێنوێنی مرۆڤ، گومڕای دەکەن و دەیخڵەتێنن. ئەو بەختەوەری و ئارامیەش کە پێی دەبەخشن لە کاریگەریی مادەسڕکەرەکان بەولاوە شتێکی تر نییە. و ئەمەش بەگشتیی باوەڕی مادەگەرایانە و لەمڕووەوە کارل مارکس، گەرچی نکوڵی لەوە ناکات کە مەزهەب خاوەنی خەسڵەتێکی دووفاقەییەو لەهەندێک شوێندا ئایدیۆلۆژیای دەسەڵاتداران و ستەمکارانە، و لەشوێنێکی تریشدا ناڵەو هاواری مرۆڤە ستەمدیدەکانە، دەڵێت: (شکەنجەی مەزهەبیی لەیەک کاتدا ڕاڤەی شکەنجەی واقیعی و پرۆتێستی شکەنجەی واقیعییە. مەزهەب ناڵەی مرۆڤی ستەمدیدەیە. هەستی جیهانێکی بێ هەستە. بەرهەمی دۆخێکی نا مەعنەویە. مەزهەب ئەفیونی گەلانە.)٦

هەروا مارکس، پارەو خواوەند وەک دوو شتی هاوتەریب دادەنێت و ئەمە لەتەواوی بەرهەمەکانی ئەودا بەڕوونی دیارە و پێیوایە کە مرۆڤ بۆخۆی هەم خواوەندو

هەم پارە درووستدەكات و پاشانیش هێز وتوانا وكاریگەریی بێسنووری ئەم دووانە بەسەرخۆیەوە قبوڵ دەكات و ملكەچیان دەبێت.

ماركس پێیوایە كە تەواوی بیروباوەڕە مەزهەبییەكان، بەخودی خواناسیشەوە دەستكردی خودی مرۆڤن و هەبوونی بیروباوەڕەكانیان تەنیا لەزەینی مرۆڤەكاندان نەک واقیع. بەڵام ئەوە چ هێزێكە ئەم بیروباوەڕانە دەخەنە زینی مرۆڤەوە..؟ ماركس وەڵام دەداتەوە، كە دەوڵەت و كۆمەڵگا بیروباوەڕی ساختەو پێچەوانە بەسەر مرۆڤدا دەسەپێنن و دەڵێت: مرۆڤ مەزهەب درووست دەكات، نەكە ئەوەی مەزهەب مرۆڤ درووست بكات. مەزهەب ئاگایی و باوەڕبەخۆبوونی مرۆڤێكە كە هێشتا خۆی نەناسیوە. یان جارێكی تر خۆی لەدەستداوەتەوە. بەڵام مرۆڤ بوونەوەرێكی دابڕاو نییە كەلەدەرەوەی جیهاندا بژی. مرۆڤ جگە لە جیهانی مرۆڤەكان، دەوڵەت و كۆمەڵگادا شتێكی تر نییە. ئەوە دەوڵەت و كۆمەڵگان كە مەزهەب یان ئەم جیهانبینییە بەرەواژوو، و هەڵگەڕاوەیە درووست دەكەن.)٧

چوارەم/ ئەو بۆچوونەیە، كە خواوەندی مەزهەبیی بەو شێوازەی كە لە پەرتووكە مەزهەبییەكاندا هاتووە، شتێكی ساختەیەو بەدوورە لە خواوەندی ڕاستەقینە. و لەبەر ئەمە مرۆڤ، پێویستە خواوەند لەدەرەوەی مەزهەب ببینیت. ڤۆلتێر، مەسیحییەت بە (شانزە سەدە بەربەریەت) پێناسە دەكات، لە حاڵێكدا بۆخۆی مرۆڤێكی خواناس و خاوەن باوەڕی خواپەرستیی بوو،و خوانەناسیی بەبەڵا دەزانی.٨

هەروا نیچەش باسی ئەو تەسەوراتانە دەكات كە لە مێشكی مرۆڤەكاندا بە درێژایی سەدە یەک لەدوای یەكەكان دەربارەی خوا، ڕوودەدەن و لەمڕووەوە مەرگی خوا ڕادەگەیەنێت و دەڵێت: (سەردەمانێک نكوڵیكردن لە هەبوونی خواوەند خراپترین نكوڵی و گوناه بوو. بەڵام خواوەند مردو تەواوی نكوڵیكارانیش بەدوای ئەودا لە ناوچوون.)٩ بەڵام ئەم بۆچوونەی نیچە هیچ پێناچێت و بەلای زۆربەی ڕەخنەگرانیشەوە كە لە بێباوەڕیی ئەو بەهەبوونی خواوەندەوە بێت. بەڵكو مەبەستی

ئەوەیە کە تەسەوراتی مرۆڤ لەسەر خواوەند بەردەوام لەگۆڕاندایە. خواوەندی چوار هەزار ساڵ هەمان خواوەندی دووهەزار ساڵ پێش نییەو هی دووهەزار ساڵ پێشیش ئەوەی ئەمڕۆ نییە. و تەنانەت خواوەندی تەورات هەمان خواوەندی قورئان نییەو بە گشتیی تەسەوری هەر مرۆڤێک لەسەر خواوەند جیاوازە لەگەڵ مرۆڤەکانی تردا. بەواتایەکی تر ئەوە نیچە نییە کە خواوەند دەمرێنێت بەڵکو مرۆڤایەتی بەردەوام خواوەند دەمرێنێت و یەکێکی تر، و بەخەسڵەتگەلی ترەوە لەجێگای ئەودا دادەنێت. نیچەش بۆخۆی هەمان کاردەکات. خواوەندی مەسیحی و ئیفلاتوونی دەمرێنێت و خواوەندێکی تر کە شایستەی خواوەندیی بێت دەناسێنێت. و ئەوەش کە ئەم بۆچوونە لەسەر نیچە پشتڕاست دەکاتەوە هەمان بۆچوونی خۆیەتی دەربارەی ڕەوتی بازنەیی زەمان لە جیاتی ڕەوتی ئاسۆیی. و نیچە باوەڕی وایە کۆتایی هەرشتێک سەرەتایەکی ترو هەر مەرگێک دەستپێکردنی ژیانێکی ترەو لە زمانی زەردەشتەوە دەڵێت: (من لەگەڵ گەڕانەوەی خۆرو زەویدا، لەگەڵ گەڕانەوەی ئەم هەڵۆ و مارەدا دەگەڕێمەوە. دەگەڕێمەوە بەڵام نەک بۆ ژیانێکی دووبارەو باشترو هاوشێوە. بەڵکو نەمرانە بۆ خودی هەمان ژیان بەهەمان وردەکارییەکانییەوە، و دیسان ئامانجی من گەڕانەوەی نەمرانە و شیاوی دووبارەبوونەوەی هەموو شتێک دەبێت.)١٠

جگە لەمانە بیروباوەڕێکی تریش لەئارادایە، کە بیرمەندانی مەزهەبیی و هەروا فەیلەسوفانیش بەوجۆرە لە جیهان و خواوەند دواون و خەسڵەتیان بۆ داتاشیوە کەخۆیان ئارەزوویان کردووە، نەک ئەوەی لەواقیعدا هەیە. بەواتایەکی تریش، خۆیان لەجیاتی خوا داناوە. یان بەوگریمانەی ئەگەر ئەوان خۆیان خاوەن دەسەڵاتی خواوەندیی بوونایە وەهایان ڕەفتار دەکرد.

لەوڵاتی سکۆتلەندا لەسەرکێلی گۆڕێک کەلەحەوشی کڵێسایەکدایە، نووسراوە: (لێرە! من، مارتین ئالگن بێرت، لەم گۆڕەدا ئارامم گرتووە. ئەی خواوەندی مەزن، من لە بەخشینی بەزەیی و میهرەبانی خۆت بێبەش مەکە. خۆئەگەر من خواوەند

بوومایەو تۆش مارتین ئالگن بێرت، ئەوە تۆم بێبەش نەدەکرد.) ١١

هەرلەم دیدەوە ویلیام سینکلەر دەڵێت: (مرۆڤ، لەکاتی بیرکردنەوەی فەلسەفیانەدا جیهان بەوجۆرە وەسف ناکات کە دیتوێتییەوە. بەڵکو بەوجۆرەی کەخۆی پێیوایە کەدەبێ وابێت. تا بتوانێت لە گەڵ جوانتیریین خەون و خەیاڵەکانیدا بگونجێت.) ١٢

بەمجۆرە خوا، ماهییەتی خوا، خەسڵەتەکانی... لە باوەڕێکەوە بۆ یەکێکی تر، هەروا لەمەزهەبێکەوە بۆ یەکێکی تر، و دیسان بە پێی قۆناغە جۆربرجۆرەکانی دیرۆکی مرۆڤایەتی، جیاوازە.

بەڵام ئایین لەزمانی عەرەبیی هەروا ئارامی وعیبریدا بەواتای پاداش و سزا دێت. وەک لە قورئاندا (یوم الدین) بەواتای ڕۆژی لێپرسینەوە.

لە ئایینی زەردەشتی و بەوجۆرەی لە پەڕتووکی ئاوێستادا هاتووە. دین (دئنا) بەواتای ویژدان و دەروونی پاک دێت.١٣

بەڵام لە زمانی لاتینیدا (Religere)، واتایەکی نزیک بەوەی پەرتووکی ئاوێستای هەیە کە دەبێتە: بیرکردنەوەوە لەسەر بنەمای ویژدان،١٤

هەروا رودلف ئۆتۆ (Rudolf Otto) دەڵێت: ئایین بریتییە لە هەر شتێکی پیرۆزو نورانی.١٥

کارل گۆستاف یۆنگیش، لەپێناسەیەکدا دەڵێت: مەزهەب بریتییە لە وزەیەکی بزوێنەر یان کاریگەر کە هۆکارەکەی لەهیچ کردارێکی ئیرادی مرۆڤدا بەدیی ناکرێت. بەڵکو بە پێچەوانەوە ئەو کاریگەرییە بەسەر مرۆڤدا زاڵ دەبێت، بەجۆرێک تاک هەمیشە مەحکومی ئەوە. نەک داهێنەرو هۆکارەکەی. ١٦ئەمەش پێچەوانەی باوەڕی کارل مارکس. و ماتریالیستەکانە.

هەروا گۆستاڤ یۆنگ لە پێناسەیەکی تردا دەڵێت: مەزهەب بریتییە لە حاڵەتێکی چاوەدێری و وەبیرهێنانەوەو سەرنجی ورد بە هەندێک فاکتەری کاریگەر کە مرۆڤ

ناوی دەسەڵاتی (تێکشکێنەر)ی لێدەنێت و ئەوانە بەشێوازی ڕۆح، شەیتان، خودا، یاسا، وێنەی ئایدیال، و تۆکمەو تەواو... بەرجەستە دەکات.١٧

ماکس مۆلر(Max Muller) دەڵێت: مەزهەب هەوڵدانێکە بۆ تێگەیشتنی شتێک کە شیاوی تێگەیشتن نییە، دەربڕینی شتێک کە شیاوی دەربڕین نییە.١٨

بەگشتیی دەتوانین ئەو پێناسەو واتایانەی سەرەوە بەمجۆرە خڕ بکەینەوە: مەزهەب بریتییە لە باوەڕهێنان بە هێزێکی غەیبی خوڵقێنەرو تێکدەری بوون کە لەسەر بنەمای پاداش و سزا چەرخی گەردوون دەگێڕێت. و مرۆڤ بۆ ئەوەی خۆی لەسزاکان بپارێزێت و پاداشتەکانی بەدەست بخات، کۆمەڵێک ڕەفتارو بایەخی ئەخلاقی و ڕێوڕەسم پەیڕەودەکات کە یان بەپێی ئەزموون و بۆچوونی خۆی، یانیش بەفێربوون لەخەڵکانی ترەوە باوەڕی پێهێناون.

لە ئایینی هندۆسیدا خوا پێیدەگوترێت (برەهمەن)، کە بە دوو شێواز پێناسە دەکرێت: نیرگونا برەهمەن (NIRGUNA) و ساگونا برەهمەن (SAGUNA). نیرگونا جەخت لەسەر ئەوە دەکاتەوە کە ڕۆحی گەردوونیی واتا خوا، لەدەرەوەی توانای دەرکی مرۆڤەو شیاوی وەسفکردن نییە. بەڵام ساگونا برەهمەن هەوڵ دەدات پێناسەی خوا بکات بەوپێیەی خاوەنی سیفاتگەلێکی شیاوی هەستپێکردنە. و بەشێوازی خودایانی جۆربەجۆر شیاوی پەرستنن. ئەمانەش خوای نێرینەو مێیەنەیان هەیە نێرینەکان بریتین لە: برەهما، ویشنو، شیوا. مێینەکانیش: پارواتی، دوی، لاکشمی.

لە پەرتووکی پیرۆزی هیندۆ بە ناوی بەگڤواد گیتادا هاتووە:(سەرەتای هەبوون شاراوە، ناوەڕاستی ئاشکرا، کۆتایشی نادیار.)١٩

بەڵام خوا لە ئایینی زەردەشتیدا جۆرێکی ترە. و بەدوو شێواز باسی لێوە دەکرێت. لەلایەکەوە ئاهورامزدا بە خوڵقێنەری هەبوون، بە باش و خراپ و تاریک و ڕووناکییەوە، لە لایەکی تریش باس لە خودایەکی دیکە بە ناوی ئەهریمەن دەکرێت

کە هاوتای ئاهورامزدا، بەڵام سەرچاوەی تاریکی و خراپەیە. هەر لەبەر ئەم دوو فاقەییەیە کە لە لێکۆڵینەوەی ئایینی زەردەشتیدا هەموو لێکۆڵەرەوان لەسەر ئەوە کۆک نین کە باوەڕی زەردەشتیی لە سەر بنەمای تاک یان جووتخودابیە..! لەڕاستیدا گەرچی ئەهریمەن وەک خواوەند ناو دەبرێت، بەڵام تائاستێکی زۆر هاوتای شەیتانە لە ئایینە ئیبراهیمیەکاندا. چونکە لەم ئایینەدا تەنیا ئاهورامزدا بە شیاوی پەرستن دەزانرێت و هەرئەویشە لە ئاکامدا بەسەر ئەهریمەندا سەردەکەوێت.

هەروا باوەڕ بە تاکخواوەندیی بەئاشکرا لەبانگەوازی زەردەشتیدا دەردەکەوێت کە دەڵێت: ئەی خەڵکینە، خودا یەکەو لەو زیاتر خوایەکی تر نییە. باوەڕتان بە سێ شت هەبێت، کە بنەڕەت و سەرچاوەی پیرۆزیی مرۆڤە. ئەویش گفتەی باش، بیری باش، و کردەوەی باش. ئەمانەش ڕاستیی و پاکیی مرۆڤ دەردەخەن و پێیانەوە سەرکەوتوو دەبێت. ٢٠

هەروا خواوەند (ئاهورا مزدا) لە ئایینی زەردەشتییدا خاوەنی حەوت خەسڵەت و تایبەتمەندییە: ڕووناکی، کردەوەی چاک، ڕاستیی، فەرمانڕەوایی، هێز، بەخشندەیی.. ٢١

سەرەڕای ئەمە خواوەند بەوجۆرەی لەئایینی زەردەشتیدا هاتووە خاوەنی ١٠١ ناوە. کە ئەم ناوانە خەسڵەت و سیفاتی ئەویشن. لەوانە: بنشت: سەرچاوەی بوون- ئابدە: لەبنەڕەتەوە هەیە- فرشگەر: زیندووکەرەوەیە- هدهە: خۆی لەخۆی درووست بووە- ئادوایئادوئی: یەکتاو بێکەسە...٢٢

ئایینی زەردەشتیی لەچەند لایەنەوە بناغەدارێژی هەندێک باوەڕو بۆچوون و تەنانەت ڕێوڕەسمیشە بۆ ئایینەکانی دوای خۆی وەک مەسیحیەت و ئیسلام. بۆنموونە باوەڕی ئەوەی لەئایندەدا کەسێک بە هێزێکی خواوەندیی ڕەهاو لە شکاننەهاتوو، دێت و مرۆڤایەتی لە زوڵم و بێعەدالەتی ڕزگاردەکات، کە لە ئایینی مەسیحیدا لەزیندووبوونەوەی حەزرەتی عیسادا بەدیاردەکەوێت، لە ئایینی ئیسلامیشدا بە

مەهدیگەریی دەناسرێت، ڕیشەکەی لەئاینی زەردەشتییەوە وەرگیراوە کە کەسێک لە نەژادی زەردەشت بەناوی (ساوشیانت) دێت و ئەهریمەن دەکوژێت و جیهان لەتەواوی خراپییەکانی پاک دەکاتەوە.٢٣

هەروا بیرۆکەی پردی سیرات، لەئایینی زەردەشتیدا باسی لێوەدەکرێت کە بەپردی (چینوت)، ناودەبرێت و ئەنجامدانی پێنج جار نوێژکردن لە ڕۆژێکدا، دیسان لە زەردەشتیدا پەیڕەوکراوە. ٢٤

ئایینێکی تر، کە لەزۆر ڕووەوە لە ئاینی زەردەشتی دەچێت و لەژێر کاریگەریی بیرو بۆچوونەکانیدایە، ئایینی مەندایی (سابیئە)یە. ئەم ئایینە لە مەسیحیەت جیابۆتەوە. بەڵام چونکە عیسای مەسیح نهێنی ئایینی ئاشکرا کردووە، بە مورتەد ناودەبرێت. لایەنی وێکچوونی ئایینی مەندایی و زەردەشتی، پتر لە پرسی خواوەندایە. مەندایییەکانیش وەک زەردەشتی باوەڕیان بەهەبوونی خواوەندێکی تاک و خوڵقێنەری هەبوون هەیە. بەڵام لەهەمان کاتدا باوەڕیان بە کێشمەکێش و ململانێی نێوان دوو هێزی خواوەندیی یان دوو جیهانی ڕووناکی و تاریکیش هەیە. و هەر مرۆڤێکیش بە پێی ئەم باوەڕە لە دوو توخمی سەر بەم دوو جیهانە پێکهاتووە: ڕۆح، کە سەر بە جیهانی باڵاو ڕووناکییە. و جەستە، کەسەر بە جیهانی ژێر، و تاریکییە. هەروا. بە قەدەر ڕۆژەکانی ساڵ کە لەباوەڕی ئەواندا سێسەدوشەست ڕۆژە، باوەڕیان بەوەندە هێزی ڕۆحانی ، یانیش یاریدەدەری خواوەند هەیە، کەهەر یەک لەمانە لە جیهانی نورانیدا لە وڵاتێکی تایبەت بەخۆیدا دەژی.

مەندایییەکان خاوەنی پەرتووکی پیرۆزی خۆیانن بەناوی (گنزا)، کە بەواتای گەنج دێت. و باوەڕیان وایە ئەم پەرتووکە، بەحەزرەتی ئادەم ئیلهامکراوە. و باس لە ڕێنوێنییەکانی حەزرەتی یەحیا دەکات. لەنووسینەوەشیدا، شێوازێکی نێوان شیعرو پەخشان پەیڕەوکراوە.

لەئایینی مەندایيدا ڕۆژووگرتن، خەتەنەکردن، هاوسەرگیری لەگەڵ غەریبەو بیانیدا،

نەدانەوەی قەرز لەکاتی دیاریکراودا، و کارکردن لەڕۆژەکانی یەکشەمەو جەژندا... لەشتە حەرامکراوەکانن.

ئاینێکی تر کە نزیک بەئایینی زەردەشتی و مەندائییە، مانەوی، یان ئایینی (مانی) یە. کەلەسەرەتای سەدەی سێیەمی زایینیەوە لەلایەن پەیامبەری ئەم ئایینەوە واتا (مانی) ڕاگەیەنراوە. بنەمای باوەڕی ئەم ئاینەش دیسان لەسەر دوو هێزی خواوەندیی و دوو جیهانی تاریکی و ڕووناکییە. بەڵام لەباوەڕی ئەم ئایینەدا هاتووە، کە لەئاکامی شەڕو کێشمەکێشی نێوان دوو هێزی ڕووناکی و تاریکییەوە، ڕۆژێک هێزی تاریکی توانیویەتی بەشێک لە جیهانی ڕووناکی بەدەست بخات و لەو ڕۆژەوە تاریکی و ڕووناکی، باشی و خراپی... لەتەک یەکەوەو تێکەڵ بەیەکترن. و جیهانی ئێمەش بەرهەمی هێزی تاریکییە. بەڵام ئەو بەشەی ڕووناکیشی تێدایە کەکاتی خۆی دەستی بەسەرداگیراوە.

بەباوەڕی مانی، خواوەندی ڕووناکی هیچ ئامرازو کەلوپەلێکی جەنگی لەبەردەستدا نییە تا بتوانێ لەڕێگای توندو تیژییەوە، ڕووناکییە دەست بەسەرداگیراوەکەی، بەدست بخاتەوە. لەبەرئەمە، بارودۆخی تێکەڵبوونی تاریکیی و ڕووناکیی، بۆ هەمیشە دەمێنێتەوە.

ئەرکی مرۆڤیش، لە ئایینی مانیدا، بریتییە لەهەوڵدان بۆ ئازادکردنی ڕووناکیی لەناخی خۆیدا کەدیلی دەستی تاریکییە. و ئەمەش بەواتای ڕێگەگرتن لە بەرفراوانبوونەوەی جیهانی مادی، و هەروا ڕێگەگرتن لە زاوزێکردن و زۆربوونی ژمارەی دانیشتوانی زەوی.

هەروا مانی دەڵێت کە خواوندی ڕووناکی لە پێنج تەجەلیدا بەدیاردەکەوێت: ئیدراک، عەقڵ، ڕامان، هزر، خواست. و خواوەندی تاریکیش لە پێنج چینی لەسەریەک پێکهاتووە کە بریتییە لە : دووکەڵ یان مژ، ئاگری هەڵلوشێنەر، بای وێرانکەر، ئاوی لێڵ، و تاریکایی.

مانی خاوەنی پەرتووکی پیرۆزی خۆی بە ناوی (شاپورگان)ه. و لەشاری بابلی عیراق کە ئەو کاتە ناوەندی زانست و مەعریفە بووە فێری خوێندەواریی دەبێت و لەوێش ئاشنایی لەگەڵ ئاینی جۆربەجۆر پەیدادەکات و لەم ڕێگایەدا بۆ هیندو چین سەفەر دەکات و دەڵێت: (لەهەر زەمانێکدا پەیامبەران حیکمەت و حەقیقەتیان لەلایەن خواوەندەوە بە مرۆڤ ڕاگەیاندووە. جارێک لە هیندوستان لەڕێگای پەیامبەرێکەوە بەناوی بودا، جارێکی تر لەئێران لەڕێگای زەردەشت، ڕۆژگارێکیش لە ڕۆژئاوا بەهۆی پەیامبەرێک بەناوی عیسای مەسیح و سەرئەنجامیش من (مانی) کە پەیامبەری خواوەندم، فەرمانبەری بڵاوکردنەوەی ڕاستییەکانی ئایینم لەسەرزەمینی بابل.)

ئایینی مانی توانی لە وڵاتەکانی میسرو شام، و باکووری ئەفەریقاو ئیسپانیاو فەرانسەش بڵاوبێتەوەو ببێتە ڕکەبەری هەرەگەورەی ئایینی مەسیحی. و هەرلەبەر ئەمە ئایینی مانی لەلایەن کڵێسای مەسیحیەوە بە کوفر دانراو فتوای کوشتنی پەیڕەوانی ئایینی مانیان دەرکرد. بەڵام پەیڕەوانی ئەم ئایینە لە هەرشوێنێک بوونایە زۆر بەئاسانی خۆیان لەگەڵ بارودۆخی ئەوێ و پێویستییەکاندا بێ هیچ ڕێگرێکی مەزهەبیی دەگونجاند. و لەئێران دەیانگووت ئێمە زەردەشتین و لە ڕۆژئاوا مەسیحی، و لە هیندووچینیش بوودایی. هەرلەبەر ئەمە ڕیفۆرمی مەزهەبی ئەم سێ ئایینەگەورەی جیهان لەئایینی مانیدا بەشێوازێکی فراوان ڕەنگیداوەتەوە. ٢٥

بەڵام ئایینێکی تر کە کۆنفشیۆسییە، لەجیهان و بەتابەتیش لە چین لایەنگری زۆری هەیە هیچ باسێک لەخوا ناکات. پەرتووکی ئاسمانی و پەرستگاو، کاهین و پیاوانی ئایینی نییە. گەرچی کۆنفشیۆس خاوەنی پێنج پەڕتووکەو پەیڕەوانی ئەم پەڕتووکانە بە موقەدەس ناودەبەن. بەڵام کۆنفشیۆس ناوەرکی ئەم پەڕتووکانەی لە ئەدەبیاتی کۆنی چین خڕکردۆتەوەو بیروباوەڕی خۆی خسۆتەسەری. و دەڵێ: (من بە حەکیمی لەدایک نەبووم، بەڵکو تەنیا کارێک کە ئەنجامی دەدەم ئەمەیە کە توێژینەوەکانی ڕابردوو بەدەست بخەم و لەتێگەیشتن و دەرککردن و ڕوونکردنەوەیان هەوڵی

بێوچان بدەم.) . ئەم ئایینە ئایینێکی ئەخلاقییەو و چینییەکان ئایینی کۆنفشیۆسی بە قوتابخانەی پەیڕەوی حەکیم ناودەبەن. کە تەنیا باس لە مرۆڤ و مرۆڤایەتی دەکات. کۆنفشیۆس خۆ لەباسکردنی دوای مەرگ نادات و دەڵێت: (تۆ کە هێشتا ژیانت نەناسیوە، چۆن دەتوانی مەرگ و پاش مەرگ بناسی). بەڵام لەگەڵ ئەوەشدا دەربارەی هەبوون، ئەو باوەڕی بە دوو بنەمای باش و خراپ، یان نێگەتیڤ و پۆزەتیڤ هەبوو. و ناوی (یانگ) ، و (ین) یان لێ دەنێت. و پێیوایە لە ئاوێتە بوونی ئەو دوو بنەمایە لەگەڵ یەکتر ئاسمان و مرۆڤ پەیدا بوون. کۆنفشیۆس پێیوایە مرۆڤ بەپاکی لەدایک دەبێت و پێویستە ئەو پاکییە بە زانست و زانیاریی و حیکمەت و مەعریفە بپارێزێت. وئەو ساڵی ٥٣١ی پێش زایین قوتابخانەی ئەخلاقیی خۆی بنیات ناوە.٢٦

نموونەی باوەڕو گووتەکانی کۆنفشیۆس:

- هەرشتێک خاوەن جوانییەکی تایبەت بەخۆیەتی، بەڵام هەرکەس ناتوانێت ئەم جوانییانە ببینێت.

- گەڵای درەخت لەکاتی نابوودیدا دەوەرێت و میوەش لەکاتی پێگەیشتندا. تۆش بنوارە، چۆن هەڵدەوەریت، ئایا وەک گەڵایەکی زەرد، یان سێوێکی سوور..؟

- من لەوە غەمگین نیم کە خەڵک بەوجۆرەی هەم نامناسن. بەڵکو لەوە غەمگینم من بەوجۆرەی خەڵکی پێویستە یان ڕەنگە هەبن ناناسم..!

- سێ ڕێگا بۆ گەیشتن بە مەعریفە لە ئارادایە: یەکەم: بیرکردنەوە، کە باشترینییانە. دووەم: لاساییکردنەوە، کە ئاسانترینییانە. سێیەم، ئەزموون، کە تاڵترینییانە.

هەروا یەکێک لە ئایینە گەورەکانی تری جیهان کە لە شێوازی ئایینی کۆنفشیۆسیدایە، ئایینی ئەخلاق و حیکمەتی بودایە. بودا کە ناوی (سیدهارتا گوتاما) و شازادەیەکی هیندییە، ساڵی (٥٦٣) ی پێش زایین لەدایکبووە، دەگێڕنەوە کە بودا بەمەبەستی پاراستنی ژیان و نەخۆشنەکەوتن، بەردەوام لەلایەن باوکییەوە لە کۆشکدا

دەحاوایەوەو کەمتر ڕێگای پێدەدرا بچێتە دەرەوە، بەڵام دوای ئەوەی لەتەمەنی ٩٢ ساڵیدا چوەدەرەوە و ژیانی خەڵکی سادەی دیت و بۆ یەکەمجار دیتی کە لەژیاندا نەخۆشیی و پیریی و مەرگ هەیە، ئەمە وای لێکرد بکەوێتە بیرکردنەوەیەکی قوڵ لەسەر ژیان، و گەردوون، سەرەتاو کۆتایی. و لەئاکامدا ژیانی شازادەیی بەجێهێشت. سەری خۆی هەڵگرت و کەوتە وێڵی گەڕان بەدوای حەقیقەتدا. و لەتەمەنی ٣٦ ساڵیدا بەکۆمەڵە باوەڕێکی بنەڕەتی گەیشت:

١- چاکە لەچاکەو خراپە لە خراپە بەرهەم دێت.

٢- جیهان سەرەتاو کۆتایی نییە.

٣- هەموو شتێک لە جیهاندا لەجووڵەو گۆڕاندایەو هیچ شتێکی وەستاوو نەگۆڕ لە گەردووندا نییە.

٤- هەبوون دەستکردی هیچکەس و هێزێک نییە. بەڵام لەهەمان کاتدا یەکییەتییەکی شاراوەو ڕازدار لەجیهاندا حوکمفەرمایەو چەرخی گەردوون دەگێڕێت.

٥- مرۆڤ تەنیا کاتێک دەروونی بە ئارامی دەگات کە (من) لەبیربکات، و دەربارەی ئەو (من)ە نەدوێت.

بودا هەشت ئامۆژگاریی گرنگی هەیە کە پەیڕەوانی ڕەچاوی دەکەن ئامانەش: ١- ئازاری هیچ گیاندارێک مەدە. ٢- دزی مەکە. ٣- زنا مەکە. ٤- درۆ مەکە. ٥- غەیبەت و بەخراپەباسکردنی خەڵکی مەکە. ٦- خۆپەرستیی لەدڵی خۆتدا پاککەوە. ٧- ڕق و کینەی هیچ کەسێک بەدڵمەگرە. ٨- بیرومێشکی خۆت لەژەنگی نەزانی پاککەوەو، و بە زێوەری مەعریفەت بیڕازێنەوە.

بودا تەئەو شوێنەی بۆی کرابێت خۆی لە باسی ڕۆح و خواوەند پاراستووەو گووتوویەتی لێدوان لەم شتانە بێ ئاکام و بێسوودە.٢٧

هەروا لە ئایینی (سیک) یشدا کە تێکەڵاوێکە لە ئایینەکانی هیندۆ، مەسیحی، و ئیسلام.. باوەڕ بە یەکتایی خوا هەیەو بە (حەق) ناودەبرێت.

ئایینێکی تر کە خاوەن خەسڵەتی تایبەت بەخۆیەتی و ڕەنگاوڕەنگیی بیری مرۆڤایەتی و کارتێکردنی هەلومەرجە مادییەکان لە فۆرمگرتنی مەزهەب نیشاندەدات، ئایینی شینتۆیی (Shintoism)ە لەژاپۆن. ئەم ئایینە پێکهاتەیەکی سەرنجڕاکێشە لەنێوان ئایین و نیشتمانپەروەریی. چونکە لەم ئایینەدا پەرستن و پیرۆزدیتنی خاک و کێو، و دۆڵ وڕووبار...و بەگشتی سروشتی وڵاتەکەیان بەشێکی دانەبڕاوە لە ئایینەکە. لەپاڵ ئەمەدا باوەڕهێنان بە ئایینی شینتۆیی ڕێگر نییە لەوەی پەیڕەوانی ئەم ئایینە باوەڕێکی تری مەزهەبیشیان هەبێت. واتا کەسێک لەیەک کاتدا هەم دەتوانێ شینتۆیی بێت هەمیش مەسیحی یان بودایی یان سەر بەهەر باوەڕێکی تر بێت.

پەرستنی سروشت لەلایەن ژاپۆنییەکانەوە پێشینەیەکی گەلێک کۆنی هەیە. کە لەباوەڕی ئەواندا سروشت بەگشتی: خۆر، مانگ، ئەستێرە، هەوروباران، بروسکەو تەواوی دیاردە سروشتییەکان... خاوەنی ڕۆحن. لەتوانایاندایە زیان و سوود بەمرۆڤ بگەیەنن. لەم ناوەشدا خۆر پێگەیەکی تایبەتی لەبیروباوەڕی ئایینی ئەواندا هەبووە. هەروا ئەوان ئیمپراتۆری خۆیان پەرستووەو پێیانوابووە ئەو مرۆڤ نییەو لە نەفشی خۆرە. هەربۆیە ئەمڕۆش دەبینین لەسەر ئاڵای نەتەوەیی ژاپۆن خۆرێکی سوور نیشاندەدرێت. کە بۆ ئەو پێشینەیە دەگەڕێتەوە.

ئایینی شینتۆیی خاوەنی دوو پەرتووکی پیرۆزیشە بە ناوەکانی کوجیکی (Kodjiki) ونیهۆنگی (Nihongi). لە ئامازگارییەکانی ئـەم ئایینە بەوپێیەی لەم دووپەرتووکەدا هاتوون:

١- سازش پەیڕەوکە، دوورکەوتنەوە لە کێشەو ململانێ مایەی سەرفرازییە.

٢- کەمتر کەسێک بە عاقڵیی لەدایک دەبێت. عەقڵ و ژیریی بەرهەمی بیرکردنەوەن.

٣- هەرکارێکی گەورە یان بچووک بەشارەزاو پسپۆری خۆی بسپێرە تا بەباشی ئەنجام بدرێت.

٤- بەهەشت و دۆزەخ لەناو دڵی خۆماندان.

٥- لەپرسە گەورەکاندا، پەنا بۆ کۆمەڵ ببردرێت نەک بڕیاری تاکە کەسێک.

٦- تەنیا بیر لەخۆت مەکەرەوە، ڕەنجی خەڵکانی تریش ببینە.

٧- کەسێک کە بەشێوەیەکی ڕەها خراپ بێت، زۆر کەمە.

٨- کاتێک کینەت لە دڵدایە، میهرەبانی مەنوێنە. (با زمان و دڵت وەکو یەک بن).

ئەمڕۆ لەژاپۆن، ئایینی شینتۆیی وەک گەورەترین ئایین ٧٠ملیۆن پەیڕەوی هەیە. ڕیکوپێکی و گەرمڕاگرتنی دەروونی خانەوادە، خاوێنی جەستەو دەروون، ڕێزگرتن لە مردووان، کە پێیانوایە، هەمیشە زیندوون... لەفەرمانە هەرە پیرۆزەکانی ئایینی شینتۆییە. لـەدەرەوەی ئەمە تەسەورێکی ڕوون و دیار دەربـارەی خواوەند و سیفەتەکانی، بابەتی باس نین لە ئایینی شینتۆییدا.٢٨

بەڵام لە ئاینی بەهاییدا ، خوا، هیچکات لەلایەن مرۆڤەوە هەست پێناکرێت و چۆن بێگیان توانای هەستکردن بە گیانداری نییە مرۆڤیش هەروا توانای دەرکی خواوەندی نییە، و ئەم دەرکپێکردنە تەنیا لەڕێگای پەیامبەرانەوە دەبێت. لەبەرئەمە هەربیروبۆچوونێکی مرۆڤ دەربارەی خوا، تەنیا خەون و خەیاڵەو دوورە لەڕاستییەوە. لە بیروباوەڕی سۆفیگەرییشدا خوا بریتییە لە (حەق- Truth) کـە هەبوونێکی ئەزەلیی و ئەبەدیی هەیەو شیاوی نکوڵیکردن نییەو نوری ئەو لە ناو هەموو بەشەکانی هەبووندا دەگەڕێت.

دەربارەی دیرۆکی خواناسی و پەیدابوونی بیری مەزهەبیی لەلایەن مرۆڤەوە بەگشتی دوو تیۆری لە ئارادان: یەکەم، تیۆری تەکامول کە بناغەدانەرەکەی چارلز داروینە و لایەنگرانی ئەم تیۆرییە لەو باوەڕەدان کە بیروباوەڕی خواناسیی بەقۆناغی جۆربەجۆری دیرۆکییدا تێپەڕیوە تاگەیشتۆتە ئەمڕۆ. بەواتایەکی تر مەزهەب لەقۆناغی نەبوون یان بێ مەزهەبیی و خوانەناسییەوە دەستپێدەکات تا سەرئەنجام مرۆڤ بەبێ هەبوونی هیچ پەیامبەرێک یان پەڕتوتێکی ئاسمانیی، سەرەتاییترین بیرو باوەڕی مەزهەبیی

دادەڕێژێت. ئەو قۆناغانەی کە هێشتا نە پەڕتوکێکی ئاسمانی و نە پەیامبەرێک لە ئارادابوون. بەڵکو تەنیا لە ئاکامی بیرو لۆژیکی مرۆڤی سەرەتایی، و کاردانەوە لەبەرانبەر مەترسییەکانی سروشت. سروشتێکی میهرەبان و بەخشەندەو سەرچاوەی ژیان جارێک، و جارێکی تریش بێڕەحم و وێرانکەر. کە لە لێکدانەوەی سادەوساکاری ئەو مرۆڤانەدا هێزگەلی نادیارو شاراوە لە پشت گشت ئەو ڕووداوە باش و خراپە سروشتیانەوە بوون. لایەنگرانی ئەم تیۆرییە بۆ پشتڕاستکردنەوەی بیروبۆچونەکانیان، لە دیراسەکردنی ئایینە سەرەتاییەکانەوە، پەی بەمە دەبەن کەمرۆڤی سەرەتایی بە پێی سادەیی ژیان و پێداویستییە مادیی و دەروونییەکانی... خوداو ئایین بۆخۆی درووستدەکات کە هیچ کۆمەڵگایەکی سەرەتایی لەوی تریان ناچێت و ئەم جۆرە ئایین و باوەڕانە هێشتاو لەسەردەمی ئەمڕۆشماندا وەک: هیندییە سوورەکانی ئەمەریکا، هۆزە سەرەتاییەکانی ئەفەریقا، ئەسکیمۆکانی جەمسەری باکوور، و بومییەکانی ئوستورالیا... و هیتر کە وەک مرۆڤی پێش دیرۆک ژیان بەسەردەبەن، دەبینرێنەوە. بەڵام ئەم کۆمەڵگا سەرەتاییانە لەگەڵ ئەوەدا کە تائاستێکی هێجگار زۆر لەگەڵ یەکتردا جیاوازن، لەهەندێک خەسڵەتیشدا وەک یەکن لەمانە: ١- باوەڕ بە هێزکی غەیرە مادیی خاوەن ڕەمزوڕاز کە لە ناو هەر شتێکی گیاندارو بێگیاندا هەیە و ئەو هێزانە لەڕێگای هێزو توانای مادییەوە و لەلایەن خەڵکانێکی تایبەتەوە بەدیاردەکەون و ئەمەش لە زانستی مرۆڤناسیدا بە (مانا) ناودەبرێت. و ئەو مرۆڤە سەرەتاییانە پێیانوایە کە سەرۆکی خێڵ و هەندێک ئاژەڵ و دارو بەرد... توانای گواستنەوەو جێگەگۆڕکێ پێکردنی ئەو هێزەیان لە بێگیانەوە بۆ گیاندارو یانیش بە پێچەوانەوە هەیە. و پێیانوایە ئەو هێزو توانایە دەتوانێ لە کاروچالاکییەکانی ژیان وەک ڕاوکردن، و کشتوکاڵ و هەروا پاراستن لە گیانی چەپەڵ کۆمەکیان بکات. ٢- باوەڕهێنان بە سیحرو جادو (فتیش) کە لەزمانی پۆرتوگالیدا بەواتای تەلسم و جادو دێت. کە زۆربەی هەرەزۆری جارەکان ئەو فتیشە لە بەرد و داری جوان و

نایاب و تایبەتیدا خۆی دەبینێتەوە. باوەڕهێنان بە فیتیش هەمیشە لەگەڵ چەندان ڕێوڕەسمی تایبەت بۆ سوودوەرگرتن لە هێزوتوانای فتیش و بەکارهێنای بۆسوود یان بۆ ڕەتکردنەوەی بەڵاو کارەسات و گیانی چەپەڵ بەڕێوەدەچێت.٣- توتمپەرستی. توتم لە ناو کۆمەڵگا سەرەتاییەکاندا بریتییە لە پەرستن یان موقەدەسناسینی ئاژەڵێک کە پێیانوایە وێکچوونێک لە نێوان هۆزەکەیان و ئەو ئاژەڵە دیاریکراوەدا هەیەو بەباپیری خۆیانی دادەنێن. و پەیکەری ئەو ئاژەڵە دروستدەکەن و بەملی خۆیانیەوە دەکەن. یان لەسەر جەستەی خۆیان دەیکوتن. و گۆشتەکەی ناخۆن. و ڕێوڕەسمی تایبەتیش لە پەیوەندی بە توتمی خۆیانەوە پەیڕەودەکەن. ٤- ئانیمیزم، ئانیما، کە لە زمانی لاتینیدا بەواتای گیاندار دێت. و یەکەمین کەسێک ئەم واژەیەی باکارهێنا مرۆڤناسی ئینگلیزی، ئێدوارد تایلور (١٨٣٣-١٩١٧) بوو. و دەڵێت: بەلای کۆمەڵگا سەرەتاییەکانەوە، هەموو شتێک خاوەنی گیانێکی زیندوو و هەست و سۆزە. و ئانیمیزم، بەم واتایەیە کە هەموو دیاردەکانی سروشت گیان و هەستی هەیە. و هەربۆیە بەئاسانی دەکرێ مامەڵەو پەیوەندیی لە نێوانیاندا بەدیی بێت. و مرۆڤ تاکە بوونەوەرێکی زیندوو نییە کە خاوەنی ویست و گیانە. بەڵکو، ئاژەڵ، درەخت و گیا، بەرد، ڕووبار، شاخ و کێو، جورمە ئاسمانییەکان، دەریاکان و زەوی ... هەموو خاوەنی گیانن و دەکرێ پەیوەندیی لەگەڵیاندا ببەسترێت. هەربۆیە کاتێک دەخوازن خانووێک لەسەر ڕووی تەپۆڵکەیەک درووست بکەن یان درەختێک ببڕن سەرەتا داوای مۆڵەت لەو تەپۆڵکەو درەختە دەکەن. و لەکاتی ڕاوکردنی ئاژەڵێکدا داوای لێبووردنی لێدەکەن و ڕێز بۆ جەستەو لاشەی مردوو دادەنێن.٢٩

هەروا، تایلور دەڵێت: (سەرەتای مەزهەب لە کۆمەڵگا سەرەتاییەکادا هەروەک حاڵەتی تەکامولی زەینی منداڵێکە لە قۆناغی منداڵییەوە تا قۆناغی بالغبوون).٣٠

بەڵام تیۆری دووەم کە دەروونناسانەیە، و لەو باوەڕەدایە کە مرۆڤ بەسروشتی خۆی، هەمیشە و لەسەرەتای درووستبوونی ئادەمیزادەوە پەی بەهەبوونی خوا بردووە.

بێئەوەی لەلایەن خواوەو لەڕێگای پەیامبەرانەوە ڕاستی ئەم هەبوونەی بۆ ئاشكرا كرابێت. بەواتایەكی دیكە لە فیترەتیدا هەڵكەندراوە.

دەروونناسی ئەڵمانی، كارل گۆستاف یونگ، كە لە لایەنگران و بناغەدارێژی ئەم تیۆرییەیە لە بواری دەروونناسیدا، دەڵێت: ئەمە ڕاستییەكی حاشاهەڵنەگرە كە هەندێك بیروباوەڕ، تائاستێكی زۆر، لەهەموو شوێنێك و لەهەموو كاتەكاندا دەدۆزرێنەوە، و تەنانەت بەجۆرێك لەجۆرەكان لەخۆیانەوە پەیدادەبن. واتا، بێئەوەی لە شوێنێكەوە بۆ شوێنێكی تر پەڕینەوە، یان سینگ بە سینگ گواسترابنەوە. ئەم بیروباوەڕانە ساختەی دەستی هیچكەس نین بەڵكو لەدەروونیاندا پەیدادەبن و بەدیاردەكەون. تەنانەت دەڵێی خۆیان بەسەر ویژدانی تاكدا دەسەپێنن. ئەمە فەلسەفەی ئیفلاتوونیی نییە بەڵكو دەروونناسیی پراكتیكییە.٣١

دەبینین دەربارەی بیروباوەڕە مەزهەبییەكان، ئەم شیكاریی و بۆچوونەی یۆنگ جێگای سەرنج و لێكدانەوەیە. بەوپێیەی بیروباوەڕە مەزهەبییەكان، بەشێوازێكی حەتمی خۆیان بەسەر زەینی مرۆڤ و كۆمەڵگادا دەسەپێنن و مەرج نییە لەكۆمەڵگایەكەوە بۆ یەكێكی تر گواسترابنەوە. و لەمڕووەوە، لە تەواوی باوەڕە مەزهەبییەكاندا(جگە لە ئایینە ئەخلاقییەكان)، گوزارشت لەچەند بنەما دەكرێت: هێزێكی خوڵقێنەر، وێكچوونی سیفاتەكانی ئەو هێزە خوڵقێنەرە لەگەڵ سیفاتە مرۆییەكان، پاداشت و سزاو پرسی زیندووبوونەوە... ئیتر باقی شتەكانی تر ووردەكاریین و لەگرنگییدا بەپلەی دووەم دێن.

پێشتریش ئەمیل دوركیم (١٨٥٨-١٩١٧)، لەسەر ئەو باوەڕە بووە كە مەزهەب دیارترین بەرهەمی هاوبەشی زەینی مرۆڤە. و ئایین لەحاڵەتی دەستەجەمعی عەقڵ، یان زەینی یەك كۆمەڵگاوە سەرچاوەدەگرێت.

ئەمەش دوو جۆر لێكدانەوەی مادیی و مەزهەبیی بۆدەكرێت: لێكدانەوە مەزهەبییەكە وایدەبینێت كە ئەم یەكپارچەیی بیری مرۆڤایەتی دەربارەی خواوەندو

بابەتە پەیوەندارەکانی تر، نیشانەی گردەبڕو ڕەهای هەبوونی خواوەندو، ژیانێکی تری دووەمی دوای مەرگ و ڕاستیی پەیامبەران و بەگشتیی خواوەندیبوونی مەزهەبە. کە لە فیترەتی مرۆڤدا دەچەسپێت.

بەڵام لە لێکدانەوە مادییەکەدا، ئەم حەتمییەتە لە ماهییەتی زەینی مرۆڤ و شێوازی پرسیارە فەلسەفییەکانییەوە هەڵدەسەنگێنێت. بەوپێیەی کاتێک مرۆڤ دەربارەی سەرەتاو بابەتی خوڵقاندن لەخۆی دەپرسێت، جگەلەوەی بە هێزێکی خوڵقێنەری لەمرۆڤ بەهێزتری ببەستێتەوە چارەیەکی تری نییە. تەواوی خەسڵەتەکانی ئەم هێزە بە گریمانە خوڵقێنەرەش، هەردەبێ وەک هی خۆی واتا مرۆڤ وابێت، چونکە ئەمەشیان هەر لەزەینی مرۆڤ خۆیەوە سەرچاوەدەگرێت. و بەواتایەکی تر خوا هەر مرۆڤە، و لەباشترین حاڵەتدا دەبێتە سوپر مرۆڤ. و مرۆڤ لەتوانایدا نییە جگە لەمە شتێکی تر وێنابکات. و پرسی پاداشت و سزاو زیندووبوونەوەش، لە ترسی بێسنووری مرۆڤ لەمەرگی خۆی و خەون و خولیایی نەمرییە.

هەر بۆیە کەسنۆفاس (سەدەی شەشەمی پێش زایین)، دەڵێت: (خواوەندەکانی حەبەشە خاوەنی پێستی ڕەش و مووی لوولن. بەڵام هی بەربەرەکانی باکوور چاوشین و موزەردن. و ئەگەر گاو ئەسپیش عەقڵ و دەستی مرۆڤیان هەبووایە بە ئەگەری زۆر خواوەندەکانی خۆیان بە قۆچ و کلکەوە بەرجەستەدەکرد.)٣٢

بەڵام بەشێکی تر لەدەروونناسان، پێیانوایە پێناسەو ماهیەتی خوا پەیوەستەی ناخی خۆمانە. بەم واتایە کە ئێمە وێنەگەلێک لە دەروونی خۆماندا دەربارەی خوا درووستدەکەین کە هی هیچکاممان لەوەی ترمان ناچێت. ئەو وێنەگەلانەش پەیوەستەی لایەنە دەروونییەکانی وەک ترس، عاتیفە، وپێداویستیەکانمانە.

جگە لەم دوو تیۆرییە، باوەڕی مەزهەبیش هەیە بە تایبەتی ئایینە ئیبراهیمییەکان: (جوویی، مەسیحی، ئیسلام)، کە لەم ئاینانەدا مرۆڤ لە دوو تاکەوە واتا ئادەم و حەواوە بەدییهاتوون. و ئەم دووانەش سەرەتا لەبەهەشت بوون و لەبەرئەوەی

سەرپێچیان لەفەرمانی خواکرد و میوەی حەرامکراویان خوارد. وەدەرنران و ئیتر تەواوی نەفشی مرۆڤایەتی لەوانەوە پەیدابوون و هەر لەسەرەتاشەوە مرۆڤ لەم دووانەوە ڕاستیی هەبوونی خواوەندییان پێگەیشتووەو بەپێی باوەڕی ئەم ئاینانە هیچ سەردەمێک لە دیرۆکی مرۆڤایەتی نەبووە کە قۆناغی بێخوایی بووبێت.

لێرەدا جێگای ئاماژەیە، کە ئایینی ئاتونی، واتا ئایینی میسری فیرعەونی سەردەمی ئەخناتونی فیرعەون، یەکەمیین ئاینێکە کە باوەڕ بە یەکتایی خوا دەهێنێت. خواوەندێک کە جیاوازە لە خواوەندە ئەفسانەییەکانی پێشووی خۆی.

لەزۆربەی ئەفسانەکاندا کە پێشتر ئامەژەیەکمان بە هەندێکیان کرد. کاتێک لەوێدا باس لە خواوەندەکان دەکرێت. یەکێک لەوانە لەهەمووان بەهێزترو سەرچاوەی یەکەمی هەبوونەو لەویشەوە خواوەندی ئەمڕۆیی و جیهانیی بەدیدێت. و هەروا دەبینین لە پەیوەندی لەگەڵ پرسی خوادا هیچ بیرێکی میتافیزیکی لەئارادا نییەو ئەوەی هەیە خودی سروشت و یانیش بەشێکی سروشتە. خواوەندەکانی ئاسمان، زەوی، خۆر، مانگ، ئاو، هەوا،..هتد هەروا هەروەک لەسەرەوە ئاماژەی پێکرا، ئاوێتەبوونێکی قوڵ لە نێوان کەسایەتی مرۆڤ و خوا لەئارادایەو ئەو خوایە بەشێوەیەک لەشێوەکان هەر مرۆڤێکی بەتواناو لەشکەست نەهاتوویە. کە بەتەواوی هەست و عاتیفەو خەسڵەتەکانی تری مرۆڤایەتی هەڵسوکەوت دەکات: دەخواو دەخەوێ و ماندوودەبێت و دەحەسێتەوە، تووڕەو خۆشحاڵ دەبێت. بەهەمان کەرەستەی مرۆڤ شەڕدەکات، بریندار دەبێت، بەدیل دەگیرێت ، تەنانەت خوێنی لەبەردەڕوات و دەمرێت. و لەئاکامدا دەبینین خوا هەمان پادشایەو پادشاش هەمان خوایە..! ئەمە لە بیرو باوەڕی میسرییەکاندا پتر خۆی دەنوێنێت و خواوەند، ناوی هەرشتێک بێت و لە هەرشوێنێک بێت، لە ئاکامدا بچوک دەبێتەوە تا دەبێتە فیرعەون.

بەڵام ئەخناتون باوەڕێکی تری تەواو جیاوازی دەربارەی خواوەند هێنایە کایەوە.

ئایینی ئاتوونیی بە لۆژیکێک دەستپێدەکات کە جیاوازە لە لۆژیکە کۆنەکان. و لەمە گرنگتریش، ئەخناتوون بانگاشەی پەیامبەرێتی و وەرگرتنی پەیامی خواوەندیی ناکات و ئەوەی باوەڕی پێیەتی ئاکامی بیرکردنەوەو بەراوردو لۆژیکێکە کە خۆی باوەڕی پێیەتی. و ئەو خواوەندە، خواوەندی تەواوی مرۆڤایەتییە نەک خواوەندی خێڵێک یان نەتەوەیەک. و مەزنترە لەوەی لە پەیکەرو داتاشراوی دەستی خودی مرۆڤدا خڕبێتەوەو هەر بۆیە ئەخناتوون فەرمانی شکاندن و ڕەتکردنەوەی پەرستن و کڕنۆشبردنی بۆ هەر پەیکەرو بتێک دەرکرد. و هەروا سیحرو جادووگەرییش لەوسەردەمەدا قەدەغەکران لەبەر ئەوەی تەنیا گۆڕەپانی فێڵبازان و ساختەکارانەو هیچ پەیوەندییەکی بە ئایین و خواپەرستییەوە نییە.

لە شارەزایانی مەزهەب و دیرۆکناساندا بۆچوونێکی وا هەیە کە ئاینی مووسایی و بەتایبەتی ناوەرۆکی تەورات لە زۆر شوێندا لە ژێر کاریگەریی ئایینی ئەخناتووونیدا بەدییهاتووەو ئەم بۆچونە تا ئەو جێگایە دەڕوات کە دەڵێت، موسا لە بنەڕەتدا عیبری نەبووە. بەڵکو میسرییەو لەسەردەمی ئەخناتووندا یەکێک بووە لە پەیڕەوانی ئەخناتوون و باوەڕەکەی دەربارەی تاکخوایی. و کاتێکیش ئەو فیرعەونە مردووە و ئایینەکەی و پەیڕەوانی لە لایەن کاهینە نەریتییەکانەوە بوونە ئامانجی هێرش و پەلاماری بێئەمان، موسا میسری جێهێشتووەو لەگەڵ خۆشیدا ڕێبەرایەتی ئەو جوولەکە کۆچبەرانەی کردووە کە لەمیسر کۆیلەو بندەست و چەوساوە بوون. ٣٣

لەسێ ئایینی ئیبراهیمیی، واتا جوویی، مەسیحیی، ئیسلامیشدا، باوەڕ بە یەکتایی خوا هەیەو تائاستێکی زۆر خوا لەم سێ ئایینەدا لەیەکتر دەچێت. لەتەوراتدا خوا (یەهوە)، و لە ئینجیلدا(باوکی ئاسمانی) و لە قورئاندا (الله) تاکە خواو خوڵقێنەری تەواوی گەردوون و هەبوون و چەرخێنەری ئەو گەردوون و هەبوونەیە. هەروا چۆنیەتی خوڵقاندنی ئادەمیزاد لەهەر سێ پەڕتووکدا وەک یەک باسی لێوەدەکرێت. بەڵام کاتێک باس دێتە سەر سیفات و خەسڵەتەکانی خواوەند لەم سێ ئایینەدا وەک

یەک نییەو لەهەندێک شوێندا جیاوازییەکان هێندە گەورەو خاوەنی ناکۆکییە کە دەڵێی داخوا باس لە سێ خواوەندی جیاواز لەیەکتر دەکرێت.

خوا لەتەوراتدا تەنیاو تەنیا خوای نەتەوەی جوولەکەیە. نەک هی تەواوی مرۆڤایەتی. و ئەو پەیامبەرانەش کە ڕاسپێردراون، تایبەت بەو نەتەوەیەن و کاریان بە کاروباری هیچ نەتەوەیەکی تردا نییەو تەواوی یاساو ڕێسا ئاسمانییەکانیش بەوپێەی لە تەوراتدا بەناوی خواوە هاتوون، ئەو بوارو پاساوە بەو نەتەوەیە کە لەناو تەواوی نەتەوەکانی جیهاندا لەلایەن خواوە هەڵبژێردراوە، دەدات کە لەپێناوی سەرکەوتن و پارێزگارییکردن لەخۆی و بەرژەوەندییەکانی، پەنا بۆ هەرکارێک ببات. و لەو ڕێگایەوە چەندە خوێن دەڕژێت و چەندە خەڵک زەرەرمەند دەبن هیچ گرنگ نییە. هەروا خوای جوولەکە (یەهوە) بۆخۆی بۆڕاپەڕاندن و لێپرسینەوەو بەسەرکردنەوەی نەتەوەی خۆی (جوولەکە) دێتە خوارەوە بۆ سەر زەوی.

لەتەوراتدا هاتووە کە ڕۆژێک حەزرەتی ئیبراهیم کەیەکەمین پەیامبەری نەتەوەی جوولەکەیە، لەدەشتی کەنعان نزیک هەبرون لە دارستانێکی بەڕوودا و لەگەڵ سارای هاوسەری کە ئەوێی بۆ حەوانەوەو نیشتەجێبوون هەڵبژاردبوو، تووشی سێ کەسی نەناس دەبێتەوە کە بۆلای ئەو هاتوون. کاتێک فەرمووویاندەکات و گۆشتی برژاوی گوێلک و شیرو ڕۆنەکەرەیان پێشکەشدەکات و لە بەرسێبەری داربەڕووەکان دەحەسێنەوە بۆی دەردەکەوێت کەیەکێک لەو سێ کەسە خوا بۆخۆیەتی و لە بەشی سێیەمی پەرتووکی پەیدابوون بەمجۆرە لەتەوراتدا هاتووە:

(خواوەند لەدارستانی بەڕوو لە ئیبراهیم بەدیارکەوت و ئەو لەژێر گەرمای ڕۆژدا لەبەردەرگای خێوەتەکی دانیشتبوو، چووە پێشوازیی و کڕنۆشی بردوو گووتی ئەی گەورەم، من کە ئێستا لەخزمەتی تۆدام ، با هەندێک ئاوت بۆ بهێنم لاقەکانت بشۆیی و لەژێرسێبەر بحەسێیەوەو پارووەنانێکت بۆ بهێنم بیخۆی و هێزت وەبەردا بێتەوەو پاشان تەشریف ببەی چونکە هەرلەبەر ئەمەیە ڕێگات کەوتۆتە ئێرە. پاشان

سێ قاپ ئاردی دابەسارا تا هەویر بشێلێت و بیکات بەنان. گوێلکێکی ناسکی لە مێگەلەکەی هەڵبژاردو خوڵامەکەی ڕاسپارد تا بیبرژێنێ. و پاشان شیروکەرەو گۆشتی برژاوی هێناو ئەمجار لەژێر درەختەکە ڕاوەستا تا میوانەکانی نانیان خوارد. پاشان خوا فەرمووی سارای هاوسەرت لە کوێیە..؟ ئیبراهیم گووتی لە ناو خێوەتەکەیە. خوا فەرمووی من لەماوەی ژیانی تۆدا جارێکی تر دێمەوە بۆلات و سارای ژنت کوڕێکی دەبێت. سارا لە ناو خێوەتەکەوە کاتێک گوێی لەمە بوو پێکەنی و لەدڵی خۆیدا گووتی کە مێردەکەم پیرو خۆم گەڕاوەو سووڕی مانگانەم وەستاوە چۆن کوڕم دەبێت..؟ خوا لە ئیبراهیمی پرسی سارا بەچی پێدەکەنێ..؟ مەگەر هیچ شتێک هەیە لەلای خوا عاسی بێت..؟ پاشان سارا لەترسان گووتی نەخێر من پێنەکەنیم. خوا گووتی نەخێر پێکەنی و پاشان ڕۆیشت و ئیبراهیم بەڕێیکردن...)

هەروا لەشوێنێکی تری تەوراتدا (پەرتووکی پەیدابوون، بەشی سیودوو) هاتووە کە: حەزرەتی یەعقوب شەوێک کە لەگەڵ هەردوو هاوسەرەکەی و دوو کەنیزەک و یانزە کوڕی لە دەربەندی یەربوق دەپەڕینەوە، لە بیابان تووشی پیاوێکی نەناس بوو، کە تابەیانی زۆرانبازی لەگەڵدا گرت و کاتێک دیتی خەریکە یەعقوب بەسەریدا زاڵ دەبێت شەقێکی لەڕانی ئەوداو لە جووڵەی خست. پاشان بە یەعقوبی گووت بەرمدە وا بەیانی داهات. یەعقوب گووتی تا بەرەکەتم نەدەیەی بەرت نادەم. پیاوە نەناسراوەکە پێیگوت ناوت چییە..؟ گووتی یەعقوب. گووتی نا..! لێرە بەدوا ناوی تۆ یەعقوب نییە بەڵکو ئیسرائیلە. چونکە تۆ لەگەڵ خوادا زۆرانت گرت و بەسەریدا سەرکەوتی. ئەمجار یەعقوب پرسی دەی تۆ ناوی خۆتم پێ بڵێ.. ئەو پیاوە گووتی بۆچی ناوی من دەپرسی و بەرەکەتی پێداو ڕۆیشت. یەعقوب ناوی لەو شوێنە نا فنوئیل. چونکە لەوێ ڕووبەڕوو خواوەندی دیتبوو. کە فنوئیلی بەجێهێشت تازە خۆر هەڵدەهات و لەبەر ئێشی ڕانی دەشەلی. هەرلەبەر ئەمەیە کە جوولەکان تا ئەمڕۆش ماسوولکەی ڕانی ئاژەڵ ناخۆن چونکە خواوەند ڕانی ڕاستی یەعقوبی

گرتبوو..

لە هەندێک شوێنی تردا گفتوگۆو کێشمەکێش و دەبێ و نابێ لە نێوان خواوەندو پەیامبەرانیدا بەشێوازێکە کەدەڵێی داخوا کێشە نەک لەنێوان خواوەندو مرۆڤێک کە پەیامبەرە بەڵکو لە نێوان دوو مرۆڤدایە. لەهەندێک شوێنی تریشدا خواوەند غافڵگیردەبێت، کە شتێکی لەبیرچووە، یان بەخۆی نەزانیوەو کارێکی لەدەست دەرچووە. یان شتێکیان لێ شاردۆتەوە. بۆنموونە لە پەرتووکی دەرچوون بەشەکانی سێهەم و چوارەمدا هاتووە، کە خواوەند ماوەیەکی زۆر لەگەڵ حەزرەتی مووسادا خەریکدەبێت تا ڕازیی بکات بچێت بۆلای فیرعەون تا قەومی جوویی لەمیسر بهێنێتە دەرێ. چونکە ئەوان لەوێ لە ئازارو شکەنجەو برسیەتیی و کوێرەوەریدا بەسەردەبەن، و دەخوازێت لە میسرەوە بیانگوازێتەوە خاکێکی پانوبەرین کە ڕووباری شیرو هەنگوینی پێدابڕوات، و ئەم خاکەش زەوی کەنعان، و هاتییەکان، و ئامورییەکان، و فەرزییەکان، و هەوینییەکان، و یبوسییەکانە. بەڵام موسا ڕازی نابێت و دەڵێت کە باوەڕم پێناکەن کە لەلایەن خواوەندەوە هاتووم، و زمانیشم لاڵەو فەسیح نیم و ناتوانم ئەم ئەرکە بەجێبێنم. بەڵام خواوەند هەموو ڕێگایەکی لێدەبڕێتەوەو توانای موعجیزەی پێدەبەخشێت، بەجۆرێک کە دارعەساکەی دەستی دەبێتە مارو، ئاوی ڕووبار بەدەستی ئەو دەبێت بەخوێن... و بۆ چارەسەری گرفتی زمانەکەشی هاڕوونی برای لەگەڵ دەنێرێت تا هاڕوون لە جیاتی مووسا قسەکان بکات. ئیتر کاتێک مووسا بەناچاریی ڕازی دەبێت. هاوسەرو دووکوڕەکەی سوواری گوێدرێژێک دەکات و بەرەو میسر بەڕێدەکەوێت. بەڵام لەپڕ خواوەند بۆی دەردەکەوێت کە ئەم پەیامبەرە مەزنە کوڕە بچوکەکەی خۆی خەتەنە نەکردووە. ئیتر خواوەند بە جۆرێک تووڕەدەبێت کە بەدوای مووسادا دەگەڕێت تا بیکوژێت. بەڵام (سەفورە)ی ژنی موسا بەزیرەکی و دەستوبردیی فریای مووسا دەکەوێت. و یەکسەر بەچەقۆیەک کوڕەکەی خۆی خەتەنە دەکات و ئەو خوێنەش کەلەبەر کوڕەکەی دەڕوات لە لاقی

موسای هەڵدەسوێت و پێیدەڵێت: **أنك عريس دم لی.** مەبەستی ئەوەدەبێ کە بە خوێنی کوڕەکەی، موسا ڕزگار دەبێت و لەڕێگای ئەو خوێنەوە جارێکی تر موسا دەبێتەوە هاوسەری ئەو.

لەشوێنێکی تردا، خواوەند دەبێتە هێزێکی خاوەن ڕق و تۆڵەسەندنەوەو تەنیا لەبەر ئەوەی کچانی تازەپێگەیشتووی ئورشەلیم ناز دەفرۆشن و خۆیان دەڕازێننەوەو بۆنی خۆش لەخۆیان دەدەن، ڕق وتووڕەیی خۆی بەسەریاندا دەبارێنێت و لە پەرتووکی ئەشعیا، بەشی سێیەمدا هاتووە:

(لەبەر ئەوەی کچانی ئورشەلیم لەخۆیان باییبوون، نازدەفرۆشن، بە گەردنی بەرزو غەمزەوە بەڕێگادا دەڕۆن، پاوانەکانی پێیان دەزرینگێتەوە.. تەپڵی سەریان کەچەڵ دەکەم و فەرمان دەدەم بەریان تووکی لێ نەڕوێت..)

لەهەمووی سەرنجڕاکێشتر، تەورات نکوڵی لەهەبوونی خودایانی تر، یان فرەخوایی ناکات. بەڵکو یەهوە خۆی وەک باشترین، نەک تاکە خواوەند دەخاتەڕوو. و دانیش بەمەدا دەنێت کە خواوەندێکی حەسودو تۆڵەستێنە. و دەڵێت:

تۆ نابێ کڕنۆش بۆ خودایانی تر ببەی. چونکە من کە خواوەندی تۆم خاوەن غیرەت و حەسادەتم و تۆڵەی بابیان لە کوڕەکانیان تا پشتی سێیەم و چوارەم دەستێنمەوە.
(پەرتووکی دەرچوون،بەشی بیستەم،٥)

دیسان، سەرەڕای ئەوەی خواوەندی تەورات تەنیا هی بەنی ئیسرائیلە نەک هی نەتەوەکانی تر، هەروا سەرەڕای ئەوەی هێزێکی خوڵقێنەری ڕەهای بێهاوتایە، کەچی لەپڕ وەردەگەڕێتە سەر خواوەندێک کە تەنانەت لە زمانی نەتەوەکانی جگە لەبەنی ئیسرائیل ناگات و هەر بۆیەش فەرمان بە حەزقیال پەیامبەر دەدات کە بڕوات و پەیامی خواوەندیی بە نەتەوەی بەنی ئیسرائیل بگەیەنێت و دەڵێت:

(ئەی ئادەمیزاد بڕۆ لای قەومی بەنی ئیسرائیل و پەیامی منیان پێ بگەیەنە پێیان بڵێ کە من تۆ بەتایبەتی بۆ سەر ئەوان دەنێرم. نەک بۆ سەر ئەو نەتەوانەی ئاڵۆزن

و زمانیان قورس و ناخۆشەو کەس تێیان ناگات.- پەڕتوکی حەزقیال پەیامبەر. بەشی سێهەم ٤-٦)

کەچی ئەمە لەبیردەچێتەوە کە لەشوێنێکی تردا خواوەند بۆخۆی زمانی جۆراوجۆری بۆ مرۆڤ هێناوەتە کایەوە. ئەمەش وەک سزایەک بۆ خەڵکی بابل. و لە (پەرتووکی پەیدابوون، بەشی یانزەهەم ١-٩)دا هاتووە: **تەواوی جیهان یەک زمان و یەک شێوازی ئاخاوتن بوو. خەڵکی بەیەکتریان گووت وەرن با شارێک بۆخۆمان بنیات بنێین، و بورجێکی تێدا درووست بکەین سەری بگاتە ئاسمان. تا ناوونیشانێک بۆخۆمان درووست بکەین. خواوەند تا ئەو بورجە لەنزیکەوە ببینێت کە مرۆڤەکان درووستیانکردووە هاتە خوارەوە. لەدڵی خۆیدا گووتی: ئەم قەومە یەکێکن و یەک زمانییان هەیە. ئێستا ئەم کارەیان ئەنجامداو ئەگەر ئاوا بڕوات هیچیان لەدەست عاسی نابێت. کەواتە بابچمە خوارێ و زمانیان وەها تێک بدەم کە ئیتر هیچکەس لەزمانی ئەویتر نەگات.. لەمەبەدوا خواوەند گشت ئەو خەڵکەی بەسەر زەویدا پەرشوبڵاو کردو ڕێگای ئەوەی لێگرتن شارەکەیان بنیات بنێن. لەمەوە ئەو شارەیان ناونا بابل. کە خواوەند لەوێوە زمانی خەڵکی جیهانی تێکداو بەسەر زەویشەوە بڵاوی کردنەوە.**

لێرەدا جارێکی تر، خەسڵەتی مرۆڤبوون دەدرێتەوە پاڵ خواوەند. لەگەڵ ئەوەدا ئەو خواوەندەو لەگشت شوێنێکدایەو ئاگای لەهەر شتێکە کەچی ناچاردەبێت بۆخۆی بێتەخوارەوەو لەنزیکەوە بزانێ مرۆڤ چی دەکەن..!! ئەمجار بەوە تەنگەتاو دەبێت کە مرۆڤەکان یەکگرتوون و بڕیاردەدات لێکیان جیاکاتەوە. دیسان مەترسی ئەوەی لێدەنیشێت، کە ئەو خەڵکە توانای درووستکردنی شارو بوورجیان هەیەو زمانیان یەکێکەو هەرچی زووتر ئەو زمانەیان تێکوپێکدات...! ئایا ئەمە چ خواوەندێکە کە لە کاتێکدا هەموو هەبوونی دروستکردووە، لە بوونەوەرێکی بچووکی خوڵقاوی دەستی خۆی کە مرۆڤە بترسێت..؟ ئەویش لەچی..! لەوەی شار درووستدەکات و بورج بنیاتدەنێت..! لەمەوەیە کە زانایەکی وەک ئەنیشتایین دێت و دەڵێت:

(ڕەنگە لەمەدا گومانکردن ڕەوابێت کە ئایا خواوەندێک هەیە یان نا، بوونەوەران چۆن درووست بوون، و ئەم بوونەوەرانە ئەبەدیین یان نا. بەڵام بەهیچ شێوازێک ناکرێ پێمان قبوڵ بکرێت کە وەها خواوەندێک لە دوور یان نزیک لە مرۆڤێکێکی دوولاقی سەرزەوی دەچێت.)٣٤

بەمجۆرە خواوەندی تەورات کۆمەڵە خەسڵەتێکی وای دراوەتە پاڵ کەخواوەندی ئەفسانە دێرینەکان لەو شکۆمەندترە. و ئەوەتا لە شوێنێکی تری تەوراتدا دەبێتە باوک و ئاغا. کە تەواوی شکۆمەندیی خۆی لەوەدا دەبینێتەوە کە بەرخی نێری بۆ بکەنە قوربانی نەک هی لەڕولاوازو نەخۆش، وەک بڵێی خواوەند لەسەر سفرە دانیشتووە، برسیەتی و لەچاوەڕوانی گۆشتی بەتام و خۆشدا بەسەردەبات و دەڵێت: **(کوڕ لە باوک، و غوڵام لە ئاغای خۆی دەترسێت. ئەگەر من باوکم، ئەی کوا ترسان لە من..؟ ئەگەر ئاغام ئەی هەیبەتم چی لێهاتووە.؟ پێتانوایە من ئاگام لێ نییە بە ناوی قوربانییەوە نانی گڵاوم بۆ دادەنێن. لەکاتێکدا بەرخی نێرینەتان هەیە، هی نەخۆش و عەیبدارم بۆ سەردەبڕن. مەگەر نازانن من چ پادشایەکی مەزن و ناوی من چەندە شکۆدارە..**- ملاکی پەیامبەر،بەشی چوارەم،٥-٦)

جگە لەتەورات، خواناسیی لەبیروباوەڕی عیرفانیی، بەشێوازە جوولەکەشی، کە بە (کابالا)، دەناسرێت، باسی لێوەدەکرێت. کابالا واژەیەکی عیبریەو بەواتای نەریت دێت، و لە ئەفسانەکانی جوولەکەیدا دەربارەی خواوەندو هەبوون، دیرۆکێکی دوورو درێژی هەیە.

بەگشتیی بەپێی باوەڕی عیرفانی لەئایینی جوولەکەدا، هەبوون لە سیستەمێکی ئاڵۆزی دە توخمی پێکهاتووە. کەهەموو لە (یەک)ێکەوە دەستپێدەکەن و بۆ (یەک) دەگەڕێنەوە. خواوەند سەرچاوەی هەبوونەو لەهەمان کاتدا بەردەوام لە پرۆسەی خۆ خولقاندنایە. ئیتر هەندێجار بە شێوازێکی ئاشکراو جاری تریش بە شاراوە.

سەرەتا سیستەمی دە توخمی لە حاڵەتێکی سەقامگیریی و هاوسەنگییدابووە.

بـەڵام هـەروەک ئیسحاق لۆریا(٧٢-١٥٣٤) لە پەرتووکێکی خۆیدا بە ناوی (Ari) دەربارەی خوڵقاندن دەدوێت، پرۆسەی خوڵقاندن هەمیشە قەیرانی توندوتیژی بەدوای خۆیدا دەهێنێت. کە پارسەنگیی نێوان دە توخمەکان تێکدەدات. و لەو قەیرانە پڕ کارەساتانەدایە کە خواوەند بەشێوازکی ئاشکرا خۆی نیشاندەدات. بۆنموونە بەر لەدەستپێکردنی قەیرانی دەسەڵات، یان دادوەریی، بەهۆی جوانیی و سۆزی عاشقانەوە هەموو توخمەکان لە هاوسەنگیدا بەسەردەبەن. بەڵام کاتێک قەیرانی خوڵقان کۆتایی دێت. ئەم سیستەمە وەردەگەڕیتە سەر خواستی شەیتانیی. و لەمەوە تەواوی گەردوون و بوونەوەران لە سەرچاوەکەی خۆیان واتا (یەک) نامۆدەبن. گێڕانەوەی جیهانیش لەم حاڵەتە پڕقەیران و کارەساتە بۆ حاڵەتە سەقامگیرو ئارامەکەی لە ئەستۆی مرۆڤەو بەشێوازێکی دیارییکراویش لە ئەستۆی جوولەکانە. ٣٥

بەڵام لە ئایینی مەسیحیداو لە پەرتووکی ئینجیلدا خواوەند شێوازێکی تر بەخۆیەوە دەگرێت. لەوێدا خوا بەشێوازی تەورات نیە کە خەسڵەتەکانی شەڕو خوێنڕشتن و تۆڵەسەندنەوە بن. بەڵکو لەچوارچێوەی میهرەبانی ولێبووردن و هێمنیدا خڕدەبێتەوە. بەڵام لە ئینجیلیشدا خواوەند دوو کەسایەتی جیاوازی هەیە. لەوشوێنەدا کە خواوەندی عیسایە تەنانەت مەسیحیبوون و باوەڕهێنانیش بە عیسا وەک مەرجێکی بنەڕەتی دیاریی نەکراوە بۆ ڕزگاریی مرۆڤ. بەڵکو مەرجی سەرەکی خۆشویستنی خەڵکی و نیشاندانی ئەو خۆشەویستییەیە. لە حاڵێکدا خواوەند بەوشێوازەی پاولۆس (سن پاول) کە نووسەری نیوەی ئینجیلە، ڕزگاریی هەر مرۆڤێک پەیوەستەی باوەڕی ئەوە بە مەسیحییەت. و ئەمەش وەک بنەمایەک لە لایەن کڵێساوە پەسەندکراوە.

هەروا، لە چەندان شوێنی ئینجیلدا ڕێنوێنی بەمە دەکات، کە مرۆڤ هەمیشە دەبێ ملکەچی، ئاغاو ئەرباب و فەرمانڕەواو حاکم و دەسەڵاتدارانی بێت. و ئەمە بە ئەرکێکی ئایینیی و خواوەندیی دادەنێت و ئەم ملکەچییەش بەرابەر لەگەڵ

ملکەچکردن بۆ عیسا دادەنێت. وله (نامەی پاولۆس بە ئەسفیان، بەشی شەشەم) دا هاتووە: **بەوجۆرەی ملکەچی عیسا مەسیحی ، بەرێزو پاکییەوە ملکەچی فەرمانڕەوایانی خۆشتبە. ئەمە لە ڕێگای مەراییەوە ئەنجاممەدە بەڵکو بەو باوەڕەی هەروەکو غولامانی عیسای مەسیح، کە لەم ڕێگایەوە ویستی خواوەندی بەجێدەهێنی. چونکە دەسەڵاتدارانی جیهان جگە لە ویستی خواوەندیی بۆ ئەم پلەو پایەیە هەڵنەدەبژێردران.**

بەڵام لە ئینجیلی چوارینە، لە زمانی عیساوە هاتووە: **هیچکەس ناتوانێ کۆیلەی دوو ئاغا بێت، ئێوە یان دەبێ کۆیلەی خواوەند بن یانیش کۆیلەی ئاڵتوون..**(مەتی، بەشی شەشەم٢٤. لۆقا، بەشی دوازدەهەم،٢٢)

لە شوێنێکی تری ئینجیلدا پاولوس دەڵێت: **هیچکەس ناتوانێ بەدوای خوادا بگەڕێت و پەیوەستەی ئەو بێت. چونکە پێشتر دەبێ خواوەند ئاوڕی لەو دابێتەوە.** و شێوازی ئەمە لەچەندان ئایەی قورئانیشدا ئاماژەی پێکراوە.

دیسان ئەوەی لەزمانی عیساشەوە لەئینجیلدا هاتووە، ناکۆکی زۆر لەنێوان لێدوانێک و یەکێکی تردا هەیە. لەگەڵ ئەوەدا کە حەزرەتی عیسا بەگشتی باس لە لێبووردەیی و هێمنی و خۆبەدوورگرتن لەشەڕو تووڕەبوون، و تۆڵە سەندنەوە دەکات، و دەڵێت: **وەڵامی خراپە بە خراپە مەدەنەوە، ئەوەی کێشای بە ڕوومەتی ڕاستدا، لایەکەی تریشی بۆ ڕاگرە، ئەوەی ویستی کراسەکەت ببات، چاکەتەکەشتی بدەرێ، ئەوەی ناچاری کردی فرسەخێک لەگەڵیدا بڕۆیت، دوو فرسەخ لەگەڵیدا بڕۆ...**(مەتی. ئەسحاحی پێنجەم.٣٩-٤٢). دەبینین لەم ڕێنوێنییە توندڕەوانەیەدا بە لێبووردەیی، کە تا سنووری سەرشۆڕی و خۆبەدەستەوەدان دەچێت، وەردەگەڕێتە سەر زمانی دەرکێشانی شمشێرو مزگێنی شەڕو مرۆڤ لەیەککردن. و دەڵێت:

لەوباوەڕەدا نەبن من هاتووم بۆ ئەوەی ئاشتی بهێنمە سەرزەوی، نەخێر نەهاتووم بۆ هێنانی ئاشتیی، بەڵکو شمشێر. من هاتووم بۆ ئەوەی ناکۆکی بخەمە نێوان باوک

و کوڕ، کچ و دایک، بووک و خەسوو، ئا بەمجۆرە مرۆڤ دوژمنی خانەوادەکەی خۆی دەبێت. ئەوەی دایک و باوکی لەمن زۆرتر خۆشویست شایانی من نییە...
(مەتی، بەشی دەیەم.٣٤-٣٧)

دەبینین عیسا، لەو پەیامبەرە خۆبەکەمگرەوە دەبێتە ئەو پادشا خۆویستەی کەدەخوازێ مرۆڤ هەرچی هەیەتی و نییەتی لە ژیانیدا، و بەتەواوی خۆشەویستانییەوە فڕێیانبدات و بە خاچەکەیەوە دوای ئەو بکەوێت، ئەویش نەک لە پێناوی ئاشتی و مرۆڤدۆستی وەک لە جێگایەکی تردا ڕێنوێنی پێدەکات. بەڵکو بۆ شەڕو خوێنڕشتن. بەڵام خوا لە قورئاندا لەیەک کاتدا هەم میهرەبانەو هەم ڕقئەستوور، هەم لێبووردەو هەم تۆڵەستێن... بەواتایەکی تر خواوەند هەڵگری ئاستی ڕەهای خەسڵەتەکانە... خوا لە قورئاندا حیکمەتی خوڵقاندنی هەبوون بەمرۆڤ و لەسەرووشیانەوە محەمەد(د،خ) دەبەستێتەوە. بەوپێیەی هەموو هەبوونی لە بەرخاتری مرۆڤ و حەزرەتی محەمەد خوڵقاندووە. بەڵام هیچ دیارنییە ئایا مرۆڤ چ پێویستییەکی بەو ئەستێرەو هەسارانە هەیە کە چەندان ملیار ساڵی تیشکی لە زەویەوە دوورن..! هەروا دیسان دیارنییە، ئەگەر خواوەند تەواوی هەبوونی لەبەر خاتری مرۆڤ و مرۆڤیشی لەبەر خاتری پەیامبەر خوڵقاندووە، ئەدی چ حیکمەتێک لەوەدا هەبووە کە ئەو هەموو ملیاران ساڵە هەبوون بەبێ مرۆڤبووە..؟!

هەروا ناوی چەند ئاژەڵ و میوەو خۆراکێک هاتوون، کە گشت ئەمانەشی هەر لەبەرخاتری مرۆڤ و بۆ دابینکردنی پێداویستییەکانی ژیانی ئەو خوڵقاندووە. لەوێشدا جیگای سەرنجە تەنیا ئەو ئاژەڵ و میوەو خۆراکانە ناویان لە قورئاندا هاتووە، کە کاتی هاتنەخوارەوەی قورئان لە نیوەدوورگەی عەرەب و دەوروبەریدا هەبوون. ناوی هیچ خۆراک و ئاژەڵێک نەهاتووە کە لەو ناوچەیەدا نەبووبن. ئەمەش دەبێتە هۆی سەرهەڵدانی ئەو پرسیارەی ئایا مەگەر ئاینیی ئیسلام بۆ سەرتاپای مرۆڤایەتی نییە..؟ئەدی بۆچی تەنیا ژیانی نیوەدوورگەی عەرەب، کولتوورو زمان و خۆراک و

پۆشاک و سروشتی ئەوناوچەیە لە قورئاندا ڕەنگی پێدراوەتەوە..؟

هەروا ئەگەر تێگەیشتنەکانمان لەقورئان بەمجۆرەبێت، خواوەند لانیکەم دەبووایە پەیامبەرێکیش بۆ ئەو خەڵکە دابڕاوەی ئەمەریکا، کە یەکەم شەپۆلیان بەر لە ١٣-١٥ هەزار ساڵ لە ڕێگای سیبریاوە بەرەو ئەمەریکا چوون. بنێرێت. بەڵام کاتێک ئەو کیشوەرە لە لایەن کریسۆفر کۆلۆمبسەوە دیترایەوە، ئەو خەڵکەی ئەوێ نەخواوەندی تاک و تەنیایان دەناسی، نەپەیامبەرێکیان هەبوو، و نە پەرتووکێکی پیرۆز..!

ئەوەتا لە سورەی (آلعمران) ئایەی ٢٦ یشدا هاتووە: **وما أرسلنا برسول ألا بلسان قومه. لیبین لهم فضل الله ومن یشاء ویهدی من یشاء وهو العزیز الحکیم.** واتا ئێمە هیچ پەیامبەرێکمان نەناردووە، تەنیا بەزمانی نەتەوەکەی خۆی نەبێ. تا هەمووشتێکیان بۆ ڕوونبکاتەوە. ئیتر خواوەند ئەو کەسەی گومڕاکردووە کە ویستوویەتی، ئەوەشی خستۆتە سەر ڕێگای ڕاست کە ویستوویەتی. خواوەندیش بۆ خۆی باڵادەست و دانایە.

دەی ئایا ئەگەر پەیامبەری ئیسلام هی نەتەوەکەی خۆیەتی کە عەرەبە، ئەی بۆ داوا لە نەتەوەکانی تریش دەکەن موسوڵمان بن..؟ و ئەدی کوا پەیامبەرانی ئینگلیزو روس، و تورک و کورد...هتد..؟

تەنانەت لە هەندێک شوێنی تری قورئاندا، سوورەی واهەیە تەنیا بۆ خەڵکی مەکەو دەوروبەرییەتی. نەک بۆ تەواوی مرۆڤایەتی. و بۆنموونە، لە سورەی (شوری) ئایەی ٧ هاتووە: **وکذلک أوحینا ألیک قرآنا عربیا، لتنذر أم القری ومن حولها وتنذر یوم الجمع لا ریب فیه فریق فی الجنة وفریق فی السعیر.** واتا: ئێمە قورئانمان بەزمانی عەرەبی بۆ وەحیکردن تا خەڵکی مەکەو دەوروبەری پێ بترسێنن، کە لەهاتنی ڕۆژی حەشردا گومانێک نییەو گروپێک دەچنە بەهەشت و گروپێکی تریش بۆ دۆزەخ.

یەکێک لە خەسڵەتە سەرەکییەکانی تری ئایینی ئیسلام. سنووری هەڵبژاردنی مرۆڤە بۆ ڕێگای باش و خراپ. و لەچەندان سورەو ئایەی جۆربەجۆردا هاتووە کە مرۆڤ

ئەوەی ئەنجامی دەدات پێشوەخت لە لایەن خواوە بڕیاری لەسەر دراوەو ویستی خواوەندیش هیچکات ڕەتنابێتەوە.

لە سورەی (کهف) ئایەی ٥٧ دا هاتووە: **ومن أظلم ممن ذكر بآيات ربه فأعرض عنها ونسا ما قدمت يداه أنا جعلنا على قلوبهم آكنة أن يفقهوه وفى آذانهم وقرا وأن تدعوهم ألى الهدى فلن يهتدوا أذ أبدا.** واتا: کێ لەوە ستەمکارترە، کە بە ئایەتەکانی خواوەند هەموو شتێکی وەبیر هێنرابێتەوە، کەچی پشتگوێیان بخات. و بیریچۆبێتەوە چۆن بەرەو گوناهکاریی پەلکێشبووە. ئێمە دڵی ئەوانەمان خستۆتە تاریکییەوە تا لە ئایەتەکانی ئێمە نەگەن و گوێشیانمان کەڕکردووە تا هەرگیز بانگی هیدایەت نەبیستن.

ئایا ناکۆکییەک لەم ئایەدا بەدی ناکرێت کە لەشووێنێکدا دەڵێت خواوەند بۆخۆی گوێی ئەوانەی کەڕ کردووەو دڵی ڕەشکردوون کە توانای بیستنی هیچ ڕێنوێنییەکیان نەبێت. و لەشوێنێکی تریشدا ئەوانە گوناهباربن کە ئەو ڕێنوێنییانەیان بیر چۆتەوە. مەگەر ویستی ئەوانە مەزنترە لە ویستی خواوەندی..؟

هەروا لە سورەی (زخرف) ئایەی ٣٢ دا هاتووە:

أهم يقسمون رحمة ربک، نحن قسمنا بينهم. معيشتهم فى الحيوة والدنيا ورفعنا بعضهم فوق بعض درجات ليتخذ بعضهم بعضا سخريا ورحمة ربک خير مما يجمعون. واتا: ئایا ئەوانەن کە ڕەحمەتی خواوەندیی دابەشدەکەن..؟ نەخێر ئەوە ئێمەین دابەشیدەکەین. و پلەو پایەی هەندێکمان خستۆتە سەر پلەو پایەی ئەوانی تر. تا هەندێک خزمەتکاریی هەندێکی تر بکەن. و ڕەحمەتی خواوەندیی لەهەموو ئەو شتانە باشرە کە کۆیدەکەنەوە.

ئایا واتای ئەم ئایەتە ئەوەیە کە مرۆڤە چەوساوەو بندەستەکان سەرشۆڕو ملکەچ و بێدەنگ، لە بەختڕەشیدا ڕازیی بە چارەنووسی خۆیان بن چونکە پێشوەخت بڕیارو خواستیی خواوەندییە کە ئەم چارەنووسەیان هەیە..؟ هەروا مرۆڤە مفتەخۆرو دزو

ساختەبازەکان کە بەبەشی خۆیان تێرنابن و بەشی خەڵکی ترو بەری ڕەنجی ئەوان دەخۆن بێگوناهن چونکە خواوەند بۆخۆی ئاوای دابەشکردووە ..؟ وەڵامەکە چییە..؟ ئەگەر ئا..! دەی ڕاپەڕین لەبەرانبەر ستەمکاراندا بۆچی..؟ و ئەگەر نا..! مەگەر دەکرێ پێچەوانەی خواستی خواوەندی شتێک ئەنجام بدرێت..؟

ئایا بەپێی ئەم ئایەتانە دزێک کە دزیی دەکات بکوژێک کە تاوانی کوشتن ئەنجام دەدات، زناکارێک، زاڵمێک... بە پێی خواستی خواوەندیی تاوانەکانیان ئەنجام دەدەن..؟ ئایا لۆژیکمەندانەتر نییە کە پێمانوابێ هەمووشتێک پەیوەستەی خواستی خواوەندییە بەڵام خواوەند بەزانابوون بەشێک لەو خواستەی خۆی بەمرۆڤ بەخشیوەو ئەو بوارەی بۆ هێشتۆتەوە کە خۆی سەرپشک و بڕیاردەربێت..؟ ئەمجار لۆژیکمەندانەتر نییە کە پێمانوابێ خواوەند پێشتر هەموو بڕیارێکی داوە بەڵام لە پەیوەندی لەگەڵ کرداری مرۆڤدا بڕیاری خستۆتە دەست خودی مرۆڤ..؟

بەڵام لەسەرێکی تریشەوە، چما گومان لەبۆچونە مەزهەبییەکان لە کاتێکدا بۆچوونە زانستیی و دەروونناسییەکانیش دەربارەی چۆنییەتی فۆرمگرتنی کەسایەتی و باوەڕو جیهانبینی و شێوازی ڕەفتارو بیرکردنەوەو ئەخلاقی تاکی مرۆڤ... تا ئاستێکی زۆر هەر بەهەمان لێکدانەوە مەزهەبییەکان دەگاتەوە.

بەپێی زانستیی دەروونناسیی و کۆمەڵناسیی، کەسایەتی تاکی مرۆڤ، لەوکاتەوە دەستپێناکات کە مەزن دەبێت و عەقڵی بەسەر خۆیدا دەشکێتەوە، بەڵکو کاتێک کە کۆرپەلەیەکە و لەسکی دایکیدایە. تەنانەت لەوە پێشتریش و هەر لەوکاتەوە کە نوتفەیەکە، بەشێک لە خەسڵەتەکانی، لە ڕێگای ژێن (Gen)ە بۆماوەییەکانەوە جێگیردەبن. پاشانیش کەهەر لەسکی دایکیدا کەمێک گەورەتر دەبێت، تەواوی ئەوکەشوهەوایەی دەرەوە، کە ئایا ئارامە یان قەیراناوی و پڕ هەراوهوریا، و حاڵەتی دەروونی دایکیشی کە سەقامگیرو ئاساییە یان شڵەژاو، وپڕ ترس و دڵەڕاوکێ... کاریگەریی هەتاهەتایی لەسەر ئەو کۆرپەیەی لەداهاتوودا دەبێتە مرۆڤێکی

خوا، مەزهەب، مرۆڤ

ناوکۆمەڵگا دادەنێن. و ئەمجار کاتێکیش لەدایک دەبێت، شێوازی پەروەردەو ئەو هەلومەرجە خانەوادەیی و کۆمکەڵایەتی و ئابووریی و کولتوورییەی تیایدا پێدەگات و سەردەمی منداڵیی پێدا تێپەڕدەکات، کەسایەتی ئەو مرۆڤە بەهەموو خەسڵەتەکانییەوە درووستدەکەن. بەواتایەکی تر، ئەوە تاکی مرۆڤ نییە کەخۆی درووستدەکات، بەڵکو هەلومەرج و ماڵبات و کۆمەڵگا. هەربۆیەش لەڕۆژئاوا و بەگشتیی لەو وڵاتانەی سیستەمی دادوەریی و مافناسیی بەپشتبەستن بە زانستە جۆربەجۆرەکانی وەک کۆمەڵناسیی و دەروونناسیی و زیندەوەرناسیی بەڕێوەدەچێت. بۆنموونە، لەسزادانی تاوانباراندا زۆرنەرمی دەنوێنن. چونکە بنەماسەرەکییەکانی ڕەفتارو ئەخلاقی مرۆڤ، پێشترو لەدەرەوەی خواست و ئیرادەی خۆی دامەزراون، و بوارێکی کەم دەمێنێتەوە کەپەیوەستەی خواستی خۆی بێت. بەمجۆرە دەبینین لەخاڵێکی زۆرسەرەکیدا، مەزهەب و زانست کۆکن لەسەر ئەوەی کەسایەتی مرۆڤ لەدەرەوەی خواستی خۆی، پێشتر داڕێژراوە.

بەڵام لەدوو خاڵی هەرەسەرەکیدا جیاوازیی دەکەوێتە نێوان دوو بۆچوونی سەرەوە: یەکەم، بەپێی باوەڕە مەزهەبییەکان بڕیاردان لەسەر چارەنووسی مرۆڤ، حەتمی و ڕەهایەو شیاوی دەستکاریی و گۆڕان نییە. بەڵام لەبۆچوونە زانستییەکاندا ڕەهابوونێک لەئارادا نییەو مرۆڤ لەناوهەموو هەلومەرجکدا بوارێکی کەم یان زۆری بۆ دەمێنێتەوە کە ملکەچی خواست و ئیرادەی خۆی و لەبەرانبەر ڕەفتارەکانیدا بەرپرسیاربێت، و دیسان هەلومەرجی نوێی گونجاو دەتوانن ئەو مرۆڤە نائاسیی و ناتەواوە بگۆڕنە سەرمرۆڤێکی ئاسایی و سوودبەخش. دووەم، لە بۆچونە مەزهەبییەکەدا ئەو نالۆژیکمەندییە مەزنە لەئارادایە، کە کەسایەتی مرۆڤ بەهەموو خەسڵەت و ڕەهەندەکانییەوە پێشتر بڕیاریی خواوەندیی لەسەردراوە، کەچی سزاو پاداشتیش لەئارادایە..! ئاخر کاتێک مرۆڤێکی گوناهکار، کەلەئەزەلەوە بڕیاردراوە گوناهکاربێت، چ خەتایەکی ئەوی تێدایەو بۆدەبێ سزابدرێت..؟ لەحاڵێکدا لە

بۆچوونە زانستییەکەدا مرۆڤی گوناهکار تەنیا بەرپرسیارێتی ئەو بەشەی لەسەرشانە کە ملکەچی خواستی خۆی بـووەو توانیویەتی لەنێوان ئەنجامدان و نەداندا هەڵبژێرێت.

جێگای سەرنج و ئاماژەپێکردنە کە لەبیری ئیسلامیدا دەربارەی خواوند، هەبوون، و سیفاتەکانی خواوەند، و پەیامبەرێتی... لێکدانەوەی جیاوازیش لەگەڵ دەقە قورئانییەکاندا هەیە، و هەندێک لەم لێکدانەوانە پتر بەلای ماتریالیستیدا دەچن و بەڵکو لەهەندێک لایەنەوە و تائاستێکی زۆر لەفەلسەفە مۆدێرناکانەوە نزیکن. و لەناو ئەمانەدا دەتوانین ئاماژە بە باوەڕە فەلسەفییەکانی ابراهیم کوڕی یەسار ناسراو بە نیزام(نظام) (لەدایکبووی ۲۲۱ یان ۲۳۱ک)، ئەبو عوسمانی کەنانی ناسراو بە جاحظ (۱۵۹-۲۵۵ک)، هەروا پزیشک و فەیلەسوفی ناوداری ئێرانی مەمەد کوڕی زەکەریای ڕازی (۲۵۱-۳۱۳ ک) ،و گەلێکی تر بکەین.

نیزام، لێکۆڵینەوەی زۆری دەربارەی تەورات و ئینجیل و قورئان کردووەو لە بواری شیعرو ئەدەبیات و زمانەوانیشدا، کاروچالاکیی هەبووە. ئەو لەو باوەڕەدا بووە کە خواوەند، ناتوانێ خراپەی تێدابێت یان دەرهەق بەندەی خۆی خراپە بنوێنێت. هەروا لەو باوەڕەدا بووە کە خواوەند لە ڕۆژی ئاخیرەتدا ناتوانێ تۆزقاڵێک لە نیعمەتەکانی بەهەشت، یان ئازارەکانی دۆزەخ کەموزۆر بکات. چونکە ئەمە دژی بنەمای عەدالەتە. هەروا ئەمەی بەڕاست نەدەزانی کەخواوەند سیفەتی ئیرادەی بدرێتە پاڵ. بەڵکو خواوەند بە پشتبەستن بە زانایی و هێز ئیرادە دەخوڵقێنێت.

هەروا، نیزام پێیوابووە کە پەیامبەرێتی هیچ موعجیزەیەکی تێدا نییەو قورئانیش دوورە لەهەر موعجیزەیەک. و تەواوی ئەو شتانەش کەوەک موعجیزە دەربارەی پەیامبەر وەک لەتکردنی مانگ، کوڵانی ئاو لە ناو پەنجەکانیدا... پێیوابووە، لەدرۆودەلەسە بەولاوە شتێکی تر نین. هەروا فەساحەت و بەلاغەتی قورئانیشی بە موعجیزە نەدەزانی و پێیوابوو، کە دەقی ترو هاوشێوەی قورئان و جوانتریش،

لەتوانادا بووەو دەبێت.

نیزام دەربارەی زانستە سروشتییەکانیش بیروبۆچوونی تایبەت بەخۆی هەیە کە لەو باوەڕەدابووە تەواوی زیندەوەران، سەرەتا لەیەک جۆرەوە پەیدابوون، چوونکە هەمووان لەکۆمەڵە سیفاتێکدا، وەک جووڵەی ئیرادی، پەرەسەندن و پێگەیشتن و هەست و هۆش، تائاستێکی زۆر لەگەڵ یەکتردا یەکسانن. ئەمەش زۆر لەبیروبۆچوونە مۆدێرنەکان و تیۆری داروینەوە نزیکە.

دەربارەی پەیوەندی خواوەندیش بەگەردوونەوە لەو باوەڕەدا بووە کە ئەو بەشانەی جیهانی مادیی لێ پێکهاتووە بێسنوورو بێکۆتاییەو، خواوەند ناتوانێت پێکهاتەی جیهانێکی بێسنوور و چلۆنایەتی بزانێت. و عالمبوونی خوا بەواتای ئەوەیە جاهل نییە، و بەتوانایی ئەو بەواتای ئەوەیە بێتوانا نییە.٣٦

بەڵام جاحزی کەنانی، کە یەکێک لە زاناو ڕێبەرانی مەزهەبی موعتەزیلەیە، بیرو باوەڕەکانی تائاستێک لەهی نیزام چووە. و دەربارەی پرسی هەبوون و خواوەند، لەحاڵێکدا باوەڕی بەهەبوونی خواوەندو زیندووبوونەوەی دوای مەرگ و بەهەشت و دۆزەخ هەبووە، بەڵام باوەڕیشی وابووە کە جیهانی مادیی لەلایەن خواوەندەوە نەخوڵقاوە، بەڵکو وەکو خواوەند ئەزەلیی و بێکۆتاییە.

دەربارەی بەهەشت و دۆزەخ، جاحز پێیوایە کە خواوەند هیچکەسێک نانێرێت بۆ بەهەشت یان دۆزەخ. بەڵکو ئەوانەی شایستەی بەهەشت بن، بەشێوازێکی جەبریی و قەهریی دەچن بۆ بەهەشت و ئەوانەی دۆزەخیش هەروا.٣٧

بیروبۆچوونەکانی ئەم بیرمەندە کاریگەریی زۆری لەسەر موسوڵمانانی دوای خۆی بەتایبەتی پەیڕەوانی موعتەزیلە داناو گروپێکی مەزهەبی بەناوی (الجاحظیە)، هاتە کایەوە. هەروا جاحز، دەلاقەیەکی بەرەو جیهانی فەلسەفەی بەدوور لە دەقە مەزهەبییە پیرۆزەکان، بۆ کەسایەتییە ناودارەکانی تری وەک محەممەد کوڕی زەکەریای رازی و ئیبن سینا.. خستە سەر پشت.

زەکەریای ڕازی یەکێک لەو زاناو فەیلەسوفە ناودارانەی جیهانی ئیسلامە کە باوەڕی وایە تەواوی ئەوەی لەگەردووندا هەیە سەرچاوەیەکی مادیی هەیە کە ئەو بە (هیولا) ناوی دەبات. ئەمەش لە بەشگەلێکی وردو بچوک پێکدێت، و بەپێی عەقڵ دەبێ ئەم مادەیە بەشێوازێکی ڕەها هەبوونێکی ئەزەلی هەبێت، نەک لە عەدەمەوە پەیدابووبێت. هەروا بەپێی ئەو بیروباوەڕە فەلسەفیەی ڕازی هەر مادەیەک پێویستیی بە شوێن (مکان)ێک هەیە کە ئەو بە (خلاء) ناوی دەبات. و لەبەر ئەوەش کە مادە ڕەهایەو ئەزەلییە. کەواتە حەتمەن دەبێ شوێنیش ڕەهاو ئەزەلی بێت. ئەمیش، واتا شوێن بەبێ کات (زمان)ێک کە ئەو بە (دهر) ناوی دەبات، ناکرێت بوونی هەبێت کەواتە کاتیش هەبوونێکی ڕەهاو ئەزەلی هەیە.

لەپاڵ ئەمانەدا ڕازی باوەڕی بەهەبوونی خواوەندێکی ڕەهاو ئەزەلییش هەیە کەڕۆڵی ئەو لە ڕێکوپێککردن، و خوڵقاندنی بوونەوەرانی تازە لەبوونەوەرانی کۆنەوە دەبینێت. هەروا لەوباوەڕەدایە کەخواوەند دادپەروەرەو دەڵێت: (خواوەند هەموو بەندەکانی خۆی لە مرۆڤایەتی وعەقڵدا یەکسان و بەرابەر خوڵقاندووە، و هیچکەس وەپێش کەسێکی دیکەدا نادات. و حیکمەت و بەرژەوەندیی خواوەندیی وا دەخوازێت کە هەموو مرۆڤەکان لەڕیگای عەقڵیانەوە پەی بە سوودو زیان و بەرژەوەندیی و خراپە ببەن. و پێویستی بە پەیامبەرو ئامرازێکی میانجیگەر نییە. چونکە دەستنیشانکردنی کەسانێک وەک پەیامبەر، دژی بنەمای دادپەروەرییە، و جگەلەمەش پەیامبەرێتی هەروەک دیتومانە دەبێتە هۆی بەدیهێنانی پەرتبوون و جیاوازیی لەنێوان ئایین و مەزهەبەکاندا.)٣٨

سەرچاوەو پەراوێزەکانی بەشی سێیەم:

١- جێگای گوتنە کە دوو واژەی ئایین و مەزهەب تێکەڵ بەیەک دەکرێن و زۆرجار لە جیاتی یەکتر بەکاردێن. واژەی مەذهب کە ڕیشەکەی لە زمانی عەرەبی دایە لە (ذهب)ە وە وەرگیراوە کە بە واتای ڕێباز، ڕێگا، ڕێچکە... دێت. و لەسەرێکەوە بەو لکو پۆپانە دەگوترێت کە لە ئاینێک دەبنەوە. وەک مەزهەبی شێعەو سوننە لە ئیسلامدا. و کاتولیک و پروتستان لە مەسیحیداو هیتر و لەلایەکی تریشەوە مەزهەب، وەک کۆی ئایینەکان. و بەگشتی هەر بیروباوەڕێکی ئایینی بێ ناوهێنان مەزهەبە. بەواتایەکی تر، مەزهەب کۆی گشت ئایینەکانە.

٢- دکتر محمد جواد مشکور. خلاصه أدیان در تاریخ دینهای بزرگ. انتشارات شرق. چاپ ششم ١٣٧٧ ل٨

٣- شجاع الدین شفا. تولد دیگر. چاپ پنجم. نشر فرزاد ٢٠٠١ ل ٣٦٩-٣٧٠

٤- محمد جواد مشکور. سەرچاوەی پێشوو. دیباجه ل٩

5- Willam james, Extratis de sa correspondence, Traduit de l'anglais par F Delattre et M. le Breton, preface de M. Henri Bergson Payot, Paris 1924, P 262

٦- میشیل لووی- حسن مرتضوی. دربارهء تغیر جهان. مقالاتی درباره فلسفه سیاسی. از کارل مارکس تا والتر بنیامین. أنتشارات روشنگران و مطالعات زنان چاپ أول تهران ١٣٦٨- ل٥٢

٧- سیریل اسمیت. کارل مارکس و خودآفرینی انسان. ترجمه دکتر فاتح رضایی. نشر نیکا. مشهد- ١٣٨٤ ص٨٨

٨- ژولی سادا- ژاندرون. تساهل در أندیشه غرب. ترجمه دکتر عباس باقری. نشر نی چاپ اول- ١٣٧٨

٩- فریدریش نیچه. چنین گفت زردشت. ترجمه مسعود انصاری. جام. چاپ اول ١٣٧٧ ل٣٣

١٠- هەمان سەرچاوە ل٢٦٩

١١- ویلیام آ. سینکلر. درامدی بر فلسفه. ترجمه دکتر گل بابا سعیدی. انتشارات هیرمند تهران ١٣٧١ ل١٣١

١٢- هەمان سەرچاوە. هەمان لاپەڕە.

١٣- دکتر محمد جواد مشکور. سەرچاوەی پێشوو ل٤

١٤- کارل گوستاویونگ، ترجمهء فئواد روحانی. شرکت سهامی کتابهای جیبی. تهران ٧٣١٠. ل٦

١٥- هەمان سەرچاوە، هەمان لاپەڕە.

١٦- هەمان سەرچاوە، هەمان لاپەڕە.

١٧- همان سەرچاوە. هەمان لاپەڕە.

١٨- هەمان سەرچاوە، ل٨

١٩- بۆ نموونە بڕوانە: ر،ک. امیر حسن ذکرگو، اسرار اساطیر هند خدایان ودائی. تهران، فکر روز، ١٣٧٧ ل٢٥-٢٦

هەروا بڕوانە.آنی کاظمی: تاریخ ما، تاریخ تمدن جهان باستان. ٢١ خرداد ١٣٨٩

٢٠- عەبدوڵاقەرەداخی (مەلاعەلی). ستوکهوڵم ١٩٩٧ ل٧٨

٢١- هەمان سەرچاوە ل٩٨ APEC

٢٢- بۆ زۆرتر زانیاریی دەربارەی ناوەکانی تری خواوەند بەوجۆرەی لە ئاڤێستادا هاتووە بڕوانە: هەمان سەرچاوە ل١٠٧-١١١

٢٣- احمد کسروی. بهائیگری، شیعگری، صوفیگری. انتشارات مهر ١٩٩٨ ل٣٦

٢٤- عەبدوڵا قەرەداخی. سەرچاوەی پێشوو ل١١٨

٢٥- بۆ زۆرتر زانیاریی دەربارەی دوو ئایینی مەندایی و مانی بڕوانە: دکتر محمد جواد مشکور. سەرچاوەی پشوو. ل٧٢٣-٢٥٠

٢٦- هەمان سەرچاوە. ل٣٨-٤٥

٢٧- هەمان سەرچاوە ل٦٩-٧٩

٢٨- هەمان سەرچاوە ل٥٠-٥٣

٢٩- بۆ زانیاری زۆرتر دەربارەی توتمپەرستی بڕوانە آنی کازمی، سەرچاوەی پێشوو ٢٦، تیر ١٣٩٠

٣٠- دکتر محمد جواد مشکور، سەرچاوەی پێشوو. دیباجە..ل١٣

٣١- کارل گوستاویونگ، ترجمەء فؤاد روحانی. شرکت سهامی کتابهای جیبی. تهران ١٣٧٠. ل٥

٣٢- شجاع الدین شفا. تولددیگر. نشر فرزاد. چاپ پنجم.٢٠٠١. ل٣٧٠

٣٣- فراس السواح. مغامرة العقل الأولى. دراسة في الأسطورة، سوريا، أرض الرافدين.١٩٧٨ ص١٣٠-١٣٣

شایانی گوتنە کە یەکێک لەوانەی جەخت لەسەر کاریگەریی ئاینی ئاتوونی لەسەر ئاینی جوویی و ناسنامەی موسا دەکات. زیگموند فرویدە. بۆزۆرتر زانیاریی بڕوانە سيغموند فرويد. موسى والتوحيد. ترجمة: جورج طرابيشي. دار الطليعة. بيروت الطبعة الرابعة ١٩٨٦.

٣٤- شجاع الدین شفا. سەرچاوەی پێشوو ل٣٧٦

٣٥- سیریل اسمیت. سەرچاوەی پێشوو. ل٤٢-٤٥

٣٦- یوسف فضائی. تحقیق در تاریخ و فلسفەی مضاهب اهل سنت و فرقەی اسماعیلیە. انتشارات فرخی. تهران ل٢١٢-٢١٤

٣٧- هەمان سەرچاوە ل٢١٦-٢١٩

٣٨- هەمان سەرچاوە ل٢٧١-٢٨٠

بەشی چوارەم
ڕۆح

هیچ بابەتێکی مەزهەبیی نییە بەدوور لە پرسی ڕۆح. لازیمەی ژیان و ژیانەوەو ناوەرۆکی هەرەبنەڕەتی مەزهەب. و بەبێ هەبوونی پرسی روح وەک کاکڵ و سەرچاوەی پەیدابوونی مەزهەب، نە باوەڕێک بە خواوەندو نە بە مەزهەب و نە بە بەهەشت و دۆزەخ... لە ئارادا دەبوو. چونکە ئەگەری هەبوونی ڕۆح بەواتای ئەگەری ژیانەوەو یانیش زیندووبوونەوەی دوای مەرگ، کە هەموو پرسە مەزهەبییەکان بەدەوری ئەم ناوەندەدا دەسوڕێنەوە.

ڕۆح چییە..؟ بەگشتی ڕۆح لایەنی غەیرەمادی و دووانەی جەستەیە. و ئەو شتەیە کە ژیانی پێوەبەستراوەتەوەو بەبێ ڕۆح ژیان کۆتایی دێت.

بابەتی ڕۆح وەک زۆر پرس و بابەتی تر، بە قۆناغی دیرۆکیی جۆراوجۆردا تێپەڕیوە. هەر لە ئەفسانەوە، تادەگاتە فەلسەفەو مەزهەب. بەواتایەکی تر بیرکردنەوەی مرۆڤ لە ڕوودانی مەرگ و ژیان، جیهانی دوای مەرگ، و ترسان لەو مەرگە، وحەزو خولیای زیندووبوونەوە، نهێنییەکانی وەک هەست و هۆش و عەقڵ و خەون و روئیا..... مرۆڤیان پەلکێشکردووە بۆ باوەڕهێنان بەهەبوونی شتێکی تری جیا لەجەستەو ناولێنانی ئەو شتەش بە ڕۆح و پاشانیش بەستنەوەی ئەو رۆحە بە جیهانی غەیب و دواتریش مەزهەب و فەلسەفە.

میسرییەکان لە کۆندا پێیانوابووە ڕۆح لە حەوت بەش پێکدێت:

١- رین: ئەمەش بە منداڵی تازە لەدایکبوو دەگوترێت.

٢- سکم: واتا زیندوێتی خۆر.

٣- با: ئەوشتەی وا لە مرۆڤ دەکات خاوەن تایبەتمەندیی خۆی بێت. و ئەمەش

شتێکی وەک کەسایەتی مرۆڤ وایە.

٤- کا: ئەمەش هێزی بزوێنەری ژیانی مرۆڤە. و بە پێی ئەم باوەڕە. مەرگ لە ئاکامی جیابوونەوەی (کا) لەمرۆڤ ڕوودەدات.

٥- ئاخ: ئەو سێبەرو تارماییەیە کە لەئاکامی یەکگرتنی (با) و (کا) دوای مەرگ بەدیی دێت.

٦- (ئاب): بریتییە لەدڵۆپێک لە دڵی دایک.

٧- شوت: سێبەری مرۆڤ.١

بەگشتیی میسرییەکان باوەڕیان بەژیانی دوای مـەرگ هەبوو بـەڵام نەک بۆ هەمووکەس بەڵکو تەنیا فیرعەون و دەوروبەرە هەرەنزیکەکەی لە ئەشراف و خاوەن پلەوپایەکان. ئەمانەش پێویستییان بەجەستەیەک هەبوو تا ڕۆحیان دووبارە لەوێدا زیندوو بێتەوە. و هەربۆیە میسرییەکان مۆمیاییکردنیان داهێنا.

جگە لـەمـەش چـەنـدان لێکدانەوەو بۆچوونی تریان دەربـارەی مـەرگ و زیندووبوونەوەی دوای مەرگ هەبوو. یەکێک لەوانە باوەڕیان وابوو کە مرۆڤ دوای مەرگ زیندوودەبێتەوەو دەچێتە بەهەشت. کە پێیدەگوترا یارو (Yaru) ، لەوێ دووبارە ژیانێکی ئارام و پڕ لەخۆشی و شادی و بەختەوەریی دەستپێدەکاتەوە. بەڵام باوەڕیشیان وابوو کە هەرکەس ناتوانێت بگاتە یارو. چونکە چواردەوری بە ئاو گیراوە. و بۆ ئەمەش کە بتوانن بپەڕنەوە خۆیان ناونووس دەکرد تا دوای مەرگ باڵندەو ئاژەڵ یارمەتی پەڕینەوەیان بدەن. ئەرکۆلۆگی بەناوبانگی ئەمریکایی جیمس هینری برستەد دەڵێت: هەندێک جار مردوو داوای یارمەتی لە باڵندەکانی وەک باز، یان لەکلەک، دەکات تا بۆ پەڕینەوە لە ئاو یارمەتی بدات. هەندێجاریش خواوەندی خۆر، مردووەکە سواری بەلەمەکەی خۆی بۆ پەڕینەوە دەکات .٢

ئەم بیروبۆچوونانەی میسرییەکان دەربارەی ڕۆح لەچییەوە سەریان هەڵداوە..؟ زادەی بیری کێهە مرۆڤەی ئەم کۆمەڵگایە بووەو ناو و پلەو پایەی چی بووە.. ؟ ئایا

لە تاکێک وەک ڕێبەرێکی ئایینی یان بیرمەندێک یانیش پتر لەتاکێک و بەدرێژایی چەند نەفشی ئەم کۆمەڵگایەوە پەیدابووە..؟ ئەمانە بۆ ئێمە ڕوون نین و زانیارییەکی ئەوتۆ لەبەردەستاندا نییە. بەڵام بەبڕوای من پێدەچێ لەمەوە سەری هەڵدابێت کە هەروەک لە بەشەکانی پێشووتردا ئاماژەمان پێکرد لەو کۆمەڵگایەدا فیرعەون بۆ خۆی خوا بووەو یانیش خوا فیرعەون بووە..!یاخود ئەو بیروباوەڕە لەئارادا بووە کە فیرعەون و بنەماڵەی فەرمانڕەوایان جیاوازن لە مرۆڤی ئاسایی و ئەوان سەر بە خواوەندەکانن. و بەو هۆیەشەوە ئەوان نامرن. کاتکیش کە لەواقیعدا مردوون و هەموو ئەو واقیعەیان بەچاوی خۆیان دیتووە ئەو پاساوەی بۆ هێنراوەتەوە کە ڕاستە ئەوان دەمرن بەڵام لە ئاکامدا زیندوودەبنەوە. هەروا پێدەچێ بەمەبەستی خۆجیاکردنەوەی فەرمانڕەوایان لەکۆمەڵگا، بەزانابوون، واتا بەشێوازێکی ساختەو دەستکرد ئەو بیروباوەڕانە ڕەواجیان پێدراوە بۆ هەرچی پتر ڕکێفکردنی کۆمەڵگاو ئاسانکاریی چەسپاندنی دەسەڵات و بەکارهێنانی خەڵک وەک ئامرازێک لەکاتی پێویستدا. کەڕەنگە پاشانیش ئەو بیروباوەڕانە لەبیرو مێشکی خەڵکیداو تەنانەت خودی فەرمارەواوایانیشدا وەها چەسپابێ کە بەڕاستی پێیانوابووە ئەوان لەبەرەی خواوەندەکانن و مەرگ بەلای ئەواندا نایەت.

جگە لەمانەش، هەروەک پێشتر ئاماژەی پێکرا، بەشێکی زۆر لە درووستبوونی بیروباوەڕە مەزهەبییە سەرەتاییەکان لەئاکامی بیرو خەیاڵی داهێنەرانەی مرۆڤەوە بووە. نیچە لەمڕووەوە دەڵێت: (لەڕابردوویەکی دووردا کاتێک مرۆڤ دەربارەی شتێک پێویستی بە ڕوونکردنەوە بووایە، یەکسەر هەمان یەکەمین ڕوونکردنەوەیەک کە بە مێشکیدا دەهات، بۆی بەس بوو. و پێیوابووە ڕاستییەکی تەواوە.)٣

هەروا پرسی رۆح یەکێک لە بابەتە هەرە سەرەکیەکانی جیهانی فەلسەفەش بووە. بەلای ئیفلاتوون (٤٢٧-٣٤٧پ ز)ەوە ڕۆح بریتی بووە لە سێ بەشی بەیەکەوە گرێدراو: عەقڵ، نەفس، ئارەزوو. کە بەلای ئەوەوە نەفس بریتی بوو لە پێداویستییە

عاتیفییەکان. و ئارەزووش پێداویستییە جەستییەییەکان. لەڕووەشەوە نموونەیەک دەهێنێتەوەو دەڵێت گالیسکەیەک کە ئەسپ ڕایدەکێشێت، ئەسپەکە بریتییە لە دووهێزی بزوێنەر ئەمانەش نەفس و ئـارەزوون، و عەقڵیش ئەو هێزەیە کە هاوسەنگی دەپارێزێت.

ئیفلاتوون. کە باوەڕی بەهەبوونی دوو جیهانی واقیعی و ئایدیایی هەبوو، پێیوابوو کە هەموو شتە ڕاستەقینەکان لە جیهانی ئایدیاکاندان. و ڕۆحیش لەبەر خەسڵەتە نەمرییەکەی هەر لەو جیهانەدایە، کەلەهەمان کاتدا جیهانی ئاخیرەتیشە، کە لەبنەمادا و بەرلەوەی بچێتە ناو جەستەیەکی مادییەوە خاوەن مەعریفەی ڕەها بووە. بەڵام بەهاتنی بۆ ناو جەستە هەموو ئەو مەعریفەی لەبیرچۆتەوە. لەمەوە ئەرکی عەقڵە کە جارێکی تر لە ڕێگای دیالۆگ و پرسیارەوە گشت ئەو مەعریفە لەبیرچوانە وەبیربهێنێتەوەو پەیوەندی ڕۆح بە سەرچاوە بنەڕەتییەکەی کە جیهانی ئایدیاو ڕاستییە ڕەهاکانە بنیات بنێتەوە.

دەبینین ئیفلاتوون باس لەسەرچاوەو ئاکامی ڕۆح دەکات بەڵام ماهیەتەکەی لەتەمومژدا دەهێڵێتەوەو بەڕوونی پێناسەی ناکات چییە..!

ئەرەستۆ (٩٣٨٤-٣٢٢ پ ز) ش پێناسەی رۆح دەکات بەوپێەی تەوەرەی بنەڕەتی ژیانە. بەڵام ئەو پێیوانەبوو ڕۆح خاوەنی هەبوونێکی سەربەخۆیە لە جەستە. بۆ ئەمەش نموونەی چەقۆیەک دەهێنێتەوە بەوپێیەی ئەگەر بەگریمانە دابنێین کە چەقۆ ڕۆحی هەیە ئەوە پرۆسەی بڕین بریتییە لە ڕۆحی ئەو چەقۆیە. و هەرکاتێکیش ئەوچەقۆیە شکا یان لەکارکەوت ئیتر خاسیەتی بڕینیش لەدەستدەدات و هیچکات بەدەستی ناهێنێتەوە. هەر بەمجۆرە مرۆڤیش لەکاروکردەوەی هزری و جەستەییدا ڕۆحی بەدەیاردەکەوێت و دەسەلمێت. و هەرکات بەهۆی لەکارکەوتنی جەستە ئەو کاروکردەوانەش توانای هەبوونیان نەما ئەوە ڕۆحیش لەناودەچێت. و لەمەوە بەدیاردەکەوێت کە ئەرەستۆ باوەڕی بەزیندووبوونەوەو نەمریی ڕۆح نەبووە.

هەروا رینێ دیکارت (١٥٩٦-١٦٥٠ ز) هەوڵیدا ئەوە بسەلمێنێت کە ڕۆح دەکەوێتە شوێنێکی تایبەت لە مێشکدا. بەڵام ئەمانۆیل کانت(١٧٢٤-١٨٠٤)، ئەم بڕوایەی هێنایە کایەوە کە سەرچاوەی پاڵنان بەمرۆڤەوە بۆ تێگەیشتن و ناسینی ماهیەتی ڕۆح، هەوڵدانێکی عەقڵی مرۆڤە بۆ گەیشتن بە دیدێکی فراوانی گشتلایەنە بۆ شێوازێکی هاوبەش لە بیرکردنەوە لەناو مرۆڤەکاندا. واتا ئەو عەقڵەی کە هەوڵدەدات ڕاڤەی هەمووشتێک بەشێوازێکی پراکتیکیانە بکات، ناچاردەبێت، پرسی شتە نادیارو هەستپێنەکراوەکانیش بخاتە بەر باس و لێکۆڵینەوە. ئەم باوەڕە بوێرانەی کانتیش دەرگایەکی لە بەردەم زانایاندا کردەوە کە ڕۆح لەسەر بنەماو لە دیدی دەروونناسانەوە هەڵسەنگێنن.٤

لە فەلسەفەی هێگلیشدا وەک بابەتێکی نێوەندیی باسی ڕۆح دەکرێت بەڵام بەتایبەتمەندیی خۆی.

بەلای هێگلەوە ڕۆح، بریتییە لە شتێکی ڕازدار. بەڵام ئەو لەمڕووەوە پتر جەخت لە ڕۆحی کۆمەڵگا، ڕۆحی نەتەوە، ڕۆحی جیهان...دەکاتەوە نەک ڕۆحی تاک، و پێیوایە کە جیهان بەپێی فۆرمولێکی دیالەکتیکی گۆڕانکاریی بەسەردا دێت و بەرەو تەکامول دەچێت. و ئەو هێزەش کە بزوێنەری ئەو گۆڕانکاریانەیە بریتییە لە ڕۆح.٥

بەگشتی پرسی ڕۆح، فەلسەفەی بەسەر دوو قوتابخانەی سەرەکی ماتریالیزم و ئایدیالیزمدا دابەشکردووە. و گەرچی دەستەواژەی (مەزهەب ئەفیونی گەلانە) بە ناوی کارل مارکسەوە تۆمارکراوەو مارکس وەک سەرقافڵەو ئاڵاهەڵگری قوتابخانەی ماتریالیزم و خوانەناسییە، بەڵام زۆر پێش مارکس فەیلەسوف و بیرمەندانی تر وەک : کانت، هردەر، فیورباخ، برۆنۆباور، هاینەو هیتر... دەستەواژەی تری لەمجۆرەیان گووتوە٦. فیورباخ بۆخۆی دەڵێت: (مەزهەبی من بێ مەزهەبی و فەلسەفەی من بێ فەلسەفەییە)٧ بەڵام چما لەناو هەموو ئەمانەدا ناوی مارکس دەدرەوشێتەوە..؟ هۆکارەکەی ئەوەیە کە کارو بەرهەمەکانی مارکس تەنیا بەفەلسەفە سنووردار نەبوو.

بەڵکو پەڕیەوە بواری ئابووریی و لێدوان لە ململانێی چینایەتیی و هەروا سیستەمی حوکم کە لە سوسیالیزم و کۆمۆنیزمدا خۆی دەنوێنێت. و کاریگەرییەکان لەجیهانی سیاسەتدا لەتیۆرییەوە پەڕینەوە بواری پراکتیک و بەجۆرێک بوون، گەورەترین گۆڕانکاریی و وەرچەرخانی سەدەی بیستەمیان بەدوای خۆیاندا هێنا. و ئەمانەبوون بوونە هۆی ناودەرکردنی مارکس نەک تەنیا بیرو باوەڕە ماتریالیستییەکەی.

مارکسیزم بە پێچەوانەی بیروباوەڕی گەلێک لەفەیلەسوف و بیرمەندانی پێش خۆی و دوای خۆی، گەرچی ڕاشکاوانەو بەڕوونی بێباوەڕیی خۆی بە: خوا، ڕۆح، زیندووبوونەوە، بەهەشت و دۆزەخ... دەردەبڕێت بەڵام دژایەتی مەزهەب ناکات. و لەکاتێکدا فەلسەفەی سەردەمی ڕۆشنگەریی، مەزهەب بە (پیلانی تیکدەرانەی کەشیشان)٨. ناودەبات. دژایەتی مارکس تەنیا لەو جێگایەدایە کە لە خزمەتی چینی سەرمایەدارو چەوسێنەراندا بێت. و خۆ ئەگەر ئەو جێگایە بەرەی ڕەنجدەران و چینی کارگەران بێت ستایشی دەکات. بەڵام نابێ ئەمەش لەبیربکەین کە ئەو ستایشکردنەی بەواتای باوەڕپێهێنانی بەو ئایینە نییە، بەڵکو ئەو لێرەشدا هەروەک باوەڕێکی جیهانی مامەڵەی لەگەڵدا دەکات، نەک خواوەندیی.

بەگشتی ڕۆح لە فەلسەفەی ماتریالیزمدا جگە لە بەرهەمەکانی مێشک، لە عەقڵ و هەست و هۆش... شتێکی تر نییەو بەپێی ئەو باوەڕەش یەکەمین زیندەوەران لە مادەی بێگیان درووست بوون و دوای تێپەڕین بە پرۆسەیەکی درێژی چەندان ملیۆن ساڵە زیندەوەرانی پێشکەوتووتریان لێ پەیدابووە.

نیچە دەڵێت: هاوڕێیان ! سوێند بە شەرەفم ئەوەی باسی لێوەدەکەن هەبوونی نییە. نە شەیتانێک لەئارادایەو نە دۆزەخێک. گیان بەپەلەتر لەجەستە دەمرێت. کەواتە ترست لە هیچ شتێک نەبێت. ٩

هەروا دەڵێت: سەرتاسەری هەبوونم جەستەیەو بەس. و ڕۆح واژەیەکە بۆ بەشێک لەجەستە. جەستە کۆمەڵێک ئامرازە لە خزمەتی گیاندا... ئامرازی جەستە، هەمان

ئامرازی عەقڵ و ژیرییە کە ناوی لێدەنێن ڕۆح.١٠

بەڵام ڕۆح لە جیهان و بیرو فەلسەفەی مەزهەبگەراییدا بە هەبوونی جیاوازی کەم یان زۆر لە نێوان ئایینێک و یەکێکی تردا، خاوەنی هەبوونێکی سەربەخۆو جیاوازە لەجەستەو دوای مەرگ و لەناوچوونی جەستەش ڕۆح، هەردەمێنێت. هەروا ڕۆح ئەو گەوهەرە سادەیەیە کە لەهەندێک شوێندا وەک هاوتای نەفس، هۆش، هەست، ئیدراک، ویژدان... و لەهەندێک باوەڕی تریشدا ڕۆح هیچکام لەمانە نییەو ڕۆح تەنیا ڕۆحە نەک شتێکی تر.

لە ئایینی بوداییدا ڕۆح هەبوونێکی سەربەخۆی نییە بەڵکو پێکهاتەیەکە لە چوار چەمک: هەست، ئیدراک، کارما(کردارو ئاکامەکانی)، ویژدان. و مرۆڤ بریتییە لە یەکیەتییەکی زەمانی کەلەو چوار چەمکە پێکهاتووە. و هەمیشە لەبەردەوامیی و گۆڕانکاریی و وەرچەرخاندایە. و ئامانجی بنەڕەتیی لە باوەڕی بودایزمدا ڕزگاریی مرۆڤە لە ڕەنج و ئازارەکانی. کە ئەمەش تەنیا لە ڕێگای بڕینی سوڕی ژیان و دەستپێکردنەوەی ژیان لەجەستەیەکی تردا لەتواندا دەبێت. و ئەم ئامانجەش پێیدەگوترێت: نیروانا.

لە بودا دەگێرنەوە ڕۆژێک یەکێک لە قوتابییەکانی بەناوی ئاناندا لە بودا دەپرسێت: مامۆستا ڕۆح چییە..؟ بودا لەوەڵامدا ئاماژە بە گالیسکەیەک دەکات لە نزیکیانەوە کە بەئەسپێکەوە بەستراوەتەوە دەڵێت: ئاناندا ئایا گالیسکە ئەم ئەسپەیە..؟ ئاناندا دەڵێت: نەخێر..! پاشان دەڵێت: ئایا ئەم چەرخانەیەتی..؟ ئاناندا دیسان دەڵێت: نەخێر..! دەڵێت ئەدی گالیسکە ئەم کابینەیە کە لەسەر چەرخەکان سەقامگیرە..؟ ئاناندا جارێکی تر دەڵێت نەخێر..! ئەمجار دەپرسێت: دەی کەواتە گالیسکە چییە..؟ ئاناندا وەڵام دەداتەوە: کۆی ئەم شتانە هەموو پێکەوە، گالیسکە پێکدەهێنن. بودا دەڵێت: دەی کەواتە بەهەمان شێوە ڕۆح بریتییە لە کۆی هێزو ئەندامەکان و جەستەی مرۆڤ. و ڕۆح نەشتێکی جیاواز لە جەستەیەو نە لە شوێنێکی تایبەتیشدا

حەشاردراوە و شتێکی جگە لە هاوئاهەنگی ئەندامەکانی جەستەی مرۆڤ لە مێشک و دڵ و دەمارەکانی شتێکی تر نییە.١١

لە ئایینە ئیبراهیمییەکانیشدا گەرچی چەمکی ڕۆح خاوەن پێگەیەکی یەکجار گرنگ و بەڵکو کلیلی چوونە ناو مەزهەبە، بەڵام لەگەڵ ئەمەشدا هیچ پێناسەیەکی دیارو ڕۆشەنی بۆ نەکراوەو تەنیا لەچەند چەمکی تەمومژاویدا خڕکراوەتەوە.

لە تەوراتدا رۆح چەندان ڕاڤەی لەیەکچووی وەک: وەحی، ئیلهام، جبرائیل.. لێوەکراوە. و لەپەرتووکی دەرچووندا هاتووە: **بە حیکمەت و تێگەیشتن و مەعریفە، پڕمکرد لە ڕۆحی خوا.**

هەروا لە پەرتووکی حەزقیالدا هاتووە: **ڕۆحی خواوەندم هاتە سەرو پێیگوتم: بڵێ کە خواوەند وەهای گووتووە.** دیسان هاتووە: **ڕۆحم دەخەمە ناختانەوە، و واتان لێدەکەم فەریزەکانم جێبەجێ بکەن و یاساکانم بپارێزن و ڕەفتاری پێبکەن.**

لەشوێنێکی تری تەوراتدا ڕۆح، بەواتای شکۆی خواوەندیی، باوەڕ، و پشتیوانی خوا بۆ کەسێك...

لەپەرتووکی پەیدابوون، دەربارەی یوسف هاتووە : **فیرعەون بەکۆیلەکانی خۆی گووت، ئایا هەرگیز پیاوێکی واتان بینیووە، بەمجۆرە ڕۆحی خواوەند لەناخی دابێت.؟ و ئەمجار فیرعەون بەیوسفی گووت: دوای ئەوەی خواوەند گشت ئەمانەی فێرکردووی، ئیتر کەسێکی لەتۆ داناترو حەکیمتر نییە.؟**

جارێکی تریش ڕۆح، بەواتای فریشتەی وەحی واتا جبرائیل. و لەپەرتووکی ئەشعیادا لە زمانی داودەوە دەڵێت: **ڕۆحی خواوەند قسەی لەگەڵ کردم و منیش بەزمانی خۆم قسەم لەگەڵ کردەوە.**

لەپەرتووکی دانیالیشدا هاتووە: **ئەو پیاوە، کە جبرائیل بوو، ولە روئیادا دیتم... گووتی ئەی دانیال من هاتوومە دەر تا فێری تێگەیشتنت بکەم.**

هەروا لەباوەڕی مەسیحیانیشدا، بەوجۆرەی لە ئینجیل و تێکستی نامەکاندا هاتووە،

هەر هەمان واتاکانی تەوراتی هەیە. ولەهەندێک شوێندا ڕۆح وەک بەشێک لەخواوەند، یان شکۆی خواوەندیی، تەفسیرکراوە. و لە نامەی دووەمی بترۆسدا هاتووە: **هیچکات پەیامبەرێتی بەخواستی مرۆڤ نەبووە، بەڵکو کەسانێکی پیرۆز لەگەڵ خوادا دواون و بەڕۆحی خواوەندیی ئاراستە کراون.**

هەروا لە ئینجیلدا هاتووە: **کاتێک مریەمی دایکی دەستگیرانی یوسف بوو، بەر لەوەی بەیەک بگەن سکی بەڕۆحی خواوەند پڕ بوو.**

لە نامەی دووەمی بترۆسیشدا بەواتای فریشتەی وەحی، (جبرائیل) هاتووەو دەڵێت: **جبرائیل ڕۆحی زیندووی خواوەندیی.**

لە مزگێنییەکانی مەتیدا، باسی ڕۆحی پیس و ڕۆحی خاوێن. و گواستنەوەی ڕۆح و خڕکردنەوەی ڕۆح دەکات و دەڵێت: **کە ڕۆحی پیس لەمرۆڤ چووە دەرەوە، سەرگەردانی پەیداکردنی جێی حەوانەوە ، لەبیابانی وشکی بێ ئاو دەبێت. بەڵام نایدۆزێتەوە. ئەمجار دەڵێت: با بگەڕێمەوە ئەو ماڵەی بەجێمهێشت. کەدەگەڕێتەوە دەبینێ چۆڵە، گەسک دراوەو جوان کراوە. ئەمجار دەڕوات و حەوت ڕۆحی خراپتر دەهێنێت و هەموویان دەچنە ناو ئەو مرۆڤەوە. و ئیتر داهاتی ئەم مرۆڤە لەجاران خراپتر دەبێت.** لێرەدا هیچ دیار نییە ئەو مرۆڤە لەکوێوە ئەو حەوت ڕۆحە پیسە پەیدا دەکات و لەگەڵ خۆیدا دەیانهێنێ ئەدی جەستەکانی خاوەنی ئەو ڕۆحانە لەکوێن و چیان لێهاتووە..؟

لە قورئانیشدا هەمان واتای تەورات و ئینجیل، دووبارەدەبنەوەو بەگشتی واتایەکی ڕۆشەن و دیار لەهیچ شوێنێکدا نەهاتووەو ئەو ڕۆحەش کە پەیوەندی بە ڕۆحی مرۆڤ و سەرچاوەی زیندوێتییەتی، باسی لێوە ناکرێت و ئەوی هەیە لەتومومژدایە.

و لە قورئان خۆشیدا دان بەمەدا نراوە:

ویسألونک عن الروح قل الروح من أمر ربی وما أتیتم من العلم ألا قلیلا (سبأ ٨٥).

واتا کاتێک دەربارەی ڕۆح پرسیارت لێدەکەن، بڵی من نازانم و ئەوە کاری خوایە، و

لەزانستیش تەنیا کەمێکتان پێ بەخشراوە.

هەروا، لەهەندێک شوێندا ڕۆح هەمان ڕۆحی خواوەندە کە بەشێک لەو ڕۆحەی خۆی بەجەستەی لەقوڕ دروستکراوی ئادەمدا کردووەو گیان و زیندوێتی پێبەخشیوە:

فأذا سويته ونفخت فيه من روحى فقعوا له ساجدين (حجر-٢٩) واتا: کاتێک کە پرۆسەی خوڵقاندنی ئادەم تەواو بوو، لەڕۆحی خۆم فووم بە جەستەیدا کرد. ئێوەش هەموو کڕنۆشی بۆ ببەن.

ثم سواه ونفخ فيه من روحه وجعل لكم السمع والأبصار والأفئدة قليلا ما تشكرون (سجدة ٩). واتا: کاتێک ئادەمی خوڵقاند، لەڕۆحی خۆی فووی بەو جەستە (لەقوڕ دروستکراوە)دا کرد و ئەندامی بیستن و دیتن و دڵی بۆ دروستکردن، کەچی کەمتان لەبەرانبەر ئەمەدا سوپاسگوزارن.

لەهەندێک شوێنی تردا ڕۆح بریتییە لە هەمان جبرائیلی فریشتە:

تعرج الملائكة والروح اليه فى يوم كان مقداره خمسين ألف سنة. (معارج ٤)، واتا فریشتەکان و جبرائیل بەرزدەبنەوە بۆ لای خواوەند، لە ڕۆژێکدا کە ماوەکەی پەنجا هەزار ساڵە.

نزل به روح الأمين (شعراء-١٩٣)، لێرەشدا (روح الأمين)، بە پێی لێکدانەوەی تەواوی تەفسیرکاران، هەمان فریشتەی وەحی، واتا جبرائیلە.

و أتينا عيسى أبن مريم البينات وأيدناه بروح القدس (بقرة-٨٧)، واتا عیسای کوڕی مریەممان ڕاسپاردو لەڕێگای ڕۆحی قودسەوە (کە جبرائیلە) پشتیوانی خۆمامان بۆ دەربڕی. لە تەفسیری (جەلالین) و (أبن كثير) یشدا هاتووە، کە ئەمە بریتییە لە (روح المقدس)، واتا رۆحی پیرۆز، کە هەر هەمان جبرائیلە. بەڵام لە تەفسیری (قرطبى)دا هاتووە کە قدس بەواتای خواوەند، و جبرائیلیش رۆحی خواوەندە.

لەئاینی بەهاییشدا باسێک لەڕۆح دەکرێت بەوپێیەی ئامانج لەژیان، پەروەردەکردنی ڕۆحە. بەپێی ئەم باوەڕە پەیوەندیی ڕۆح لەگەڵ جەستەدا وەک پەیوەندیی نێوان

ئاوێنەو تیشک (نور)ە. واتا ئەو دیمەنەی لەئەنجامی ڕەنگدانەوەی تیشک لەئاوێنەدا بەدیاردەکەوێت لەخودی ئاونەکەوە نییە ولەسەرچاوەیەکی ترەوە پەیدا دەبێت. و هەربۆیەش کاتێک ئاوێنە دەشکێت تیشک و دیمەنەکان هەر دەمێنن ولەپەیوەندیی لەگەڵ شکانی ئاوێنەدا هیچ گۆڕانێکی بەسەردا نایەت.

دەبینین گەرچی ڕۆح ئەم پێگە هەرە بنەڕەتییەی هەیە، کەچی لە تەواوی ئەدەبیاتی ئەم ئاینانەدا شتێکی ئەوتۆ دەربارەی ڕۆح نەنووسراوە. و لە ئەدەبیاتی ئیسلامیدا تەنیا یەک پەرتووکی تایبەت بەڕۆح لەلایەن (أبن قیم الجوزیة)١٢، نووسراوە. ئەمەش دیسان نیشانەی نەبوونی پێناسەی ڕۆح و نائاشنایی تەواو بە ماهیەتی ڕۆحە. ئەو پەرتووکەش سەرتاپای گێرانەوەی خەون و هەندێک لە حەدیسەکانی پەیامبەرو سەحابەکانییەتی دەربارەی ڕۆح. و بەگشتی، چەند خەسڵەتی ڕۆح باس دەکات. لەمانە: یەکەم: ئەوەی مردوو گوێی لەدەنگی زیندوو دەبێت و کاتێک زیندووێک بچێتە سەر گۆڕی مردووێک و سڵاوی لێ بکات، مردووەکە وەڵام دەداتەوە بەڵام زیندوو نایبیستێ. و بۆ سەلماندنی ئەمەش پەنا دەباتە بەر خەونی هەندێک کەس کە لەخەودا مردووێکیان دیتووەو گووتوویانە کە گوێیان لە دەنگی زیندووەکان دەبێت. ئەمەش ناکۆکە لەگەڵ ئەوەی ڕۆح و جەستە دوو شتی جیاوازن و دوای مەرگ ڕۆح لەجەستە جیادەبێتەوە. چونکە ئەگەر ڕۆح لە جەستە جیابووبێتەوە چ سوودێکی هەیە مرۆڤ لە گەڵ جەستەیەکی بێ ڕۆحدا بدوێت..؟ دووەم: ئەوەی ڕۆحی مردووەکان توانای یەکتر دیتن و قسەلەگەڵ یەکتر کردنیان هەیە. و نەک ئەمە بەڵکو ڕۆحی مردووان و زیندووانیش دەتوانن یەکتر ببینن و بەیەکتر بگەن و لێرەشدا دیسان بۆسەلماندن هەر خەو بینین دەهێنێتەوە.

هەروا بە پشتبەستن بەدیاردەی خەودیتن، ڕایدەگەیەنن کەفلانەکەس چۆتە بەهەشت و ئەوی تر چۆتە دۆزەخ... ئەمەش نیشانەی سادەیی بیرو تێگەیشتنە دەربارەی دیاردەی خەوندیتن، کە لەم سەردەمەشدا گەلێک هەن خەوندیتن بە پەیوەندی لە

گەڵ ڕۆحدا لێکدەدەنەوە و ئەوەی لەخەودا دەیبینن وەک ڕوداوێکی ڕاستەقینەو بەڵگەی گردەبڕو بێ چەندوچۆن لێکدەدرێتەوە. لەحاڵێکدا خەوندیتن لێکدانەوەی دەروونناسانەو زانستی بۆکراوە کەلەبەشەکانی تری ئەم پەرتوکەدا لێی دەدوێین.

لەگەڵ ئەو هەموو پێناسەو لێدوانە مەزهەبییە جۆربەجۆرانەشدا تا ئێستا بەشێوازێکی ڕۆشەن نازانرێ ڕۆح چییەو ئەو هەبوونە سەربەخۆیەی هەیەتی بەچ شێوازێکە..!

بەڵام، ڕۆح، لە بیروباوەڕی عیرفانیی، یان سۆفیگەرییدا، بەهەرسێ بەشی جوویی و مەسیحیی و ئیسلامییەکەیەوە، لەبەرانبەر خواوەندا بەرابەرو یانیش بەپێی باوەڕی یەکپارچەیی هەبوون، بەشێک لەڕۆحی خواوەندیی دادەنرێت. بەوپێیەی ڕۆح لەزاتی خواوەندییەوە پەیدادەبێت، هەر لەبەر ئەمەشە کە لەناو ناچێت.

سۆفیگەریی ئیسلامیی بەکاریگەریی فەلسەفەی یۆنانی، و بەتایبەتیش ئەرەستۆیی، باس لەپەیوەندیی نێوان مرۆڤ و خواوەند دەکات. و مەنسووری حەلاج ساڵی ٩٢٢ز گیانی خۆی لەسەر ئەوە دانا کەدەیگوت (انا الحق) ئەمەش بە واتای (من خواوەندم) لێکدرایەوە. کەمەبەستی حەلاج، لایەنە عیرفانییەکەی بوو. بەواتای ئەوەی ڕۆحی مرۆڤ لەگەڵ ڕۆحی خواوەندا یەکپارچەو هەڵگری یەک خەسڵەتی گشتیین.

لەجۆرە مەسیحیەکەشیدا، دەتوانین نموونەی راهیب و سۆفی ئەڵمانی مایستەر ئەکهارت (١٢٦٠-١٣٢٧) بهێنینەوە کە دەڵێت: ئەو چاوانەی خواوەند منییان پێدەبینێت، هەمان ئەو چاوانەن کە من ئەوی پێدەبینم. چاوەکانی من و هی ئەو یەکێکن. ئەگەر ئەو بوونی نەبووایە، منیش نەدەبووم. و ئەگەر من نەبوومایە ئەویش نەدەبوو. ١٣

بەڵام ژاکوب بوهمە (١٥٨٥- ١٦٤٢)، لەدەربڕینێکی تری هەمان سۆفییگەرییەوە دەڵێت: ئەو پەرتووکەی کەهەموو نهێنییەکانی لەخۆی گرتووە، خودی مرۆڤە. مرۆڤ بۆخۆی پەرتووکێکە لەزاتی گشت زاتەکان. ئەو لەگەڵ خواوەندا گرێدراوە. بۆچی

ئەو لەقوڵایی ئەودیوی ئەستێرانەوە بەدوای خوادا دەگەڕێت..؟. بۆ خواوەند لەدڵی خۆتاندا بگەڕێن. ئەو لەوێدا دەبیننەوە.١٤

بەڵام ڕۆح لە جیهانی مادیی و غەیرە مەزهەبیدا، هیچ واتاو بوونێکی نییەو یانیش بەهەمان هۆش، کەسەرچاوەکەی مێشکە سنووردارەدەبێت. و هەرکات مرۆڤ لەئەنجامی تێکچوونی شانەکانی مێشک، و لەکارکەوتنی و لەدەستدانی توانای کۆنترۆڵکردن و پێڕاگەیشتنی کاروبارەکانی جەستە، ئەوجەستەیەش لەکاردەکەوێت و دەبێتە مادەیەکی بێگیانی وەک هەر بێگیانێکی تری شێوازی بەردو دار. ولە جیهانی مادەگەراییدا ڕۆح، کە هەمان عەقڵ و هەست و هۆشە، تایبەتمەندیی مرۆڤەو لە گەڵ زیندووبووندا جیاوازە. چونکە لە زانستی زیندەوەرناسیدا ئاژەڵ و ڕووەکیش هەر زیندوون بەڵام خاوەنی عەقڵ و هۆش نین.

هەروا لەزانستیشدا هەمان پێناسەی مادییگەرایی پەیڕەودەکرێت. و شتێک بە ناوی ڕۆح کە خاوەنی هەبوونی سەربەخۆی خۆی لەدەرەوەی جەستەو جیهانی مادەدا هەبێت نییە. بەڵکو هەمان هەست و نەست و هۆشی بەئاگاو بێئاگایە کە سەرچاوەکەی مێشکە. مەرگ لەزانستدا هەمان حاڵەتی سڕبوون و بێئاگابوونە کە لە ئاکامی ئەو سڕکردنانەدا دێت، کە لە کاتی نەشتەرگەرییەکاندا بۆ مرۆڤ دەکرێت. بەو جیاوازییەوە کە لە حاڵەتی نەشتەرگەرییدا تەنیا لایەنی هەستی مرۆڤ بەشێوازێکی کاتی لەناودەچێت و بەشەکەی تر کە نەست یان ناخودئاگا (لاشعور) ە لە کارەکانی خۆیدا بەردەوام دەبێت. بەڵام لە مەرگدا هەردوو لایەنی خودئاگاو ناخودئاگا(شعورو لاشعور)، بەشێوازێکی هەمیشەیی لەناودەچن.

سەرچاوەو پەراوێزەکانی بەشی چوارەم:

١- دکتۆر مەحمود سالم. الروح عند الفلاسفه. الفلسفة عند الأولين. فبراير. ٢٠٠٧

٢- اسميت براندا، مصر باستان، ترجمه آزيتا ياسائى. شابک، تهران ١٣٨٠

٣- کارل گوستاف يونگ. روانشناسى و دين. ترجمهء فؤاد روحانى. انتشارات امير کبير. تهران٠ ١٣٧ ص١٢٤

٤- دکتور محمود سالم. سەرچاوەی پێشوو.

٥- دکتر ابوالقاسم طاهرى. تاريخ انديشەهاى سياسى در غرب. نشر قومس. تهران ١٣٧٩. ل٣١٥

٦- ميشيل لووى/ حسن مرتضوى. مقالاتى دربارهء فلسفه سياسى از کارل مارکس تا والتر بنيامين. درباره تغيير جهان. انتشارات روشنگران و مطالعات زنان. تهران ١٣٧٦ ل٥١

٧- سيريل اسميت. کارل مارکس و خودآفرينى انسان. ترجمه دکتر فاتح رضايى. نشر نيکا. مشهد-١٣٨٤ ل٨١

٨- ميشيل لووى/ حسن مرتضوى سەرچاوەی پێشوو ل٣٥

٩- فريدريش نيچه. چنين گفت زردشت. ترجمه مسعود انصارى. جام. چاپ اول ١٣٧٧ ل٤٢

٠١- هەمان سەرچاوە ل٦١

١١- دکتر محمد جواد مشکور.خلاصة أديان در تاريخ دينهاى بزرگ أنتشارات شرق چاپ شم تهران ١٣٧٧ ل٧٦

١٢- بۆ زۆرتر زانياريى بڕوانە: أبن قيم الجوزية. الروح، فى الکلام على أرواح الأموات والأحياء بالدلائل من الکتاب والسنة دار الکتب العلمية. بيروت ١٩٧٥

١٣- سيريل اسميت. سەرچاوەی پێشوو.ل٥١

١٤- هەمان سەرچاوە. ل٥٦-٥٧

بەشی پێنجەم
خەون، ئیلهام، وەحی

خـەون، دیاردەیەکی، دەروونـی مرۆڤ یان چالاکییەکی هزرییە، لە ئەنجامی کاریگەریەکەوە ڕوودەدات کە لە کاتی خەوتندا، لە شێوازی شەپۆلی خێرای پێکهاتوو لە وێنەو دیمەن و بیرو چالاکی بە مێشکی مرۆڤدا تێدەپەڕن.

لەکۆندا کە هێشتا لێکدانەوەیەکی زانستییانە بۆ دیاردەی خەون لەبەر دەستی مرۆڤدا نەبوون، خەڵک پێیانوابوو، خەون بریتییە لە بەستنی پەیوەندیی بە جیهانی دەرەوەی سروشت. و دەرچوونی ڕۆح لەجەستەداو یاخود چالاکی جۆربەجۆری ڕۆح. هەروا پێیانوابووە خەون هەڵگری پەیامی خواوەندیی. و بەڵکو ڕێنیشاندەری ژیانە. و لێکدانەوەی خەون لەسەر بنەمای هەندێک ڕێکەوت، و بۆچوونی مەزهەبی و خورافەیی، بیروباوەڕی تاک، ئەنجام دەدراو دەکرا بە بنەمای ڕەفتارەکانی ئایندە. هەروا خەون وەک پێشبینیی داهاتوو، لێکدەدرایەوەو گشت ئەم بۆچوونانە دەربارەی خەون تا ئەمڕۆش لە کۆمەڵگا جۆربەجۆرەکاندا بە ئاست و شێوازی جیاواز لە ئارادان.

کارل گوستاف یونگ، ڕووداوێک دەگێڕێتەوە کە خۆی شاهیدی بووە دەربارەی کاریگەریی خەون لە سەربیروباوەڕو ژیانی مرۆڤەکان و دەڵێت:

(ژیانی نەتەوە سەرەتاییەکان، پڕ لە حاڵەتی نیگەرانیی لە ئەگەری ڕوودانێکی کتوپڕی مەترسیداری ڕۆحیە. و لە خوونەریتی ئەواندا کۆمەڵە ڕێگاوشوێنێک دەگیرێتە بەر بۆ کەمکردنەوەی ئەم جۆرە مەترسیانە. بۆنموونە، دیارییکردنی هەندێک شوێنی قەدەغەکراو، و تابو (ta boe) ە جۆربەجۆرەکانی ئەم نەتەوانە، بریتییە لە شوێنە حەرامکراوە دەروونییەکان کە سنوورەکانی بەوپەڕی ووردەکاریی

و ترسەوە پارێزگاریی لێدەکرێت. من جارێک لە گەڵ هۆزێکی بومی لە داوێنی باشووری چیای ئالگۆن (Elgon) لە ئەفریقای ڕۆژهەڵات دەژیام. و هەڵەیەکی یەکجار خراپم کرد. دەمخواست دەربارەی ماڵی ڕۆح و جندوکان کە زۆربەی جاران لە جەنگەڵەکاندا دیتبوومن زانیاریی بەدەست بخەم و لە میانی گفتوگۆدا واژەی سیلیلتێنی (Selelteni) م، کە واتای هەمان ڕۆحەکانە درکاند. یەکسەر هەموو بێدەنگبوون و نیگەرانییەکی گەورەیان بەسەرداهات و ڕووی خۆیان لەمن وەرچەرخاند. هۆکارەکەی ئەوە بوو کە من واژەیەکم درکاند کە نەدەبووایە ئاوا بەدەنگی بەرز بیدرکێنم ، چونکە دەرگای گەلێک پێشهاتی مەترسییدارم کردبۆوە. پێویست بوو بابەتەکە بگۆڕم تا بەردەوامیی گفتوگۆکردن لە تواناداا بێت. و هەمان خەڵک دڵنیایان کردمەوە کە ئەوان هیچکاتێک خەون نابینن. و خەوندیتن لەسنووری تایبەتمەندییەکانی سەرۆکی هۆز، و پزیشکی جادووگەرە. ئەو پزیشکەش وەهای بە من گوت کە: (منیش هەروا چیتر خەون نابینم، چونکە لە جیاتی خەوندیتن بنکەیەکی پۆلیسمان هەیە. و لەو کاتەوە ئینگلیزەکان بۆ ئێرە هاتوون چیتر پێویستمان بە خەوندیتن نییە. چونکە سەرۆکی پۆلیس هەموو شتێک دەربارەی جەنگ و ناخۆشی و ئەو شوێنانەی لێی پەیدادەبن دەزانێت.) ئەم جۆرە بیرکردنەوە سەیرە، لەمەوە پەیدا دەبێت، کە لەڕابووردوودا خەون گەورەترین ڕێنوێنیکەری سیاسیی هۆز بووە، کە وەک بانگی خواوەندیی لێکدراوەتەوە. و بۆ کەسێکی ئاسایی، دوور لە ئیحتیات بوو ئەگەر بیگوتبایە من خەون دەبینم.١

بەڵام زۆر پێش ئێستا ئەرەستۆ وەک یەکەمین کەسێک، بەم ڕاستییە گەیشت و ڕایگەیاند کە خەون هیچ پەیوەندییەکی بە پەیامی خواوەندییەوە نیەو لەجیهانێکی غەیبیشەوە بۆ ئێمە نایەت. بەڵکو بەرهەمی دەروونی مرۆڤ خۆیەتی کە لە ئەنجامی هەندێک کاریگەریی ترەوە ڕوودەدات. و لە زانستی دەروونناسیی هاوچەرخیشدا زۆربەی هەرەزوری پزیشک و زانا دەروونناسەکان پێیانوایە کە خەون شتێک نییە

جگە لە ڕەنگدانەوەی ژیانی واقیعی و لەخەوندا شتەکان چەندە سەیر، یان بێواتا بن هەر لەژیانی واقیعی ئەو کەسەی خەونەکە دەبینێت سەرچاوەدەگرێت. و تەنانەت ئەگەر ئەو کەسە شتێک ببینێت کەهەرگیز نەیدیتووە، یان زانیارییەکی لە ڕێگای خەونەوە دەست بکەوێت کە پێشتر نەیزانیوە. ئەوە بە دڵنیاییەوە ئەو شتە یان ئەو زانیارییە پێشتر بەسەر ئەودا تێپەڕیوە، بەڵام لە نەستی (لاشعور)یدا جێگیر بووەو ئەو لە بیری نەماوە.

لەمڕووەوە (دیبلۆف)، ڕووداوێک لە خۆی دەگێڕێتەوە کە لەخەویدا بەفرێکی زۆر دەبارێت بە جۆرێک هەموو شوێنێک لەدەرەوە دادەپۆشێت، و دوو ئاژەڵی خشۆک دەبینێت کە کەوتوونەتە ژێر بەفرو ئەوەندەی بەزەیی بەم دوو ئاژەڵەدا دێتەوە کە هەڵیاندەگرێتەوەو لەژووری ماڵەکەی لە تاقێکدا شوێنی گەرمیان بۆ سازدەکات و پاشان گەڵای دارێکیان دەداتێ کە لە خەونەکەیدا ناوە لاتینیەکەی ئەو جۆرە گەڵادارە بە باشی دەزانێت. کاتێک دیبلۆف لە خەو هەڵدەستێت، یەکسەر دەڕوات و لەفەرهەنگەکاندا بۆ ناوی ئەو جۆرەگەڵادارە دەگەڕێت و بەو پەڕی سەرسووڕمانەوە دەبینێت ناوی گەڵادارەکە هەر ئەوەیە کە لە خەونەکەیدا دیتوویەتی. لە حاڵێکدا ئەو هیچکات ناوی لاتینی ئەو ڕووەکەی نەبیستووە. دیبلۆف شانزە ساڵی تەواو لە سەرسووڕمان و گەڕان بۆ هۆکاری خەونەکەی دەگەڕێت. تا ڕۆژێک دەچێتە سەردانی هاوڕێیەکی کۆنی و ئەلبومێک دەبینێ کە نموونەی گوڵ و ڕووەکی وشککراوی تێدا پارێزراوە. کە لە سویسرا بە گەشتیاران دەفرۆشرێت. و لەپڕ شتێکی بەبیردا دێت لە یادەوەری زۆر کۆنی خۆی کە پەیوەندی بەو ئەلبومەوە هەیە. و زۆر بە پەلە لاپەڕەکان هەڵدەداتەوەو هەمان ڕووەک دەبینێتەوە کە لە خەونەکەیدا دیتبووی و دەبینێت هەمان ناوە لاتینیەکەشی لەژێریەوە نووسراوە. ئەویش بە خەتی دەستی خۆی واتا دیبلۆف. ئەو کات دیبلۆف بیریهاتەوە کە دووساڵ پێش دیتنی خەونەکەی، خوشکی هەمان هاوڕێی کە لە ڕێگای مانگی هەنگوینی دەبێت

و لەڕێگادا سەردانێکی دیبلۆف دەکات، و ئەو ئەلبومەی پێدەبێت کەلە سویسرا کڕیویەتی تا بیکاتە دیاریی بۆ براکەی. و دیبلۆف بیری هاتەوە کە یارمەتی ئەو بووکەی داوە تا ناوی لاتینی ئەو ڕووەکانە لەژێریانەوە بنوسێت ئەمەشی بە یارمەتی شارەزایەکی ڕووەکناسی ئەنجامداوە.٢

هەروا سیگموند فرۆید کە بە بناغەدانەری قوتابخانەی دەروونناسیی هاوچەرخ دادەنرێت، یەکەمین کەسێکە لە زانستی دەروونناسیی هاوچەرخدا بواری لێکدانەوەو شیکردنەوەی دەروونناسانەی بۆ خەون دارشت. و فرۆید پێیوایە کە خەون واتای هەیەو لەسەر بنەمای زانستیی شیاوی لێکدانەوەیە.

بەگشتی لە لێکدانەوەی خەوندا دوو جۆر تێگەیشتنی دروونناسانە هەیە:

یەکەم: ئەوەی خەون، بەردەوامیی ئەو شتانەیە کە مرۆڤ لەکاتی هۆشیارییدا پێیانەوە خەریکە. و لەمڕووەوە هافنەر دەڵێت: خەون بەشێوازێک بەردەوامیی و پێداچوونەوەی ژیانی هۆشیارییە. و ئەگەر سەرنج بە خەونەکانمان بدەین، دەبینین، هەمیشە پەیوەندییەک لە نێوان ئەوان و ئەو کاروبارانەی پێش خەوتن پێیانەوە خەریک بووین هەیە. و ئەو پەیوەندییەش چەندە لاواز بێت بە سەرنجدانی ورد، لە نێوان خەونەکەو ئەوەی ڕۆژانی پێشتر بەسەرمان هاتووە، دەبینینەوە.٣

دووەوم/ ئەوەی کە خەون، پێچەوانەی ئەو شتانەیە کە پێشتر بەسەرمان هاتوون. و بورداخ دەڵێت: خەون بەردەوامیی و چەسپاندنی ئەو شتانە نییە کە لە کاتی هۆشیاریدا لە خێرو شەڕو ئـارەزوو، و قێزهاتنەوە.. بەسەرمان هاتووە. بەڵکو پێچەوانەکەی درووستە. و و بەلانی زۆرەوە خەون دەبێتە هۆی خاڵیکردنەوەی عەقڵمان لە هەموو ئەوانە. بۆ ئەوەی حەسانەوەمان بۆ بهێنێتە کایەوەو باری ئەوانەمان لەسەر سوک بکات بە خێرو شەڕیشەوە..٤

هەروا دەربارەی سەرچاوەکانی خەون بیروباوەڕی جیاواز لە نێوان دەروونناساندا هەیە، بەڵام بەگشتی دەتوانرێ سەرچاوەکانی خەون لە چوار بەشدا خڕبکرێتەوە:

١- کاریگەریی هەستیی کەلەدەرەوەی جەستەوە دێت.

٢- کاریگەریی هەستیی کە لە خودی جەستەوە دێت.

٣- کاریگەریی ئۆرگانیک کە لەناو هەناوی مرۆڤەوە دێت.

٤- کاریگەریی دەروونی.٥

گەرچی کۆدەنگییەکی تەواو دەربارەی خەون لە ناو زاناو شارەزایانی ئەم بوارەدا نییەو گەلێک ڕەخنەو پێداچوونەوە بە بۆچوونەکانی فرۆید ئەنجام دراون. بەڵام هەمووان لەسەر ئەمە کۆکن کە خەون گەیەنەری هیچ پەیامێکی خواوەندیی نیە. و تەنانەت زانایانی مەزهەبگەراش بەشێوەیەک لەشێوەکان لەم پرەنسیپە دەرناچن. و زانایەکی وەک کارل گۆستاڤ یونگ کە مرۆڤێکی خاوەن باوەڕی ئایینیەو نکوڵی ناکات کە مەسیحیەکی پرۆتستانەو لەگەڵ ئەوەدا ئەو باوەڕی وایە کە مرۆڤ کۆمەڵە شتێک لە دەرەوەی ژیان لە دەروونی دەچەسپێت کە ڕیشەیەکی مەزهەبی هەیە، بەڵام لەگەڵ ئەمەشدا ناو لەو شتە نانێت پەیامی خواوەندیی، بەڵکو تەنیا لێکدانەوەیەکە بۆ یارمەتیدانمان لە پێناسەکردن و ماهیەتی کاریگەریی و پەیوەندی نێوان مەزهەب و مرۆڤ نەک شتێکی تر کە ڕەفتارەکانی خۆمانی لەسەر بنیات بنێین. و دەڵێت: خەون ڕووداوێکی سروشتییە و هیچ پاساوێک نییە تا ئێمە وەک ئامرازێکی ساختەبازانە بۆ هەڵخەڵەتاندنی خەڵک بەکاری بهێنین. و خەون کاتێک بەدیدێت کە هۆشیاریی و ئاگایی مرۆڤ دەگەنە ئاستی لەناوچوون... جگە لەمە زانیارییەکانی ئێمە دەربارەی دەروونناسیی خەون بەڕادەیەک کەمن کە ئەگەر بخوازین ئەو فاکتەرانەی بوونیان لە خودی خەونەکەدایە بخەینە ناو لێکدانەوەکانمان ئەوە دەبێ گەلێک بە ئیحتیات بین.٦

لێکدانەوەی خەون بەشێوازی مەزهەبیی لەسەر دوو ئاستی گرنگ کاریگەریی خۆی دەنوێنێت. و ئەم کاریگەرییەش بەڕۆڵی خۆی دەتوانێ ڕۆڵێکی دیرۆکی لەسەر بیرکردنەوەی مرۆڤ، توانای داهێنان و خوڵقاندن، کولتووری کۆمەڵگا،

ڕووبەڕووبوونەوەی گرفتەکانی ژیان و بەگشتی لەسەر ژیان دابنێت.

ئاستی یەکەم ئەمەیە کە کەسانێک بۆ وەڵامدانەوەی پەیامێک کە گوایە لە خەونیدا پێیگەیشتووە، بانگاشەی پەیامبەرێتی، ئیمامەت، و ڕێبەرایەتی نەتەوەیەک بکات و لەسەر وەها بنەمایەکیش چارەنووسی کۆمەڵگایەک و ڕەنگە چەندان کۆمەڵگا بکەوێتە مەترسییەوە. کە هەندێک نموونەی لە بەشەکانی دواتردا باس دەکەین.

ئاستی دووەمیش ئەوەیە کە هەروەک گوتمان خەون ڕووداوێکی سروشتییەو تەنیا لە ڕێگای زانستی دەروونناسیەوە شیاوی لێکدانەوەیە نەک لێکدانەوەی مەزهەبیانە کە پیاوانی ئایینی وەئەستۆی بگرن. چونکە کارێکە لەدەرەوەی زانین و شارەزایی ئەوان و کەم یان زۆر هیچ پەیوەندی بە مەزهەبەوە نییە. بەڵام کاتێک وەئەستۆی خۆیانی دەگرن و هیچی لێ نازانن و لەمڕووەوە پشت بە تێکستی نەگۆڕ کە لە پیاوچاکان و شێخ و ئیمامانەوە ماوەتەوە و یانیش چەند ڕێکەوت لە ئەزموونی خودی دەبەستن.. دەرگای گەلێک مەترسیی دەخەنە سەرپشت و ڕەنگە ژیانی مرۆڤەکان و ئارامی ژیان و تەواوی ئایندەیان تێکوپێک بدات. لە ئاکامی لێکدانەوەی هەڵەی خەونێک چەندان ژن و مێرد لەیەکتر جیابوونەوە، و چەندان کەس ڕەوتی ژیانی خۆیان گۆڕیوەو چەندان کەس لەگەڵ یەکتر بەشەڕهاتوون و ڕووداوی کوشتنی لێکەوتۆتەوەو چەندان و چەندان...

جارێک لەوڵاتی ئەفریقا پیاوێک شەو لەخەونیدا دوژمەکانی دەیگرن و بە زیندوێتی دەیسوتێنن. کاتێک لەخەو هەڵدەستێت باوەڕی بەو خەونەی هێندە بەهێزدەبێت کە پێیوادەبێت ئەم پشهاتە حەتمەن ڕوودەدات. و بە باوەڕی خۆی بۆ ئەوەی بە کەمترین زیان ڕووبەڕووی ئەو پێشهاتە بێتەوە، پەنا بۆ خزم و کەسوکاری دەبات تا بێن و بیسوتێنن. مەبەستی ئەوەدەبێت کە بەپێی لێکدانەوەی خەونەکە ئەو هەر دەبێ بسوتێ جا لەجیاتی ئەوەی بەدەستی دوژمنەکانی ئەمەی بەسەربێت، و بەر لەوەی بشگاتە ئاستی مردن، با بە دەستی کەسوکاری خۆی بێت. بەمە هەم لە

مەرگ ڕزگاری دەبێت و هەمیش لەوەی بکەوێتە دەست دوژمنەکانی. و لەئاکامیشدا خزمەکانی ئەو پیاوە کە هاوباوەڕی ئەوبوون ئاگر لەجەستەی بەردەدەن و دوای ئەوەی بەشێکی زۆر لەجەستەی دەسسووتێت و زیانی زۆری بەردەکەوێت ئەمجار دەیکوژێننەوە...!٧

هەروا، لەسەروبەندی ڕاپەڕینەکانی میسر، کە ڕەنگە زۆربەمان لەدامودەزگاکانی ڕاگەیاندنەوە بیستبێتمان چۆن ساڵی ٢٠١١ نیوەشەوێک پیاوێکی میسری بەهەڵەداوان دەچێتە تەلەفزیۆنی میسرو بەکارمەندان ڕادەگەیەنێت، کە لە خەونیدا پەیامێکی خواوەندیی بۆ هاتووە کە سبەینێ سەعات ٧ جیهان خراپ دەبێت، و ڕۆژی حەشر دەستپێدەکات. و پێویستە ئەم پەیامە خواوەندییە بە موسوڵمانانی جیهان ڕاگەیەنێت. کارمەندان پێشی پێدەگرن و پێیدەڵێن ئەمە لەخەونێکی سادە بەولاوە هیچ شتێکی تر نییەو نەجیهان خراپ دەبێت و نە ڕۆژی حەشریش دەستپێدەکات و پێویستە بچێتەوە ماڵێ. بەڵام کابرا لە ئاکامی باوەڕی بە خەونەکەی خۆی هێندە پێداگری دەکات و خۆی ڕادپسکێوێ تا ڕیگای بدەن پەیامەکەی بگەیەنێ ناچار بەو نیوەشەوە پۆلیس دێن و قۆڵبەستی دەکەن و تا ئەوەی سەعات ٧ بەسەر دەچێت و باوەڕدەکات کە خەونەکەی، ئەو واتایەی نەبووە کە ئەو تێیگەیشتووە.

بەمجۆرە بەدرێژایی دیرۆکی کۆن و نوێ باوەڕێکی بەهێزی مەزهەبی لە ئارادابووەو هێشتاش لە ناو زۆر باوەڕی ئایینی بەتایبەتی ئیسلام بەتوندی برەوی هەیە کە خەون دەتوانێ هەڵگری وەحی و ئیلهامی خواوەندیی بێت.

وەحی لە ئایینە ئیبراهیمییەکاندا بەو پەیامە خواوەندییە دەگوترێت کە لەڕێگای جبرائیلی فریشتەوە بۆ پەیامبەران دێتەخوارەوە. و لەمەدا هەرسێ ئایینی جوویی و مەسیحی و ئیسلام کۆکن بەڵام لەگەڵ ئەمەشدا کۆمەڵێک ناکۆکی گەورە دێتە ئاراوە هەم لە نێوان لێکدانەوەو بۆچوونەکان و هەم لە ناکۆکی ناو یەک ئاینیش.

یەک لەو ناکۆکی و پرسە ئاڵۆزانە ئەمەیە کە پەرتووکی ئینجیل. بەهەردوو بەشە

کۆن و نوێیەکەیەوە بۆ موساو عیسای پەیامبەر نەهاتۆتە خوارێ بەڵکو دوای خۆیان و بەدرێژایی پتر لەهەزار ساڵ لە لایەن خەڵکانی جۆربەجۆرو قۆناغی دیرۆکیی جۆربەجۆردا نووسراوەتەوە. ئەمەش ڕاستییەکی دیرۆکییەو جوولەکەو مەسیحیەکانیش دەیزانن و قبوڵیانە. بەڵام لەهەمان کاتدا ئەمە بە کێشەو کەموکوڕییەکی ئایینەکەیان نازانن. چونکە باوەڕییان وایە کە واژە بە واژەی تەورات و ئینجیل گەرچی ڕاستەوڕاستیش بۆ پەیامبەران نەهاتبێتەخوارەوە، گوفتاری خواوەندین و ئەو کەسانەش با پەیامبەر نەبووبن، مادام لەلایەن خواوە بۆ وەحی هەڵبژێردراون، جێگای متمانەو باوەڕی حاشاهەڵنەگرن.

بەڵام ئەم شێوازی نووسینەوەیە بۆ پەرتووکی پیرۆز، پاشان و بە درێژایی سەدەکان، گرفتێکی یەکجار گەورەی بۆ ئەم پەرتووکەو ئایینەکە درووستکرد. کە لەبەشی ئایندەدا کە تایبەتە بەتەفسیرو تەئویل پتر باسی لێوەدەکەین.

لەڕاستیدا پرسی وەحی و ئیلهام، و تەنیا گرفتی ئایینی مەسیحی نەبووەو گرفتی ئایینی ئیسلامیش لەمڕووە ئەگەر گەورەتر نەبووبێ ئەوە بە دڵنیاییەوە بچوکتریش نەبووە. و ئەم بابەتە کێشەیەکی زۆری لە ناو فیقهی ئیسلامی و مەزهەبە جۆربەجۆرەکانیداو لەدەرەوەشیدا هێناوەتە کایەوە. لەم ناوەدا بیروباوەڕی واهەیە کە واتای چەمکی وەحی هاوتای چەمکی ئیلهام دەبینێت. و هەشە بۆچوونێکی وەها بە کوفر دەزانێت. چونکە بەواتای نکوڵیکردنە لە بنەمای هەرەسەرەکی چەمکی پەیامبەرێتی. بەوپێیەی وەحی بریتییە لەگەیاندنی پەیامی خواوەندیی ڕوون و ئاشکراو بێ گرێوگۆڵ کەدەستکاریی و هەڵەو پێداچوونەوە هەڵناگرێت. ئەویش لەڕێگای جبرائیلی فریشتەوە.

بەڵام ئیلهام بەواتای ئەو بیروهەستە دەروونیەی کە تەنیا چوارچێوەو ناوەرۆکە گشتییەکەی لەلایەن خواوەندەوە دەبێت، و مرۆڤ ئازادە لەوەی کە بەچ وردەکاریەکەوەو لە چ قاڵبێکی واژەو ڕستەدا ئەم بیرو هەستە دەردەبڕدرێت.

لایەنگرانی ئیلهام لەپەیوەندی لەگەڵ پرسی پەیامبەرێتیدا، باوەڕی خۆیان بەمە پشتڕاست دەکەنەوە کە قورئان پەرتووکێکی بێهەڵە نییەو، ناکۆکیی زۆریش لە نێوان سورەو ئایەتەکانیدا هەیە، و گەلێکیان لەگەڵ عەقڵ و لۆژیکدا ناگونجێن. هەر بۆیە ناکرێ خواروخێچیی بدرێتە پاڵ خواوەندو ئەوەی هەیە پەیامبەر چوارچێوەی گشتی بابەتەکەی پێ ئیلهام بووەو پاشان بۆخۆی وردەکارییەکانی داڕشتووەو ئەوەش کە دەربارەی جبرائیل لەقورئاندا هاتووە، واتای سیمبۆلیکی هەیە نەک ڕاستەقینەو واقیع.

لە ئایەی ٥١ سورەی (الشوری)دا هاتووە: **(وما كان لبشر أن يكلمه الله، ألا وحيا أو من وراء حجاب أو يرسل رسولا فيوحى بأذنه ما يشاء أنه على حكيم)**. واتا: هیچکات خواوەند گفتوگۆی ڕاستەوخۆی لەگەڵ مرۆڤدا نەکردووە. مەگەر ئەوەی لەڕێگای وەحی یان لەپشتی پەردەوە، یان نێردراوێک دەنێرێت، کە پەیامی خوا دەگەیەنێت، و ئەو خواوەندە بڵندو دانایە.

بەڵام لە ئایەی ٥٢ ی هەمان سورەدا دەڵێت: **وكذلك أوحينا أليك روحا من أمرنا.**

ئەمەش بەواتای بەستنی پەیوەندیی ڕۆحیی لەنێوان خواوەندو پەیامبەردا.

هەروا لە ئایەکانی ١٩٣- ١٩٤ سورەی (شعراء) هاتووە: **نزل به الروح الأمين، على قلبك لتكون من المنذرين.** واتا: خواوەند جبرائیلی دابەزاندە سەر دڵی تۆ (ئەی محەمەد)، تا ببی بە هۆشیارکەوەرەی خەڵک. لێرەدا ڕۆڵی جبرائیل لەوەی پەیامی ڕاستەوڕاستی خواوەندیی بگەیەنێت، دەگۆڕێت، بەوەی کە ئەو پەیامە لەبری ئەوەی پێی ڕابگەیەنێت. دەیخاتە ناو دڵیەوە، ئەمەش لەڕووی چەمک و واتاوە پتر بەلای ئیلهامدا دەچێت تاکو وەحی. و هیچ ڕوون نییە بۆچی ئەرکی جبرائیلی فریشتە، لەگەیاندنی پەیامی خواوەندی بەشێوازی وەحی ڕاستەوخۆ، دەبێتە گەیاندنێکی ناڕاستەوخۆ واتا بۆ ناودڵ..!!

لە هەندێک شوێنی قورئاندا واژەی وەحی بەواتای تەواو جیاواز هاتووە، و پتر بەواتاو

چەمکی (غەریزە) دەچێت نەک پەیامێکی ڕاستەوڕاست کە لە ڕێگای فریشتەیەکەوە بێت. نموونەی ئەمەش لە ئایەی ٦٨ سورەی (نحل) دا هاتووە: **و أوحی ربک ألی النحل أنه أتخذی من الجبال بیوتا ومن الشجر ومما یعرشون** . واتا: خواوەند وەحی بۆ هەنگ ناردووە کە ماڵ و شانەی خۆی لە چیاکاندا و کون و کەلەبەری درەخت و ئەشوێنانەی کە مرۆڤ بۆیان چاکدەکات درووستبکات.

ئیبن سینا یەک لەوانەیە کە چەمکی وەحی بەرابەر غەریزە دادەنێت و دەڵێت: (لە بەرەکەتی ئەو ئیلهامانەی لەلایەن خواوەندەوە، بۆ هەمووان دەچێت، نموونەی ئەو منداڵەیە کە تازە لەدایک دەبێت و پەلاماری مەمکی دایکی دەدات). ٨

هەروا بەپێی هەندێک ئایەی قورئانیی، خواوەند وەحی تەنیا بۆ پەیامبەران نانێرێت بەڵکو کەسانێکی تری تایبەتیش وەک ئایەی٧ لە سورەی (قصص)، کە دەڵێت: **و أوحینا ألی أم موسی، أن أرضعیه فأذا خفت علیه فألقیه فی الیم ولا تخافی ولا تحزنی أنا رادوه ألیک وجاعلوه من المرسلین.** واتا: وەحیمان بۆ دایکی موسا نارد کە شیری بداتێ و کاتێکیش ترسایت لەوەی ژیانی بکەوێتە مەترسیەوە بیهاوێژە ناو دەریا (ڕووبار)، مەترسەو نیگەران مەبە. ئێمە بۆت دەگێڕینەوەو پاشانیش دەیکەین بەیەکێک لەپەیامبەران.

هەروا لەهەندێک شوێنی تردا پەیامبەران وەحی بۆ مرۆڤی ئاسایی دەنێرن، وەک زەکەریا کە لەئایەی ١١ سورەی (مریم) دا هاتووە: **فخرج علی قومه من المحراب، فأوحی ألیهم أن یسبحوا بکرة وعشیة.** واتا: (زەکەریا) لە میحراب چووە دەرەوە بۆ ناو قەومەکەی و وەحی بۆ ناردن کە بەیانیان و ئێواران هەر سوپاسی خواوەند بکەن.

ئێمە پێشتر باسی کاریگەریی خەونمان کرد لەبیرو مێشکی خەڵکیدا، کە بابەتی وەحییش جارێکی تر دەچیتەوە ژێر ئەو کاریگەرییەو لەهەندێک حەدیس و گێڕانەوە لە کەسە نزیکەکانی پەیامبەرەوە هاتووە کە هەندێجار پەیامبەر لەڕێگای

خەون و روئیاوە پەیامی بۆ هاتووە. و لە (صحیح البخاری) یدا هاتووە: (لە زمانی عائشەوە هاتووە کە سەرەتا پەیامبەر وەحی بەشێوازی (روئیای صالحە)، لە خەونیدا پێگەیشتووە).

لە چەند شوێنی تری قورئاندا دیسان خەون و وەحی تێکەڵ بەیەک دەبن وەک ئایەی ١٠٢ سورەی (صافات) کە چیرۆکی ئیبراهیم و سەربڕینی ئیسماعیلی کوڕی دەگێڕێتەوەو دەڵێت: **فلما بلغ معه السعى قال يابنى أنى أرى فى المنام أنى أذبحك فأنظر ماذا ترى. قال أبت أفعل ما تؤمر ستجدنى أنشاألله من الصابرين.** واتا: ئیبراهیم بە کوڕەکەی خۆی ئیسماعیل دەڵێت کە لەخەونیدا پەیامی بۆ هاتووە دەبێ سەری ببڕێت. ئەویش دەڵێت فەرمانی خواوەند بەجێبهێنەو. منیش سەبروخۆڕاگری لەخۆم دەنوێنم.

جێگای سەرسوڕمانە کە خواوەند لە ڕێگای فریشتەوە وەحی بۆ پەیامبەران دەنێرێت. کەچی لە هەندێک شوێندا وەحی بۆ فریشتەش دەچێت. ئایەی ١٢ سورەی ئەنفال دەڵێت: **أذ يوحى ربک الى الملائكة أنى معكم فثبتوا الذين آمنوا.** واتا خواوەند وەحی بۆ فریشتان دەنێرێت کە من لەگەڵتانم، ئێوەش خاوەن باوەڕان سەقامگیرو پایەدار بکەن. لێرەشدا دیار نییە ئەم وەحیە بەچ شێوازێکە. ئایا دیسان لەڕێگای فریشتەیەکی ترەوەیە یان نا..؟ ئەگەر ئا، چما ئەم هەموو میانجیگەرییە، لەحاڵێکدا زۆرئاسانە لەلای خواوەند ڕاستەوڕاست و بێ میانجیگەر خواستەکانی خۆی بخاتە بیرومێشکی هەرکەس و بوونەوەرێکەوە. و ئەگەریش نا، واتا، ڕاستەوڕاست و بێ میانجیگەرە، چما هەموو وەحییەکان بەم شێوازە نین..؟

هەروا بە پێی چەند ئایەی قورئانی خواوەند وەحی نەک تەنیا بۆ مرۆڤ و گیانداری تر، بەڵکو بەگشتیی بۆ داروبەردو بێگیانیش دەنێرێت. وەک ئایەی ١١و١٢ لەسورەی (فصلت) کە دەڵێت: **ثم أستوى ألى السماء وهى دخان فقال لها وللأرض أتينا طوعا أو أكراها قالتا أتينا طائعين فقضاهن سبع سماوات فى يومين وأوحى فى كل سماء**

أمرها. واتا ئەمجار بەمەبەستی درووستکردنی ئاسمان کە ئەوکاتە دووکەڵ بوو، پێیگووت هەروا بە زەویش کە ئایا بەخۆشیی گوێ بۆ فەرمانی من کەچدەکەن یان بەزۆر ئەم کارەتان پێبکەم، گوتیان ملکەچانە گوێ بەفەرمانین. ئەمجار خواوەند لە ماوەی دوو ڕۆژدا ئاسمانی کردە حەوت چین و فەرمانی بۆ هەر چینێکیش دەرکرد.) دەپرسین هێشتا کە سەرەتای هەبوونە، و لەو قۆناغەدا بەپێی ئەم ئایەتە ئاسمان دوکەڵەو زەویش هێشتا نەبووە، کەچی خواوەند داوای لێدەکات کە گوێ بەفەرمان بێت. ئایا زەوی کە هێشتا نەبووەو قۆناغی بەر لەدرووست بوونە، ئەو پەیامە بۆکێ چووە..؟ چۆن شتێک کە هێشتا نەبووە، وەک هەبوو ڕەفتاریی لەگەڵدا دەکرێت..؟ ئەمجار بۆچی خواوەند لەگەڵ بێگیاندا دەدوێت، وەحی بۆ دەنێرێت و داوای گوێڕایەڵی لێدەکات..؟ مەگەر بێگیانێک دەتوانێ لەواتای گوێڕایەڵی و یاخیبوون بگات..؟ ئەگەر یاخیبوونایەو فەرمانی خواوەندیان ڕەتبکردایەوە. ئایا خواوەند چی لێدەکردن..؟ مەگەر دەکرێ بێگیانێک سزابدرێت و واتای سزادانی بێگیان چییە..؟ ئایا ئەگەر سزای بەسەردا سەپاندبان، و بۆ نموونە لەتوپەتی بکردنایەو بیسووتاندنایە، مەگەر ئەوان کە بێگیانن ئازارێکیان پێدەگەیشت..؟ ئایا کە خواوەند بۆخۆی بە پێی پرەنسیپی (کن فیکون)، موعجیزەی خوڵقاندن بەڕێوەدەبات، بۆچی دەیخاتە ئەستۆی زەوی و ئاسمانی بێگیان کە گوێ بەفەرمان بن و خۆیان درووست بکەن..؟ و بۆچی ئەو ئیحتماڵە دادەنێت کە داخوا گوێ بەفەرمان دەبن یان یاخی..؟ هەروا کاتێک خواوەند فەرمان بەزەوی و ئاسمان دەدات کە خۆیان درووست بکەن، ئایا ئەم بوونە بە ئیرادەی زەوی و ئاسمانە یان بەئیرادەی خواوەندیی..؟ یان با پرسیارەکە ئاسانتر بکەینەوەو بەگریمانە وای دابنێین خواوەند فەرمان بە من دەدات کە بۆنموونە ببم بە درەختێک. ئایا من بە ئیرادەی خۆم چۆن دەتوانم ببم بەدرەخت، ئەگەر ئیرادەی خواوەندیی لەگەڵ نەبێت..؟ کاتێکیش هەر ئیرادەی خواوەندییە کە کارەکەی پێ ئەنجام دەدرێت ئیتر، ئیرادەی زەوی و ئاسمان لەدرووستکردنی خۆیاندا

چییە..؟ و ئەگەری یاخیبوون بۆچی لەئارادایە..؟ بەبڕوای من ئەم جۆرە ئایەتانە هیچ واتایەکی واقیعی و ڕاستەوڕاستیان نییە. بەڵکو واتای سیمبۆلیکیان هەیە کە لەبەشی تەفسیردا باسی لێوە دەکەین.

جێگای گوتنە کە ئیلهام یان وەحی داهێنەرانە، بە جیهانی ئەدەب و هونەر نامۆ نییە. و بە تایبەتی شیعرو شاعیریی کە هەمیشە گووتراوە، سەرچاوەی شیعر ئیلهامێکی خواوەندییە. ئەمە لەکۆندا وەک حەقیقەتێکی نەگۆڕ باوەڕی پێدەهێنرا. کە تا ئاستێک ڕاستە ئەگەر چوارچێوەدار بکرێت بە چەشەو سەلیقە. چونکە هەموو مرۆڤێک خاوەنی ئەو چەشەو سەلیقەیە نییە کە بەشێوازێکی سروشتیی دەبێتە خەسڵەتی هەندێک مرۆڤ. بەڵام ئەمە بەتەنیا نابێتە هۆی شاعیریی. و شاعیر پتر بەهەوڵ و کۆششی خۆی لە زمانزانی و پەیداکردنی زانیاریی لەسەر هونەری شیعرو بەدەستخستنی ئەزموون و خۆدەوڵەمەنکردنی فکری، و هەروا ڕووداوێکی دەرەکیش یان سوژە، دەبێتە شاعیر، نەک بە ئیلهام. ئەمەش نەک تەنیا بۆ ئەم سەردەمە بەڵکو هەمیشە هەروابووەو هەرواش دەمێنێتەوە.

بابەتی ئیلهام، لە پەیوەندی لەگەڵ هونەرو ئەدەبیاتدا کاتێک زۆرتر خۆی دەنوێنێت، کەکەسی هونەرمەند یان شاعیرو داهێنەر بەگشتیی بۆ بەرهەمهێنانی بەرهەمێکی ئەدەبیی یان هونەریی کە بیرۆکەکەی لە مێشکیدا چەکەرەی کردووە، ماوەیەکی کورت یان درێژ بچێتەوە ناو خۆی و هەموو هێزوتوانای فکری و هەست و خەیاڵی بخاتەکار بۆ دیتنەوەی گونجاوترین قاڵب بۆ بیرۆکەکەی، کەجاری واهەیە چەندان شەوو ڕۆژی بەسەردا تێدەپەڕێت و دەکرێ خەونیشی پێوەببینێت. ئەم حاڵەتە، جۆرێک لە نائارامی و بێقەراری بۆ ئەو کەسە دەهێنێتە ئاراوە کە تەنیا بە لەدایکبوونی بەرهەمەکە کۆتایی دێت.

لەگۆرانی شاعیر دەگێڕنەوە، کە گووتوویەتی بەر لە نووسینی هەر پارچە شیعرێک توشی حاڵەتێکی وەک ژان لێهاتن بووە، کەتەنیا بە کۆتاییهاتنی نووسینەوەی شیعرەکە

ئەم حاڵەتی ژانەش کۆتاییهاتووە.

پێدەچێت لە کۆندا، کە هێشتا زانست بەتایبەتی دەروونناسی، لەئارادا نەبووە، مرۆڤ ئەو حاڵەتی ژان لێهاتن یان نائارامی و ئۆقرەنەگرتنەی لە ئاکامی بیرکردنەوەیەکی قوڵ بۆ درکاندنی ئەو بیرە بەشێوازی تێکستی ئەدەبی یان بەرهەمی هونەری، باڵی بەسەردا کێشاوە، بە ئیلهام و وەحی خواوەندیی لێکداوەتەوە.

ئەم حاڵەتی ئیلهامە گەرچی زۆر نزیکە بەڵام جیاوازە لە ئیلهامی ڕۆحانی، کە بریتییە لەدوورکەوتنەوەی مرۆڤ لە چێژو هەوەسەکانی و خۆجیاکردنەوەی لەجیهانی مادیی و چڕکردنەوەی بیرومێشک و هەست و خەیاڵی، بۆ ڕۆیشتن بەرەو جیهانێکی باڵاو توانەوە لە ناو ئەو جیهانە باڵایەدا کە لەئاستێکی جوانیی و پاکیی و دانایی و تواناەندیدا ڕەهایە. ئەمەش هەر هەمان جیهانی تەسەوف و عیرفانە.

گشت ئەمانە لە زانستی دەروونناسیدا وەک بیروباوەڕی مرۆیی پێناسە دەکرێن بەو پێیەی بەرهەمی بیرومێشکی مرۆڤ خۆیەتی. کە لەکەسێکەوە بۆ یەکێکی ترو لەکۆمەڵگایەکەوە بۆ یەکێکی تر بە پێی ئەو قۆناغە دیرۆکییەو ئەو ئاستەی لە پێشکەوتندا پێیدا تێدەپەڕێت ئەویش جیاواز دەبێت.

هەروا بیرمەندو ئیسلامناسی ئێرانی بە مەزهەب شیعە، عەبدولکەریمی سروش دەربارەی پرسی وەحی، بۆچون و شرۆڤەی تایبەت بەخۆی و تائاستێکی زۆر نزیک لە بۆچوونەکانی موعتەزیلەی هەیە. و ئەو پێیوایە کە وەحی هەرگیز بەوشێوازە نییەو نەبووە کە تەئویکلی بۆ دەکرێت. بەم واتایەی کە ئەگەر پێمانوابێ پەیامبەر لەڕێگای جبرائیلی فریشتەوە واژە بەواژە قورئانی بۆ ڕەوانەکراوە، ئەوە پەیامبەر تەنیا دەبێتە ئامرازێک ئەو ئامرازەش بە بڵندگۆیەک دەچوێنێت کە تەنیا مەبەستی گەیاندنی دەنگی کەسێک بێت بە خەڵک. بەڵام ئەو پێیوایە کە پەیامبەر ئامراز نییەو بەشێکە لە پرۆسەی وەحی و بەواتایەکی تر دەڵێت قورئان نەهاتۆتە خوارێ بۆ سەر زمانی پەیامبەر، بەڵکو بۆ ناو دڵی. ئەمەش پاشان ڕوونتر دەکاتەوە کە دەڵێت:

(ئەولیاکانی خواوەند هێندە لەخواوە نزیکن کە وتەکانیان هەروەک وتەی خواوەندو فەرمانیان بەچاکەو خۆبەدوورگرتنیان لەخراپەو خۆشەویستی و کینەیان هەروەک ئەوانەی خواوەندە.) و پاشان دەڵێت (پەیامبەری خۆشەویست ڕەنگ و خەسڵەتی خواوەندیی بەخۆیەوە گرتبوو کە هەرچییەکی دەگووت هەم وتەی مرۆڤ بوو، و هەم وتەی خواوەند.)

دواتر، بەرەبەرە مەبەستەکەی خۆی ڕوونتر دەکاتەوەو ڕاشکاوانە دەڵێت کە هەرچی پەیامبەر گووتوویەتی تەنیا ڕیشەو چوارچێوە گشتییەکەی لەخواوەندەوەیەو باقیەکەی هی خودی پەیامبەر خۆیەتی. و ئەمەش بەواتای نکوڵیکردن لە بنەمای پەیامبەرێتی نازانێت، چونکە دەڵێت : (قورئان میوەی درەختی تەیبەی کەسایەتی پەیامبەرە، کە بە مۆڵەتی خواوەند، بەروبوومی دەبەخشی.).

هەروا دەڵێت: محەمەد عەرەبە، هەربۆیە قورئانیش دەبێ بەعەرەبی بێت. و لە ناو هۆزە دەوارنشینەکاندا دەژیا، بۆیە بەهەشتیش سیمای عەرەبی دەوارنشینی بەخۆیەوە دەگرت. (ژنانی چاوڕەشی ناودەوار- حور مقصورات فی الخیام- ئایەی ۲ ۷سورەی ڕەحمان) و بەلاغەتی قورئانیش بە پێی ئەحواڵی پەیامبەر ، تووشی هەورازو نشێو دەبوو.

سروش، ئاماژە بە بۆچوونەکانی فارابی و خواجە نەسرەدینی توسی دەکاتەوە کە پێیانوابووە وەحی و جبرائیل پەیوەستەی کەسایەتی پەیامبەر بوون و هێزی خەیاڵی محەمەد کاریگەریی بەسەر وەحیەوە هەبووەو دەستێوەردانی ئەو. و کەسیاتی (مرۆیی- دیرۆکیی) محەمەد، بە هەرشوێنێکی قورئانەوە دیارە.

سروش بەلێکدانەوەیەکی ماتریالیستانە، بۆ پەیدابوونی ئیسلام، و پرسی پەیامبەرێتی و وەحی، دەڵێت: هەر ڕووداوێک لە هەلومەرجێکی زەمانی تایبەتدا بەدیدێت. و ڕووداوی سەرهەڵدانی محەمەدیش لەهەلومەرجێکی مادیی دیرۆکی تایبەتدا شیاوی بەدیهاتن بووە. و ئەو هەلومەرجە کاریگەریی تەواوی بە سەر پێکهاتن و

فۆرمبەخشینیەوە هەیە...

لەئاکامدا، پشتیوانەی بۆچونەکانی خۆی بەوە پشتڕاست دەکاتەوە کە قورئان پڕیەتی لەهەڵەو کەموکوڕی وا کە بەڕوونی دیارە تەنیا وەڵامدەرەوەی سەردەمی ئەوکاتەی خۆی بووەو ئەمڕۆ لەڕێگای زانستەوە ناڕاستبوونیان سەلماوە وەک: لێدانی جندوکەو شەیتان بە نیازکە ئاسمانییەکان، وئەوەی گوایە هۆکاری شێتبوون لە جندوکەو شەیتانەوەیە، و لێدانی دێو دەبێتە هۆی فێداریی، پرسەکانی تری وەک: ئاسمان لە حەوت چین پێکهاتووەو، و درووستبوونی هەبوون لەماوەی شەش ڕۆژداو...هیتر. کە لەگەڵ زانستی کۆندا گونجاون و ئیتر ئەمڕۆ ناکرێ وەک ڕاستییە حاشاهەڵنەگرەکان هەڵیانسەنگێنین.٩

سەرچاوەو پەراوێزەکانی بەشی پێنجەم

١- کارل گوستاو یونگ. روانشناسی و دین. ترجمة فؤاد روحانی. شرکت سهامی کتابخانه جیبی تهران ١٣٨٠ ل٣٠- ٣١

٢- سیجموند فروید. تفسیر الأحلام. تبسیط وتلخیص الدکتور نظمی لوقا. ص ١٦-١٧

٣- هەمان سەرچاوە ل١٤

٤- هەمان سەرچاوە هەمان لاپەڕە.

٥- هەمان سەرچاوە ل١٩

٦- هەمان سەرچاوە ل٤٥

٧- کارل گۆستاف یونگ. سەرچاوەی پێشوو ل٣١-٣٢

٨- أبن سیناء. الشفاء. الفن السادس من الطبیعیات. براغ ١٩٥٦ ص١٧٨

٩- بڕوانە ویبسایدی دکتور عبدالکریمی سروش: پرونده وحی وقرآن. مطالب منتشر شده پیرامون مصاحبه دکتر سروش با عنوان (کلام محمد)

www.drsoroush.com

خوا، مەزهەب، مرۆڤ

بەشی شەشەم
تەفسیر و تەئویل

خوڵقاندبوو کە خەڵکانێکی زۆر شتی خۆیان دخستە سەر ئەو دەقانەو شتی تریان لێ لادەبرد. و ئەمە بێجگە لەو هەموو جیاوازییە لە تەفسیرو لێکدانەوەدا. کە تا وای لێهات ئەم کارە پەیوەستەی میزاجی شەخسیی و بەرژەوەندیی پاراستنی دەسەڵات کراو لەمەشەوە کێشەو گرفت و ڕووبەڕوبوونەوەی لەژماردن نەهاتووی بەدوادا هات، و تا ئیتر بیرمەندان و فەیلەسوفەکان کەوتنە ڕیسواکردنی ئەو ڕەفتارە ساختەکارانەیەو مەزهەبیان بەحەقیقەتی خۆی ئاشکراکردو پاشانیش ڕاپەڕیین و شۆڕشەکانی ئەوروپای بەدوادا هاتن.

فەیلەسوفی هۆڵەندی، باروخسپینوزا، لەم باوەڕەدایە کە پیاوانی ئایینی بە لێکدانەوەی کۆمەڵێک باوەڕی خودیی کە گوایا مەزهەبین و لە واقیعدا مەزهەبیی نین، و هەروا داهێنانی نادروست و ساختەی بیروباوەڕو حوکمە بێ بنەماکانی داپۆشراو بەپەردەی خواوەندیی، مەزهەب و ئازادی لەناو دەبەن و دەڵێت:

(دەبینین نزیک بە هەمان شێوە، شتە ساختەکانی خۆیان لەشوێنی گوفتارەکانی خواوەند دادەنێن و تەنیا لە ژێر پەردەی مەزهەبدا دەخوازن خەڵکانی تر بکەنە هاوبیری خۆیان. دەبینین کە زۆرتر زانایانی ئایینی نیازیان وایە بەدەستکاریی پەرتووکە پیرۆزەکان، ساختەکاریی و نرخاندنەکانی خۆیان لەم پەرتووکە دەرکێشنەدەرەوەو بیخەنە پاڵ توانامەندییەکانی خواوەندیی.)١

دیسانسپینوزا دەڵێت: هەڵپەو چاوبرسییەتی تاوانکارانە بۆتە هۆی ئەوەی مەزهەب لە جیاتی ئەوەی ببێتە هۆی گوێڕایەڵیی ڕێنوێنییەکانی (روح القدس) بۆتە داکۆکیکەری داهێنانە ساختەکارییەکانی مرۆڤ و لەمەش خراپتر، لەجیاتی بانگاشەکردن و هاندانی

مرۆڤەکان بۆ خۆشویستنی یەکتر، لەژێر پەردەی غیرەتی خواوەندیی و دەمارگیریی توند، پەرە بە خراپترین دووبەرەکی و کینە دەدەن.٢

ئەمجارسپینوزا دێتە سەر پرسی لێکدانەوەو تێگەیشتنی دەقە پیرۆزەکان. و پێیوایە کە واتاکای ئەو دەقانە، تەنیا لە ناو واژەو ڕستەکانی ناو ئەو پەرتووکەدایەو هەرلێکدانەوەیەک کە ڕایبگەیەنێت گوایا واتایەکی نهێنی ئاشکرا کردووە یان شتێکی دیتۆتەوە لە ئینجیلدا کە پێشتر نەزانراوە لە ساختەکاریی و دەستبڕین و فێڵ بەولاوە شتێکی تر نییە. و ناوەرکی پەرتووکی پیرۆز بریتی نییە لە هیچ تیۆرییەک کە لەئاستی باڵادا بێت. بەڵکو، تەنیا بریتییە لە کۆمەڵێک ڕێنوێنیی کە هەرکەسێکی سادە دەتوانێ تێیان بگات. پەرتووکی پیرۆز جگە لە هاندان بۆ گوێڕایەڵی خواوەند، واتا، پەیڕەوکردنی کردەوەی چاک، لە عەدالەت و خۆشویستنی هاوڕەگەز کە مرۆڤە، شتێکی تری تێدا نییەو پێویستیش نییە تێیدا بێت. و ئەو ڕێنوێنییانە فەلسەفیی نین، بەڵکو ئەخلاقیین. وسپینوزا لەمە بەولاوەتریش دەڕوات و پێیوایە کە تەنانەت بۆ سەلماندنی هەبوونی خواوەندیی و ڕاستبوونی پەیامبەرێتی و جیاکردنەوەی پەیامبەرانی ڕاستەقینەو ساختە لەیەکترو سەلماندنی ئەوەی پەرتووکی پیرۆز گوفتاری خواوەندییە لە ڕێگای نیشاندانی موعجیزەی پەرتووکی پیرۆزەوە کارێکی بێسوودە و دەڵێت:

ئەگەر بخوازیین خواوەندیبوونی پەرتووکی پیرۆزمان بەدوور لە حوکمە پێشوەختەکان بۆ ڕوونبێتەوە. پێویستە ئەمە لەخودی پەرتووکی پیرۆزەوە بەدەستبخەین. کە ڕێنوێنی بە ئەخلاقی ڕاستەقینە دەکات. و تەنیا بەم ڕێگایە دەتوانرێ خواوەندییبوونی بسەلمێنرێت. چونکە ڕوونمان کردەوە کە بنەمای یەقینی پەیامبەران دادوەری و خواستنی چاکەیە لە لایەن ئەوانەوە. تەنانەت ئەمەش هەردەبێ بۆخۆمان پێیبگەین تا باوەڕ بەوان بکەین. پێشتریش ڕوونمان کردەوە کە ناکرێ خواوندیبوونی پەیامبەر لە ڕێگای نیشاندانی موعجیزەوە بسەلمێنرێت. و لێرەدا من ناخوازم دەربارەی ئەوەی

هەر پەیامبەرێکی ساختەش دەتوانێ موعجیزە لەخۆی نیشان بدات بدوێم. و خواوەندیبوونی پەرتووکی پیرۆزیش پێویستە لەمەوە بێت کە ڕێنوێنی بە چاکەکاریی ڕاستەقینە دەکات.٣

تەفسیرو لێکدانەوە ،و جۆرواوجۆری ئەو لێکدانەوانە، تەنیا بە جیاوازیی بیرو لێکدانەوەی مرۆیی لەسەر ئاستی تیۆری نەبووە. بەڵکو کۆمەڵێک گرفتی گەورەی لێکەوتۆتەوە لە پێشیانەوە، جیابوونەوەی بەردەوامی گروپ و تاقمی جۆربەجۆر بە ناوی گروپی مەزهەبیی کە هەندێک لەمانە زۆر لەیەکتر نزیکن و گرفتێکی ئەوتۆیان لە نێواندا نییەو دەتوانن پێکەوە بژین و نێوان هەندێکی تریشیان هێندە زۆرە کە سنوورە سوورەکان و بنەما سەرەکییەکان دەگرێتەوە. لە ئایینی مەسیحیدا یەکێک لەو هۆکارانەی بووە هۆی لەتبوونی کڵێساو ئایینەکە بەسەر دوو مەزهەبی پرۆتستان و کاتۆلیکدا جیاوازیی تەفسیرو لێکدانەوەی پەرتووکی پیرۆز، واتا ئینجیل بوو. کە دواترئەمانەش هەریەکە بەڕۆڵی خۆی چەندان کڵێساو مەزهەب و گروپی بچوکتری لێ جیابۆوە.

بەڵام دەربارەی ئایینی ئیسلام، تا پەیامبەر لەژیاندا بوو، کۆنترۆڵی کارەکان لەدەست خۆیدا بوو، و هەواڵێ، لە جیاوازیی و دووبەرەکیی و کێشەی جیاوازیی بیروبۆچوون و لێکدانەوە لەئارادا نەبوون. هەروا دەربارەی تێگەیشتن و خوێندنەوەی قورئانیش نە ئیجتیهادێک لەئارادابوو نە پێویستییەک بۆ تەئویلی قورئان. و کۆمەڵێک زاناو شارەزا هەبوون کە پتری کارەکانیان لەبەرکردن و خوێندنەوەی قورئان و تەفسیری سادەی حوکمە شەرعییەکان و ئەمانەش لەدیرۆکی ئیسلامدا بە زانایانی چینی یەکەم ناودەبرێن کە هەموویان لەعەرەبستان بوون و ناودارترینیان ئەمانە بوون:

١- عەبدوڵا کوڕی عەتەبە کوڕی مەسعود.٢- عروە کوڕی زوبێر.٣- سەعد کوڕی موسەیەب. ٤- سەلمان یەسار. ٥- خارجە کوڕی زەید کوڕی سابت. ٦- سالم کوڕی عەبدوڵا کوڕی عومەر کوڕی خەتاب. ٧- قاسم کوڕی محەمەد کوڕی ئەبوبەکر. ٨-

شەریح کوڕی حارسی کندی.٤

ئەمانە لەبەر ئەوەی کارەکانیان بریتی بوو لە دەرهێنانی حوکمە شەرەعیەکان لە ناو قورئان و حەدیسدا بە پەیڕەوانی حەدیس(أهل الحديث). ناودەبران. هەروا لەبەر ئەوەش هەموو واتاکانیان لە ڕواڵەتی واژەو ڕستەکاندا دەدیتەوە، و هیچ باوەڕێکیان بە واتای باتینی و هێماو سیمبۆل نەبوو، بە (ڕوواڵەتگەرایان)یش ناودەبران.

بەڵام لەسەدەی دووەمی کۆچیدا کە پتر لەسەدەیەک بەسەر کۆچی دوایی پەیامبەردا تێپەڕیبوو، بیروباوەڕی نوێ لەدەرەوە هاتنە ناو موسوڵمانان، و گرفت و کێشە، هەروا پرسیاری نوێ سەریان هەڵدا. پێویستیان بەوەڵام و خوێندنەوەیەکی نوێی قورئان دەکرد. و چینێکی تر لەزانایان و شارەزایان پەیدابوون کە بە چینی دووەوم ناودەبران و لەبەر ئەوەش کە قورئان پێویستی بەلێکدانەوەی نوێ لەسەر بنەمای بیروڕادەربڕین دەکرد، ئەمانە بە پەیڕەوانی رەئی (أهل الرأى) یش ناوادبران. لەڕووی جیوگرافیشەوە ئەمانە پتر لە عیراق و بەتایبەتیش شارەکانی وەک بەسرەو کوفە دادەنیشتن و تاتاستێک دابڕاوبوون لەپەیڕەوانی حەدیس کە لەحیجاز دادەنیشتن و بەرەبەرە تادەهات جیاوازیی بیروبۆچوون و لێکدانەوەیان دەربارەی قورئان و وحوکمە شەرعییەکان گەورەو گەورەتر دەبوو.

دیرۆکی تەفسیری قورئان بەشێوەیەکی گردەبڕ کە هەمووان لەسەری کۆک بن لەبەردەستاندا نییە. بەڵام لەزۆربەی سەرچاوەکاندا هاتووە، کە سەرەتا و بەگشتیی لەتەوای سەدەی یەکەمی کۆچیدا واتا دوای تێپەڕبوونی پتر لەسەد ساڵ بەسەر دیرۆکی قورئاندا هیچ تەفسیرو تەئویلێک لەقورئان بەشێوازی نووسراو نەکراوەو یەکەمین تەفسیرێک لە کۆتایی خەلافەتی ئەمەویەکان و سەرەتای خەلافەتی عەباسیەکاندا بەشێوەیەکی دیاریکراویش ساڵی ١٣٣ی کۆچی بەشێوازی نووسراو بەرهەمهاتووە.٥ بەڵام پێشتریش ناوی کەسانی وەک ئیبن عەباس، سەعد کوڕی جەبر، عەکرەمەو هیتر دەهێنرێت.

تەفسیری قورئان سەرەتا هیچ گۆڕانکارییەکی ئەوتۆی بەسەرشێوازی تێگەیشتن لە قورئان نەهێنایە کایەوەو تەنیا هەروەک گوترا، پشتی بە لێکدانەوەی واتای واژەو ڕستە قورئانییەکان دەبەست و ئەم شێوازەش بە مێتۆدی (نەقڵی) لە نا فیقهی ئیسلامیدا ناسراوە. تا ئەوەی لەنیوەی یەکەمی سەدەی دووەمی کۆچیدا بە سەهەڵدانی گروپی موعتەزیلە لەسەر دەستی واسل کوڕی عەتا(٧٠٠-٧٤٨ز)، تەفسیرو خوێندنەوەی قورئانیش، گۆڕانکارییەکی ڕیشەیی بەسەردا هات و پاشانیش، کە کاریگەریی جۆربەجۆری کۆمەڵگاکانی تر لەڕووی زانستی و ئەدەبی و فەرهەنگییەوە جێگاپەنجەی خۆی لەسەر ئایینی ئیسلام دانا، تەفسیریش شێوازی تری بەخۆیەوە دیت ومێتۆدی عەقڵگەرایی هاتە کایەوە.

موعتەزیلە، کە پەیڕەویی ئەم مێتۆدەی دوایی کردو برەوی پێبەخشی، گەورەترین گۆڕانکاریی لە عەقڵ و بیری ئیسلامیدا هینایە کایەوەو گەلێک لە بنەما چەسپاوە کۆنەکانی وەک: شکەنجەی گۆڕ، سیرات المولستەقیم، میزان، دیتنی خواوەند، وەحی، پەیامبەران... خستە ژێر پرسیار.

گروپی موعتەزیلە لە زۆر سەرچاوەدا هەربە عەقڵگەرایان ناودەبرێن. و پەیڕەوانی ئەم ڕەوتە بەدرێژایی چەندان سەدە ناودارترین بیرمەندو فەیلەسوفەکانی ئیسلامی خستە ژێر کاریگەریی خۆی لەمانە: جاحظ ، کندی، رازی، فارابی، ئیبن راوندی، ئیبن سینا، ئیبن روشد،محەمەد عەبدە... و هیتر و گەرچی هەندێک لەم بیرمەندانە پاشان وازیان لەم ڕەوتە هێنا، بەڵام نەگەڕانەوە دواوە. بەڵکو بەرەو پێشترو تا ئاستی سکولاریزم چوون.

جیاوازیی هەرەسەرەکی لە نێوان موعتەزیلەو ڕەوتەکانی تردا، سەرەتا بەم پرسیارە دەستیپێکرد کە ئایا لەنێوان عەقڵ، و دەقدا کامەیان یەکەمن..؟ لەمڕووەوە پەیڕەوانی موعتەزیلە پێیانوایە عەقڵ یەکەمەو لە ڕێگای عەقڵەوە، واتاو ناوەرۆک و ڕاستبوون، یان ناڕاستبوونی دەقێک دەردەکەوێت. لە حاڵێکدا پەیڕەوانی تری نەریتیی

پێچەوانەکەیان لا درووستەو لەمڕووەوە ئیمامی شاتبی دەڵێت: (دادوەری عەقڵ بە هیچ جۆرێک ڕەوا نییە. و ئەو دادوەریەی بەشێوەیەکی ڕەها لەسەرووی عەقڵەوەیە تەنیا شەرعە. و واجبە ئەوەی وەپێش دەخرێت شەرع بێت و ئەوەی دوادەخرێت عەقڵ بێت. چونکە ناکرێت ناتەواو(کە عەقڵە) وەپێش شتێکی تەواو کامڵ(کە شەرعە) بخرێت.٦

بەڵام ئەمانە وەڵامی ئەم پرسەیان پێ نادرێتەوە کە مرۆڤ دەقێکی شەرعی ڕاستەقینە چۆن لە دەقێکی شەرعی ساختە جیاکاتەوە ئایا مەگەر جگە لە عەقڵ پێوەرو مێتۆدێکی تر هەیە..؟ دەگوترێت کە متمانە بەتەفسیرکاران و شارەزایانی ئایینی بکەین و پەیڕەویی لە بۆچوونەکانی ئەوان بکەین..! بەڵام دیسان ئەگەر من بۆ نموونە موسوڵمانێکی سووننی مەزهەبم ، بەچیدا بزانم کە زانایانی شیعەو تەفسیرکارانی دەربارەی لێکدانەوەو تەفسیری دەقی قورئانیی و حەدیسەکانی پەیامبەر پتر لەهی سوونە کە لەهەندێک شوێندا جیاوازیی بنەڕەتیان هەیە، بەڕاستی نەگەیشتوون...؟ دیارە کە لێرەدا یان دەبێ چاو دابخەم و کوێرانە بەدوای ئەو ڕەوتە بکەوم کە زۆرینەی کۆمەڵگایە، ئەمەش بەداخەوە کارێکە زۆربەی هەرەزۆری خەڵکانی ئەم جیهانە پەیڕەوی دەکەن. یانیش پەنا بۆ عەقڵ ببەمەوە. کە بێگومان دیسانیش بە حوکمی ئەوەی من مرۆڤم و شیاوی هەڵەو ناتەواویم، دەکرێ لە هەڵبژاردنەکان و بەراوردو داوەریەکانمدا بەهەڵەدا بچەوە. و بەمجۆرە، هیچکات ئەو حەقیقەتە گردەبڕانەی دڵمان دەیخوازێت بەدەستی ناخەین. هەربۆیە ڤۆلتێر دەڵێت: (لەدینوەرگەڕان شتێکی سروشتییە. چونکە لە ماهییەتی سنوورداربوونی زهنییەتی ئێمەوەیە و لەبەر ئەمە شایستەی لێبووردنە. بەڵام دەمارگیریی و توندڕەوی بە پێچەوانەوەیەو ئاکامەکەی نەخۆشییە. چونکە بریتییە لە خۆپێباشتربوون و لە پێناویدا دەست بۆ چەکبردن.)٧

بەڵام ئەمەش بەو واتایە نییە کە ئۆباڵی هەر گەمژەییەک و خواروخێچییەک

بەسنووردارببوونی عەقڵدا بدەینەوەو دەبێ هەمیشە لە هەوڵدان بۆ دیتنەوەی مێتۆدو ڕێبازەکاندا بەردەوامبین. و مرۆڤ بۆ جیاکردنەوەی دەقێکی مەزهەبی ساختە لەگەڵ یەکێکی ڕاستەقینەدا ناکرێ هێندە دەستەوەستان بێت، کە ملکەچی هەڵە باوەکانی سەردەم بێت. لەمڕووەوە پێموایە دوو ڕێگا لەبەردەمدایە. یەکەم/ ئەوەی ئەو ئایینە ڕێنوێنی بەچاکە بکات نەک شتێکی تر، لە ڕق و کینەو هاندانی شکەنجەو وێرانی و خوێنڕشتن. دووەم/ ئەوەی تەواوی بۆچوونەکان لەگەڵ عەقڵ و لۆژیکدا بێنەوە. چونکە هەر دەقێکی مەزهەبی چ کۆن و چ نوێ، لە هەر شوێنێکی ئەم جیهانەداو بە ناوی هەر ئایینێکەوە بێت لە ئاکامدا بۆ مرۆڤە. و کەواتە دەبێ بە پێی لۆژیکی مرۆڤ بێت، نەکە (وەک دەڵێن) لۆژیکی خواوەندیی. کەواتە مرۆڤ دەبێ هەمیشە ئەو مافەی هەبێت، گومان بکات، پرسیار بکات، بەراوورد بکات و ئەگەرەکانی تریش بخاتە بەرچاو. و لەمڕووەوە لەناو زانایانی ئیسلامیشدا بەتایبەتی شیعە بیروبۆچوونی لۆژیکمەندانەتر هەن بۆ نموونە مورتەزا موتەهەریی دەڵێت: (تەنیا لە حاڵەتی هەڵبژاردندایە، کە ئەرک و پاداشت و سزا .. عادلانەو چەمک و واتا پەیدا دەکەن. ئەگەر مرۆڤ ئازادیی و بواری هەڵبژاردنی نەبێت، لەبەرانبەر ویستی خواوەندیی یان فاکتەرگەلی سروشتیدا، دەستبەستراو، و ناچار دەبێت و ئیتر واتایەکی تێدا نامێنێتەوە.)٨

ئیبن خەلدون گەرچی کامڵبوونی عەقڵ بە شتێکی ڕەها نازانێت و سنوورێکی بۆ دیاریی دەکات، بەڵام نایخاتە پلە دووەوە بەو پێیەی دادوەرێکی ناتەواوە، و دەڵێت(عەقڵ تەرازوویەکی ڕاستە. حوکمەکانی دڵنیایین و درۆی تێدا نییە، بەڵام نابێ ئەو چاوەڕوانییەشت هەبێت کە تەوحیدو ئاخیرەت و پەیامبەرێتی و سیفاتی خواوەندیی پێ بکێشیت.)٩

بەڵام موعتەزیلەکان ئەم سنوورانەیان تێپەڕاندو ڕایانگەیاند هەردەقێک تەنانەت ئەگەر لەقورئان و حەدیسیشەوە بێت، لەگەڵ عەقڵ و لۆژیک یەک نەگرێتەوە،

دەبێتە دەقێکی گومانهەڵگر لە ڕاستبوونیدا. و تەنانەت پێیانوایە مرۆڤایەتی لە ئاستێکدایە ئیتر پێویستیی بە قورئان و حەدیس و پەیامبەران نییە. و بەڵکو هەندێک لەوان گەیشتنە ئەو باوەڕەی کە ئایین بەواتای بێعەقڵی. و لەمڕووەوە شاعیری هەرە ناوداری عەرەب ئەبولعەلای مەعەری (٩٧٣- ١٠٥٧) دڵێت:

هفت الحنيفة والنصارى ما أهتدوا ويهود حارت والمجوس مضللة

أثنـــان أهـــل الأرض ذو عـقـل بـــلا دين و آخـــر دين لا عـــقل لـــه

واتا حەنیفیەکان (موسوڵمانان) گومڕان، و مەسیحیەکانیش ڕێگایان بە شوێنێک نەگەیشت. جوولەکە سەرگەردان، و ئاگرپەرستان سەرلێشێواو. دانیشتوانی سەر زەوی دوو جۆرن: جۆرێک کە خاوەنی دینن و عەقڵیان نییەو دووەمیش ئەوانەی عەقڵیان هەیەو دینیان نییە.

کە دیارە لەم حوکم و هەڵسەنگاندنەدا زیادەڕەویەکی بێواتا هەیە. چونکە ، گەرچی کاریگەریی مەزهەب لەسەر عەقڵ و مەعریفەو بیرکردنەوەو توانای داهێنانی مرۆڤ.. نکوڵی ناکرێت. بەڵام بەدرێژایی دیرۆک لەهەردوو بەرەی خاوەن باوەڕانی مەزهەبی و بێ باوەڕاندا، و لەگشت بوارەکانی زانست و فەلسەفەو سیاسەت و ئەدەب و هونەردا.. مرۆڤی بیرمەندو لێهاتوو، و بەهرەمەند هەبوون. بەبڕوای من پرس ئەوەنییە داخوا مرۆڤ خاوەن باوەڕی مەزهەبییە یان نا، بەڵکو ئەوەیە ئەو باوەڕیی، یان بێ باوەڕییەی خۆی لەبواری پراکتیکدا چۆن پەیڕەودەکات..!

ئەبولعەلا لە کێشەی نێوان پەیڕەوانی حەدیس(اهل الحديث)، و پەیڕەوانی بیروڕا (اهل الرأی)، لەوەی لەنێوان دەق، و عەقڵدا کامەیان بەپلەی یەکەم دێت و شیاوی متمانەو پشتپێبەستنە، لایەنگریی خۆی بۆ بەرەی دووەمییان و موعتەزیلە ڕادەگەیەنێت و دەڵێت:

ايها الـــغر،ان خصصت بعـــقل فاتبعه ، فـــكل عقل نبی

يرتجي الناس ان يقوم امام ناطق فی الكتيبة الخرساء

كذب الظن لا امام سوى العقل مشيرا فى صبحه والمساء

فأذا ما اطعته جلب الـرحمة عنـد المـسير والأرساء

انما هـذه الــمذاهب أسباب لجذب الدنيا الى الرؤساء

واتا گشتییەکەی ئەمەیە کە دەڵێت: ئەی خەڵکینە لەبری پەیامبەران بەدوای عەقڵی خۆتان بکەون و متمانەی پێبکەن. و هەر عەقڵێک بۆخۆی پەیامبەرێکە.

ئەمجار دەڵێت: خەڵکان بەهیوای ڕابوونی ئیمامێکن لە لەشکری کەڕولاڵاندا. درۆیە، ئیمامێک جگە لە عەقڵ لەئارادا نییە، کە هەمیشە ڕێنیشاندەرەو سەرکەوتن و شکەستت پەیوەستەی ئاست و چلۆنایەتی پەیڕەوکردن لەو عەقڵەیە. ئەم مەزهەبانەش شتێک نین جگە لە هۆکاری ئەوەی جیهان بکەوێتە دەست سەرۆکان. لەشوێنێکی تریشدا ئەبولعەلا، تەواوی ئایینەکان دەخاتە تای تەرازوویەک و پێیوایە کەهەموو خاوەنی یەک پەیام و لۆژیکن و هەریەک دەخوازێ وای نیشانبدات خاوەنی پسوولەیەکی خواوەندییەو ئەوانی تریشی لێ بێبەریی دەکات و ئاکامیش لە سەرلێشێواندنی خەڵک بەملاوە شتێکی تر نییەو دەڵێت:

فى اللاذقية ضجة بين احمد والمسيح

هذا بناقوس يدق وذا بمأذنة يصيح

كل يعظم دينه يا ليت شعرى ما الصحيح

واتا: لە لازقیە کێشە لە نێوان ئەحمەدو مەسیح، واتا نێوان ئیسلام و مەسیحیەتدایە. ئەمیان لەزەنگەکانی دەداو ئەویان لە منارەکانەوە هاواردەکات. هەریەک بەئایینی خۆیدا هەڵدەڵێ ئاخر من چۆن بزانم کێهەیان ڕاستە..؟!

هەروا ئەبولعەلا دەقێکی لە ژێر ناوی (رسالة الفصول والغايات) ، نووسی، کە لە ڕووی زمانەوانییەوە شاکارێکی کەموێنەیەو لە ناو ڕەخنەگران و شارەزایاندا، واهەڵدەسەنگێنرێ، کە مەبەستی ئەبولعەلا نووسینی هاوشێوەی قورئان و لەسەر کێشی (السور والآيات) بێت. بۆ سەلماندنی ئەوەی کە قورئان موعجیزە نییەو لە

لایەن مرۆڤەوە دەکرێ هاوشێوەی بنوسرێت. لەوێدا بۆ نموونە دەڵێت:

وما حجی الی أحجار بیت کؤوس الخمر تشرب فی زراها

اذا رجع الحکیم الی حجاه تهاون بالمذاهب وازدراها

ما الرکن فی قول ناس لست اذکرهم الا بقیه اوثان وانصاب

اری عالما یرجون عفو ملیکهم بتقبیل رکن واتخاذ صلیب

واتا گشتییەکەی ئەمەیە کە ئەمە چ حەجێکە بۆ شوێنێک کە تەنیا داروبەردی بێگیانی لێیە. ئەمەش ئاماژەو وێکچواندنە بە زیارەتی بت و بتخانەکانی سەردەمی جاهیلی لە کەعبەدا، و هەمان ڕێوڕەسمیش بەناوی سەفاومەرواوە پەیڕەودەکرێتەوە کە خەڵکی سەردەمی جاهیلی ئەنجامیان دەدا. و هەمووشی هەردەچێتە خانەیەکەوە کە بتپەرستییە.

شایانی باسە کە واسل کوڕی عەتاش وتارێکی هەیە، سەرەڕای بیروباوەڕی جوان و ڕێنوێنیی بەیەکییەتی و دوورکەوتنەوە لەشەڕوکێشە، لەڕووی زمانەوانیشەوە، زۆر نزیکە لە زمانی قورئان و لەتەواوی وتارەکەشدا پیتی (ر) بەکارنەهاتووە. و لەبەشێکی ئەم وتارەدا دەڵێت: الحمد لله القديم بلا غاية، والباقي بلا نهاية، الذي علا في دنوه، ودنا في علوه، فلا يحويه زمان، ولا يحيط به مكان، ولايؤوده حفظ ما خلق، ولم يخلقه على مثال سبق، بل أنشأه ابتداعاه، وعد له اصطناعاه، فأحسن كل شيء خلقه وتمم مشيئته، وأوضح حكمته، فدل على ألوهيته، فسبحانه لا معقب لحكمه، ولا دافع لقضائه، تواضع كل شيء لعظمته، وذل كل شيء لسلطانه، ووسع كل شيء فضله، لايعزب عنه مثقال حبة وهو السميع العليم.

هەروا بیرو باوەڕی موعتەزیلە، کۆمەڵێک بۆچوونی چەسپاوی تری ناو مەزهەبیی وەک موعجیزە، جندوکە، فریشتە.. بەناڕاست دەزانی و لەسەرئاستی مامەڵەکردنیش لەگەڵ ئایینەکانی تردا بانگاشەی نزیکبوونەوەو پەیوەندیی دۆستانەو لێبووردەیی لە نێوان ئایینە جۆربەجۆرەکاندا دەکات. و پێداچوونەوە بەبیروباوەڕە ئایینەکانداو

نوێکردنەوەو ڕیفۆرم پەیڕەودەکات.

لەبەر ئەم هۆکارانە، موعتەزیلە لە ناو سوونییگەرایاندا وەک گومڕاو لەدینوەرگەڕاوان مامەڵەیان لەگەڵدا دەکراو، چەندانیان کەوتنە بەر پەلامارو ئازارو ئەشکەنجەو کوشتن و سوتاندن. هەروا لەگەڵ ئەوەدا کە بیروباوەڕی موعتەزیلە لەناو ڕەوتی سوونەدایە، بەڵام لەبەرئەوەی لە هەندێک شوێندا، نزیک لە بیرو باوەڕی شیعەگەرییە، بەشێکی زۆر لە پەیڕەوانی حەدیس هەردوو ڕەوت بەیەکێک دەزانن. جێگای سەرنجیشە کە زۆربەی هەرەزۆری بیرمەندانی کلاسیکی ئیسلام سەر بە ڕەوتی موعتەزیلەن و ئەوانە پتر لە لایەن شیعەگەرایانەوە جێگای ڕێزو ستایشن تا سوونە.

لەڕووی دیرۆکییشەوە ڕەوتی موعتەزیلە زۆر پێش دەستپێکردنی ڕیفۆرمی ئاینیی لە ئەوروپاو چەند سەدە بەر لە پەیدابوونی مەزهەبی پروتستانیشە. و هەرچەندە ئەگەر کاریگەرییەکانی (أبن رشد) لەسەر بیرو فەلسەفەی ڕۆژئاوا لەسەدەکانی ناوەڕاست لابەرین. هیچ بەڵگەیەکی دیرۆکی لەبەردەستاندا نییە کە ڕەوتی موعتەزیلە کارییگەریی لەسەر ڕۆژئاوا دانابێت. بەڵام بیروباوەڕەکان زۆر لەیەک نزیکن.

لەسەدەی حەڤدەهەمی زاینییدا بیرمەندانی ڕۆژئاوا بەتایبەتی فەیلەسوفی هۆڵەندی، باروخسپینوزا، پێداچوونەوەیەکی بیری سوکراتی و بیروباوەڕی ڕەواقیەکانی ئەنجامداو بەدیدێکی ڕەخنەگرانە لە فەلسەفەو بیروباوەڕی مەزهەبیی وخواناسیی، کۆمەڵێک دیدو بۆچوونی هێنایە کایەوە، کە بە پانتیزم. Pantheisme واتا یەکپارچەیی هەبوون، ناودەبرێت. کە مەبەست یەکبوونی سروشت و خواوەندە. هەرلەبەر ئەمەشە کە ئەم بیروباوەڕە زۆرجار بە ئاینی سروشتی ناو دەبرێت. ئەمەش لەوە هاتووە کە مرۆڤ بەدوور لە پرسی وەحی، بە شێوازێکی سروشتیی کۆمەڵە حوکمێکی مەزهەبی پێ ئیلهام بووە کە لە ناخیدا هەڵکەنراوە. بەبڕوای لایەنگرانی ئەم ڕەوتە فەلسەفیی و مەزهەبییە، ڕێنوێنییەکانی مەسیحیش هەر لە

چوارچێوەی هەمان ئەحکامی سروشتییدان. و کاکڵی عەقڵانی مەزهەبی سروشتیی، گەوهەری گشت مەزهەبەکانە. یەکێک لە خەسڵەتە هەرە دیارو گرنگەکانی ئەم مەزهەبە، ئاشیخوازیی و لێبووردەیی و ڕەتکردنەوەی جەزمیاتە.

هەروا ڤۆلتێریش ئایینی سروشتی لە یەک کاتدا دەکاتە چەکێک دژی مەسیحیەت و خوانەناسی و ماتریالیزم. و بەگشتی ئایینی سروشتیی دژی مەزهەب نییە، بەڵکو دژی خورافات و جادووگەریی و ساختەبازییە، و لایەنگریی عەقڵگەراییە لە مەزهەبدا.

بەڵام جێگای سەرسووڕمانە هەمان پرسیارگەلێک کە زانایانی مەسیحی و بیرمەندانی ڕۆژئاوا وەڵامی عەقڵانی و لۆژیکمەندانەیان بۆ دیتەوە یان لانیکەم هەموو لەسەر ئەوە ڕیککەوتن، کە لە حاڵەتی جیاوازیی وەڵامەکانیاندا بۆ هەر دەقێکی مەزهەبی، هیچ شتێک ڕەها نەکرێت و بەسەر گشتدا نەسەپێنرێت و هەموو ڕێزی گشت بیروباوەڕە جیاوازەکان بە خوانەناسانیشەوە بگرن. بەڵام هێشتا لە ناو کۆمەڵگا ئیسلامیەکان و لەسەر ئاستی زۆرینەی زۆری خەڵک و گشت ئۆتۆریتەی ئایینیدا، وەڵامە خورافی و ناعەقڵانییەکان ڕەواج پێدەدرێت و پشتیان پێدەبەسترێت.

زۆربەی هەرەزۆری زانایانی ئایینی ئیسلام، بەهەموو گروپە جۆربەجۆرو پێکهاتەکانییەوە، بەهەبوونی جیاوازییش لە نێوانیاندا هێشتا لەتەفسیرو تەئویلی دەقەکانی قورئان نەبوونەوەو بۆ ئەوەی قورئان وەک پەرتووکێک نیشان بدەن کە موعزجیزەی لەخۆیگرتووە، مامەڵەی هەڵە لەگەڵ ئەم پەرتووکەو حیکمەت و فەلسەفەی ئایین و خواپەرستیی .. دەکەن.

تەمەنی تەورات ٣٣ سەدەو قورئان ١٤ سەدەیە، بەدرێژایی ئەم چواردە سەدیە، وەک نموونەیەک لەوتەفسیرانە، واژەی (یوم)، کەهەم لەتەورات و هەمیش لەقورئاندا هاتووە بەواتای (ڕۆژ) لێکدراوەتەوە، و کاتێک ئایەی ٧ لە سورەی هود دەڵێت: وهو الذی خلق السماوات والأرض فی ست أیام. تەواوی تەفسیرکارانی قورئان وەک جلالین، أبن کثیر، قرطبی...و ئەوانی تر وایان لێکداوەتەوە کە (ستە أیام)، واتا

شەش ڕۆژ. یەکەمین ڕۆژ، یەک شەممەوە، دوایین ڕۆژ هەینی. بەڵام کاتێک زانست بەمەدەگات کە هەبوون لەشەش ڕۆژدا درووست نەکراوە، تەواوی ئەو تەفسیرانەی چواردەسەدەیە پشتیان پێدەبەسترێت وەلادەنرێن و واتای (یوم) لەبری ڕۆژ، دەبێتە، قۆناغ. کە هیچکات واژەی (یوم) لەزمانی عەرەبی و لەتەواوی فەرهەنگە زمانەوانییەکانیدا بەم واتایە نەهاتووە. لەمەش پتر مایەی سەرسووڕمان ئەمەیە کەگەرچی مەزهەبی سوونە، ڕواڵتگەران و باوەڕیان بەواتای باتینی و سیمبۆل نییە کەچی لەوانی تر گەرموگوڕتر، برەو بەمجۆرە تەئویلە ناشی و ناسەرکەوتووانانە دەدەن.

لێرەدا ئەم مافەمان هەیە بپرسین ئەگەر بەدرێژایی ١٤ سەدە موسوڵمانان و مرۆڤایەتی هێشتا لەقورئان نەگەیشتبن، ئەدی حیکمەتی قورئان بەدرێژایی ئەم چواردەسەدەیە چی بووە..؟ ئەگەر ئامانجی قورئان نیشاندانی موعجیزە بێت، ئەمە چ موعجیزەیەکە کە بەدرێژایی ١٤ سەدە پەیڕەوانی پەڕتووکێک لەناوەرۆکەکەی نەگەن..؟ ئەگەر بەڕاستی قورئان پڕیەتی لە نهێنی و بەرەبەرە ئەو نهێنیانە ئاشکرادەبن بۆچی تەنانەت یەکجاریش چییە قورئان بەر لەزانست یەکێک لەو نهێنیە زانستیانەی ئاشکرا نەکردووە، و تەنیا کاتێک کە زانست پێیدەگات، تازەبەتازە تەفسیرکارانی مۆدێرن تەئویلی دەکەن و فێڵێکی ناشیانەی بۆ دەبیننەوە، و دەڵێن لەقورئانیشدا هەیە..!؟ ئەم جۆرە تەئویلانەش هێندە ناشیانەو نالۆژیکمەندانەو ناعەقڵانین، کەوەکو ئەمە وایە من ڕۆژێک بێم و بانگاشەی ئەمە بکەم گوایا پەیامێکی خواوندیم بۆ هاتووەو لەلایەن خواوەندەوە ڕاسپێردراوم، یان خەونم دیتووە تا ڕێبەرایەتی نەتەوەیەک وەئەستۆبگرم و بۆ نیشاندانی ڕاستگۆییشم دەڵێم ساڵی ئایندە بومەلەرزەیەکی بەهێز بست بەبست و سەرتاپای جیهان دەگرێتەوە. و ئەگەریش ڕووی نەدا ئامادەبم لەدارمدەن و بمسوتێنن. کاتێکیش ساڵ هاتوو چوو، ئەو بومەلەرزە جیهانییە، کە بست بە بستی جیهان بگرێتەوە ڕوونەدات. پەیڕەوانم

لەوانەی باوەڕیان بەبانگاشەکەم کـرەدووە، بێن و بڵێن: ڕێبەرەکەمان ڕاستی بۆچووبوو، ئەوەی گووتی هاتەدیی چونکە مەبەستی ئەو بوومەلەرزەی سروشتیی نەبوو کە هەمووان واتاکەی دەزانن بەڵکو مەبەست بۆ نموونە قەیرانی ئابووری بوو. یان بێم و بەڵێن بدەم کە بەچلەی هاوین پێنج مەتر بەفر لە سەرتاسەری جیهان دەبارێت. و کاتێکیش نەباری، زۆربەسادەیی بێم و بڵێم ئەوبەفرەی کە پێشبینیم دەکرد باری، بەڵام چونکە زۆر لەخواوەند پاڕامەوە کەئەمە گرفتێکی زۆر بۆ خەڵک درووستدەکات، بە قودرەتی خوا ئەو بەفرە بەرلەوەی بگاتە زەوی لەلایەن فریشتانەوە توایەوەو بوو بە هەڵم. یان کەوتە سەرزەوی، بەڵام دیسان بەقودرەتی خواوەند لەبەرچاوی مرۆڤ نمایان نەبوو.!! بەمجۆرە، فێڵ و ساختەبازیی تا ڕۆژی حەشر دەتوانن بەردەوامبن و هیچکاتیش ڕاستی و ناڕاستیان، نەسەلمێت.

ئیتر لەبری ئەوەی ڕێنوێنییە ئەخلاقییەکانی قورئان بکەنە سەرمەشق لە خواپەرستیداو جەخت لەسەر ئەم ڕێنوێنییانە بکەنەوە.. تەفسیری تیۆرییە زانستییەکانی پێدەکرێتەوەو وەک ئایدیۆلۆژیایەک بۆ بەدەستخستنی دەسەڵاتی سیاسیی حوکمڕانیی بەکاردەهێنرێت. کە لەم میانەدا گەورەترین سوکایەتی بە قورئان دەکرێت.

موسوڵمانە توندڕەوەکانی میسر، بە پشتبەستن بەدەقە قورئانییەکان لەساڵانی ڕابردوودا گەشتیارە بێگانەکانیان دەکوشت، و دەیانگووت خاکی پیرۆزی موسوڵمانان گڵاودەکەن، و بیروباوەڕی کوفرئامیز لەناو موسوڵماناندا بڵاودەکەنەوە. بەڵام کاتێک خۆیان هاتنە سەردەسەڵات، و بۆیان دەرکەوت کە ئەو پارەو سامانەی گەشتیارانی بێگانە دەیهێننە میسر چەندە گرنگە بۆ ئابووری ئەو وڵاتە، ئەمجاریش بە پشتبەستن بە قورئان، کە موسوڵمان ئەرکی ئایینی سەرشانییەتی کە ڕێزی میوان ڕابگرێت و ئازادییەکەی دابین بکات و بە ناوی خوای گەورەوە ڕایانگەیاند کە: (گەشتیار بە ئەندازەی قورئان پیرۆزە).١٠

ئایا ئەم مامەڵە ساختەبازانەیە و بەکارهێنانی قورئان وەک چەکێک بۆ سەپاندنی ئەو

بیروباوەڕانەی هەمیشە لە گۆڕاندان، سوکایەتی نییە بە قورئان..؟

خۆبەستنەوەی زۆربەی هەرەزۆری زاناو شارەزایانی ئایینی ئیسلام بە تەفسیری نەریتی و گواستنەوەو تەئویل بەجۆرێک کە لەگەڵ بیروباوەڕەکانی خۆیان بگونجێت، زیانێکی زۆری بە ئایینەکە گەیاندووە. و نیشاندانی ئایینی ئیسلام وەک ئاینێکی دواکەوتوو لە جیهانی هاوچەرخدا و دەستەوەستانبوون لەبەردەم پرسە سەرەدەمییەکان و پێشکەوتنە زانستییەکان و پێداویستییە نوێیەکاندا.. ئاکامی هەرە ڕاستەوخۆی ئەو تێگەیشتن و تەفسیرانەیە کە تا ئێستا لەقورئان کراون. هەربۆیە کەسێکی وەک ئەرنێست ڕەنان دێت و بەوپەڕی باوەڕ بەخۆبوونەوە دەڵێت: (گشت ئەوانەی ئاگادارییەکی ئەوتۆیان لەسەر بارودۆخی ئەم سەردەمە هەبووبێت، بەڕوونی زەلالەت و شکەستی وڵاتە ئیسلامییەکان و نەبوونی سیمای هزر لەلای ئەو گەلانەی ئەم ئایینەیان وەک تاکە فەرهەنگ و پەروەردە وەرگرتووە دەبینن. و تەواوی ئەوانەی سەرنج بە ڕۆژهەڵات و ئەفریقا دەدەن، سەریان لەبیرتەسکیی و ئەو سنوورداربوونە حەتمییەی خاوەن باوەڕێکی ڕاستەقینە و ئەو شوورە پۆڵایینەی ئابلۆقەی سەری خۆی پێداوە، سووڕدەمێنێ. کە وای لێدەکات بەتووندیی خۆی لەبەرانبەر زانستدا دابخات و لەوەرگرتنی هەر شتێک و کرانەوە بەرەو ڕووی هەر بیرێکی تازەدا دەستەوەستان بێت.)١١

جێگای سەرنجە لەو کاتەوە ئێرنست ڕەنان ئەم قسانەی کردووە تا ئێستا پتر لە ١٣٠ ساڵ تێدەپەڕێت. بەڵام بارودۆخی جیهانی ئیسلام و موسوڵمانان نەک لەو کاتە باشتر نەبووە بەڵکو دەڵێی ئەم قسانە هەر بۆ ئەمڕۆ گوتراون. و خۆئەگەر ، ئاستی پێشکەوتنەکانی ڕۆژئاوا لە ماوەی ئەم ١٣٠ ساڵەدا لەبواری بیرو مەعریفەوە لەگەڵ جیهانی ئیسلامدا بەراورد بکەین، ئەمجار پەی بەو کارەسات و تراژیدایە دەبەین کەبەردەوام لەحاڵی ڕووداندایە.

ئەمڕۆ گوتاری ئیسلامیی، لەتەواوی کۆمەڵگا ئیسلامییەکاندا بەمە سنوورداربووە کە

دەسەڵاتی سیاسیی لەسەر بنەمای شەریعەتی ئیسلام بەڕێوەبچێت و باقییەکەی تریش ئایین وژیـان، لەچواردیواری عیبادەتدا وەک تاکە ئامانجکی بنەڕەتیی خڕکراوەتەوەو تەواو..!

دیارە لەبەرانبەر ئەم ڕەوتە نەریتییە بەهێزو دواکەوتووەدا، وەنەبێ هیچ ڕەوت و چالاکی و کاردانەوەیەک لە ئـارادا نەبێت. بەڵکو هەمیشە چ لەناو خودی ئایینی ئیسلام وەک زاناو ڕێبەرانی ئایینی و یانیش کەسانی ئەکادیمی و نووسەرو ڕۆشنبیران، هەمیشە ڕەوتێک هەبووە کە دەرکی بەم لاوازییە بەهێزەی ڕۆژهەڵاتی ئیسلامی لەبەرانبەر ڕۆژئاوای پێشکەوتوو، و زانستدا کردووە. زانای ئایینی ناوداری میسر، ئیمام محەمەد عەبدە، نزیک بەسەدەو نیوێک بەر لە ئێستا لەم ڕاستییە گەیشت کە موسوڵمانان بە ئایینەکەی خۆیان نەشارەزان و ئامانجی کۆتایی بیروباوەڕەکەی خۆیان نازانن لە چیدایە. هەربۆیە ئەو پێیوایە کە ئامانجی تەفسیرو تێگەیشتن لەقورئان بریتییە لە (تێگەیشتنی پەرتووک (قورئان)، بەو پێیەی ئاینێکە بۆ ڕێنوێنیکردنی مرۆڤ بەرەو بەختەوەریی لە ژیانی ئەم جیهانەو ئاخیرەتدا، ئەمە ئامانجی هەرە باڵایەو ئەوانی تر هەموو دەکەونە پلەی خوارترەوەو یانیش دەبنە ئامراز بۆ بەدەستهێنانی ئەمە)١٢

کەواتە ئەگەر ئایینیش وەک هەر بیرو بـاوەڕو ئایدیۆلۆژیایەک لەبەدیهانانی بەختەوەریی بۆ مرۆڤ سەرکەوتنی بەدەست نەهێنا ، یان ئایینەکە هەر لە ڕیشەوە ساختەیە، یانیش لە تێگەیشتن و پەیڕەوکردنیدا کەموکوڕی بنەڕەتیی هەیە. و پێویستە ڕیفۆرم و گۆڕانکاریی بەسەردا بێت. جگە لەمە هەر ئیحتیمالێکی تر ناتوانێ بوونی هەبێت.

هەروا، تەفسیرو تێگەیشتنی محەمەد عەبدە دەربارەی (وەحی)یش، شتێکی نوێیەو لەسەر ئەم باوەڕەیە کە (ئامانجی سەرەکی خواوەند لە وەحی لەبەرچاوگرتنی بەرژەوەندی مرۆڤە) ١٣و دەبێ تەواوی دەقە پیرۆزەکانیش هەر لەم دیدەوە

بخوێندرێنەوەو تەفسیر بکرێن، لەبەر ئەمەشە کە لێرەدا دیسان جەخت لەسەر تەفسیرێکی عەقڵانی و دوور لە جەزمیات و دۆگماو خورافات دەکاتەوە.

هەروا محەمەد عەبدە دەربارەی زۆر بابەتی وەک پەیامبەرێتی، موعجیزە، فریشتە، چیرۆکە قورئانییەکان... بیروباوەڕی تایبەت بەخۆی هەیەو لێرەدا زانست دەکاتە پێوەر بۆ ڕاستبوون یان ناڕاستبوونی ئەمانە. و دەربارەی ڕووداوە دیرۆکیەکانی ناو قورئانیش پێیوایە کە پێویست نییە ئەمانە ڕووداوی ڕاستەقینە بن، و لەمڕووەوە نەسر حامد ئەبو زەید دەربارەی محەمەد عەبدە دەڵێت: (گرنگترین بەشدارییەک کە عەبدە پێشکەشی کرد، بریتییە لە پێداگرتنی ئەو لەسەر ئەوەی مەبەستی قورئان ئەوە نەبووە ببێتە پەرتووکی دیرۆک. بەم پێیە گێڕانەوەکانی قورئان نابێ وا هەڵسەنگێنرێت کە بەڵگەنامەی دیرۆکیین. و ئەو ڕووداوە دیرۆکییانەی لەدەقەکانی قورئاندان، لەقاڵبی ئەدەبیدا داڕێژراون ، بەمەبەستی پەندو ئامۆژگاریی و هۆشیارکردنەوە هاتوون.)١٤

سەرەڕای ئەمانە محەمەد عەبدە دان بەمەدا دەنێت کە قورئان پڕیەتی لە ناکۆکیی و شتی پێچەوانەی لۆژیک و زانست. بەڵام پێشیوایە کە هۆکارەکەی ئەمەیە کە ئەو بەشانەی قورئان بۆ تەواوی مرۆڤایەتی و هەموو سەردەم و قۆناغەکان وەک خاوەن دۆگماتیستە مەزهەبییەکان باوەڕیان پێیەتی نییە. بەڵکو بۆ قۆناغێکی تایبەتەو لە ئاست عەقڵ و لۆژیکی خەڵکانێکدایە کە تەنیا لەو زمانەو ئەو شێوازی گوفتارو ئاخاوتنە دەگەن و دەتوانرێ کاریان تێبکرێت.

تەها حوسێنیش وەک پشتڕاستکردنەوەی بۆچوونەکەی عەبدە دەڵێت: (قورئان لە بناغەوە ڕووی لە عەرەبە بتپەرستەکانی سەدەی حەوتەمە. کەواتە هەر شتێک کە بە ناعەقڵانی لەوێدا خۆی بنوێنێت، یان هەر ناکۆکییەک لەگەڵ لۆژیک و زانست لە قورئاندا، هەبێت پێویستە، بەو جۆرە هەڵسەنگێنرێت کە ڕەنگدانەوەی دیدی عەرەبە لەسەر جیهان)١٥

محەمەد عەبدە، بە بیروبۆچونە بوێرانەکانی خۆی، لەکۆتایی سەدەی نۆزدەهەم و سەرەتای سەدەی بیستەمدا جارێکی تر بیروباوەڕەکانی موعتەزیلەی سەبارەت بەتەفسیری قورئان زیندووکردەوەو هەر لەبەرئەمەشە کە وەک یەکێک لە پەیڕەوانی موعتەزیلە پێناسەدەکرێت. و لەمڕووەوە بووە بناغەدانەری قوتابخانەیەکی نوێ بەتاموبۆنی موعتەزیلەو مۆرکی تایبەت بەخۆی. و دوای خۆشی چەندان لە پیاوانی ئاینی و شارەزایانی بواری ئایین درێژەیان بەڕێبازەکەی ئەوداو هەندێکی تریش لەپەیڕەوانی کاتێک دیتیان مێتۆدی محەمەد عەبدە گەرچی جێگای ستایش و توێژینەوەو هەڵسەنگاندنە بەڵام وەڵامی گشت پرسەکان سەبارەت بەتەفسیری قورئان ناداتەوەو ئەگەر لەقۆناغ و سەردەمێکیشدا ئەم توانایەی هەبووبێت، ئەوە لە قۆناغە نوێیەکانی تردا، ڕووبەڕووی پرسیاری نوێتر دەبێتەوەو هەر لەبەر ئەمە و بەدەستپێکردن بەڕێبازو مێتۆدی ئەو، کەوتنە بیری خوڵقاندنی مێتودی دیکەی کاریگەرتر. و تەفسیرکارانی نوێخواز لەبەرانبەر تەفسیری عەقڵانیدا تەفسیری ئەدەبیان داهێنا. ئەمەش بەوپێیەی قورئان بەر لەهەرشت پەرتووکێکی ئەدەبیەو مەزنیی و ئیعجازی خۆی لەوێدا دەبینێتەوە.

ئەمین ئەلخولی(١٨٩٥-١٩٦٦) یەکێک لەم ناوە دیارو پرشنگدارانەیە کەلەپێناوی نوێکردنەوەی بیروباوەڕی ئیسلامیی و گێڕانەوەی ڕووەجوانەکەی و هەوڵدان بۆ ڕۆیشتن و پێشکەوتن لەئاست ڕەوتە جیهانییەکەیدا، مێتۆدی ئەدەبی لەتەفسیری قورئاندا نەک هەڵبژارد بەڵکو بەتاکە ڕێگاشی لەقەڵەمدا. و بەباوەڕی ئەو تەفسیری ئەدەبیانەی قورئان دەتوانێ ئەو دەستکەوتەی هەبێت، کە تەنانەت مەسیحیی بێباوەڕانی عەرەبیش بە پەرتووکی مەزنی خۆیانی بزانن و شانازی پێوە بکەن چونکە (قورئان بەوپێیەی پەرتووکی هەرەگەورەی عەرەب، و بەرهەمی هەرە مەزنەو ئەو پەرتووکەیە نەمری بە زمانی عەرەبی بەخشیوەو قەوارەی نەتەوەکەی پاراستووەو لەگەڵ خۆیدا نەمریی پێبەخشیوە... و ئەمە خەسڵەتی قورئانە هەر عەرەبێک

خاوەنی هەر ئاینێکی جیاوازیش بێت دەیزانێت،...)١٦

گەرچی ئەم بۆچوونەی خولی ڕاستییەکی حاشاهەڵنەگرە، وپارێزەری زمانی عەرەبی و پێکهێنانی بیری عروبەو زیندووڕاگرتنی یەکیەتییەکەی، دەگەڕێتەوە بۆ هەبوونی مەرجەعێک کە پێگەکەی لەهەر مەرجەعێکی تر بەدرێژایی دیرۆک گرنگترو کاریگەرترو خاوەن هێزترە، و ئەویش قورئانە. بەڵام ئەم ڕاستییە پرسیارێکی هەرەگرنگ دەخوڵقێنێت، ئەویش ئەمەیە **ئەگەر بایەخی قورئان و هێزو ئیعجازی لە زمانەکەیدا بیت و کاریگەرییەکەشی بەوجۆرەبێت کە باسکرا لەسەر نەتەوەی عەرەب، ئەدی گەلانی تری ناعەرەب بەچ مۆتیڤێک کە، نە زمانیان عەرەبییەو نە ئیعجازی زمان بۆ ئەوان واتایەکی هەیەو نەبۆتە هۆی پێکهێنانی قەوارەو پاراستنی یەکیەتییان، ئیسلام بە ئایینی خۆیان و قورئان بە پەرتووکی خۆیان بزانن..؟**

بەواتایەکی تر ئایا موسوڵمانان پێویستە بپرسن، قورئان چی بۆ نەتەوەی عەرەب هێناوە، یان ئەوەی چی بۆ موسوڵمانان هێناوە..؟ کۆمەڵناسی هۆڵەندی، دی بور وەڵام دەداتەوە: (قورئان ئاینێکی بۆ موسوڵمانان هێنا، بەڵام تیۆری بۆ نەهێنان. هەروا ئەحکامیان وەرگرت، بەڵام هیچ بیروباوەڕیکیان وەرنەگرت.) ١٧

هەروا لەگەڵ ئەوەدا کە قورئان بوو بەهۆی درووستکردنی زمانێکی یەکگرتوو بۆ عەرەب، زمانێک کە لە میانی ئایینەکەوە، وەک زمانێکی تۆکمەوتەواوی خواوەندیی هەڵسەنگێنرا، و بووە جێگای شانازیی هەرەگەورەی عەرەب. کەچی ئەمجاریش، جگە لەزمان شتێکی تری لەبواری بیرو مەعریفەوە نەهێناو خودی زمانەکەش، نەبوو بەزمانی بیرو مەعریفە. و هەربۆیەش محەمەد عابد ئەلجابری دەڵێت: (عەرەبی، زمانی فەرهەنگ و فکر نییە)، لەبەر ئەوەی (ئامرازو میکانیزمە پێویستەکانی بیرکردنەوەی تێدا نییە) ١٨

لەگەڵ هەبوونی ئەو پرسەو چەندانی تری هاوشێوەی، تەفسیری ئەدەبیانەی قورئان بیروبۆچوون و شێوازی بیرکردنەوەو تێگەیشتن و هەڵسەنگاندنی نوێی دەربارەی

قورئان و بەگشتی ئایین هێنایە کایەوە. چونکە تەفسیرکارو خوێنەرو ڕەخنەگری قورئان لەو کۆتە دەربازدەکات کە تێگەیشتنەکانی خۆی پەیوەستەی باوەڕی پێشوەختی خۆی و مەزهەبەکەی خۆیەوە بکات چونکە (تەفسیرکاری عەقڵی بۆ قورئان دەڕوانێت بەوپێیەی سەرچاوەی یەکەمی باوەڕە، و ئایەتەکان بەجۆرێک تەئویل دەکات کە لەگەڵ مەزهەب و دیدی خۆی دەربارەی خوا بگونجێت. بەڵام تەفسیرکاری ئەدەبی قورئان بەو پێیە هەڵدەسەنگێنێت کە پەرتووکی هەرە مەزنی عەرەبە، کە بە بەلاغەتی خۆی ئەم نەتەوەیەی خستۆتە ژێر کاریگەریی سیحراوی خۆی و تەسەورێکی نوێی دەربارەی ژیان پێ بەخشیون) ١٩

سەرەڕای تەفسیرکاران و زانایانی ناو خودی دامـەزراوەی ئایینی، لـەدەرەوەی ئەم دامەزراوەیەش کەسانی ئاکادیمی بەتایبەتی ، شارەزایان بە شێوازی ڕۆژئاوا لەدیراسەکردنی زانستی ئایینەکان و مێتۆدی زانستگایی ڕۆژئاوا لە تەفسیری دەقە ئایینییە کۆنەکان، جوویی، مەسیحی، ئیسلام.. و شارەزا بە تەفسیرو تەئویلی هێرمنوتیکی، بیرو باوەڕی بایەخداری خۆیان خستە سەر هەوڵ و کۆششی پێشینانی خۆیان لەدیتنەوەی شێوازی نوێ و ڕزگارکردنی ئایینی ئیسلام لە تۆزو غوباری خورافات و دۆگماتیزم.

محەمەد ئەرگۆن یەکێک لەم سیما دیارانەیە کە مۆرکی خۆی بەدیرۆکی دیراسەکردنی قورئان و مێتۆدی تەفسیرکردنییەوە نا.

ئەرگۆن، لە تەفسیرکردنی قورئاندا دوو بنەمای هەرەسەرەکی بە پێویستییەکی حەتمی دەزانێت.

یەکەم: دیراسەکردنی (مەجاز)ی قورئان و خۆبواردن لە تیۆری ئیعجاز، کە بنەمای تەفسیری نەریتی وناعەقڵانییە. دیراسەکردنی مەجازیش بەم واتایەی زمانی ئایین زمانی سیمبۆل و مەجازە نەک زمانی حەقیقەت.

دووەم: هەڵگرتنی قودسیەت لەسەر قورئان، و گواستنەوەی لەپێگەیەکی

192

خواوەندییەوە بۆ پێگەیەکی مرۆیی، و لێکدانەوەو تەفسیر لەسەر بنەمای مێتۆدی زانستیی ئایینەکان بەوجۆرەی لەرۆژئاوا دەکرێت. و ئەو دەڵێت:

(زمانی ئایینیی بەمە لەزمانەکانی تر جیادەکرێتەوە، کە پتر وێنەگەلی سیمبۆلیکی، نەک دەربڕینی ڕاستەوخۆ دەربارەی ژیان و هەبوون دەخاتە ڕوو. و زمانی ئایینیی بە شێوازێکی بێوێنە و یەکجار دەگمەن، سیمبۆلیکبوونی ئاینی دیتەوە.)٢٠

لەڕاستیدا، باوەڕی محمد ئەرگون و لایەنگریی خۆی بۆ تەفسیری مەجازیی قورئان و سیمبولیکبوونی، پێشتر لە تیۆری زمانی مەجازیدا هاتووە، کە لایەنگرانی وەک: ئەبو حامیدی غەزالی، تۆما ئەکوینی، پۆل تیلیش... لە ناویاندا هەبوون. بیرمەندی پرۆتستانی پۆل تیلیش دەڵێت: (باوەڕی ئایینیی کە ئامانج و مەبەستی هەرە باڵای هەبوونە، ناتوانرێت بەهیچ شێوازێک جگە لە زمانی سیمبۆل دەرببڕدرێت. چونکە هەر شتێک پەیوەندیی بە ئامانج و مەبەستی باڵاوە هەبێت، واتای سیمبۆلیکی هەیە. و تەنیا یەک شت ناتوانێت واتای سیمبۆلیکی هەبێت ئەویش خواوەندە. کە هەبوونێکی ڕەهای هەیە.)٢١

بەمجۆرە تەفسیری قورئان و مێتۆدەکانی تەفسیر. کێشەیەکی هەمیشەیی نێوان دوو ڕەوتی سەرەکی کلاسیک و موحافەزەکارو نەریتیی لەلایەکەوە، و نوێخوازان و دژبەرانی جەزمگەرایی و دۆگماتیزمیش لەلایەکی ترەوە بووە. ڕەوتی یەکەم خاوەنی دەسەڵاتی باڵابووە. بەڵام ڕەوتی دووەمیش گەرچی بەقۆناغی جۆراوجۆر، و هەورازو نشێوی زۆردا تێپەڕیوە، و هەمیشە لەچاو ئۆتۆریتەی ئیسلامی نەریتیدا لاوازو چوارێوەدارو دژایەتیکراو، و کۆسپ لەڕێ بووە. بەڵام هەمیشەش بەجۆرێک لەجۆرەکان، تا ئەمڕۆش هەر بەردەوام بووە.

سەرچاوەو پەراوێزەکانی بەشی شەشەم

١- ژولی سادا- ژاندرون. تساهل در تاریخ اندیشهء غرب. ترجمهء عباس باقری. نشر نی. ١٣٧٨. تهران ل٨٨-٨٩

٢- هەمان سەرچاوە هەمان لاپەڕە.

٣- هەمان سەرچاوە ل- ٩٢-٩٣

٤- یوسف فضائی. تحقیق در تاریخ و فلسفەی مذاهب اهل سنت و فرقەی اسماعیلیە. مؤسسە مطبوعاتی فرخی. تهران. ل ٣٦

٥- محمد حسین ذهبی.التفسیر والمفسرون. جلد ١ ص ١٤٠

٦- أبراهیم الشاطبی. الأعتصام. المکتبة التجاریة الکبری. مصر ل٣٢٦

٧- ژولی سادا، سەرچاوەی پشوو ل١١٩

٨- مرتضی مطهری. عدل الهی. ل١٧

٩- عبدالرحمن بن محمد بن خلدون المقدمة. لکتبة التجاریة. مصر ل ٣٦٤ له (د. سهیل بن رفاع بن سهیل العتیبی . التیار العقلی لدی المعتزلة وأثره فی حیاة المسلمین المعاصرة الریاض- المملکة العربیة السعودیة ص٨) وەرگیراوە.

10- Metro 20-02-2012

١١- ألبرت حورانی. الفکر العربی فی عصر النهضة. ترجمة کریم عزقول. بیروت دار النهار. ١٩٨٦ ص١٥١

١٢- محمد عبده، مشکلات القرآن الکریم وتفسیر سورة الفاتحة . بیروت. دار مکتبة الحیاة. ص٧

١٣- ألبرت حورانی. سەرچاوەی پێشوو. ل١٨٧

١٤- عمر حسن القیام. أدبیة النص القرآنی. بحث فی نظریة التفسیر. المعهد العالی للفکر الأسلامی.ل٣٥

هەروا بڕوانە:

Abu-Zayd, The Dilemma of the Literary Approach to the Quran, 12

١٥- هەمان سەرچاوە ل ٣٦

١٦- أمين الخولى. مناهج تجديد فى النحو واللغة والتفسير والأدب، القاهره: دار المعرفة ١٩٦١ ص٣٠٣

١٧- طيب تيزينى، من اللاهوت الى الفلسفة العربية الوسيطة. القسم الأول. بترا للطباعة والنشر والتوزيع. دمشق٢٠٠٢ ص١١

١٨- هەمان سەرچاوە. ل١٢

١٩- شكرى عياد. دراسات قرآنية: يوم الدين والحساب، القاهرة؛ دار الشرق، ١٩٨٠ص.١٩

٢٠- محمد أرگون، و لوى گارديه. الأسلام، الأمس والغد، ترجمة: على المقلد، بيروت: دارالتنوير، ١٩٨٣، ص٢٠٢

٢١- عمر حسن القيام. سەرچاوەی پێشوو. ل ١٢٣

خوا، مەزهەب، مرۆڤ

بەشی حەوتەم
دەستکارییکردنی پەرتووکە پیرۆزەکان

دووپەرتووکی تەورات و ئینجیل، بەشێوازێکی ڕوون و ئاشکرا لەقورئاندا دانی پێدانراوەو پشتڕاستکراوەتەوە کە پەرتووکی خواوەندیین. بەواتایەکی تریش پیرۆزن و جێگای ڕێزی موسوڵمانانن و هاوتاو هاوشانی قورئانن. بەڵام ئەوەی ئاشکرایە جیاوازییەکی یەکجار زۆر و ناکۆکییەکی ڕیشەیی لەنێوان ئەم سێ پەرتووکەدا، و تەنانەت بەشێک و بەشێکی تری ناو یەک پەرتووکیشدا هەیە کە لێرەدا ئەمانە بۆ ئەم باسە گرنگ نین و ئەوەی گرنگە ئەو جیاوازی و ناکۆکیانەیە کە لە نێوان ئەوان و قورئاندان. و زانایانی موسوڵمان و شارەزایانی ئایینی کە لەوەڵامدانەوەی لۆژیکمەندانەدا دەستەوەستانن، زۆر بەئاسانی خۆ لە ڕیشەی پرسیارەکە دەپارێزن و دەڵێن: تەورات و ئینجیل دەستکاریی کراون..! بەڵام قورئان ڕەسانەیەتی خۆی پاراستووەو بێ دەستکاریی ماوەتەوەو ئەمەش وەک موعجیزەیەک لێکدەدرێتەوە.. و لێرەدا گشت ئەم باوەڕانە پێویستیان بە کەمێک لێدوان و هەڵسەنگاندن هەیە.

بەرلەهەرشت، جێگای سەرنجە کە دوو ئایینی جوویی و مەسیحی تەواو لەیەکتر جیاوازن. پەیامی جیاواز، پەیامبەری جیاوازو قۆناغی جیاواز. پەرتووکی هەردووک ئایین یەکیان گرتووەو ناوی لێنراوە پەرتووکی پیرۆز (Bible)، بە بەشی یەکەمی دەگوترێت، پەیمانی کۆن، کەمەبەست پەیمانی خواوەندو نەتەوەی ئیسرائیلە لە ڕێگای مووساوە. و بەوەی تریش دەگوترێت پەیمانی نوێ. ئەمەش مەبەست ئەو پەیمانەیە کەخواوەند لەڕێگای حەزرەتی عیساوە و بەبەهای خوێنی ئەو لەگەڵ مرۆڤایەتی بەست. جوولەکە دان بە پەیمانی نوێدا نانێن و تەنیا ئایین و پەرتووکی خۆیان پێ ڕەسەن و خواوەندییە. مەسیحیانیش کە ئایینەکانی پێش خۆیانیان

قبوڵەو هی دوای خۆیان (ئیسلام) ڕەتدەکەنەوە، لێکدانەوەیەکییان لە هۆکاری ئەم جیاوازییە لەخەسڵەتەکانی خوا لە دوو قۆناغی جیاوازدا، نییە. هەروا پەرتووکی پەیمانی کۆن بەپێی کڵێسای کاتولیک لە ٤٧ پەرتووک و بەپێی کڵێسای پروتستان لە ٣٩ پەرتووک پێکهاتووە، و بە پێنج پەرتووکی یەکەمی دەگوترێت تەورات. تەوراتیش بەشێوازی وەحی بۆسەر موسا وەک بەشی هەرەزۆری موسوڵمانان پێیانوایە نەهاتۆتە خوارێ بەڵکو لە ماوەی هەزارساڵدا لەلایەن کاهین و پیاوانی جووییەوە، و بەناوی ٢٤ پەیامبەرەوە نووسراوەتەوە. پەرتووکی پەیمانی نوێش لە ٢٧پەرتووک و نامە پێکهاتووە کە بە چوار پەرتووکی یەکەمی دەگوترێت ئینجیل. و دیسان ئەویش بەشێوازی وەحی بۆسەر عیسا نەهاتۆتە خوار، بەڵکو بەدرێژایی دووسەدە لە لایەن کەسانی جۆربەجۆرو پاش مەرگی عیسا نووسراوەتەوە.١

بەواتایەکی تر هەردوو پەرتووکی تەورات و ئینجیل نەک هەر دەستکاریکراون بەڵکو لەسەر بنەمای دەستارییکردن درووستبوون. بەڵام ئەمە لۆژیکی موسوڵمانان پشتڕاست ناکاتەوە بەڵکو پتر دەیخاتە ژێر پرسیارەوە ئەمەش لەبەر چەند هۆکار:

یەکەم: کاتێک کە بیرمەندان و پێشەواو نووسەرانی ئیسلام کە بەئاسانیی، دەستکاریکردن دەخەنە پاڵ تەورات و ئینجیل، هیچ بنەمایەکی زانستیی نییە کە بەپشتبەستن بە لێکۆڵینەوەو دیراسەکردن بەدەستهاتبێت بەڵکو تەنیا بۆ خۆبواردنە لەو پرسیارانەی کە وەڵامەکانیان پێ نییە.

دووەم: هەر کەس و لایەنێک کاتێک بانگاشەی قەڵبوون، ساختەبوون، ناڕاستبوونی دەقێک یان هەرشتێک دەکات دەبێ ئەو ئەم بانگاشەیەی خۆی بەبەراوردکردنی نێوان ئەو شتە ساختەو ناڕاستەیە لەگەڵ دەق یان شتێکی ڕاست و ڕەسەن کە لەبەردەستیدایە ئەنجامدابێت. واتا بۆنموونە: کاتێک بەپارەیەک دەگوترێت قەڵب، یان تەزویر، یان ساختە، کە ئەسڵ و ڕاستەقینەکەشی هەبێت و لەبەراووردی نێوان ئەم دووانەدا تەزویرو ڕاست بەدیاردەکەوێت. بەڵام هیچکەس تائێستا ئەو دەقە

ناڕاستانەی تەورات و ئینجیلی، لەبەرانبەر دەقێكی ئەسڵیدا بەراوورد نەكردووەو بەواتایەكی تر كاتێک دەگوترێت ئەم دەقانە ناڕاستن هیچكەس نازانێت و ئەم كەسانەش پێمان ناڵێن كوان دەقە ئەسڵیەكان و ئەگەر ئەو دەقە ئەسڵیانەیان لەبەردەستاندا نەبێت چۆن دەزانن چی ساختەیەو چیش ڕەسەن و ڕاستییە..؟!

سێهەم: كۆنترین نوسخەیەكی ئینجیل كە لە فاتیكان پارێزراوە دەگەڕێتەوە سەدەی سێیەم، ساڵی ٢٥٠ز واتا نزیک بە سێ سەدەو نیو بەر لە پەیدا بوونی ئیسلام، و بە زمانی یونانی نووسراوەتەوە. هەروا نوسخەیەكی تری كۆنیش دەگەڕێتەوە ساڵی ٣٠٠ ز ئەمیش نزیک بە ٣٠٠ ساڵ بەر لەئیسلام. ئەم نوسخەیەش لە نیوەدوورگەی سینا لە میسر دۆزراوەتەوەو لە مۆزەخانەی لەندەن پارێزراوە٢.

ئەم دوو نوسخەیە هیچكام لەو جیاوازییانەی تێدا نییە كە بانگاشەی موسوڵمانان پشتڕاسكاتەوەو ناوەرۆكی ئەم دوو نوسخەیە هەمان ناوەركی ئینجیلی ئێستایەو تەنیا لەچەند ڕواڵەوتدا جیاوازی دەبینرێت. ئەوەی كە لێرەدا زۆر گرنگە ئەمەیە كاتێک ئیسلام پەیدا بووە، شێوازی ئەم دوو نوسخەیە لە ئارادابوون ئیتر چ ڕاست بن یان ساختە. كەواتە ئەوەی قورئان باسیان لێوەدەكات هەر ئامانەو شێوازەكانی ئەمانەن. ئیتر ساختەبوون و ناڕاسبوونی ئینجیل مەبەست لەچییەو بەچ بەڵگەیەكی مادیی سەلمێنراو ئەمە پشتڕاست دەكرێتەوە، نییە.

چوارەم: كاتێک كەسێک، گروپێک، نەتەوەیەک، ئۆتۆریتەیەک دەستكاریی دەقێكی مەزهەبی، یان دیرۆكی..خۆی دەكات، دەبێ بەباشی دەستكاریی بكات. و مەبەست لەخودی هەر دەستكارییەک خۆگونجاندنە لەگەڵ سەردەم. خۆجوانكردن و ڕاستكردنەوەی هەڵەیە. ئایا ئەگەر دەستكارییكردنەكان بەوجۆرەبن كە بیرمەندانی موسوڵمان دەیڵێن، دەبووایە شتی ئاوا لە ئینجیل و تەروراتدا، كە خواوەند گۆشتی برژاوی پێخۆشە، یان دێت و زۆرانبازی لەگەڵ پەیامبەری خۆیدا دەگرێت، یان خواوەند گەردوونی لەشەش ڕۆژدا درووستكردووەو پاشانیش ماندووبووە، و پێویستی

بەحەسانەوە بووە... و هاوشێوەی ئەمانە.. بهێنێت..؟ ئایا جوولەکەو مەسیحیی، ئەگەر دەستکاریی پەرتووکی خۆیانییان بکردایە بەرەو باشتربوون ئەم کارەیان دەکرد، یان بەرەو خراپتربوون..؟ و چ سوودێک لەوەدایە پەیڕەوانی ئایینێک دەستکاریی پەرتووکە پیرۆزەکانی خۆیان بەرەو خراپتربوون و نالۆژیکمەندیی بکەن..؟

کەواتە بەڵی ئینجیل و تەورات هەر لە بناغەوە دەستکارییکراون. بەڵام کاتێک قورئان بەدییهاتووە، ئەم نوسخە دەستکارییکراوانە هەبوون، و هیچ ئاماژەیەکیشی پێ نەکراوە. و تەواوی ئەو شتانەش کەدەستکارییکراون بەداخەوە گرفتی ئەو هەموو ناکۆکیانەی نێوان ئەم پەرتووکانە چارەسەر ناکات.

لەمەش بترازێ کێشەی دەستکارییکردن تەنیا بە تەورات و ئینجیل سنووردار نابێت و قورئانیش دەگرێتەوە. و گەرچی زۆر لەموسوڵمانان یەکێک لە موعجیزەکانی قورئان لەمەدا دەبینن کە دەستکاریی ناکرێت. لێی زیاد ناکرێت و لێی لانابرێت و هاوشێوەی نانووسرێت. بەڵام ئەمەڕاست نییە. پرسی دەستکارییکردنی قورئان لە ناو فیقهی ئیسلامیدا هەبوونی هەیەو پشتڕاستکراوەتەوەو کێشەو بێنەوبەرەی زۆری لەسەرەو ئەمەش لە دوو بواری سەرەکیدا خۆی دەبینێتەوە: یەکەمیان کە لە فیقهی ئیسلامیدا بە (نەسخ)، و ئەوی تریشیان بە تەحریف ناودەبرێت و پێویستە بە خێراییش بێت لێیانەوە بدوێین.

ئا: نەسخ لە قورئاندا:

یەک لەو کێشە گەورانەی ناو فیقهی ئیسلامی کە بیروبۆچوونی جیاوازی لەسەرە، و بەردەوام مایەی گرفتی زۆربووە، پرسی نەسخە لە قورئاندا. واتا ئایەتێک بە ئایەتێکی تر بەتاڵ بکرێتەوە. یان حوکمێکی شەرعی لا ببرێت و حوکمێکی تر جێگای بگرێتەوە. کە لەخودی قورئاندا بەڕوونی ئاماژە بەمەکراوە کە بەتاڵکردنەوەی ئایەتێک بە

یەکێکی تر لەتواناداهەیەو لە ئایەی ١٠٦ سورەی (بقرة)دا هاتووە: **ما ننسخ من آية أو ننسيها، نأت بخير منها أو مثلها، ألم تعلم أن الله على كل شيء قدير.** واتا: کاتێک ئایەتێک بەتاڵ دەکەینەوە، یان بەفەرامۆشی دەسپێرین، لەوێنەی ئەو باشتر دەهێنینەوە، مەگەر نازانن خواوەند توانای هەموو شتێکی هەیە..؟

هەروا، لە ئایەی ١٠١ سورەی (نحل)دا هاتووە: **وأذا بدلنا آية مكان آية والله أعلم بما ينزل ...** واتا: ئەگەر ئایەتێکمان بە ئایەتێکی تر بەتاڵکردەوە یان لە جیاتی ئەو ناردمانە خوارەوە، ئەوە خوا بۆخۆی دەزانێت چی بنێرێتە خوارەوە.

نموونەی ئایەی نەسخکراویش گەلێکن کە هەموو مەزهەبەکانی ئیسلام لەسەریان کۆک نین و ئەوەی بەلای هەندێکانەوە نەسخکراوە بەلای مەزهەبێکی ترەوە وانییەو یانیش بە پێچەاوانەوە کە ئەمەش پتر پەیوەستەی لەبەرچاوگرتنی بەرژەوەندیی و بەڕاست نیشاندانی بیروباوەڕە خودییەکانە. بەڵام لەگەڵ ئەمەشدا هەندێک ئایەی نەسخکراو هەن کە تائاستێکی زۆر هەمووان لەسەری کۆکن. وەك: ئایەی ٩١٢ سورەی (بقرة): **يسئلونك عن الخمر والميسر، قل فيهما أثم كبير، ومنافع للناس، وأثمهما أكبر من نفعهم** . .. واتا دەربارەی شەراب و قومار پرسیارت لێدەکەن، پێیان بڵێ گوناهێکی زۆریان تێدایەو سوودیشیان بۆ مرۆڤ هەیە. ئەمەش بە ئایەتی ٠٩ لەسورەی مائدە بەتاڵ کراوەتەوە کە دەڵێت: **يا أيها الذين آمنوا أنما الخمر والميسر والأنصاب والأزلام رجس من عمل الشيطان** . واتا: ئەی خاوەن باوەڕان، شەراب و قومارو بت و بەختخوێندنەوە کاری شەیتانن.

دیسان لە سورەی ئەنفال ئایەی ٦٥ دا هاتووە: **يا أيها النبى حرض المؤمنين على القتال، أن يكن منكم عشرون صابرون يغلبوا مائتين وأن يكن منكم مائة يغلبوا ألفا من اللذين كفروا بأنهم قوم لا يفقهون** . واتا: ئەی پەیامبەر هانی موسوڵمانان بدە بۆ جەنگ. ئەگەر لە ناو ئێوەدا بیست کەسی بەسەبرو خۆڕاگر هەبن بەسەر دووسەدکەسدا سەردەکەون. و ئەگەر سەدکەستان هەبێت بەسەر هەزاردا

سەردەکەون لە کافران.

کە بە ئایەیەکی تر لە هەمان سورە بەتاڵکراوەتەوە کە دەڵێت: **الأن خفف الله عنكم وعلم أن فيكم ضعفا فأن يكن منكم مائة صابرة يغلبوا مائتين وأن يكن منكم ألف يغلبوا ألفين بأذن الله والله مع الصابرين.** واتا: ئێستا خواوەند ئەرکی لەسەر کەمکردنەوە، چونکە دەزانێت کە لاوازیتان تێدایە. و ئەگەر ئێوە سەد کەسی بەسەبرو خۆڕاگرتان هەبێت بەسەر دووسەد کەسدا سەردەکەون، و ئەگەر هەزار بن بەسەر دووهەزاردا سەردەکەون.

هەروا بە شێک لە خوارج. باوەڕیان وا نەبوو کە قورئان هەمووی لە ڕێگای وەحیەوە هاتۆتە خوارەوەو بۆنموونە سورەی یوسفیان بە چیرۆکێکی ئەویندارییی دەزانی و شایستەی قورئانیان نەدەدیت. ٣

جگە لەمانە بیروبۆچوونی زۆر سەیروسەمەرە دەربارەی نەسخ و مەنسوخ لە قورئاندا بەرچاو دەکەون. بۆ نموونە بۆچونەکانی هەبەتوالله کوڕی سەلامە زەریر کە پتر لە دووسەدو سی ئایەی دیارییکردووە کە بنەمای نەسخ دەیانگرێتەوە لەمانە ئەو ئایەتەیە کە دەڵێت: **ويطعمون الطعام على حبه مسكينا ويتيما وأسيرا.** کە ناوبراو دەڵێت واژەی (أسير) لەم ئایەتەدا نەسخکراوە، واتا لابراوە. ئەمەش بەم واتایەیە کە دیل، نان و خۆراکی پێ نەدرێت و باواتایەکی تریش لەبرسان بکوژرێت. ٤

پەرەسەندنی دیاردەی نەسخ لە ناو گروپە جۆربەجۆرەکانی ئیسلامدا بە جۆرێک لە ڕابردوودا پەرەی سەندووە کە ژمارەی ئەو ئایەتە نەسخکراوانەی قورئان دەگاتە پێنجسەد ئایەو پتریش٥

لەبەرانبەر، لایەنگران و پەیڕەوکارانی نەسخ، ئەوانەش کەم نین کە ئەم باوەڕە لەسەرەوە تا خوارەوە ڕەتدەکەنەوە کە قورئان و تەنانەت حەدیسیش شیاوی نەسخ، واتا بەتاڵکردنەوەو لابردنی حوکمێک بە وحوکمێکی تر بن. لەمانە، حەنبەلیەکان. دواتریش کەسانی وەک ئەبو موسلمی ئەسفەهانی، هەروا لەو کەسایەتییە ناسراوە

هاوچەرخانەش پتر ناوی ناوی ئەحمەد ئەمین دەهێنرێت کە دەڵێت: (ئەگەر حوکمگەلێک لە ماوەی کەمتر لە چارەکەسەدەیەکدا گۆڕانیان بەسەردا هاتبێ ، ئەوە حیکمەتی ئەم گۆڕانکاریانە پاشی چواردە سەدە بەدیار کەوتووە).. کە پێدەچێت مەبەستەکەی ئەوەبێت، چۆن دەکرێت لەماوەی چارەکەسەدەیەکدا کە ساڵانی هاتنەخوارەوەی قورئانە، ئەم هەموو گۆڕانکارییانە بەسەر ناوەڕۆکی قورئاندا هاتبێت، بەڵام موسوڵمانان تازە بەتازە ئەم گۆڕانکاریانەیان بۆدەرکەوتبێت..؟ ئەمەش بەواتای ڕەتکردنەوەی بنەمای نەسخە.

هەروا لـەدەرەوەی دامـەزراوەی ئایینیش کەسانی وەک محەمەد عابد ئەلجابری هەن کە لۆژیک و ڕەوابوونی نەسخ لە ڕیشەوە ڕەتدەکەنەوە. و بنەمای کێشەکەش دەگێڕێتەوە بۆ کەموکوڕی لە تەفسیرو تێگەیشتنی قورئانداو دەڵێت: خاڵی دەستپێک لە سەلماندنی بوون یان نەبوونی نەسخ لەقورئاندا بریتییە لە دیاریکردنی واتای ئایەتەکە) ٦

بەڵام جابری بەشێوەیەک لەشێوەکان دان بەمەدا دەنێت کەواتاو مەبەستی ئایەتەکان لەهەندێک شوێندا دژایەتی و ناکۆکی لەگەڵ یەکتردا پەیدادەکەن و لەقۆناغێکدا شتێک دەگوترێت و لەقۆناغێکی تردا پێچەوانەکەی کە پاساوی ئەمەش بەوە لێکدەداتەوە کە ئەمە نەسخ نییە بەڵکو بریتییە لە (جۆرە گونجاندنێک لەگەڵ پێویستییەکانی هەلومەرج و بارودۆخ. کە کۆمەڵە حوکمێک بێن لەوێدا حاڵەتی لاوازی موسوڵمانان لەبەر چاو گیرابێت، و کاتێکیش ئەو حاڵەتە گۆڕانی بەسەردادێت و بەرەو باشتربوون دەچێت، هەموارکردنی هەمان حوکم کە لەئاست گۆڕانکارییە نوێیەکاندا بێت. ئەمەش بەواتای لابردنی حوکمە کۆنەکەو بەتاڵکردنەوەی نایەت، بەڵکو پەیڕەوکردنی بە شێوازێکی هەموارکراو.)٧

لەڕاستیدا جابری هیچ شتێکی نوێ ناخاتە ناو باسەکەوەو بەشێوەیەکی شاردراوە دان بە پێویستی و ڕەوایی و هەبوونی نەسخدا دەنێت. بەڵام جیاوازییەکەی ئەو تەنیا لە

ناولێنانیدایەو بەس، کە لەجیاتی نەسخ ناوی لێدەنێت هەموارکردن.

هەروا لە شوێنێکی تری قورئاندا ئایەی تر هەیە کە پێچەوانەی ئەو ئایانەیە کە بۆ بابەتی نەسخ پشتیان پێبەستراوە. لە سورەی کەهف ئایەی ٢٧ هاتوو: **وأتل ما أوحی ألیک من آیات من کتاب ربک لا مبدل لکلماته ولن تجد من دونه ملتحدا.** واتا (ئەی پەیامبەر ئەوە بگەیەنە کە ئێمە بۆت ڕەوانەدەکەین، لە پەرتووکی خواوەندت، کە هیچ وشەیەکی گۆڕانی بەسەردا نایەت، و جگەلەویش هیچ پەناگەیەکت دەست ناکەوێت.)

دیسان لەسورەی (فاطر). ئایەی ٤٣. هاتووە: **فلن تجد لسنه الله تبدیلا، ولن تجد لسنه الله تحویلا** . واتا هیچکات، گۆڕانکاریی لەنەریت و بەرنامەو یاسای خواوەندیدا بەدیی نایەت.

لێرەدا دەپرسین ئایا خواوەند کە لەسەرەتای خوڵقاندنی هەبوونەوە، بڕیاری دواڕۆژی هەبوونیشی داوەو هەموو کارەکان بە پێی بەرنامەیەکی داڕێژراو بەڕێوەدەچن و لادان و دواکەوتن و خۆلێبواردن هەڵناگرێ، چۆن ئایەتێک دەنێرێتە خوارەوەو پاشان لێی پەشیمان دەبێتەوە ئایا ئەمە کاری خواوەندە..؟

یان بۆ نموونە دەربارەی دوو ئایەکەی سوورەی ئەنفال کە لەسەرەوە ئاماژەمان پێکرد، ئایا خواوەند بێئاگایە لە هێزو توانای موسوڵمانان و دەبێ موسووڵمانان خۆیان داوای لێبووردن لە بێتواناییان بەرانبەر ئەرکێکی قورسی خواوەندییدا بکەن..؟ هەروا ، بۆچی خواوەند لە ئایەیەی یەکەم پەشیمان دەبێتەوەو ئەرکەکەیان بۆسووک دەکات و لە ڕێگای موعجیزەوە کارەکەیان بۆ ئەنجام نادات تا هێزو توانای خواوەندیی پتر بۆ کافران بەدیار بکەوێت.. لە حاڵێکدا سەرکەوتنی بیست کەس بەسەر سەدکەسدا گەرچی کارێکی زەحمەتە بەڵام مەحاڵ نییەو بەدوور لەپرسی ئایین و خواپەرستیش دیرۆک پڕیەتی لە نموونەی لەوجۆرەو لەناو کۆمەڵگای خۆماندا ئەزموونی خەباتی خەڵکی کورد بەرانبەر هێزەداگیرکەرەکان چەندان جار بیست کەس بۆتە هۆی

تێکشکاندنی نەک سەد بەڵکو سەدان لە هێزی دوژمن.

پەیڕەوکردنی بنەمای نەسخ و مەنسوخ لە قورئاندا و پشتپێبەستنی بۆ گونجاندنی قورئان لە گەڵ بیروباوەڕو بەرژەوەندییە خودییەکانی تاکی تەفسیرکار، یان گروپێک، دەسەڵاتێکی سیاسیی، و یانیش لەکاتی دەستەوەستانی لە بەرانبەر هێنانەوەی پاساوی ناکۆکی ئایەتێک لەگەڵ یەکێکی تردا. و یان بۆ داپۆشینی نالۆژیکمەندبوونی ئایەتێک یان پتر، زۆرتر زیانی بە قورئان و تێگەیشتنی و بەگشتیی ئایینەکە گەیاندووە. و لەبری ڕوونکردنەوە، بۆتە هۆی سەرلێشێواندن و بەهەڵەدابردنێکی وا کە هەندێک جار هەموو قورئان و حیکمەتی هەبوونی دەکەوێتە ژێر پرسیارەوە..!

لایەنگران و پەیڕەوکارانی نەسخ لەقورئاندا ئایینەکانی جوویی و مەسیحی بەمە تۆمەتباردەکەن کە پەرتووکەکانی خۆیانیان لە تەورات و ئینجیل دەستکاریی کردووە و شانازی بەمەوە دەکەن کە پەرتووکی ئەوان، واتا قورئان خاوەنی ئەو موعجیزەیەیە کە دەستکاری ناکرێت. بەڵام بەسەر سوڕمانەوە دەپرسین: ئەدی ئەگەر باوەڕهێنان و پەیڕەوکردنی نەسخ دەستکاریکردن نەبێت چییە..؟

زانایان و شارەزایانی بواری تەفسیر لەقورئاندا لەبری پەنابردن بۆ نەسخ، باشتر وایە لەهەڵسەنگاندنی هەر دەقێکی قورئانیدا لەگەڵ ڕەوتە دیرۆکییەکەیدا هەڵسەنگێنرێت. بەم واتایەی دەقێکی قورئانی ئەگەر بۆ سەردەم و قۆناغێکی دیاریکراو ڕاست و دروست و بەسوود بووبێت، مەرج نییە بۆ هەموو قۆناغ و تەواوی دیرۆکی ئایندەی مرۆڤایەتی هەر وابێت. نموونەیەکی دیار لەمڕووەوە پرسی (جزیە)یە. کە لە ئایەی ٢٩ سورەی (توبة) دا هاتووە: **قاتلوا الذين لا يؤمنون بالله وباليوم الأخر، ولا يحرمون ما يحرمه الله ورسوله ولا يدينون دين الحق من الذين أتوا الكتاب حتى يعطوا الجزية عن يد وهم صاغرون.** واتا: ئەی خاوەن باوەڕان بجەنگن دژی ئەوانەی باوەڕیان بەخواوەندو ڕۆژی قیامەت نییەو ئەو شتانەیان پێ حەرام نییە کە خواوەندو پەیامبەرەکەی حەرامیان کردووەو پەیڕەوی ئایینی حەق

ناکەن، لەوانەی خاوەن پەرتووکن (جوولەکەو مەسیحی) جزیە (باج) وەربگرن. و بەدستی خۆیان، بەڕەزالەت و ملکەچیی لەژێر حوکمی ئیسلامدا پێشکەشی بکەن. ئەم حوکمە شەرعییەی ئەم ئایەتە خستوێتیە ئەستۆی موسوڵمانان، ئەرکێکە وەک هەر ئەرکێکی تری شەرع و حوکمە ئیسلامییەکان. بەهیچ ئایەیەکی تریش بەتاڵ نەکراوەتەوە. بەڵام ئایا لەم سەردەمەدا هیچ وڵات و دەسەڵاتێکی ئیسلامی لە توانایدا هەیە ئەم بنەما شەرعییە جێبەجێ بکات..؟ ئایا ئێران، عەرەبستانی سعودی، پاکستان و ئەفغانستان و سودان و ئەوانی تر... کە حوکم و دەسەڵات بە پێی شەریعەتی ئیسلام پەیڕەودەکەن، جزیە لە هاوڵاتییە مەسیحیەکانیان دەستێنن..؟ مەگەر حوکمێکی شەرعی نییە..؟ یان نا..! چونکە لەتوانادا نییەو سەردەم ئەو میکانیزمانەی لەبەردەستاندا نەهێشتوە کە ئەم حووکمە زاڵمانەیە تەتبیق بکرێت. ئەمجار دەپرسین: مەگەر جێبەجێ نەکردنی ئەم حوکمە شەرعییە هیچ گرفتێکی بۆ موسوڵمانان درووستکردووە..؟ و ئایا هیچ زیانێکی بە ئایینی ئیسلام گەیاندووە؟ نەخێر هەموو دەزانین بە پێچەوانەوە سوودی پێگەیاندووە. دەی ئەمە ئەوە ناگەنێت کە لێکدانەوەو تێگەیشتنی قورئان سوودمەند ترو لۆژیکمەندانەترە کەلەسەر بنەمای سوودو قازانجی مرۆڤ و مرۆڤایەتی بێت، نەک گوێڕایەڵی بۆ ئەو دۆگما فکرییە مەزهەبییەی پێیوایە یاسا شەرعییەکان ئەبەدین و هەمیشە وەک خۆیان دەمێننەوە...؟ ئایا ئەم دۆگما فکرییە بیرو بۆچوونێکی دواکەوتووانەی ڕووت و زیانبەخش نییە..؟ دیسان دەگەڕێینەوە بۆ بابەتی نەسخ و دەڵێین ئەگەر قورئان و حوکمەکانی ئەبەدین، ئەدی نەسخ لەقورئاندا چییەو ئەگەر واش نییە چما ئەم دۆگما فکرییە بێدادە..؟

دیسان دەپرسین، بەهەمان پاساوی سەرەوە چما یاسا شەرعییەکانی تر لە فرەژنی، دەست و لاق بڕین لەسەر دزی، بەردبارانکردن و زیندەبەچاڵکردن، ئەم هەموو سزای مەرگانەی وڵاتە ئیسلامییەکان.. هەمووارناکرێن کە ئەمڕۆ ئەمانە سیمای ئیسلامیان

بەجۆرێک لە جیهاندا ڕەش و ناشیرین کردووە کە هیچ بەرگرییەک لەتوانادا نییە..؟

ب: دەستکارییکردنی قورئان

تەفسیری قورئان پرسێکی گرنگی تری لەگەڵ خۆیدا هێنا ئەویش قورئانی ساختە یانیش تەحریف لەقورئاندا. گەرچی بیروبۆچوونێکی وا لە ناو موسوڵمانەندا بەگشتیی هەیە کە قورئان پەرتووکێکی ئاسمانی مەحکەمەو تەحریف و دەستکاریی هەڵناگرێت. بەڵام لە واقیعدا بەمجۆرە نییەو ئەمانە زۆر بەسادەیی بەهەڵەدا دەچن چونکە تەحریف تەنیا بریتیی نییە لە گۆڕانکاریی لە خودی واژەو ڕستەکانی قورئاندا، (کە ئەمەشیان لەسەر ئاستێکی بەرز هەبووە) ، بەڵکو لە تەفسیرو لێکدانەوەیدا. واتا ئاگەر تەفسیرکارێک قورئانی بەجۆرێک تەفسیر کرد دژی واتاو بنەمای ئەسڵی بێت ئایا ئەمە تەحریف و دەستکاریی نییە..؟ ئەوەتا لەخودی قورئانیشدا ئایەی ٤٦ سورەی (نساء) دا هاتووە : **یحرفون الکلم عن مواضعه.**

لەناو فیقهی ئیسلامیشدا دان بەمەدانراوە کە تەحریفێکی زۆر لەسەر گشت ئاستەکاندا هەبووەو هەیە کە دەتوانێ بەچەند شێواز بێت.

یەکەم: هەڵەی تەفسیر لە واتاو مەدلولی واژە یان ڕستەدا. بەوجۆرەی لەگەڵ بیروباوەڕی خودی تەفسیرکاردا بێتەوە، بۆ نموونە تەفسیری باتینی زۆر جیاوازە لە تەفسیرەکانی تر. سەرەڕای ئەوەی چەندان شێوازی تەفسیر: گواستنەوە، عەقڵانی، ئەدەبی، سیمبۆلیکی، زانستی، باتینی ... بۆ قورئان هەیە. کە لە هەندێک شوێندا جیاوازیی ڕیشەیی لە نێوانیاندا هەیە. و لەم ڕێگایەوە زۆرترین لادان و دەستکاریی لەقورئاندا کراوە، و ئەم خاڵەش کرۆکی پرسی تەحریف و دەستکاریی لەخۆی دەگرێت و تا ئاستێکی زۆر ئاسانتر، یاریپێکردن و تەفسیرکردن بە پێی خواست جێگای دەبێتەوە. **ولا یلتفت منکم أحد وأمضوا حیث تؤمرون.** ئایەی 65 سورەی

(حجر). هەروا لە عبدالله کوڕی مەسعود دەگێڕنەوە کە گووتوویەتی بەکارهێنانی واژەی علیم لەجیاتی حکیم دەگونجێت. ٨

سێهەم: تەحریف لە ڕێگای بەکارهێنانی زاراوەی هۆزو خێڵە جۆربەجۆرە عەرەبەکان. وەک بەکار هێنانی (ج) لەجیاتی (ق)، یان (ا) لە جیاتی (ع)، و بە پێچەوانەوە... هتد. کەلەکاتی خۆیدا نوسخە جۆربەجۆرەکانی قورئان کە هەر کەس بەزاراوەی خۆی دەینوسیەوە، گۆڕانکاریی وەهای بەسەرداهات کە هیچیان لەویتر نەدەچوون. تا ئەوەی لەکاتی نووسینەوەی قورئان لەسەردەمی خەلیفەی سێیەمدا زاراوەی قورەیش بۆ نووسینەوەو خوێندنەوەی قورئان، هەڵبژێردرا.

چوارەم: تەحریف لە ڕێگای لابردن و زیادکردن: دەگێڕنەوە کە لەسەردەمی خەلیفەی سێیەم عوسمان کوڕی عەفاندا. کێشەو دەمەقاڵیەکیی توند لە نێوان ئەو، و ئەبی کوڕی کەعبدا ڕوویداوە لەسەر هەندێک ڕستەو تێکستی قورئانی. لەوانە **(واللذین یکنزون الذهب والفضة)**. کە ئەبی، بانگاشەی ئەوەی کردووە، ئەم ئایەیە دەبێ بە (واو) بخوێندرێتەوە، چونکە خۆی لە زاری پەیامبەرەوە گوێی لێبووە. و عوسمانیش پێیوابووەو پێداگری کردوو لەوەی (واو)، زیادەو دەبێ لاببرێ.

پنجەم : تەحریف لە ڕێگای خوێندنەوەی جۆراوجۆری واژە، پەیوەستە لەگەڵ بزوێنە جۆربەجۆرەکانی زمانی عەرەبی (کەسرە، فەتحە، شەددە، سکون...). وەک خوێندنەوەی واژەی (یطهرن). بە شێوازی سوک یان تەشدید کە واتاکانیان لەگەڵ یەک جیاوازدەبێت.

ئەمانە هێشتا هیچ نین لەچاو ئەو یەکتر تۆمەتبارکردنانەی شیعەو سوننە، کە هەریەکە گوایا بەشێک لە قورئانی لە ناوبردووە، یان گۆڕیوە، یان زیادکردووە... ئەوەی لێرەدا گرنگە ئەوە نییە کە چ شتێک لە قورئاندا دەستکاریی کراوە، بەڵکو ئەوەی کە بەڵێ قورئان دەستکاریی کراوە..

لە پەرتووکی (بحار الأنوار) دا هاتووە کە ئیمام حوسێن کوڕی عەلی کوڕی ئەبی

تالب لە گوتاری ڕۆژی عاشوورای خۆیدا دەڵێت: **أنما أنتم من طواغيت الأمة، وشذاذ الأحزاب، ونبذة الكتاب، ونفثة الشيطان، وعصبة الأثام، ومحرفي الكتاب)** کە ڕووی دەمی لە یەزیدو لایەنگرانییەتی کە کۆمەڵێک خەسڵەتی ناشیرین و ناپەسەندو نەفرەت لێکراویان دەداتە پاڵ یەکێک لەوانە تەحریف و دەستکاریی قورئانە.

هەروا بەلای زانایانی سوونەشەوە پێنج ئایە هەن کە گوایا عومەری کوڕی خەتاب و عائشە شاهیدی دەدن و بوخاری و سەیوتیش دان بەمەدا دەنێن کە ئەمانە بەشێکن لە قورئان بەڵام پاشان هێنراونەتە دەرەوە. ئایەکانیش ئەمانەن:

یەکەم: ئایەی (رجم): **الشيخ والشيخة أذا زنيا فأرجموهما ألبتة نكالا من الله والله عزيز حكيم.**

دووەم: ئایەی(فراش): **الولد للفراش و للعاهر الحجر.**

سێهەم: ئایەی(رغبة): **لا ترغبوا عن آبائكم فأنه كفر بكم.**

چوارەم: ئایەی (الجهاد): **وأن جاهدوا كما جاهدتم أول مرة.**

پێنجەم: ئایەی (الرضعات): لە عائشە دەگێڕنەوە کە ئەم ئایەیە لە دوایین ساتەکانی ژیانی پەیامبەردا کاتێک هاتۆتە خوارەوە، نووسراوەتەوەو خستوویانەتە ژێر پێخەفەکانیانەوە. بەڵام کاتێک پەیامبەر کۆچی دوایی کردووە، تا ماوەیەک بیریانچۆتەوە. کاتێکیش بیریانهاتۆتەوەو سەیریانکردووە ئایەکە لە شوێنی خۆی نەماوە. ٩

هەروا لە قورئانی (بن مسعود) دا دوو سورە بە ناوەکانی (الحفد و الخلع) هەن کە لە قورئانە باوەکەدا نین. ئەمانەش ئەوەن کە سوونە شیعەی پێ تۆمەتبار دەکەن کە لە لایەن ئەوانەوە هێنراوەتە دەرەوە.

هەروا شیعەش بانگاشەی ئەوە دەکەن کە لە قورئاندا دوو سورەی سەرەکی و گرنگ کە لەوێدا پێگەی گرنگیی ماڵباتی پەیامبەرو بنەمای ئیمامەت کە بە عەلی کوڕی ئەبی تالب دەستپێدەکات، ڕوونکراوەتەوە، لەلایەن سوونەو لایەنگرانی ئەبوبەکرو

عومەر لەناوبراوە بۆ ئەوەی ڕێگا لەوەبگرن لەدوای مردنی پەیامبەر عەلی ببێتە خەلیفەی موسوڵمانان. ئەمەش ئەو دوو سورەیە:

سورەی (الولایە) ئاوا دەستپێدەکات:

یا أیها الذین آمنواآمنوا بالنبی والولی الذین بعثناهما یهدیانکم ألی سراط المستقیم وولی بعضهما عن بعض، وأنا العلیم الخبیر. أن الذین یوفون بعهد الله لهم جنات نعیم...هتد

هەروا لە سورەی (نورین)دا هاتووە: **یا أیها الذین آمنوا بالنورین، أنزلناهما یتلوان علیکم آیاتی و یحذرانکم عذاب یوم عظیم، نوران بعضهما من بعض... هتد١٠**

جێگای سەرسووڕمانە یەکێک لەو بنەماسەرەکیانەی تەواوی زانایانی ئیسلام لەشیعەو سووننە پشتی پێدەبەستن بۆ خواوەندیبوونی قورئان و موعجیزەکەی ئەو قورئانەیە کە کەس ناتوانێت هاوشێوەی بنوسێت و دەستکاریی بکات. کەچی دەبینین خۆیان هاوشێوەشی دەنووسن و دەستکارییشی دەکەن. چونکە ئەگەر ئەو چەند نموونانەی سەرەوە هی قورئان نین ئەدی چۆن هاوشێوەکەی نووسراوە. خۆ ئەگەر قورئانیشن چۆن لابراون و دەستکاریی کراوە..؟ ئایا ئیتر موعجیزەیەک دەمێنێت تا باسی لێوەبکەین...؟

هەروا، لێرەدا جێگای سەرنجە کە لە ئایەی ٩ سورەی (حجر)دا هاتووە: **أنا نحن أنزلنا الذکر وأنا له لحافظون.** واتا ئێمە قورئانمان ناردۆتە خوارەوەو هەر خۆمان دەیپارێزین. کەچی شیعەو سونە بە پێچەوانەی ئەم ئایەتە کە بانگاشەی باوەڕپێبوونی خۆیانی پێدەکەن، گومان و دوودڵی دەخەنە سەر قورئان کە لایەنەکەی تر لەپێناوی بەرژەوەندیی خۆیدا دەستکارییکردووە. هەروا دەشپرسین ئەگەر خواوەند خۆی بەڵێنی داوە بیپارێزێت ئەدی چۆنە شیعەو سوونە ئەو ئایەتە پشتگوێ دەخەن و باس لەدەستکاریی دەکەن..؟

سەرچاوەو پەراوێزەکانی بەشی حەوتەم:

٢- مدخل الى العهد الجديد. العهد الجديد. لجنة من اللاهوتيين. دار المشرق. الطبعة السادسة عشره بيروت 1988 ض ٢٣

٣- الشيخ جعفر السبحانى. المناهج التفسيرية فى علوم القرآن. مؤسسة الأمام الصادق. ص١٩٨

٤- بدرالدين محمد بن عبدالله الزركشى. البرهان فى علوم القرآن. دار المعرفة. ١٩٧٣ ص٢٩

٥- ولى الله الدهلوى. الفوز الكبير، عربه عن الفارسيه: سلمان الحسينى. الطبعة الثالثة،١٩٨٨ دار الصحوة القاهره ص٨٤

٦- د. محمد الداهى. التراث والحداثة. فى المشروع الفكرى لمحمد عابد الجابرى. كتاب جماعى. منشورات دار التوحيدى. الرباط. ٢٠١٢ ص١٣٢

٧- هەمان سەرچاوە ل١٣٣

٨- الشيخ جعفر السبحانى. سەرچاوەی پێشوو ل١٩٧

٩- هەمان سەرچاوە ل ٢٢٥-٢٢٦

١٠- بڕوانە: ميراز حبيب الله الخوئى. منهاج البراعة فى شرح نهج البلاغة.مؤسسة الوفاء- بيروت جلد ٢ ص٢١٧

خوا، مەزهەب، مرۆڤ

بەشی هەشتەم
پەیامبەران و ئیمامان

پەیامبەران و ئیمامان و ڕێبەرانی ئایینی ئەو کەسانەن کە ئایینە جۆربەجۆرەکان لەسەر دەستی ئەوان، هاتۆتە کایەوە، پەرەی پێدراوە، و گۆڕان و وەرچەرخانی بەسەرداهاتووە.

دەربـارەی پەیامبەران، هەمیشە چەند پرسیار لە ئارادابوون. کە ئایا بەڕاستی پەیامبەران نێردراوی خواوەندن، یان ڕازێکی تر لەئارادایە..؟ ئایا پەیامبەران وەک لەلایەن خودی خۆیان و پەیڕەوانیانەوە ڕاگەیەنراوە، وەحی خواوەندییان بۆ هاتۆتە خوار..؟ ئایا وەحی و ئیلهامی خواوەندیی تەنیا هەستێکی دەروونی و ڕوئیایەک بووە، کە وەک پەیامی خواوەندیی لێکدراوەتەوە یانیش بەشێوازێکی ڕوون و بێ گرێوگۆڵ بووە..؟ ئایا ئەو پەیامانە تەنیا بریتیبوون لە دیتنی خەون، یان چەند خەونێک یانیش هیچ پەیوەندیی بەخەوەنەوە نەبووەو لە حاڵەتی بێداریی تەواودا بووە..؟ ئەمانەو چەندان پرسیاری تری هاوشێوەیان، کە وەڵامەکانیشیان بە پێی بیروبۆچوونەکان جیاوازن و هەرلایە لە سۆنگەی دیدی خۆی بۆ جیهان و ئایدیۆلۆژیاو فەلسەفە و یانیش ئەو ئایینەی خۆی باوەڕی پێیەتی وەڵامەکانی هەڵدەبژێرێت. هەیە هەر لە ڕیشەوە پرسی پەیامبەرێتی و وەحی و پەیامی خواوەندیی ڕەتدەکاتەوە. ئەمانەش بەشێکیان ئەوانەن کە باوەڕیان بە هەبوونی خواوەندێک نییە، وەک پەیڕەاوانی ئاتیزم، یانیش پەیڕەوانی دایزم کە باوەڕیان بەهەبوونی خواوەندێک، هەیەو ئایین و وەحی و پەیامبەران ڕەتدەکەنەوە. جگەلەمانە هەندێک گروپی مەزهەبیش هەن کە بەگومانەوە دەڕواننە پرسی وەحی لەمانە بۆ نموونە پەیڕەوانی مەزهەبی موعتەزیلە لە ئیسلامدا. کە ئەمانە لەبەر ئەوەی هەروەک لە بەشەکانی پێشووتردا

ئاماژەمان پێکرد جەخت لەسەر لایەنی عەقڵگەرایی دەکەنەوە، پێیانوایە کە عەقڵ بۆ جیاکردنەوەی باشی و خراپی، دەکەوێتە پێش وەحی. بەو مانایەی کە مرۆڤ پێویستی بەوە نییە لە ڕێگای وەحی بۆ پەیامبەرانەوە باشی و خراپی لەیەک جیاکاتەوە بەڵکو بە پشتبەستن بە عەقڵی خۆی دەتوانێ بە باشی ئەم کارە ئەنجامبدات و باش و خراپ لە یەکتر جیاکاتەوە. دیسان پێیانوایە مرۆڤ بە گەڕانەوە بۆ عەقڵی خۆی دەتوانێ پەی بەهەبوونی خواوەندێک ببات، بەر لەوەی وەحی بۆ پەیامبەرانیش بێت.١

هەروا لە ناو بیرمەندانی ئیسلامیی هاوچەرخیشدا هەن، لەحاڵکدا کە دان بەهەبوونی وەحیدا دەدنێن، پێیانوایە، تەواوی پرسەکانی وەک وەحی پەیامبەرێتی، ئەحکام و شەرع بۆ سەردەمێکی کۆنی دیاریکراو بووە، کە لەم سەردەمەدا پێویستییەک بەمانە نەماوە. لەم بارەیەوە دکتۆر محەمەد عمارە دەڵێت: (ئەوەی کە شەریعەتی ئیسلام، کۆتایی هەموو شەریعەتە ئاسمانییەکانە، بەم واتایەیە کە مرۆڤایەتی گەیشتۆتە تەمەنی عەقڵ و کامڵبوون. ئەمەش بەواتای هەڵگرتنی ڕێنوێنیکاریی ئاسمان لەسەر مرۆڤ. چونکە مرۆڤایەتی ئیتر ئەو ڕانە مەڕە بزربووە سەرلێشێواوە نییە کە پێویست بەپەیامبەرێک بێت بیخاتەوە سەر ڕێگای ڕاست.) ٢

بەڵام تەواوی مەزهەبگەرایانی تر، بە لێکدانەوەی جیاواز لە پرسی وەحی، و پێناسەی ئەم چەمکە، لەسەر ئەم باوەڕەن کە پەیامبەران تەنیا لە ڕێگای وەحی خواوەندییەوە دەتوانن ئەرکی پەیامبەرێتی ئەنجام بدەن. و لەمەشەوە هەمووان لەسەر ئەوە کۆک نین کە کێهە پەیامبەر ڕاستەقینەیەو کێهەی تر ساختە..! و بەواتایەکی تر هەر ئایینە پەیامبەرانی خۆی پێ ڕەسەن و ئەوانی تری پێ ساختەیەو بەڵگەو پاساوەکانیش تائاستێکی زۆر هەروەک یەکن. کە یان پشت بەتیکستێکی مەزهەبی، و یانیش گێڕانەوەیەک، یان خەون و روئیا.. و یانیش لۆژیکی باشیی و خراپیی دەبەستن. و لەمەوە بۆمان دەردەکەوێت کە ئەم پرسە چەندە ئاڵۆزەو چەندە جێگای بێنەوبەرەپێکردنە.

پەیامبەرێتی لەیەک کاتدا کارێکی زێدە زەحمەت و ئەستەم و بە دێوێکی تریشدا زێدە ئاسانە..! زەحمەتە لەبەر ئەوەی کەسایەتییەکی بەهێزو خاوەن خەسڵەتی ڕێبەرایەتی و عەقڵ و ژیریی لەڕادەبەدەر دەخوازێت، تا توانای ڕووبەڕووبوونەوەی کۆسپ و تەگەرەکان لەخۆیدا بەدیی بهێنێت. ئاسانیشە چونکە کەسێک بانگاشەی پەیامبەرێتی و ئیمامەت و هەبوونی پەیوەندی خۆی بە خواوەندەوە بکات. هیچ پێویستی بە سەلماندنێکی مادیی نییەو پەیبردن بەو لۆژیکەی قەناعەت بە مرۆڤەکان دەکات تەواوی کارەکەیە. کە ئەمەش هەلومەرجی بابەتی گونجاو دەخوازێت. تا توانای خڕکردنەوەی خەڵک لەدەوری ئەو پەیامبەر یان ئیمامە بهێنێتە کایەوە. چونکە لەئاکامدا ئەوە خەڵکە پەیامبەران پەسەند دەکەن و یانیش بەرگی پەیامبەرێتیان لەبەر دادەدڕن.

فەیلەسوفی ئەڵمانی فرێدریک نیچە، لەو باوەڕەدایە ئەگەر ئیفلاتوون لە ناو نەتەوەیەکی تردا بووایە دەبووە پەیامبەرێک وەک پەیامبەرانی ناوداری تر.٣ ئەمەش کە نەیتوانیوە ئاینێکی نوێ دامەزرێنێت و ببێتە پەیامبەر لە بەر لاوازیی و هەبوونی کەموکوڕیی لەکەسایەتی ئەودا نەبووە. بەڵکو لەبەر ئاستی بڵندی پێشکەوتنی یۆنانییەکان. کە خاوەن خەسڵەتی ڕەخنەگرتن و بەدوانەکەوتن و پەیڕەونەکردنی کوێرانە بوون.

لەناو ئایینە ئیبراهیمییەکاندا هەروەک دەزانین، ئایینی جوویی، و پەرتووکەکەی تەورات، بناغەو ڕیشەی دووئایینی تری مەسیحیی و ئیسلامەو. حەزرەتی عیسا بۆخۆی جوولەکەو لەسەرزەمینی جوولەکەو لە کۆمەڵگای جوولەکەییدا دەژیا. و بە ئاشکراش ڕایدەگەیەنێت، کە بانگاشەکەی خۆی بۆ ئایینێکی نوێ تەنیا بۆ تەواوکردنی ئایینی جوولەکەیە. و لە ئینجیلدا هاتووە: (**پێتان وانەبێت کە من هاتووم تا تەورات و نووسراوەی پەیامبەران لەناوبەرم بەڵکو بۆ ئەوەی تەواویان بکەم. دڵنیابن تا ئاسمان و زەوی هەبن، هیچ واژەو خاڵێک نامێنێتەوە کە بەدی نەیەن**) .مەتی-

بەشی پێنجەم ١٧-١٨

هەروا ئەوەی تەورات پەرتووکێکی ئاسمانییە لە لایەن قورئانیشەوە، پشتڕاستکراوەتەوە. بەڵام ناکۆکییە زۆرەکانی نێوان ئەم سێ ئایینەو نالۆژیکمەندییەکانی تەورات، هەرسێ ئایین و هەرسێ پەرتووکی خستۆتە ژێر پرسیار. و ئەمڕۆ هیچ پاساوێک لەبەردەمی موسوڵماناندا بۆ وەڵامدانەوەی ئەم ناکۆکی و نالۆژیکمەندانییانەی تەورات جگە لەوەی بڵێن: دەستکاریی کراوە. نەماوە. کە پێشتر باسمان لێوەکرد. و تەورات دەربارەی پەیامبەران و ڕەفتارەکانیان چیرۆکی وەها سەیروسەمەرەی تێدایە کە مرۆڤ سەرسام دەبێت لەوەی چۆن دەکرێ ئەو ڕەفتارە ناشایستانەی ئەو پەیامبەرانە لەگەڵ شانوشکۆی پەیامبەرێتیان یەکنگرێتەوە و دەبینین بۆ نموونە، یەهودا، کە پەیامبەرێتی لە یەعقوبی باوکیەوە بۆ دەمێنێتەوە، دەستدرێژی نامووس دەکاتە سەر بووکی خۆی کە هێشتا نەیگواستۆتەوە بۆکوڕەکەی. و دووگیانی دەکات. و کەچی تەورات ئەو پاساوەی بۆدەهێنێتەوە کە نەیزانیوە ئەمە بووکەکەی خۆیەتی و وایزانیوە لەشفرۆشێکە. مەگەر بۆ پەیامبەران زنا لەگەڵ لەشفرۆشاندا ڕەوایە..؟

هەروا تەورات باس لە عەشقبازی و دەستدرێژی حەزرەتی داود بۆ نامووسی ژنێکی هاوسەردارو پلانی کوشتنی مێردەکەی دەکات. و داودی پەیامبەر بەوەندە ڕاناوەستێت کە داوێنپیسی لەگەڵ ژنێکدا دەکات، بەڵکو ئەمجار پلانی کوشتنی مێردەکەشی دادەڕێژێت.

تەورات پڕیەتی لەمجۆرە چیرۆکە سەرسووڕهێنەرانەی پەیامبەرانی جوویی و لەشوێنێکی تردا (لوت) ی پەیامبەر لەئەشکەوتێکدا بەدرێژایی دووشەو لەسەریەک لەگەڵ دووکچی خۆیدا جووت دەبێت. و دووگیانیان دەکات. و دیسان لەجێگایەکی تر یەعقوبی پەیامبەر ئیسحاقی باوکی هەڵدەخلەتێنێت و مافی پەیامبەرێتی لەبراگەورەکەی زەوتدەکات و چەندانی تر...

ئەگەر بۆ دیرۆکی مرۆڤایەتی بگەڕێینەوەو چاوێک بەو بەشەدا بخشێنین کە

باس لە پەیامبەران و ئیمامان دەکات، بۆمان دەردەکەوێت کە ڕێبەرانی ئاینیی چۆن بەئاسانی دەتوانن یاری بە عاتیفەو هەستی خەڵک بکەن و خاڵە لاوازەکانی کەسایەتیان بەکاربهێنن و بیکەنە پەیژەی سەرکەوتن. و ئەم ئایین و باوەڕانەش وەک هەندێک پێیانوایە بە ئایینی ئیسلام کۆتایی نەهاتووەو بەردەوام لە کۆمەڵگا پێشکەوتوو، و پاشکەوتووەکانی مرۆڤایەتییدا بەردەوامەو هەر چەند ساڵ جارێک دەبینین کەسێک: حاخامێک، مەلایەک، کەشیشیک.. ڕاستدەبێتەوەو بانگاشەی پەیامبەرێتی یان ئیمامەتی ئاخیری زەمان دەکات. ولەمڕووەوە هێنانەوەی چەند نموونە ئەم بۆچوونەمان دەسەلمێنێ. و با زۆریش نەگەڕێینەوە دواوەو لە یەکێک لەو ئایینە نوێیانەوە دەست پێبکەین:

لە وڵاتی ئەمەریکا کەسێک بە ناوی یوسف سمیت بانگاشەی پەیامبەرێتی کردو ڕایگەیاند کە لە لایەن خواوە بۆ پەیامبەرێتی ڕاسپێردراوە. ئەو دەڵێت: چەپکە تیشکێک درووست لەسەرسەرمەوە پەیدابوو، لەسەرەوەش خۆرێکی ڕوون و بێگەرد دەدرەوشایەوە، ئەوە زۆربەئارامی بەرەو خوارو ڕووبەمن کشا. ئەمجار دوو ڕوواڵەتم بینی ئەوانیش زۆر ڕووناک و ئەفسووناوی کە باسکردنیان لە نووسین نایەت، لەسەرسەرمەوە لە ناو هەوادا ڕاوەستان و بەناوی خۆم ناویان هێنام، پاشان یەکیان ئاماژەی بەویتر کردوو گووتی: ئەمە کوڕە ئازیزەکەی منە گوێی بۆ ڕادێرە،،!

ئەمە ساڵی ١٨٢٠ ڕوویدا کەسەرەتای کڵێسای عیسای مەسیحی ئاخیری زەمان .

بوو. یوسف سمیت خەڵکی شاری فیرمۆنتی ئەمەریکایە.

و دامەزرێنەری ئاینی مێرمۆنییە کە هەر لە ئەمەریکاوە پەیدابووە. و مێرمۆنەکان Day Saints Latter مەسیح سەرئەنجام لە ئەمەریکا بەدیاردەکەوێتەوە. یوسف سمیت بانگاشەی ئەوە دەکات کە لەتەمەنی ١٥ ساڵی لە لایەن خواوەو بە هۆی روئیاوە، بۆ ڕێنیشاندانی خەڵکی ڕاسپێردراوە. و گوایە پێی گوتراوە کە تەواوی کڵێسا مەسیحیەکانی جیهان هەڵەن. پاشان لەتەمەنی ١٨ ساڵی جارێکی تر لە ڕێگای

فریشتەیەکەوە بە ناوی مۆرمۆن ڕاسپێردراوەو عەینەکێکی تایبەتی و تابلۆیەکی ئاڵتوونی دراوەتێ کە ڕێنوێنییەکانی خواوەندی تێدابووە. پاشان ئەو، ناوەرۆکی ئەو تابلۆیە دەکات بە پەڕتووکێک کە دەبێتە پەڕتووکی پیرۆزی مۆرمۆنەکان. ئەو ساڵی ١٨٤٤ لە گەڵ برایەکەی (هیرام)، لەلایەن حکومەتەوە زیندانیی دەکرێن، و دواتریش لەلایەن چەند کەسێکی نەناسراوەوە لە ناو زینداندا ترۆردەکرێن و دەکوژرێن و وەک یەکەمین شەهیدانی ئەو باوەڕە دەناسرێن. لە ناو مۆڕمۆنەکاندا فرەژنی باوەو یەکێک لە بنەمای باوەڕەکانیانە. و یوسف سمیت کاتێک کوژرا ٤٨ ژنی هەبوو. ژمارەی مۆرمۆنەکان لە ئەمەریکا نزیک بە ٦ ملیۆن و لە جیهاندا ١٤ ملیۆن دەبن. میت رۆمنی، کاندیدی کۆماریخوازەکان بۆ هەڵبژاردنەکانی ساڵی ٢٠١٢ لە بەرانبەر باراک ئۆبامای سەرکۆمارو کاندیدی دیموکراتخوازەکان، یەک لە پەیڕەوانی ئەو ئایینە نوێیەیە. هەروا ئەوانە باوەڕیان وایە خوا، سەرەتا هەر مرۆڤ بووەو پاشان بە پلەی خواوەندیی گەیشتوەو بەم پێیە هەر مرۆڤێکیش دەتوانێ بەپلەی خواوەندیی بگات و ڕەنگە هەر لەبەر ئەمەش بێت کە باوەڕیان بە فرەخوایی هەیە.٤

هەروا لە سەدەی هەژدەیەمی زایینیدا ئایینێکی نوێ بە ناوی (شاهیدانی یەهوە)، لە ڕۆژئاوا سەری هەڵدا. دامەزرێنەری ئەم ئایینە چارلز راسلە کە ساڵی ١٨٥٢ لە بنسلڤانیای ئەمەریکا لەدایکبوو. گەرچی ئەم ئایینە خۆی وەک میراتگری ڕاستەقینەی ئایینی مەسیحیەت پێناسەدەکات بەڵام جیاوازییەکی ڕیشەیی لەگەڵ ئاینی مەسیحیەتدا هەیە. و ئەم ئایینە پتر لە پارتێکی سیاسی دەچێت تا ئاینێک. کۆبوونەوەی بچوک و گەورە دەبەستن، بڵاوکراوەیەک بە ناوی بورجی دیدەوانی (Watchtower) بە ١٨٥ زمانی جۆراوجۆرو لە ٤٢ ملیۆن نوسخەدا چاپ و بڵاودەبێتەوە. کە لە ناو ئەم زمانانەدا کوردیش هەیە. ئەندامانی خۆبەخشی ئەم ئایینە بەشێوازێکی بـەردەوام لە ڕۆژئـاواو هەر وڵاتێک مۆڵەتی کارکردنیان هەبێت بەماڵانەوە دەگەڕێن و ئایینەکەی خۆیان بۆ خەڵک باسدەکەن و لێیان

دەخوازن بێنە ناو ئەو ئایینەوە. و پتر لە ١٠٠ نێوەندو بارەگای ڕەسمیان لە شوێنە جۆربەجۆرەکانی جیهاندا هەیە. ئەم ئایینە هیچ پەیامبەرێکی نییەو خۆیان بە پەیڕەوانی عیسای مەسیح و پەیامبەرانی تری جوولەکە دەزانن بەڵام تەواوی گروپ و کڵێسا مەسیحیەکانی جیهان بە کاتۆلیک و پرۆتستانیشەوە ڕەتدەکەنەوەو بانگاشەی ئەوە دەکەن کە ئایینی ئەوان تاکە ئاینیی ڕاستەقینەی جیهانەو ئەوانیتر هەموو درۆن. و بۆ ڕێبەرایەتیکردنی ئەم ئایینەش دەستەیەکی سەرکردایەتیی هەیە کە بانگاشەی ئەوە دەکەن پەیوەندییان بە خواوەندەوە هەیە. و بەردەوام ئیلهام و وەحی و پەیامیان بۆ دێتە خوارێ. ئەم ئایینە چەند جیاوازییەکی سەرەکی لە گەڵ ئایینی مەسیحدا هەیەو وەک خەسڵەتی هەرە سەرەکیشیان دەژمێردرێت. لەوانە: باوەڕیان وا نییە کە هەموو مرۆڤەکان لە ئاکامدا و دوای مردن زیندوو دەبنەوە. بەڵکو باوەڕیان وایە کە تەنیا پەیڕەوانی ئاینەکەی ئەوان زیندوو دەبنەوەو دەچنە بەهەشت و ئەوانی تر دەمرن و زیندوو نابنەوە. و سزای خواوەندیی هەر ئەوەیە کە زیندوو نەبنەوە دەنا شکەنجەو دۆزەخ و هەر سزایەکی تر لە ئارادا نییە. هەروا بەلای سیاسەتدا ناچن و چوونە سەربازیش بە گوناهی گەورە دادەنێن. و دیسان گواستنەوەی خوێن لە کەسێکەوە بۆ کەسێکی تر لە کاتی نەخۆشیی و برینداریدا کە لە نەخۆشخانەکاندا ئەنجام دەدرێت بە حەرام دەزانن.٥

هەر بەر لەچەند ساڵ لە ئەمەریکا کەسێک بەناوی ئۆرال روبیرت. بانگاشەی ئەوەی کرد کەبەچاوی خۆی حەزرەتی مەسیح کە بڵندایی باڵای سێسەد مەتر بووە خۆی نیشانی ئەوداوە. و داوای لێکردووە کڵێسایەکی نوێی بۆ دامەزرێنێ و لەبەرابەردا توانای زیندووکردنەوەی مردووانی پێدەبەخشێ. و ناوبراو ڕێبەری کڵێساو گروپێکی نوێی مەسیحییەو یەکێکە لەو سێسەد گروپە مەسیحیانەی ئەمڕۆ تەنیا لەئەمەریکا چالاکی مەزهەبی دەنوێنن و بەردەوام خەریکی خڕکردنەوەی پارەو بنیاتنانی کڵێسان و هیچکاتیش مردوێکیان پێ زیندوونەکراوەتەوە.٦

لە کۆمەڵگا ئیسلامییەکانیشدا گەرچی ئایینی ئیسلام وەک دوایین ئایین و محەمەد دوایین پەیامبەر نـاسراوەو ئەم بنەمایە لە لایـەن هەموو گروپە مەزهەبییە جۆراوجۆرەکانەوە پەسەندکراوە. کەچی هێشتا نەک بانگاشەکردنی پەیامبەرێتی شانسی سەرکەوتن بەدەستدەهێنێت، بەڵکو ڕێبەرێکی ئایینی تا ئەو جێگایە دەڕوات کە بانگاشەی خواوەندبوون بکات و بەملیۆنیش پەیڕەوان لەدەوری خڕببنەوەو باوەڕی پێبکەن.

ساڵی ٥٥٧ی کۆچی لە ئێران ڕێبەرێک بەناوی حەسەنی دووەم ناسراو بە (علی ذکره الأسلام) دەبێتە ئیمامی ئیسماعیلیەکان. کە ئەوکات دەسەڵاتیان بەسەر تەواوی ئێراندا دەشکاو ڕکەبەری هەرەگەورەی دەسەڵاتی عەباسیەکان و سەلجوقیەکان بوون. ئەو ئیمامە ڕایگەیاند کە خواوەند هاتۆتە ناو ئەوەوەو لەڕێگای ئەوەوە بەرجەستەدەبێت و خۆی دەنوێنێت. هەروا ڕایگەیاند کە قسەو کرداری ئەو قسەوکرداری ڕاستەوڕاستی خواوەندن و ناویشی دەبێت بەخوا. ئیتر لەوە بەولاوە. بەناوی خواوەند بانگدەکراو. ئەگەر بخوازرابایە بڵێن: ئیمام فەرمووی، دەیانگووت: خواوەند فەرمووی. جێگای ئاماژەیە کەتەواوی ئەم کارانەی بە پشتبەستن بە قورئان و لێکدانەوەی تایبەت بەخۆی ئەنجامدەداو، دەیگووت واژەی قیامەت کەلەقورئاندا هاتووە، بەواتای قیام، یان ڕابوونی ئیمام، لەمەش مەبەستی خۆی بوو. بۆئەمەش لەجەژنێکی پڕشکۆدا لەقەڵای (ئەلمەوت) کە نێوەندی دەسەڵاتیان بوو، خواوەندبوونی خۆی ڕاگەیاندو لەوتارێکدا کە بەم بۆنەیەوە خوێندرایەوە دەڵێت: **ئەی هەموو خەڵکی جیهان لەمرۆڤ و جندوکەو فریشتە بزانن کە ڕێبەر، مەولای قائیمولقیامە لزیکریهی ئەلسجودە وەلتەسبیح، خواوەندی ڕەها بۆخۆیەتی. و خواوەندی هەموو بوونەوەرانە.**

ئەو ئیمامە لەگەڵ ئەو بانگاشە توندڕەوانەو نا لۆژیکمەنانەشیدا کە بەهەر پێوانەیەک دەبێ ڕەتبکرێتەوە زۆر بەئاسانی لەناو بەملیۆن لەپەیڕەوانی خۆیدا بووە جێگای باوەڕو متمانەو پەرستن.٧

دیسان ئیسماعیلیەکان (لەبەشەکانی دواتردا پتر باسی لێوەدەکەین) ڕێبەری مەزهەبی خۆیان نەک هەر بە ئیمام، بەڵکو بە پەیامبەر دەزانن و لە ناو پەیامبەرانی تەواوی ئایینەکان بە ئیسلامیشەوە تەنیا حەوتیان قبوڵەو بە ڕاستەقینەیان دەزانن ئەمانەش: حەزرەتی ئادەم، نوح، ئیبراهیم، عیسا، موسا، محەمەد، پاشانیش ئیمامەکەی خۆیان، محەمەد کوڕی ئیسماعیل کوڕی جەعفەری سادق.

هەرچۆنێک بێت، لەبەر ئەوەی پرسی بانگاشەکردنی پەیامبەرێتی و خواوەندبوون، لەهەموو قۆناغ و شوێنێکدا شانسی سەرکەوتنی نابێت. شوێنەکەی بە پرسی ئیامەت، کە لە هاتنەوەو دەرکەوتنەوەی ئیمامی محەمەدی مەهدیدا، دوای غەیب بوون، خۆی دەنوێنێت، پڕدەکرێتەوە.

باوەڕهێنان بە مەهدی ئاخیری زەمان بەشێوەیەکی گشتیی بنەڕەتییترین پرەنسیپی ئایدیۆلۆژیکی مەزهەبی شیعەگەرییە. بەوپێیەی ئەو مەزهەبە لەسەر بنەمای ئیمامەت بەڕێوەدەچێت کە لە عەلی کوڕی ئەبی تالبەوە دەستپێدەکات، تا دوانزە پشت لە هەمان بنەماڵە بە محەمەد کوڕی حەسەنلعەسکەری کە هەمان مەهدیە کۆتایی دێت. باوەڕی شیعە بەمجۆرەیە کە دوای کۆچی دوایی پەیامبەر، عەلی کوڕی ئەبی تالب جێنشینی شەرعیی پەیامبەرەو بەدوای ئەویشدا کوڕو نەوەو نەتیجەکانی تا دەگاتە مەهدی. بەڵام بەپێی ئەم باوەڕە حەزرەتی مەهدی هەر بە منداڵیی لەبەر چاوان غەیب بووەو لە کات و ساتێکی نەزانراودا بەمەبەستی دابینکردنی عەدالەتی خواوەندیی و لەناوبردەنی زوڵم و زۆر لە جیهاندا پەیدا دەبێتەوەو ڕابوونی مەهدی ڕادەگەیەنێت.

ئەم بیروباوەڕە بەشێوازی جۆراوجۆری ترو گرنگیی کەمتر، لەناو مەزهەبی سوونەشدا هەیەو بەدرێژایی دیرۆک چەندان ڕاپەڕین بەناوی ڕاپەڕینی مەهدی و چەندان پێشەوای ئایینی بانگاشەی ئەوەیان کردووە کە حەزرەتی مەهدین و بۆ ڕزگارکردنی جیهان و چەسپاندنی حوکمی ئیسلام لە جیهاندا خۆیان پێناسەکردووە. و تا ئەمڕۆش

هەر بەردەوامە.

ساڵی ١١١٨ز لە وڵاتی مەغریب پیاوێک بە ناوی محەمەد کوڕی تومرت(١٠٨٠-١١٢٨ز) ناوی دەرکرد، سەرەتا مەزهەبێکی نوێی هێنایە کایەوە بە ناوی مەزهەبی تەوحید، و ئامانجی ئەم مەزهەبە نوێیە ڕیفۆرم و پاککردنەوەی ئایینی ئیسلام لە جەهالەت پێناسە کرا. و لەئاکامیشدا بووبە هۆی دامەزراندنی دەوڵەتێک کە بە (دولة الموحدين). ناسرا. دەسەڵاتی ئەم دەوڵەتەو ڕێبەرەکەی محەمەد کوڕی تومرت، هێندە پەرەیسەندو هێندە لایەنگرو موریدی زۆر بوون، کە خۆی وەک حەزرەتی مەهدی پێناسەکردو ناوی بوو بە ئیمام مەهدی کوڕی تومرت. و هەرکەس نکوڵی لە بیروباوەڕەکەی بکردایەو نەچووبایە ژێر فەرمانی بێ چەندوچوون بە کافرو وەرگەڕاو دەناسراو دەکوژرا. و گەورەیی و پیرۆزی ئەو پیاوە لە لایەن لایەنگرانییەوە تا ئاستی پەرستن ڕۆیشت و بە نازناوی (الأمام المعصوم، المهدى المعلوم) بانگ دەکراو لە بەڵگەنامە ڕەسمیەکانی دەوڵەتدا ناوی دەهێنرا. و ساڵی ١١٢٨ ئەو ئیمام مەهدییە کۆچی دوایی کرد. بەڵام ئەو دەوڵەتەی ئەو دایمەزراندبوو، تا چەندان ساڵیش دوای مردنی لەپەرەسەندندا هەر بەردەوامبوو تا تەواوی وڵاتانی ڕۆژئاوای دوور (مغرب الأقصى)، و ئەفەریقاو ئەندەلوسی کۆنترۆڵ کرد. و بیرو باوەڕی مەهدی کوڕی تومرت بە درێژایی پێنج سەدە، مەزهەبی هەرەزاڵ و ڕکەبەری هەرەگەورەی مەزهەبی مالکی بوو. تا ئەوەی لەسەردەمی هەشتەمین خەلیفەی موەحدیندا (مەئمون)، بەتەواوەتی گەڕانەوە بۆ مەزهەبی مالکی و کۆتاییهاتنی سیاسی دەوڵەتی مەهدی کوڕی تومرت ڕاگەیەنرا. تومرت بەر لەوەی بمرێت سەرکردە سەربازی و سەرۆک هۆزو پیاو ماقوڵانی خڕکردەوەو لە وتاری ماڵاواییدا پێیگوتن: لەسەر ئەم زەویەدا هیچکەس ئیمان و باوەڕی ئێوەی نییە. ئێوەن کە خواوەند بەسەر فارس و ڕۆمدا سەرتان دەخات، و تا ڕۆژی قیامەت هەر ئێوەن کە دەسەڵاتدار دەبن.٨

هەروا ساڵی ١٨٨١ پیاوێکی ئاینیی بەناوی محەمەد ئەحمەد کوڕی عەبدوڵا لە

سودان دیسان بانگاشەی ئەوەی کرد مەهدی ئاخیری زەمانەو خەڵکانێکی یەکجار زۆر بوونە مریدی و بەدوای کەوتن. هێزو توانای ئەو پیاوە گەیشتە ئاستێک کە ساڵی ١٨٨٢ لەشەڕێکدا لە گەڵ تورکە عوسمانیەکاندا سەرکەوتنێکی گەورەی بەدەستهێناو تورکەکانی تێکشکاند. پاشان هێرشی کردە سەر خەرتوم و گۆردن پاشای سەرکردەی ئینگلیزەکانی کوشت و دەستی بەسەر خەرتومیشدا گرت و ئوم دەرمانیشی کردە پایتەخت. بەگشتیی لەماوەی چوار ساڵدا تەواوی سودانی کۆنترۆڵ کردو بەسەر هەموو دژبەرەکانیدا سەرکەوت. بانگاشەی ئەوەی دەکرد کە لە بنەماڵەی پەیامبەری ئیسلامەو بۆسەلماندنی ڕاستیی بانگاشەکەی خۆی دەیگوت کە لە خەودا پەیامبەری بینیوەو پێیگووتوە کە ئەو محەمەدی مەهدیەو هەرکەس پەیڕەویی یان باوەڕی پێ نەکات کافرە. و بەمجۆرە سودانییەکان بە هەموو پێکهاتە جیاوازییەکانییەوە، سەرۆک عەشیرەتەکان، ڕێبەرە سۆفیگەراکان، بازرگانەکان، جووتیارەکان...و هیتر. و ئەوانە هەموو پێیانوابوو محەمەد ئەحمەد کوڕی عەبدوڵا، مەهدی ئاخر زەمانی ڕاستەقینەیە. بەڵام لە ئاکامدا مەهدی مردوو بەمردنەکەی بەشێکی زۆر لە پەیڕەوانی پەشیمانبوونەوە چونکە مەهدی ئاخیری زەمان نامرێت. بەڵام بەشێکی تریش هێشتا هەر باوەڕیان وایە کە ئەو مەهدی بووەو مردنەکەشی تەنیا غەیب بوونێکی کاتیەو هەر ڕۆژێک ڕەنگە جارێکی تر بێتەوە بەر چاوان.٩

ئەگەر نموونەیەکی تریش لەوڵاتی هیندوستانەوە بهێنینەوە ساڵی ١٨٩٢ز کە هێشتا پاکستان جیانەبووبۆوە. کەسێک بەناوی (سوامی سادهۆشوگن) باوەڕی وابوو کە تا تەواوی ئایینە گەورەکانی وەک ئیسلام و مەسیحی و ئایینە ئارییاییەکان بەیەکەوە کۆنەبنەوەو لەسەر گووتارێکی ئایینی نوێ ڕێکەکەوتن بەدیی نەیەت، مرۆڤایەتی ڕزگاری نابێت و بەجێگایەک ناگات. و بەم مەبەستە پێشنیازی کۆنفرانسێکی کرد بەناوی(کۆنفرانسی ئایینەکان)، کە لە شاری ئەجمیری هیندوستان بەسترا. پاشان ساڵی ١٨٩٦ کۆنفرانسی دووەم لەشاری لاهور بەستراو یەک لەوکەسانەی بۆ ئەو

کۆنفرانسە بانگهێشت کرابوون کەسایەتییەکی ناوداری موسوڵمان بوو بەناوی (غولام ئەحمەد قادیانی). کە گووتارێکی دوورودرێژی نووسیبوو، و بەدەست کەسێکی تردا بەناوی مەولەوی عەبدولکەریم، بۆ کۆنفرانسەکەی ناردو خوێندرایەوە. ناوەرۆکی گووتارەکە ڕاگەیاندنی ئایینێکی نوێ بوو، کەپاشان هەمان گووتار بووبە دەستورو بەرنامەی کاری ئەو ئایینە نوێیە کە بە مەزهەبی ئەحمەدیە ناسراوە.

غولام ئەحمەد دەڵێت، کە لەخواوەندەوە ڕاستەوڕاست ئیلهامی بۆ هاتووە. سەرەتا دەستێک لەغەیبەوە کەوتۆتە سەر دڵی و پاشان نوورێک لەو دەستە بەرزبۆتەوەو نوورەکە بەر دەستی ئەویش کەوتووە، و دوای ئەوە کەسێک کە لەغەیبەوە هاتۆتە تەنیشتیەوەو هاواری کردووە: **الله أكبر خربت خيبر.**

گەرچی غولام ئەحمەد ئایینە نوێکەی خۆی هەر بە درێژبوونەوەو بەردەوامی ئایینی ئیسلام و لەسەر بنەماو ڕێنوێنیی قورئان پێناسەدەکات، بەڵام لەهەمان کاتدا ئەو خۆی وەک عیسای مەوعودو مەهدی مەعهود دەناسێنێت.

یەکێک لەڕێنوێنییەکانی ئەم ئایینە ئەوەیە کە فەرمان بەلایەنگران و پەیڕەوانی دەدات کە گۆشت زۆر بخۆن چونکە دەبێتە هۆی ئازایەتی و هێزو توانای مرۆڤ و لەمڕووەشەوە مرۆڤ لەگەڵ ئاژەڵدا بەراوورد دەکات کە ئاژەڵە گۆشتخۆرەکان بەهێزترو چاونەترس و ئازان و گۆشت نەخۆرەکانیش ترسنۆک و لاوازو هیچ لەدەست نەهاتوو.

لەشوێنێکی تردا دەڵێت خواوەند بۆیە گۆشتی بەرازی حەرامکردووە چونکە هەر لەڕۆژی خوڵقاندنەوە. ناوی لە بەراز نا خەنزیر. کە ئەمەش لە زمانی عەرەبیدا لە دوو بڕگەی (خنز) و (آر) پێکهاتووە (خنز) بەواتای چەپەڵ، و (آر) یش بەواتای دەبینم. واتاگشتییەکەی دەبێتە (تۆم پێ چەپەڵە)، وەک موعجیزەیەکیش غولام ئەحمەد دەبینێت کە لەزمانی هیندیشدا بە بەراز دەگوترێت: (سوئار) کە ئەویش هەمان واتای هەیە. و هەرکەسیش گۆشتی بەراز بخوات وەک ئەو ئاژەڵە نامەردو

بێ ئابڕووودەبێت.

ئەمجار باسی واژەی زەنجەفیل (زنجبیل)، کەلەئایەی ١٨ سورەی (هود) هاتووە، دەکات، کە ئەم واژەیە لەدوو بڕگەی (زنا) بەواتای سەرکەوتن و پێهەگەڕان و (جبل) بەواتای شاخ. مەبەستەکەش ئەوەیە هەرکەس ستایشی خواوەندی خۆی بەدەست بخات، هێندە بەهێزو توانا دەبێت کەدەتوانێ بەئاسانی سەر شاخ بکەوێت.

دەربارەی قورئانیش دەڵێت کە قورئان هیچ شتێکی بەزۆری تێدا نییەو. ئەوەی هەیە ڕێنوێنیی ئەخلاقیەو باقی شتەکان ئامرازن، کەمرۆڤ ناچار نییە پەیڕەوی ئەو ئامرازانە بکات. و باوەڕیشی وایە کە زۆربەی واژەکانی قورئان وەک بەهەشت، دۆزەخ، شەیتان... واتای واقیعیان نییە. بۆ نموونە باغی بەهەشت مەبەست باوەڕی مرۆڤە دەنا هیچ باغێک و هیچ بەهەشتێک لەئارادا نییە. مەبەست لە ئاگری دۆزەخیش، خەم و خەفەت و نیگەرانی کەسێکە کە لەم جیهانەدا لەبەر کردەوەی خراپ تووشی دەبێت. شەیتانیش چەمکێکە گوزارە لەهەر شتێک دەکات کە مرۆڤ لەم جیهانەدا بکەوێتە داویەوەو بەهۆیەوە لەناو بچێت یان زەرەرمەند بێت.

بنەمای باوەڕ لەم ئایینەدا ئەوەیە کەخواوەند بەکۆتاییهاتنی پەیامبەران وەحی و ئیلهام لە مرۆڤ نابڕێت و بەردەوام کەسانێک هەڵدەبژێرێت تا پەیام و ڕێنوێنییەکانی خۆی لەڕێگای ئەوەوە بۆ مرۆڤ بنێرێت. ئایینەکەی ئەوانیش مەکۆو مەنزڵگای ئەو کەسانەیە کە خواوەند هەڵیاندەبژێرێت.

هەرچەندە لایەنگرانی ئەم ئایینە بەسەختی لەلایەن گروپە ئیسلامیە توندڕەوەکان و دەسەڵاتدارانی حکومیشەوە دژایەتی دەکرێن بەڵام، ئەمڕۆ لە پاکستان و هیندوستان و وڵاتانی دەوروبەر بە ملیۆن لایەنگرو پەیڕەوکاری هەیە. کەناڵێکی تەلەفزیۆنیشیان لەسەر هۆتبێرد هەیە کە بەرنامەکانی خۆی بە زمانی ئوردو، هەندێک جاریش بەعەرەبی و فارسی بڵاودەکاتەوە. ناوەڕۆکی بەرنامەکان بریتین لە ڕێنوێنیی و باسکردنی کەشف و کەراماتی ڕێبەرەکەیان کە بە (أمیر المؤمنین). ناودەبرێت.

گۆڤارو بڵاوکراوەکانیان بەدەیان لەزمانەکانی جیهان چاپ و بڵاو دەبنەوە. ١٠
هەروا لە کۆمەڵگای کوردەواری خۆشماندا لەسەرەتای ساڵانی ١٩٩٠ لە ناوچەی پشدەر کەسێک بەناوی شێخ مستەفا کە مرۆڤێکی زۆر سادەو ساکاری ناو خەڵک بوو، و هیچ ڕیشەو بنەچەیەکی شێخایەتیی و پیاوچاکیی نەبوو، و پاشان خەڵک شێخایەتییان پێوە لکاند. شێخ مستەفا بانگاشەی ئەوەی کرد کە حەزرەتی مەهدیەو لە لایەن خواوە ڕاسپێردراوە تا جیهان لە زوڵم و ستەم ڕزگاربکات و لە ماوەیەکی زۆر کورتدا بەهەزاران لەخەڵکی ناوچەکەو دەوروبەری دوای کەوتن و بوونە پەیڕەوانی. هەرچەند پاش ماوەیەک لەلایەن گروپێک چەکداری سەر بە پارتە ئیسلامیەکانی کوردستان ترۆرکرا بەڵام ئەوەی جێگای سەرسوڕمانە، تائێستاش خەڵکانێکی زۆر باوەڕیان وایە کە ئەو شێخ مستەفایە (هەروەک مەهدییەکانی تر)، نەمردووەو بەڵکو بەشێوەیەکی کاتیی خۆی لەبەر چاوان ونکردووەو ڕۆژێک لەڕۆژان هەر دەردەکەوێتەوە بۆ گەیاندنی پەیامی خواوەندیی لە ڕزگارکردنی جیهان.

لەڕۆژگاری ئەمڕۆشدا لەعیراق، و لەکاتی نووسینی ئەم چەند دێڕەدا، چەندان بزووتنەوە لەژێر ناوی مەهدی، لەئارادان لەوانە:

١- بزوتنەوەی (سلوکیە). ساڵی ١٩٩٨ لە ناو قوتابیانی حەوزەدا پەیدابوو.

٢- بزووتنەوەی یەمانی (أحمد الحسنی الیمانی). ساڵی ٢٠٠٤ سەری هەڵداو. بانگاشەی ئەوە دەکات کە یەمانی کوڕی حەزرەتی مەهدیەو ڕێگاخۆشکەری هاتنی مەهدییە.

٣- بزووتنەوەی (جند السماء)، ڕێبەرەکەیان. (ضیاء عبدالزهرة الکرکعاوی) بوو. و بانگاشەی ئەوەی دەکرد کە کوڕی ئیمامی عەلیە. و ساڵی ٢٠٠٧ لەلایەن فڕۆکە شەڕکەرە ئەمەریکاییەکانەوە هێرشیان کرایە سەرو ڕێبەرەکەیان و بەسەدانیان لێ کوژرا.

ئەمانەو چەندان و چەندانی تر، کە لەلایەن وڵاتانی جۆربەجۆرەوە، بەمەبەستی

سەوداو مامەڵەی سیاسی پشتیوانیی ماڵیی و لۆجستیکیی دەکرێن و پێدەچی تاماوەیەکی تریش لەئایندەدا ئەم جۆرە بزووتنەوانە، هەروا لەزۆربووندا بن. و بەگشتیی ئایینی ئیسلام لەناو تەواوی مەزهەبەجۆربەجۆرەکانی جیهاندا، ئەو کێڵگە ئامادەیەیە کە گەلێک ئاسنتر لەوانی دیکە ئیمام و پەیامبەرو خواوەندو هەڵبژێردراوان لەلایەن خواوەندەوە، پەیدا دەبن و خەڵک لەدەوری خۆیان خڕدەکەنەوەو درێژە بەهەبوونی خۆیان دەدەن

لێرەدا جێگای سەرنجە، کە گەرچی بەدیوێکدا مرۆڤ بوونەوەرێکی خاوەن عەقڵ و هۆش و ویستەو لەتوانایدا هەیە بەسەر مەزنترین کۆسپێکی ژیاندا سەرکەوێت و داهاتێنان و خوڵقاندن بنوێنێت و کاری موعجیزەئاسا ڕاپەڕێنێت. بەڵام بە دیوکی تریشدا، چەندە دەتوانێ لاوازو، بێخواست و ڕاڕاو بێباوەڕ بەخۆی بێت. کە ئاوا بەئاسانی لەلایەن هەرکەسێکەوە بانگاشەی هەبوونی پەیامی خواوەندیی لای خۆی بکات بکەوێتە ژێر کاریگەریی و هەڵخەڵەتێ. و دەبینین چۆن کەسێک بەبێ هیچ بەڵگەیەکی عەقڵانی و لۆژکیکمەندانە دێت و بانگاشەی پەیامبەرێتی و ئیمامەت و تەنانەت خواوەندیی دەکات، و هەمیشە بەسەدان و هەزاران و ئەگەر هەلومەرجی لەباریشی بۆ هەڵکەوێت ئەوە بەملیۆن مرۆڤ بەدوای دەکەون و گوێ بۆ پەیام و ڕێنوێنییەکانی، شلدەکەن..!

دیارە کە پرسی پەیامبەران و ئیمامان بە تەنیا بەدەستنیشانکردنی پەیامبەرو ئیمامە ساختەو درۆکان وەڵام نادرێتەوەو هێشتا چەندان پرسیاری تری بێ وەڵام لەم بوارەدا هەن کە دیرۆکی پەیامبەران بەگشتیی دەگرێتەوە. لەمانە: ئایا حیکمەتی پەیامبەرێتی لە چیدایە..؟ واتا بەچ مەبەستێک پەیامبەران لە لایەن خواوەندەوە دەستنیشاندەکرێن و دەنێردرێن بۆسەر مرۆڤ..؟ مەگەر جگە لەم حیکمەتە بەولاوە شتێکی تر هەیە، کە ڕێنوێنی بۆ کاری چاکەو دوور کەوتنەوە لە خراپەو برەوبەخشین بەئەخلاق..؟ یان ئایا بەگشتی مەبەستەکە هێنانەکایەی کۆمەڵگایەکی جیهانیی یان

ناوچەیی نییە کە تیایدا حوکمەکانی خواوەندیی بچەسپێت و زوڵم و زۆرو جەهل و خورافات لەناوبچێت..؟ بەڵام ئایا بەدرێژایی دیرۆک ئەم هەموو پەیامبەرانە هاتن و چوون.. هیچ کامیان توانیویەتی ئەم ئامانجە بهێنێتە دی.؟ ئایا حەزرەتی نوح بۆ ئەمە ڕاسپێردرا، کە تەنیا بەشی ئەوەندە خەڵک بخاتە سەر ڕێگای ڕاست کە لە کەشتییەکدا جێگایان بێتەوەو جگە لەوان مرۆڤایەتی نابوت و لەناو بەرێت..؟ و ئایا ئەو نەفشانەی دوای کارەساتی تۆفانی نوح هاتنە ژیانەوە لەوانە باشتربوون کە پێش تۆفان خواوەند بە لەناوچوون غەزەبی لێگرتن..؟ ئایا حەزرەتی مەسیح بۆیە بۆسەر مرۆڤایەتی ڕەوانەکرا، تاکو لەگەڵ ئەم هەموو پەیام و ڕێنوێنییە ئەخلاقییە بەرزانەشیدا هەر کڵێسایە بۆخۆی ببێتە مەزهەبێک و لەگیانی ئەوی تر بەربێت و لەئاکامدا ئەو کۆمەڵگا خواوەندییە خوازراوە هیچکات نەیەتەدی وتەنیا لەخەون و روئیای مرۆڤایەتیدا بمێنێتەوە..؟ ئایا پەیامبەری ئیسلام، حەزرەتی محەمەد(د.خ)، بەم هەموو مەزنایەتی و پیرۆزی و خۆشەویستییەی لە ناو موسوڵمانانندا هەیبوو، و هەیەتی، و بەو پێگەو کەسایەتییە بێ وێنەیەوە، کە نەتوانێ لەسەردەمی ژیانی خۆیدا تەنانەت سەحابە هەرە نزیکەکانی خۆی گوێڕایەڵی بن و سەرپێچی فەرمانەکانی نەکەن، چ چاوەڕوانییەک هەیە کە پاشان بەگۆڕینی هەلومەرجەکان خودی ئایینەکە لەڕێگای خواوەند دەرنەچێت..؟

سەیرکەن بابزانین دیرۆکی ئیسلام، ئەو دیرۆکەی بەدەست خودی موسوڵمامانان نووسراوەتەوەو موعتەبەرترین سەرچاوەی دیرۆکییە بەلای موسوڵمانانەوە، چۆن باسی دوایین ڕۆژەکانی تەمەنی پەیامبەر دەکات. بابزانین سەحابەکانی پەیامبەر چۆن مامەڵە لەگەڵ فەرمانی ئەو کەسەدا دەکەن کە ٢٣ ساڵ ملکەچانە گوێڕایەڵی فەرمانەکانی بوون و وەک پەیامبەرێکی خواوەندیی بەدوور لەهەڵەو خەتا بەگیان و دڵ قبوڵیان بوو.

کاتێک پەیامبەر لەدوایین ڕۆژەکانی تەمەنیدا ئوسامە کوڕی زەیدی. هەڵبژارد تا

دوای خۆی ببێتە فەرماندی موسوڵمانان. هەمووان ئەو فەرمانەیان ڕەتکردەوە. ئیتر هەریەک لەدیدێک و بە بەهانەیەکەوە. هەندێک لەوانە کە عومەر کوڕی خەتاب لەناویاندابوو، پێیانوابوو بڕیارێکی نادرووستە. چونکە پێچەوانەی پرەنسیپی پلەبەندییە. واتا چۆن دەکرێ موسوڵمانێکی گەنجی کەم ئەزموون بکرێتە فەرماندی ئەو هەموو سەحابانەی لەیەکەمین ڕۆژەکانی سەرهەڵدانی ئیسلامدا موسوڵمان بوون، و لەهەموو خۆشی و ناخۆشیەکاندا بەگیان و ماڵ لەپێناوی ئەم ئایینە نوێیەدا بوون..؟ هەندێکی تریش تا ئەو جێگایە ڕۆیشتن کە پێیانوابوو پەیامبەر عەقڵی خۆی لەدەستداوە. و ئیتر گشت خەسڵەتەکانی پەیامبەریی لەوەی لەلایەن خواوەندەوە ڕێنوێنی و پشتیوانی دەکرێت و لە بڕیارەکانیدا هیچکات هەڵەناکات و گوڕایەڵیی فەرمانەکانی ئەرکێکی خواوەندییە لەبیرچوونەوەو. وەک هەر ئایدیۆلۆژیاو بیروباوەڕێکی تری جیهانیی بەبایەخی لەدەستدانی بیروباوەڕەکانی ئیسلام، کەوتنە ژێر هەڵپەی بەدەستخستنی دەسەڵات، و گەڕانەوە بۆ عەقڵیەتی خێڵەکیانە. و ژمارەیەکی یەکجار زۆر لەموسوڵمانان یاخیبوون لەوەی بچنە ناو سوپایەک ئوسامە فەرماندەی بێت. و پەیامبەر دەڵێت: (**جهزوا جيش أسامة لعن الله من تخلف عنه**)١١ واتا سوپای ئوسامە سازکەن و لەعنەتی خواوەند لەوکەسەبێت لەم فەرمانە یاخیی دەبێت. بەڵام بەرژەوەندییە سیاسیی و ئابووریەکان، لەوە گەورەتر بوون کە هەروا بەئاسانی بچنە ژێر فەرمانی پەیامبەرو کاتێک بۆ هەمووان ڕوونبۆوە کە پەیامبەر نەخۆشیەکەی کوشەندەیەو تەمەنی هێندەی بەبەرەوە نەماوە، هەی لەوەی خۆی و هۆزو لایەنگرانی بۆ قۆناغی دوایی ئامادەکات.

غەزالی دەڵێت: يقول النبى (قبل موته: **ايتونى بدواة وبياض لأزيل عنكم اشكال الأمر وأذكر لكم المستحق لها بعدى. وقال عمر: دعوا الرجل فأنه ليهجر؛ وقيل يهذو**) ١٢ واتا: پەیامبەر بەر لە مردنی دەفەرمویٚ: قەڵەم و کاغەزێکم بۆ بێنن تا کێشەکەتان چارەسەرکەم و ئەوکەسە دیاریی بکەم کە پاشان شایستەیە. عومەر

گوتی: لێیگەڕێن ئەو پیاوە لەگیانەڵادایە، و دەشگوترێت کە گوایا عومەر گوتویەتی لێیگەڕێن وڕێنەدەکات.

تا وای لێهات، پەیامبەرو یارانی وەها لەسەر یەکتر بوون بەبار کە پەیامبەر ژنانی پێ لە یارانی باشتر بوو. **(لما مرض النبی، قال أئتونی بصحیفة ودواة أکتب لکم کتابا لن تضلوا من بعده أبدا. فقال النسوة من وراء الستر: ألا تسمعون ما یقول رسول الله صلی الله علیه وسلم؟ قال عمر: أنکن صویحبات یوسف، أذا مرض رسول الله عصرتن أعینکن، وأذا صح رکبتن عنقه! فقال رسول الله: دعوهن فأنهن خیر منکم)** ١٣ واتا: کاتێک پەیامبەر نەخۆش کەوت، فەرمووی قەڵەم و کاغەزێکم بۆ بێنن، تا شتێکتان بۆ بنووسم کێشەی ئایندەتان چارەسەر بکات. و ژنانیش لەپشت پەردەوە هاواریانکرد، ئایا گوێتان لێ نییە پەیامبەر چی دەڵێت.؟ عومەر گووتی ئێوە دۆستانی یوسفن، کاتێک پەیامبەر نەخۆش دەکەوێ فرمێسکی بۆ هەڵدەوەرێنن و کاتێکیش لەشساغە سواری ملی دەبن.! پەیامبەر گوتی: لێیانگەڕێن ئەوانە لە ئێوە باشترن.

ئیتر پاشانیش دەبینین چۆن هەر لەڕۆژی کۆچی دوایی پەیامبەرەوە کێشە نێوخۆییەکان پەرەدەستێنن و موسوڵمانان دەکەونە گیانی یەکترو خوێنی یەکتر دەڕێژن. کەچی موسوڵمانانی بێئاگای سەردەمەکانی دواترو تائەمڕۆش پێیانوایە کاروبارەکان هێندە ڕێکوپێک بوون، کە بە نووری خواوەندیی بەڕێوەچوون. هەربۆیەش وادەزانن بەختەوەریی هەرەمەزنی مرۆڤایەتیی بە زیندووکردنەوەی حوکمی خەلافەت بەدیی دێت.

سەرچاوەو پەراوێزەکانی بەشی هەشتەم

١- بۆ زانیاری زۆرتر بۆ نموونە بڕوانە: نصر حامد أبو زید، فلسفه التأویل. دراسه فی تأویل القرآن. المرکز الثقافی العربی. بیروت ١٩٩٦ یان لەهەمان نووسەرەوە: أشکالیات القراءه و آلیات التأویل. المرکز الثقافی العربی. بیروت-١٩٩٤

٢- د.سهیل بن رفاع بن سهیل العتبی. التیار العقلی لدی المعتزله واثره فی حیاة المسلمین المعاصرة. قسم الدراسات الأسلامیه. کلیة التربیة. ریاض. المملکه العربیة

السعودية. ص١٧

٣- عبدالكريم عنيات. قراءة نيتشة للفلسفة اليونانية. جامعة منتورى- قسنطنة. ٢٠٠٩-٢٠١٠ ص٥٩

4- Dagblad pers Maandag 20 februari 2012

5- W.J.Schnell. Dertig jaar in de greep der jehova getuigen. Jan Haan nv. Groningen 1958.

٦- شجاع الدين شفا، تولد ديگر، نشر فرزاد. چاپ پنجم.٢٠٠١. ل٤١١

٧- يوسف فضائى. تحقيق در تاريخ و فلسفەى مذاهب اهل سنت و فرقەى اسماعيليه. انتشارات فرخى. تهران. ل١٣٠-٤١١

٨- بڕوانە: محمد حلمى عبدالوهاب. المهدى بن تومرت. مؤسس دولة الموحدين. الشرق الأوسط. ٢٥ أكتوبر.٢٠١١

٩- بۆ زانيارى زۆرتر بڕوانە: د. مكى شبيكە. السودان عبر القرون. دار الثقافة. بيروت ١٩٦٤

هەروا: وب. م هولت. دولة المهدية فى السودان. ترجمة هنرى رياض و آخرون. دار الجيل بيروت. مكتبة خليفه عطيه. ١٩٨٢

١٠- بۆ زانيارى زۆرتر دەربارەى ئەم گروپە مەزهەبييە بڕوانە: حضرت مرزا غلام احمد قاديانى، فلسفه اصول اسلام. مترجم: سيد عاشق حسين شاهد. انتشارات اسلام انترناسيونال. اسلام آباد- تلفورد- سرى- انگلستان. ١٩٩٦

١١- الشهرستانى. الملل والنحل، تحقيق محمد كيلانى، مصر ١٩٦١، الجزء الأول ص٢٣

هەروا بڕوانە: طيب تيزينى، من اللاهوت الى الفلسفة العربية الوسيطة. القسم الأول. بترا للطباعة والنشر والتوزيع. سورية- دمشق ص٢١

١٢- طيب تيزينى، سەرچاوەى پێشوو ص٢٣

١٣- طبقات أبن سعد. لە (طيب تيزينى) يەوە ، سەرچاوەى پێشوو ص٢٤

پەیامبەران و ئیمامان

خوا، مەزهەب، مرۆڤ

بەشی نۆیەم
گروپبەندی ناو ئایینەکان

هیچ ئایینێک، لەجیهاندا نییە، کە وەک هەر بیروباوەڕو ئایدیۆلۆژیایەکی جیهانی کێشەو لەتبوون و جیاوازیی بیروبۆچوون و لێکدانەوەو دژایەتی یەکتری تێ نەکەوتبێت. کەئەمە بۆ بیروباوەڕێکی جیهانی و دەستکردی مرۆڤ و زادەی بیری خۆی، بەحوکمی جیاوازیی هەر مرۆڤێک لەگەڵ ئەوی تر، و کاریگەریی دووفاکتەری کات و شوێن... ئاسایی و چاوەڕوانکراوە، و تاکو مرۆڤایەتیش پتر بەرەوپێش دەچێت، لۆژیکمەندانەتر مامەڵە لەگەڵ ئەم ڕاستییەدا دەکات، و میکانیزمی خۆگونجاندن لەگەڵ ئەم خەسڵەتەی مرۆڤ، واتا هەبوونی جیاوازیی و لەیەکنەچوون، دەبینێتەوە کە سیستەمی دیموکراسی و بنەمای لێبووردەیی و تەحەمولی یەکتر.. بەشێکن لەمانە. بەڵام مەزهەب، بەحوکمی ئەوەی سەرچاوەکەی لەلایەن خواوەندەوەیە، هیچکات بەشێوازێکی ڕوون، دانی بەهەبوونی ئەم جیاوازییە سروشتیانەی مرروڤ لەگەڵ یەکتردا نەناوە. و هەرمەزهەبە کەهاتووە وەک دوایین چارەی ڕزگاریی و فاکتەری یەکخستنی مرۆڤ و لەئاکامیشدا باوەڕێک کەبۆ هەمووان و بۆ هەر کاتێک دەگونجێت. خۆی پێناسەکردووە. بەڕاستیش هەر ئەم چاوەڕوانییە لە هەر ئاینێکی خواوەندیی دەکرێت کەلەسەرەوەی جیاوازییەکانی نێوان مرۆڤەکاندا بێت و فاکتەری هاوبەشی نێوان هەمووان بێت. بەڵام ئایا ئەمە لە واقیعدا بەدییهاتووە..؟ جێگای سەرنجە کە جیاوازیی و تایبەتمەندیی هەر مەزهەبێک، گروپێک، ڕەوتێکی ناو یەک ئایین... سەرەڕای کاریگەریی خەسڵەتی سروشتیی مرۆڤ، کە تاکەکانی لەیەکتر ناچن، دەکەوێتەوە ژێر کاریگەریی خەسڵەت و تایبەتمەندیی ئەو کەسەش، یان ئیمام یان خەلیفە یان پێشەوا ئایینییەی مەزهەبەکەی بەناووەیەو ڕێبەرایەتی

دەکات. بۆنموونە ڕێبەرێکی نەرم و لێبووردە، ڕێنوێنی بەنەرمی و لێبووردەیی دەکات و بۆئەمەش هیچ زەحمەتێک نییە، پشتیوانەکەی لە تێکستە پیرۆزەکانەوە ببینێتەوە، و ئەوەش کە پێیوایە هەموو ئامانجێک لەنووکی شمشێرەوە بەدەستدێت ڕێنوێنی هەمووان بەباوەڕەکەی خۆی دەکات. و ئەویش زەحمەتێک نابینێت ئەگەر پشتیوانەی خۆی دیسان لە تێکستە پیرۆزەکانەوە ببینێتەوە.

لێرەدا دەبینین دیسان مەزهەبیش وەک هەر بیروباوەڕێکی جیهانیی، پەیوەستەی هەلومەرج و بەرژەوەندیی و جیهانبینییە. ئەمە لەحاڵێکدا کە هەر مەزهەبە، بەشێوازێکی جەزمی دەیسەپێنێت کە ئەو بیروباوەڕە مەزهەبییە دیاریکراوەی ئەو ئەگەر تەنانەت سنووری پەیڕەوکارانی لەیەک گوندی بچووکیش تێ نەپەڕێت و ئەوانی تر بەڕافزی و دوژمنی خواو کافر دەزانێت.

ئاینی جوویی، لەگەڵ ئەوەدا کەلەچاو ئایینە گەورەکانی تری وەک مەسیحیەت و ئیسلام و بودایی... ئاینێکی بچووکەو تایبەت بەیەک نەتەوەیەو ئاینێک نییە بۆ بانگهێشتن و بەرفراوانکردن، هەروا بەحوکمی کۆمەڵێک هۆکاریی دیرۆکی و سەرچاوەگرتوو لەخەسڵەتەکانی ئایینەکەوە، بەدرێژایی دیرۆک ڕووبەڕووی مەترسی لەناوچوون بۆتەوە، کە ئەمە بۆتە هۆی جۆرێک لە یەکیەتی ناوخۆیی، و نەپەرژانە سەر کێشە نێوخۆییەکان. بەڵام دیسانیش لـەڕووی مەزهەبییەوە بـەدوور لە گروپبەندیی نەبووە.

گروپە مەزهەبییەکانی ناو ئایینی جوویی، پتر لە ڕووی تیۆلۆژییەوەیە، کە دەکرێ ئاماژە بەهەندێکیان بکەین لەمانە:

١- فریسییەکان: دووگـروپـی مەزهەبین کە لەسەدەی دووەمـی پێش زایین درووستبوون، فریسی بەواتای جیاخواز، یان کەرتکار، لادەر.. دێت. و لە بەرانبەر یۆنانییەکاندا خوازیاریی پەیڕەوکردن و چەسپاندنی ئایینی جوویی بەو شێوازەی لە شەریعەتی موسادا هاتووە بوون. و ئەم گروپە تا سەدەی دوومی زایینی بەردەوام

بوون.

٢- سەدوقییەکان: سەر بەکاهینێک بەناوی سەدوق و بەڕەگەز یۆنانی بوون. و پتر عەقڵگەراو دژی باوەڕەکانی وەک فریشتەو بەهەشت و دۆزەخ، و مەسیح بوون و تەنیا باوەڕیان بەهەبوونی خواوەند بووەو هاتووچۆی پەرستگاشیان کردووە.

٣- عیسەویە: لەپەیڕەوانی ئەبو عیسا ئیسحاق کوڕی یەعقوبی ئەسفەهانییە، کە بانگاشەی پەیامبەرێتی دەکردو خۆی وەک حەزرەتی عیسا دەناساند. ئەو لەسەدەی هەشتەمی زایینی و سەردەمی ئەبو جەعفەری مەنسووردا ژیاوە. بانگەوازیی خۆی بۆپەیڕەوکردنی خەڵک لەوسەردەمەدا دەستپێکردو گەلێک لە موسوڵمانانی کوشت و سەرئەنجام خۆشی لەشەڕیکدا کوژرا.

٣- قارایمەکان (Qaraim): ئەمەش گروپێکە ساڵی ٧٦٧ی ز دامەزراوە. جگە لە تەورات (پەیمانی کۆن) باوەڕیان بەهیچ شتێکی تری وەک (تەلمود) کە بەلای جوولەکانەوە جێگای ڕێزو پیرۆزییە نییە. دامەزرێنەری ئەم گروپە عانان کوڕی داوده. و ئەو دواتر لەسەدەی نۆزدەهەم و بیستەمدا کەسێکی تر بە ناوی سەعد کوڕی یوسف (٨٨٢-٩٤٢) لەژێر کاریگەریی ڕەوتی موعتەزیلە لە ئیسلامدا و لەسەر بنەمای عەقڵگەرایی پەرەی بەم ڕەوتە داو، تەوراتیشی وەرگێڕایە سەر زمانی عەرەبی. جێگای گوتنە کە گروپێکی تریش بەناوی یوزعانییە، لەهەمەدانی ئێران پەیدا بوون و تائاستێکی زۆر هەمان باوەڕی قارایمەکانیان هەبوو.

٤- موشکانییە: گروپێکن سەر بە کەسایەتییەکی بەناوی موشکان لەئێران، و لەناوچەی قوم، سەریانهەڵداوە، ئەم گروپە مەزهەبییە باوەڕیان بە پەیامبەرێتی محەمەد هەبووە، بەڵام تەنیا بۆسەر نەتەوەی عەرەب. چونکە باوەڕیان وابووە کە جوولەکە خاوەنی پەیامبەرو پەرتووکی پیرۆزی خۆیانن و پێویستیان بە پەیامبەری تر نییە.

٥- مەیمونیە: پەیڕەوانی موسا کوڕی مەیمون (١١٣٥-١٢٠٤ز)، کە پزیشکی تایبەتی سەلاحەدینی ئەیوبی بوو، پەرتووکێکی بەناوی (دلالة الحائرین وهدایة

المضلين)، نووسی کە بەراوردێکی ئایینی جوویی لەگەڵ فەلسەفەی ئەرەستۆیی و لێکۆڵینەوەیەکی تەتبیقی ئایینی ئیسلام لەگەڵ جوولەکەدا جووییدایە.

ئەمانەو بەدرێژایی دیرۆکی ئەم ئایینە، چەندان گروپی گەورەو بچوکی تر، پەیدابوون و پوکاونەوە. بەڵام کێشەی گروپبەندیی لە ناو جوولەکەدا هەرچەندێک بووبێت نەگەیشتۆتە ئەو ئاستانەی لە ئایینەکانی مەسیحی و ئیسلامدا دەیبینین کە خوێنڕشتن و کاولکاریی فراوانی بەدواوە بووە.

مەسیحیەت وەک گەورەترین ئاینێک لەجیهاندا، بە نزیکەی ٢،٢ ملیار پەیڕەو، و لە ١٢٠ وڵاتی جیهاندا زۆرینەی دانیشتوان پێکدەهێنێت. و بەسەر سێ مەزهەب، یان پارچەی سەرەکیدا: کاتۆلیک، ئەرتۆدۆکس، پرۆتستان. دابەشدەبێت.

مەسیحیەت سەرەتا، وەک یەک ئایین و یەک مەزهەب و یەک گروپ بوو.. بەڵام بە پەرەسەندنی ئاینەکەو کردنی ئەو ئایینە بە ئایینی فەرمی دەوڵەتان، کە یەکەمین جار ساڵی ٣٨٠ز بوو بە ئایینی فەرمی ئیمپراتۆری ڕۆمانی. و بەپەرەسەندن و بڵاوبوونەوەی هەرچی زۆرتری ئایینەکەو تێکەڵبوونی لەگەڵ فەرهەنگ و کولتووری نەتەوە جۆربەجۆرەکان ئایینی مەسیحی وەک حەتمیەتێکی دیرۆکی کەوتە ژێر کاریگەریی ئەو فەرهەنگانەو گۆڕان و سەرهەڵدانی جیاوازیی بیروبۆچوون، هەر لە ڕێوڕەسمی عیبادەتەوە بگرە تا لێکدانەوەی دەقە پیرۆزەکان و پاشانیش کاریگەریی بەرژەوەندییە سیاسیی و ئابووریەکانی بەسەرداهات و لەسەدەی چوارەمی زایینیدا، واتا ساڵی ٤٣١ز مەسیحیەت یەکەمین لەتبوونی گەورەی بەخۆیەوەدیت کە بووەهۆی جیابوونەوەی کڵێسای ڕۆژهەڵات (كنيسة المشرق). کە کۆمەڵێکی زۆر کڵێسابوون لەژێر چەتری یەک ڕێبەرایەتی و مەرجەعدا یەکیانگرت.

پاشان ساڵی٤٥١ز ئەرتۆدۆکسی مەشریقی، کە ئەمیش کۆمەڵێک کڵێسا، کەهەر یەکەیان ڕێبەرایەتیەکی سەربەخۆی ، بە ناوی پاتریارک، و جۆرێک پەیوەندی و تەنسیق لە نێوانیاندا هەبوو. جیابۆوە.

ساڵی ١٠٥٤ز لەتبوونێکی گەورە لە ناو مەسیحەتدا ڕوویداو بوو بەدووبەشی سەرەکیەوە. کڵێسای ڕۆمانی کاسۆلیکی و ٢٢ کلێسای تر لەلایەکەوەو، کڵێساکانی ئەرسۆدۆکسی شەرقیش لەلایەکی ترەوە.

بەگشتی لەئاکامی ئەم زنجیرە لەتبوون و جیابوونەوانەدا وڵاتەکانی ئەوروپای ڕۆژهـەڵات، یۆنانییەکان، سربیەکان، و ڕۆمانیەکان... کڵێسای تایبەت بەخۆیان دامەزراند کە پاپای ڕۆم لە کاروباری کڵێسایی ئەواندا هیچ دەسەڵاتێکی نەما.

جیاوازیی مەزهەبی هەرە سەرەکی نێوان کڵێساکانی ئەرتۆدۆکس و کاتۆلیکەکانی ڕۆژئاوا، دەربارەی (روح القدس) بوو. کاتۆلیکەکانی ڕۆژئاوا باوەڕیان وایە کە (روح القدس) لە باوک (خواوەند)ەوەیە. بەڵام ئەرتۆدۆکسەکان پێیانوایە لە کوڕ(حەزرەتی عیسا)وەیە. هـەروا بیروباوەڕەکانی دەربـارەی بـەرزەخ، و پاکیی و بێگەردیی دووگیانبوونی حەزرەتی مریەم و گوناهبارنەبوون و هەڵەنەکردنی کەسایەتییە بڵند پایەکانی کڵێسایان.. ڕەتدەکردەوە. و ڕەواییان بە مافی ئازادبوونی هەڵبژاردنی هاوسەر لەلایەن کەشیش و بەڕێوەبردنی عیبادەت بە زمانی هەر نەتەوەک بەخشی.

لەهەموو ئەمانەش گەورەتر، بزووتنەوەی ڕیفۆرمخوازانەی مارتن لۆتەر بوو کە ساڵی ١٥١٧ز جیابوونەوەی مەزهەبی پرۆتستانی لێکەوتەوە. و هۆکارە سەرەکییەکەشی گەندەڵیی بێسنووری کڵێساو بنپێکردنی هەربنەمایەکی مەزهەبیی و ئەخلاقیی لە لایەن پیاوانی کڵێساوە لەپێناو دەستکەوتە مادییەکان و خۆشگوزەرانیی و دەسەڵات و سامان.

یەکەمین کارێک کە لۆتەر ئەنجامیدا، تەرجەمەکردنی هەردوو بەشی کۆن و نوێی پەرتووکی پیرۆز بۆ زمانی ئەڵمانی بوو. ئەمەش بووە هۆی ئەوەی کە خەڵکی بەگشتیی بۆخۆیان ئەم دەقە پیرۆزانە بخوێننەوەو لەناوەرکەکەی بگەن و چیتر ڕێگا نەدرێ سەوداو مامەڵەی ساختەبازانەی لە لایەن پیاوانی کڵێساوە پێ بکرێت.

هەروا لە فەرەنساش باڵێکی تر لە کڵێسای پرۆتستان بە ڕێبەرایەتی ژان کالۆن

(١٥٠٩-١٥٦٤ز) هاتە کایەوە. ژان کالۆن زێدە توندڕەو بوو، وەدەیخواست شاری ژنێف بکاتە وڵاتێکی مەزهەبیی ژێر کۆنترۆڵی خۆی. ئەم پیاوە لەبەرانبەر، دژبەرەکانی خۆی و ئەوانەی گومانیان لە باوەڕەکانی نیشاندەدا، بەوپەڕی بێڕەحمانە ڕەفتاری دەکرد. و هەربۆیە بەفەرمانی ڕاستەوڕاستی ئەو، زاناو ئاینشناسی ئیسپانی میشێل سروت(١٥١١-١٥٥٣ز)ی بەتۆمەتی نکوڵیکردن لە سیانەی مەسیحیەت (تەثلیث)، بەزیندوویی لە ناو بڵێسەی ئاگردا سووتێنرا.

جیابوونەوەی کڵێسای پرۆتستان هەروا بە ئاسانی و بێ گرفت دەرباز نەبوو. بەڵکو بووە هۆی هەڵگیرسانی چەندان شەڕی گەورەو بچووکی نێوخۆیی لە ئەوروپا. و ساڵی ١٥٦٢ شەڕی نێوان کاتۆلیک و پرۆتستان لەهەردوو وڵاتی فەرەنساو بەریتانیا هەڵگیرساو پاشانیش ساڵی ٨١٦١ شەڕی ناوخۆیی سی ساڵەی ئەوروپا هەڵگیرساو تەواوی ئەوروپای گرتەوە. و وێرانکارییەکی مەزنی بەدوای خۆیدا هێنا.

لەنیوەی دووەمی سەدەی حەڤدەهەمیشەوە کێشە نەتەوەییەکان سەریانهەڵداو پادشا کاتۆلیکەکان سەربەخۆیی خۆیان لە پاپا ڕاگەیاندو بیروباوەڕو ڕەوتی خوانەناسیی لە ئینگلستان و هۆڵەندا پەیدابوون.

لەسەدەی هەژدەهەمیشدا مەسیحیەت لە ئەوروپا کەوتە ژێر کاریگەریی دوو ڕووداوی گەورەی جیهانی. یەکەم درووستبوونی وڵاتە یەکگرتووەکانی ئەمەریکا، ساڵی ١٧٨٩ و دوومیش شۆڕشی فەرەنسا، کەلەژێر دروشمی مافەکانی مرۆڤ و جوێکردنەوەی ئایین لەدەوڵەتدا، کڵێسا و دامەزراوە ئایینیە مەسیحیەکان کەوتنە بەر پەلاماری بێئەمانی شۆڕش.

پاشانیش لەسەدەی نۆزدەهەم بەملاوە، دەیان و بگرە سەدان کڵێسا جیابوونەوە کە هیچ پەیوەندییەکیان بەیەکتریەوە نییەو بەتەواوەتی سەربەخۆن و لەچوارچێوەی ئایینی مەسیحیدا، خاوەنی بیروباوەڕی تایبەتن.

جیاوازی نێوان کڵێساو گروپە جۆربەجۆرەکانی ناو ئایینی مەسیحیی، هەندێجار

بەڕادەیەک زۆرە کە ئیتر مۆرکی یەک ئایینیان پێوە نامێنێت و دەبن بە کڵێساو باوەڕو مەزهەبی جیاوازو بگرە تەواو دژ بەیەک. و شەري نێوخۆییەکان و هەرێمیەکان و هەردوو جەنگی جیهانیش بەدوور لە کاریگەریی ئایینیی و جیاوازیی نێوان گروپە مەزهەبییە مەسیحییەکان نەبووە. ١

هەروا دەربارەی ئایینی ئیسلامیش، لەڕووی پارچەپارچەبوون بەسەر مەزهەب و ڕەوت و گروپی جۆراوجۆر ئەگەر لە ئایینی مەسیحی خراپتر نەبێت ئەوە بەدڵنیاییەوە باشتریش نییە.

عەبدولقادری بەغدادی لە پەرتووکی (الفرق بين الفرق)دا حەدیسێکی پەیامبەر لەزاری ئەبی هورەیرەوە دەگێڕێتەوە کەدەڵێت(جوولەکە بەسەر ٧١ گروپی جیاوازدا دابەشبوون. بەڵام نەسارا بەسەر ٢٧ گروپدا پەرت و بڵاوبوون. نەتەوەی منیش لەئاکامدا دەبن بە ٣٧ بەش).٢

ئایینی ئیسلام تا پەیامبەر زیندووبوو، پتەو، و یەکپارچە بوو. هەرچەندە بە حوکمی سروشتی خێڵەکیبوونی کۆمەڵگای ئەوکاتی ئیسلام لەحیجازو ناوچەکانی دەوروبەریی، کە هەر خێڵە لەهەوڵی بەدەستخستنی هەرچی زۆرتری پلەوپایەو ئیمتیازو دەستکەوتەکانی شەردا بوو، بەڵام هیچکام لەمانە نەگەیشتنە ئاستێک کە ببنە فاکتەری جیابوونەوە، و پەیامبەر خۆی لەسەرووی هەر جیاوازییەکەوە، و تاکە مەرجەعی ڕەهاو بێ چەندوچۆن بوو.

بەڵام هەردوابەدوای مردنی پەیامبەر یەکەمین کێشەیەکی جدی لەسەر خەلافەت و جێگرتنەوە سەریهەڵداو ئیسلامی بەسەر دوو مەزهەبی سەرەکی شیعەو سوونەدا وەها پارچەکرد کەتائەمڕۆش ئەم جیاوازیی و لەتبوونە هەروا پتر پەرەدەستێنێ. بەڵام لەتبوون بەتەنیا بەسەر دووگروپی شیعەو سوونەدا سنووردار نەبوو، و ڕانەوەستا بەڵکو هەریەک لە دوو مەزهەبی شیعەو سوونەش بەسەر چەندان گروپی ترداو ئەوانیش بەسەر دەیانی بچووکتردا دابەش بوون، و تا وای لێهات کە هەر ئیمامە و

هەر خەلیفەیەو هەر سوڵتانەی... بۆخۆی بووە خاوەن ئاینێکی نوێ، کە لەهەندێک حاڵەتدا لە ئایینی مەسیحی خراپتر، جیاوازیی نێوان دووگروپی ناو یەک ئایین، گەلێک پتر بوو لەجیاوازیی نێوان دووئایینی تەواو دژ بەیەک.

هەرچەندە دوابەدوای مردنی پەیامبەر سیستەمی خەلافەتیش، توانی تائاستێک پارسەنگیی هاوکێشەکان ڕاگرێت. بەڵام بەکۆتاییهاتنی قۆناغی خەلافەتی عەلی کوڕی ئەبوتالب، تەواوی قۆناغی ئەوشێوازی خەلافەتە کە بە(راشدین) ناودەبرێت کۆتاییهات و قۆناغێکی نوێ دەستیپێکرد. یەک لە سیماکانی بریتی بوو لە جیابوونەوەی دوو دەسەڵاتی سیاسیی و ئایینیی لەیەکتر. لەسەردەمی چوارخەلیفەی جێنشینی پەیامبەردا دوودەسەڵاتی سیاسیی و ئایینی یەکێک و لەدەستی خەلیفەدابوون. بەڵام بەکۆتاییهاتنی ئەو قۆناغە بەرەبەرە دوودەسەڵاتی ناوبراویش لەیەکتر جیابوونەوە. و گەرچی خەلیفە یەک لە دوای یەکەکانی ئەمەویی و عەباسیی و عوسمانیی خۆیان وەک نوێنەرانی خوا لەسەر زەوی پێناسەدەکرد بەڵام ئۆتۆریتەو نێوەندێکی دەسەڵات لەدەرەوەی دەسەڵاتی سیاسیی بەدییهات کە ئیمامان و تەفسیرکاران و شارەزایانی بواری فیقهی پێکیانهێنابوو. و خەلیفەکانیش بۆخۆیان هەر سەربەیەکێک لەو ئیمامانە بوون و هەریەک پشتیوانەی خۆی لەویتر وەردەگرت و ئاستی ئەو پشتیوانەو لەیەکتر نزیکبوونەوەیە بەلای کێهە ئیمام و ڕێبەرە ئاینییەدا شکابایەوە، ڕەوتەکەی پەرەی دەسەندو دەبووە مەزهەب و مەرجەعی زۆربە.

لە سەرەتای سەدەی دوومی کۆچیەوە تا سەرەتای سەدەی سێیەمی کۆچی واتا لەماوەی نزیک بەسەدەیەکدا چوار مەزهەبی حەنەفی، مالکی، شافعی، حەنبەلی.. هاتنە کایەوەو بوون بە مەرجەعی موسوڵمانانی سوونە. و گەرچی ئەم چوارە ئەمڕۆ بەچوار بنەمای هەرەسەرەکی مەزهەبی سوونە دادەنرێت. بەڵام ئەمانە لەهەندێک ڕووەوە جیاوازییان لەگەڵ یەکتردا یەکجار زۆرە.

بۆنموونە: ئیمام ئەبو حەنیفە (٨٠-١٥٠ کۆچی)، مرۆڤێکی لێبووردەو میانەڕەوبوو،

و ئەم باوەڕەی لەناو ڕەوتە مەزهەبی و حوکمەشەرعیەکانیشیدا ڕەنگیدابۆوە، و زۆر بەئاسانی فتوای سزادانی بەسەر خەڵکیدا نەدەداو، تا لەتوانایدابووایە، هیچ بنەمایەکی شەرعیی بە زیانی خەڵک بەکارنەدەهێنا، و لەمڕووەوە لێکدانەوەیەکی وەهای بۆ ئەو یاسا شەرعیانە دەکرد کە بەلای ئیمام و ڕێبەران و زانایانی ترەوە نەشیاو بوون و ناویان لەو کردەوانەی نابوو: فێڵە شەرع (حیله شرع).

دەربارەی سزای قەساس (تۆڵەبەتۆڵە)، لەنێوان موسوڵمان و کافردا جیاوازیی ڕیشەیی لە نێوان ئیمام ئەبو حەنیفەو، ئیمامی شافیعیدا هەیە. ئەبو حەنیفە پێیوایە کە ئەگەر موسوڵمانێک کافرێک بکوژێت سزای قەساس دەیگرێتەوەو موسوڵمانبوونی لە سزادان نایپارێزێت. بەڵام ئیمامی شافیعی، پێیوایە هەرگیز نابێ موسوڵمانێک بەسزای کوشتنی کافرێک بکوژرێت.

ئەبو حەنیفە دژی سزای بەردباران (سەنگەسار) کردنی ژنانی بەمێردی زناکار، بوو. لەحاڵێکدا ئیمامی شافیعی بە توندیی لایەنگیریی لێدەکردو فتوای بۆدەدا. ئەم سزایەش بریتی بوو لە داپۆشینی ئەو ژنە تا کەمەری لەچاڵێکداو پاشان بەردبارانکردنی تا مردن. بەمەرجێک بەردەکان نابێ هێندە گەورەبن کە زوو بمرێت، و نە هێندەش بچووک کە ئازاری پێنەگات و نەمرێت. ئەمەش نیشانەی هەرە هۆڤانی و وەحشیگەریی مرۆڤە لە سزادانادا کە لەڕۆژگاری ئەمڕۆشماندا لە وڵاتێکی وەکو ئێراندا هێشتا ئەم یاسا دڕندانەیە پەیڕەودەکرێت.

ئەبو حەنیفە بەپێچەوانەی زۆربەی هەرەزۆری زانایانی ئەوکات کە لەپەیڕەوانی حەدیس (أهل الحدیث) بوون، ئەو لەپەیڕەوانی بیروڕا (أهل الرأی)، بوو. واتا باوەڕی وابوو، لەلێکدانەوەی دەقەکانی قورئان و حەدیسدا دەبێ بۆ ناوەرۆکیان بەگەڕێن نەک ڕواڵەتەکانیان.

بەڵام ئیمام ئەبو حەنیفە کە بۆخۆی سەرەتا لە بواری زانستی کەلام (علم الکلام)دا، کاروچالاکی فکریی دەنواند، پاشان پەشیمانبۆوەو، ڕێگای فیقهی گرتەبەرو، بۆخۆی

لەم بارەیەوە دەڵێت: (سەرەتا زانستی کەلامم بەباشترین زانست دەزانی، بەڵام پاشان لەخۆمم پرسی ئەگەر ئەم زانستە باشبووایە پیاوچاکانمان پشتیان پێدەبەست. لەبەر ئەمە وازم لەو زانستە هێناو ڕێگای فیقهیم گرتەبەر.) ئەمەش گەڕانەوەی ئەو ئیمامەیە بەرەو دوا نەک بە پێچەوانەوە. چونکە زانستی کەلام، لە ئیسلامدا، لەبواری بیرو باوەڕو ئیماندا پشت بە عەقڵ و زانست دەبەستێت، و وازهێنانیش لەم زانستە بەواتای وازهێنان و پەراوێزخستنی زانست و عەقڵە.٣

ئیمامی دوومی سوننە مالک کوڕی ئنس (٩٥-١٧٥) ، سەرەڕای ئەوەی زانایەکی ئایینی بوو، بازرگانێکی دەوڵەمەندیش بوو. ئیبن فەرحون لە (الدیباج المذهب)دا دەڵێت: (مالک چوارسەد دینار سەرمایەی هەبوو، بازرگانی پێوەدەکردو بژێوی خۆی پێ دابین دەکرد.) کە دیارە چوارسەد دینار بۆ ئەوکاتە داراییەکی زۆر بووە.

ئیمامی مالک لەپەیڕەوانی حەدیس بوو، و باوەڕی وابوو، کە خواوەند مرۆڤی خوڵقاندووە، بەوجۆرەی کە خواستوویەتی و مرۆڤ هیچ توانایەکی هەڵبژاردنی چاکەو خراپەی نییە، و لەمڕووەوە بەتوندی دژایەتی ئەو کەسانەی دەکرد پێچەوانەی ئەمە بیریان بکردایەتەوە.

هەروا ئیمامی مالک لە هەڵبژاردنی خەلیفەو ئیمامدا باوەڕی بەوە هەبوو کە تەنیا گەڕانەوە بۆ لایەنگیریی خەڵکی مەکەو مەدینە، بەسە بۆ بەخشینی مەشروعیەتی خواوەندیی بەو خەلیفەو ئیمامە. ئەمەش پێچەوانەیەکی ئاشکرای پرەنسیپی (لافرق بین عربی وعجمی الا بالتقوی) یە. چونکە لێرەدا هیچ حساب و ڕێزێک بۆ موسوڵمانانی تری جیهان لە بەغداو شام و خوراسان و یەمەن، ئەفریقا...و هیتر نەکراوەو. مەکەو مەدینە بڕیاردەدات و موسوڵمانانی تری جیهانیش دەبێ گوێڕایەڵ بن و تەواو.٤

مەزهەبی سێیەم کە شافیعیەو بناغەداڕێژەرەکەی ئیمام محەمەد کوڕی ئیدریسی شافیعی (١٥٠-٢٠٤ کۆچی)ە تائاستێکی زۆر بریتی بوو لە میانەڕەویەکی نێوان

دوو مەزهەبی حەنەفی و مالکی، و لەنێوان پەیڕەوانی حەدیس و ڕەئیشدا دیسان میانەڕەو بوو.

ئیمامی شافیعی دۆستایەکی زۆری لەگەڵ پەیڕەوانی شیعەشدا هەبوو، و هەربۆیە لەلایەن گەلێک لە پەیڕەوانی سوننە، بە ڕافزی ناوبراوە ئەویش لە بەیتە شیعرێکدا وەڵام دەداتەوەو دەڵێت:

أن کان رفضا حب آل محمد فلیشهد الثقلان أنی رافضی

واتا ئەگەر دۆستایەتیکردنی بنەماڵەی پەیامبەر بمکەن بە ڕافزی دەبا ئینس و جن شاهید بن کە من ڕافزیم.

بەڵام ئەم ئیمامە لەبەرانبەر بیروباوەڕە جیاوازەکانی تری ئیسلامیدا یەکجار توونڕەوانە فتوای دەرکردووە. هەرکەس باسی عەقڵ و زانستی بکردایە بە کافرو مولحیدی دادەناو دەربارەی پەیڕەوانی زانستی کەلام دەڵێت: بیروباوەڕی من دەربارەی پەیڕەوانی کەلام ئەمەیە کە سواری وشتریان بکەن و بەناو هۆزو عەشیرەتاندا بیانگێڕن. ئەمە سزای کەسانێکە، پەرتووکی خواو حەدیسیان وەلاناوەو خۆیان بەزانستی کەلامەوە خەریک کردووە٥.

پاش ئیمامی شافیعی، یەکێک لە قوتابیەکانی، واتا ئەحمەد کوڕی حەنبەڵ (١٦٤-٢٤١ کۆچی)، قوتابخانەیەکی تری هینایە کایەوە، کە یەکێک لەهەرە توندڕەوترین پەیڕەوانی حەدیس بوو.

ئەو باوەڕی بە هیچ تەئویلێک نەبوو، و پێیوابوو، قورئان تەئویل هەڵناگرێت و دەبێ هەمووان وەکو یەک تێبگەن و یەک لێکدانەوەیان بۆی هەبێت. و هەرکەس بەو جۆرە بیری نەکردایەتەوە خۆی و پەیڕەوانی بەتووندی دژایەتیان دەکرد.

ئەو پێیوابوو کە پەرتووک تەنیا بریتییە لەقورئان و پاش ئەویش حەدیس. ولەدوای ئەوان هیچ پەرتووکێک نابێ هەبێت. هەر لەمڕووەوە هیچ بەرهەمێکی خۆی نەنووسیوەتەوەو هیچیشی لە پاش بەجێ نەماوەو ئەوەی کە هەیە پاشتر پەیڕەوانی

کۆیانکردۆتەوە. هەروا ئەحمەد کوڕی حەنبەل هیچکات نەیخواستووە قوتابخانەیەکی نوێی فیقهی بهێنێتە کایەوە. بەڵکو ئەوەی کە پاشان بووە هۆی پێکهێنانی ئەم قوتابخانە فیقهییە خواستی پەیڕەوانی بووە نەک خۆی.٦

لەپاڵ ئەم چوار مەزهەبە سەرەکییەدا ڕەوتی سوننە لەلایەکی تریشەوە بەسەر دوو دەستەو ڕەوت و دیدی جیاواز، دابەش بووبوو، کە بریتی بوو، لەدووڕەوتی موعتەزیلەو ئەشعەریی.

ڕەوتی موعتەزیلە لەنیوەی دووەمی سەدەی دووەمەوە تا کۆتایی سەدەی سێهەم بەشێوازێکی فراوان و مایەی پەسەندی زۆرینە ڕەواجی هەبوو. کەڕێکەوت لەگەڵ سەردەمی خەلافەتی خەلیفەکانی ئەمەویان یەزید کوڕی وەلید کوڕی عەبدولمەلیک و مەڕوان کوڕی محەمەدو هیتر بوو، کە لەپەیڕەوانی موعتەزیلە بوون و یەکێک لەفاکتەرە سەرەکییەکانی پەرەسەندنی ئەم ڕەوتە مەزهەبییە بوون.

ڕەوتی موعتەزیلە، بەکاریگەریی فەلسەفەی یۆنانی و بیروباوەڕو کولتووری گەلانی بیانی بەدیی هات. یەکێک لەبنەما هەرەسەرەکییەکانی بریتی بوو لە ئازادیی بیرکردنەوە.. دوورکەوتنەوە لە دەمارگیریی و توندڕەوی و جەزمیات. و سەردەمی ڕەواجی فکریی ئەوان سەردەمی زێڕینی پەرەسەندنی بیرو مەعریفەش بوو لە هەموو ئاستەکاندا. هەروا (موعتەزیلە ئەو مافەی دا بەهەرکەس کە دەربارەی ئاسمان و زەوی و خواو مرۆڤ و پەیوەندی مرۆڤ و بوونەوەران لەگەڵ خوادا، لێکۆڵینەوە بکەن)٧

بەڵام بە دەرکەوتنی ڕەوتێکی تر بەناوی ئەشعەریی ئەستێرەی موعتەزیلە ڕووی لەخامۆشی کرد.

ڕەوتی مەزهەبی ئەشعەریی لەسەر دەستی ئەبو حەسەنی ئەشعەریی هاتە کایەوەو پشتیوانی خەلیفەی عەباسی ئەلقادر باللە (٣٨١-٤٢٢)، و خەلیفەکانی دواتر لەم ڕەوتە بووە هۆی پووکانەوەی موعتەزیلەو گەشەکردنی ئەم ڕەوتە نوێیە.

ڕەوتی ئەشعەریی، ڕەوتی هەرە نەریتیی، و کلاسیکیی مەزهەبی سوننەو، توندڕەو لەبەرانبەر مەزهەبەکانی تردا بوو.

بەگشتیی ئەو کێشەو ناکۆکییە فکری و فیقهیانەی لە ناو ئەم دوو ڕەوتەی مەزهەبی سوونە واتا موعتەزیلەو ئەشعەرییدا هەبوو لەچەند لایەنی سەرەکیدا خۆی دەنواند.

یەکەم: پرسی پەیدابوونی قورئان: ئەشعەرییەکان و سێ ئیمامی سوونە. مالکی، شافعی، حەنبەلی، لەم باوەڕەدا بوون کە قورئان گووفتاری خواوەندە، و لەو زاتە جیاناکرێتەوە. کەواتە شتێکی خوڵقاو نییە بەڵکو ئەزەلیەو لەگەڵ بوونی ئەزەلی خواوەندایە.

ئیمامی مالک، پێیوابوو هەرکەس باوەڕی بە ئەزەلیبوونی قورئان نەبێت، دەبێ زیندانی بکرێت تا تۆبە دەکات.٨

بەڵام موعتەزیلە پێیانوابوو کە قورئان بریتییە لە ڕستەو واژە کە دەنووسرێتەوەو ئەگەر نەنووسرابایەوە لەناو دەچوو، و پێکهاتنی قورئان لەواژەو ڕستەو نووسینەوەی لەسەر کاغەزو دووتوێی پەرتووکدا بەواتای ئەوەی قورئان بریتییە لە هەبوونێکی مادیی. ئەمەش ئەوە دەگەیەنێت کە هەبوونێکی ئەزەلی نییە بەڵکو لە لایەن خواوەندەوە خوڵقێنراوە.

دووەم: دیتنی خواوەند: پەیڕەوانی ئەشعەریی پەیڕەوی حەدیس بوون و لە لێکدانەوەی دەقە قورئانییەکاندا باوەڕیان بە هیچ واتایەکی ناوەرۆک یان باتینی نەبوو لەمەوە واتای ئایەکانی ٢٢-٢٣ ی سورەی قیامە کە دەڵیت: **وجوە یومئذ ناضرة الی ربها ناظرة** ة. بەو جۆرە لێکدەدایەوە کە ئادەمیزاد لە ڕۆژی حەشردا ڕووبەڕووی خوا دەبنەوە وتەماشای دەکەن.

هەروا لە ئایەی ٥ سورەی (طه) هاتووە: **الرحمن علی العرش استوی.** . ئیمامی مالک دەڵێت: (الأستواء معلوم، والکیفیة مجهول، والأیمان به واجب، والسؤال عنه بدعه) ٩ واتا وەستانی خوا بەسەر ئەو عەرشەوە دیارە، چۆنیەتییەکەی، کە بە چ

شێوازێکە، نادیار. باوەڕپێهێنانی ئەرکە. پرسیارکردن لەبارەیەوە بیدعەیە.

بەڵام موعتەزیلە نەباوەڕیان بە دیتنی خواوەند هەبوو، و نە بەهەبوونی عەرش. چونکە مرۆڤ تەنیا توانای دیتنی هەبوونێکی مادیی هەیەو هەروا دانیشاندن، یان وەستاندنی خواوەند لەسەر عەرش و هەبوونی خودی عەرش.. سیفاتی مادیی دەدەنە پاڵ خواوەندو جێگای بۆ دیارییدەکەن کە لەگەڵ سیفات و زاتی خواوەندا ناکۆکن.

سێیەم: بواری ئازادیی مرۆڤ لە هەڵبژاردنی کردارو گوفتاریدا: ئەشعەرییەکان و بەگشتیی سوونە، لە پەیڕەوانی حەدیس، باوەڕیان وایە کەمرۆڤ لەو کارانەی پەیڕەویاندەکات، لە باش و خراپ، هیچ دەسەڵاتێکی خۆی تێدا نییەو پێشتر لەلایەن خواوەندەوە دەستنیشانکراوە. و هەرچی ڕوودەدات دەسەڵاتی هیچ کەسێکی تێدا نییەو لەسەرەتاوە تا کۆتایی هەمووی بە پێی خواستی خواوەندیی بەڕێوەدەچێت. و لەدەرەوەی ئەم خواستە شتێکی تر کاریگەریی و بوونی نییە.

ئەبوحەسەنی ئەشعەریی دەڵێت:(خواوەند خاوەنی بەندەی خۆیەتی چۆن بخوازێت، ئاوا دەکات و فەرمان دەدات. خۆئەگەر هەموو خەڵکی جیهان بباتە بەهەشت، ئەفسوس ناکێشێت، و ئەگەر هەمووانیش بخاتە ئاگری دۆزەخەوە ستەمێکی نەکردووە.)١٠

بەڵام موعتەزیلە، و گروپەکانی ناسراو بە (قدریە). باوەڕیان وایە، مرۆڤ ئازادە لەهەڵبژاردنی کارەکانی خۆی، بەباش و خراپەوەو خوا هیچ ڕۆڵیکی لە دەستنیشانکردن، یان ناچارکردنی مرۆڤ لە پەیڕەوکردنیدا نییە. چونکە ئەگەر وانەبێت لەگەڵ بنەماکانی عەدالەتی خواوەندیی و، پاداش و سزادا یەکناگرێتەوە. واتا ئەگەر کەسێکی خراپ بەپێی خواستی خواوەندیی کردارێکی خراپی ئەنجامدابێت، ئیتر بۆچی دەبێ پاشان سزابدرێت و خواوەند لێی توڕەبێت..؟

چوارەم: دەربارەی گوناهی گەورە. تەکفیرکردنی گوناهباران. لەسەردەمی خەلیفەی

چوارەم عەلی کوڕی ئەبوتالب، بەتایبەتی لە پرسی کوشتنی عوسمان کوڕی عەفان و جارێکی تریش لەشەڕی نێوان عەلی کوی ئەبو تالب و معاویە کوڕی ئەبو سوفیاندا ئەو پرسە هاتە ئاراوە کە ئایا کێشەکانی نێوان موسوڵمانان و کوشتارو ئەنجامدانی گوناە بەرانبەر یەکتر، موسوڵمانی پێ کافردەبێت یان نا. گروپێک بەناوی (مورجیئە) بە پشتبەستن بە ئایەی ١٠٦ لە سورەی (توبە) کە دەڵێت: **وآخرون مرجئون لأمر الله أما يعذبهم وأما يتوب عليهم والله عليم حكيم.** واتا: کەسانێک هەن لێپرسینەوەیان دواخراوە. ئیتر خواوەند یان سزایان دەدات یانیش تۆبەیان لێوەردەگرێت.. لەو باوەڕەدا بوون کە موسوڵمان بە ئەنجامدانی گوناهی گەورە کافر نابێت و پێویستیش نییە هیچ لێپرسینەوەیەکی لەگەڵدا بکرێت و بەپێی ئەم ئایەی سەرەوە خوا بۆخۆی ڕەفتاری گونجاوی لەگەڵدا دەکات.

هـەروا پێیانوایە بۆ چوونەبەهەشت و خۆپاراستن لە شکەنجەی ئاخیرەت و بەدەستخستنی ڕەزای خواوەندی. بناغەی سەرەکی، ئیمان و باوەڕە نەک کردار. بەم واتایەی مرۆڤ چیدەکات بیکات، گرنگ ئەوەیە لەدڵەوە باوەڕی هێنابێت و بە زمانیش دانی پێدانابێت. و مورجیئە بەم دەستەواژەو دروشمە ناویان دەرکردووە کە دەڵێت: (کرداری خراپ لەگەڵ ئیماندا هیچ زیانێکی بەدواوە نییەو، هیچ کردارێکی باشیش یان تاعەت لەگەڵ کوفردا سوودی نییە). ١١

بەڵام گروپەکانی ناسراو بە (خوارج)، پێچەوانەی مورجیئە، لە بەرانبەر دژبەران و ڕکەبەرو ئەوانەی پێچەوانەی ئەوان بیریاندەکردەوە توندوتیژییەکی زۆریان بەکاردەهێناو لەوباوەڕەدابوون کە تەنیا بیروباوەڕو مەزهەبەکەی ئەوان ڕاستەو ئەوانی تر کافرو لەبەرانبەر کافریشدا هەر کارێک ڕەوایە.

لەمڕووەوە ئەشعەرییەکان و زۆرینەی سوننە، لەبیروباوەڕی مورجیئە نزیکتر بوون. بەڵام موعتەزیلە لەنێوان ئەم دوانـەدا، نەبەتوندڕەوی خەواریج لە تەکفیرداو نەبەتوندڕەوی مورجیئە، لە بەخشیندا.

سەرەڕای ئەمانە ئەشعەرییەکان ، و پەیڕەوانی حەدیس، باوەڕیان وایە کە خواوەند بەو جۆرەی لەقورئان و حەدیسدا هاتووە، ٩٩ ناوی هەیە، و هەرکەس ئەوانە بژمێرێت دەچێتە بەهەشت.

بەشێوەیەکی گشتیی مەزهەبی ئەشعەریی، لەناو مەزهەبە سوننیەکاندا، پتر نزیک لە مەزهەبی شافیعییە. و تائەمڕۆش پەیڕەوانی ئەشعەریی و شافیعی لەسەر هێڵێک دەڕۆن.

سەرەڕای دوومەزهەبی، موعتەزیلەو ئەشعەریی، لەهەمان قۆناغدا، واتا کۆتایی سەدەی دووەم و سەدەی سێیەمی کۆچی، مەزهەبێکی تریش بەناوی (ماتوریدی)، لەسەردەستی ئەبومەنسور محەمەد کوڕی محەمەد کوڕی مەحمود ماتوریدی. بەدییهات. کەلەزۆر ڕووەوە نزیک مەزهەبی ئەشعەریی بوو، بەڵام هەندێک خاڵی جیاوازیشی لەگەڵ ئەواندا هەبوو. لەوانە:

یەکەم: باوەڕیان بەئازادی مرۆڤ لەهەڵبژاردنی کارە چاک و خراپەکانی خۆیدا، هەبوو. بەڵام لەپاڵ ئەمەدا باوەڕیان وابوو، کە گشت کارە باش و خراپەکانی مرۆڤ بە مۆڵەتی خواوەند ڕوودەدات. ئەمەش ناکۆکییەکی ئاشکرایە. چونکە ئەگەر خواوەند مۆڵەت بەشتێک دەدات چۆن دەکرێ خواست و مەیل و ڕەزای ئەوی لەسەر نەبێت..

دووەم: ماتورریدییەکان، بەپێچەوانەی ئەشعەرییەکانەوە باوەڕیان بە توانای دیتنی خواوەند لەلایەن مرۆڤەوە نەبوو.

مەزهەبی ماتوریدی بەشێوازێکی فراوان، تا سەدەی شەشەمی کۆچی لە ناو پەیڕەوانی مەزهەبی حەنەفیدا ڕەواجی فراوانی هەبوو.

لەلایەکی تریشەوە مەزهەبی شیعە کە بنەمای باوەڕی خۆی لە پرسی ئیمامەتدا دەبینێتەوە، تا ئاستێک، کەمتر لە سوونە لەتوپەتی بەخۆیەوە دیتووە. چونکە پرەنسیپی ئیمامەت و وەفاداربوونی هەمووان بەو ئیمامەو ڕێنوێنی و باوەڕەکانی..

وەک ئەرکێکی مەزهەبی بێ چەندوچۆن بووەو لادان و سەرپێچی ناڕەرواو نەشیاو بووە.

ئیمامەت لەشیعەدا جیاوازە لەئیمامەتی سوونە. چونکە لای شیعە (جگە لەشیعەی یەزدی)، ئیمام یەک کەسەو مەرجی سەرەکییش ئەوەیە کەلە بنەماڵەی پەیامبەرو لەنەوەو نەتیجەکانی، ئیمامی عەلی و فاتمەی زەهرابێت. و دوو ئیمام لەیەک قۆناغ و سەردەم و لەیەک کاتدا نەشیاوەو هەر ئیمامێکیش لەلایەن ئیمامی پێش خۆیەوە، و لەلایەن باوکەوە بۆکوڕ دیارییدەکرێت، و بەپێچەوانەی سوونە هەڵبژاردن و شوراو گەڕانەوە بۆ پرسوڕا پەیڕەوناکرێت. ئەم پرەنسیپەش لەناو شیعەدا گەرچی لە زۆربەی قۆناغەکاندا مایەی یەکپارچەیی بووە، لەهەندێک قۆناغی تردا بۆخۆی مایەی دووبەرەکی و پارچەبوون بووە.

گرنگییدان بە ئیمامەت لە شیعەدا تائەو ئاستە دەڕوات، کە لەزۆرجێگادا ڕەنگی پەیامبەرێتی کاڵ دەبێتەوەو ئیمام تا پلەی خواوەندیی دەچێت. هەربۆیەش لەهەندێک سەردەمدا کە پێشتر نموونەیمان هێنایەوە، ئیمام جارێکی تر دەبێتەوە پەیامبەرو تائەمڕۆش پەیڕەوانی مەزهەبی شیعەی ئیسماعیلیە ئیمامی خۆیان پێ پەیامبەرە. هەروا حەزرەتی مەهدی کە ئیمامی ئاخیری زەمانەو دێت و جیهان لەکفرو بێ عەدالەتی و فەساد ڕزگاردەکات، دەبێ یەکێک بێت. کەچی دەیان مەهدی هاتوون و چوون، نە جیهان ڕزگاربووەو نە خراپیش بووە. پەیڕەوانیش هەرجارە بەو باوەڕەی مەهدی غەیب بووەو جارێکی تر دێتەوە، دڵخۆشی خۆایان دەدەنەوەو باوەڕەکەی خۆیان نوێ دەکەنەوە.

پەیدابوونی شیعە لەڕووی دیرۆکییەوە جیاوازیی زۆری بیروبۆچوونی لەسەرە. زانایانی شیعە، بۆخۆیان پێیانوایە کەهەر لەسەردەمی پەیامبەرەوە هەبوون.

محەمەد حوسێن کاشف دەنووسێت: جابر کوڕی عەبدوڵلا گێڕاویەتەوە کە ڕۆژێک لای پەیامبەر بووین، کە عەلی هاتە ژوورەوە. پەیامبەر پێی گوت: عەلی و شیعەکانی،

لەڕۆژی قیامەتدا سەرکەوتوو، و سەرفرازن..١٢

هەندێکی تریش لەشیعە لەو باوەڕەدان کە کێشە لەسەر خەلافەت بۆتە هۆی پەیدابوونی شیعە.

بەڵام زانایانی سوننە، پێیانوایە کە شیعە لە کۆتایی خەلافەتی عوسمان و سەرەتای خەلافەتی عەلی دەستیپێکردووە. هەندێکی تریش پەیدابوونی مەزهەبی شیعە بەشێوازە ڕێکوپێک و حزبیەکەی دوای ڕووداوی کەربەلاو کوژرانی حوسەینی کوڕی عەلی دادەنێن.

دکتور ئەحمەد مەحمود سوبحی دەڵێ: شیعەگەریی پێش کوژرانی حوسەین، تەنیا بریتیی بوو لە بیروباوەڕێکی سیاسیی، و نەگەیشتبووە ناخی پەیڕەوان. بەڵام کاتێک حوسێن کوژرا، شیعەگەریی تێکەڵ بە خوێنیان بوو، و لە ناخیاندا بوو بەبیروباوەڕێکی پتەو.١٣

دوای ڕووداوی کەربەلا پەیڕەوانی شیعە تا ماوەیەک سەرگەردان و بێ ئیمام مانەوەو نەیاندەزانی پەیڕەوی لە چ کەسێک بکەن و کێ ئیمامیانە. تا ئەوەی کەسێک بەناوی موختار کوڕی ئەبوعوبەیدەی سەقەفی کەیسانی. جڵەوی ڕیبەرایەتی شیعەی گرتەدەست. و لەمەوە ساڵی ٧٦ی کۆچی بەساڵی هاتنەکایەی مەزهەبی شیعەی کەیسانی دادەنرێت.

موختار لەو ساڵەدا ڕاپەڕینێکی چەکداریی دەستپێکردو توانی بەسەر حکومەتی ئەمەویاندا سەرکەوێت و ماوەی چەند مانگێکیش حوکمی عیراقی گرتەدەست. بەڵام موختار تەنیا خۆی وەک سەکردەیەکی سیاسیی دەناساندو بەپێی باوەڕی شیعە دەبووایە ئیمامێک لەبنەماڵەی پەیامبەر لەڕووی مەزهەبییەوە ڕێبەرایەتیان بکات و بۆ ئەمەش محەمەد ئەبوحەنیفە، کوڕی ئیمام عەلی کوڕی ئەبوتالب، کرا بە ئیمامی شیعەکانی ئەو سەردەمە کە ئەم ئیمامە لە ناو ڕیزبەندی ئیمامانی شیعەکانی تردا نییەو ئەمەش یەکێکە لە جیاوازییە هەرە سەرەکییەکانی ئەم گروپە لەگەڵ

گروپەکانی تری شیعەدا.

هێندەی نەبرد حەجاج کوڕی یوسفی سەقەفی لەلایەن عبدولمەلیک کوڕی مەڕوانەوە ڕاسپێردرا بۆ سەرکوتکردنی شیعەی عیراق و ئەویش وەها بەتووندوتیژی سەرکوتی کردن، کەشیعە بەشێوازێکی ئاشکرا لەعراقدا لەناوچوو، و لەولاشەوە ئیمامەکەیان محەمەد ئەبوحەنیفە کوی عەلی کۆچی دوایی کرد. بەڵام پەیڕەوانی باوەڕیان بە مردنی ئیمامەکەیان نەکردو ئەفسانەیەکیان بۆخۆیان داتاشی. کە ئیمام لە شوێنێکی چیای رەزوا نێوان مەکەو مەدینە غەیب بووەو لەوێ شێرێک پارێزگاریی لێوەدەکات.١٤

پاش مردنی ئەو ئیمامە بەشێک لە شیعە ئەبو هاشمی کوڕیان کردە ئیمام، و ناویان لەخۆیاننا (هاشمیە)، بەشێکی تریش بوونە پەیڕەوی عەلی کوڕی حوسێن ناسراو بە (زەین العابدین).

شیعەی کەیسانیە، وەک مەزهەبەکانی تری شیعە، باوەڕیان تائەو جێگایە بە ئیمامەت هەبوو، کە پێیانوابوو ئیمام مرۆڤێکە لەلایەن خواوەندەوە دەستنیشانکراوە، بێهەڵەو کەموکوڕیی و لەمەوە ئیمامەکانی خۆیان بە (مەعسوم)، واتا بێگوناە ناودەبەن.

جگەلەمە لەدوو خاڵی سەرەکیدا لەگەڵ مەزهەبەکانی تری شیعەدا جیاوازبوون:

یەکەم: پێیانوایە خواوەند دەکرێ لە بڕیارەکانی خۆی پەشیمان بێتەوەو. ئەمەش لەوەوە هاتووە کە پێشەوایان و ئیمامانی ئەم گروپە مەزهەبییە کاتێک پێشبینی شتێکیان دەکرد، کە ڕوودەدات و پاشان وا دەرنەدەچوو، دەیانگووت خواوەند لە بڕیارەکەی خۆی پەشیمان بۆتەوە.

دووەم: باوەڕیان بە گواستنەوەی ڕۆح (تناسخ الأرواح)، هەبوو. دەیانگوت ڕۆحی پیس بۆناو جەستەی مرۆڤی پیس و ڕۆحی پاکیش بۆ پاک دەگوازرێتەوە. ئەم باوەڕەشیان لەوەوە هاتبوو کە پێیانوابوو ڕۆحی ئیمامان بە پێی ئەم یاسا خواوەندییە لە باوکەوە بۆ کوڕ کە جێنشینییەتی، دەگوازرێتەوە. و نەفش لەدوای نەفش ئەو

پاكییه دەپارێزن.١٥

دوای ئەو قۆناغه شیعه جارێكی تر بوون به دوو دەستەوه یەكەمیان بوونه پەیڕەوی محەمەد باقر، كوڕەگەورەی (زین العابدین). و دەستەی دووەمیش بوونه پەیڕەوی زەید(٨٠-١٢٢كۆچی)ی كوڕە بچووكی (زین العابدین)، و پاشان بەناوی زەیدییه ناویان دەركرد.

زەید لەڕووی باوەڕی فیقهیەوه زۆرتر بەلای موعتەزیلەدا دەچوو. و ئیمامی یەكەمی سوونیانیش ناسراو به ئەبو حەنیفه كه پێشتر باسمان لێوەكرد لەگەڵ زەید هاوتەمەن بوون، و له ژێر دەستی زەید خوێندن و فێربوونی زانستی مەزهەبیی و تەفسیری قورئانی وەرگرتووه.

زەیدییەكان بەگشتی وەك میانەڕەوترین مەزهەبێكی شیعه لەبەرانبەر سووننەدا دەناسرێن. بەڵام لەلایەكی تریشەوه ئەوان باوەڕیان به خۆشاردنەوەی ئیمامەكەیان، خۆپاراستن و نهێنیكاریی كەلەمەزهەبەكانی تردا به ناوی (تقیه) پەیڕەودەكرێت، نەبوو. و پێیانوابوو كه ئیمام دەبێ هەمیشه بەئاشكرا، و شمشێربەدەست دژی دوژمنان لەجەنگدابێت.

یەكێك لەباوەڕو تایبەتمەندییەكانی مەزهەبی زەیدی، لەگەڵ مەزهەبەكانی تری شیعەدا ئەمەیه كه ئەوان باوەڕیان به سیستەمی میراتگریی، واتا له باوكەوه بۆكوڕ، له ئیمامەتدا نەبوو. و ئەوەندە بەسه كه ئەو ئیمامه لەنەوەو نەتیجەكانی فاتمەی زەهرابێت. و بەشمشێر دژی دوژمنانی ڕاپەڕیبێت.

هەروا باوەڕیان بەهەبوونی پتر لەئیمامێك لەیەك قۆناغدا بەمەرجێك له شوێنی جیاجیاو بێ هەبوونی ناكۆكی و جیاوازیی بیروبۆچوون و لێكدانەوە. هەبوو.

بنەمای فكریی زەیدییەكان هەروەك موعتەزیله دەربارەی باوەڕو ئیمان بریتی بوو له (أمر بالمعروف، ونهی عن المنكر)، واتا، پەیڕەوی و فەرمان به چاكەو، خۆبەدوورگرتن له خراپه.

زەید لەساڵی ١٢٢ کۆچی لەشەڕێکدا لەگەڵ سوپای ئەمەویان بەسەرکردایەتی یوسف کوڕی عومەری سەقەفی، کوژرا.

پاشان مەزهەبی یەزدی هەروەک مەسعودی لە (مروج الذهب) دا ئاماژەی پێدەکات دەبن بە هەشت پارچەو گرووپی مەزهەبییەوە.١٦

ئەمڕۆ مەزهەبی یەزدی بە زۆری لەیەمەن کە بە حوسیەکان دەناسرێن و هەندێکیش لەعەرەبستانی سعودیدا، بوونیان هەیە.

بـەڵام بەهێزترین مەزهەبێکی شیعە لەبەرانبەر شیعەی دوازدە ئیمامیدا، ئیسماعیلییەکانن. کە بە شیعەی حەوت ئیمامیش دەناسرێن چونکە ئەوان لەو دوازدە ئیمامەی شیعە، باوەڕیان بە حەوت ئیمامی یەکەمەو پێیانوایە کە ئیمامەت لە حەوتەمیندا کۆتایی دێت. هۆکاری جیابوونەوەشیان لەشیعەی دوازدە ئیمامی ئەمەیە کە ئیمام جەعفەری سادق کە ئیمامی شەشەمی شیعەیانە بە پێی وەسیەتی خۆی، ئیسماعیلی کوڕەگەورەی دەبووایە ببێتە جێنشینی. بەڵام بەرلەوەی خۆی کۆچی دوایی بکات ئیسماعیل دەمرێت. و ئەو، واتا ئیسماعیل کوڕێکی لەپاش بەجێ دەمێنێت بە ناوی محەمەد.

جەعفەری سادق، کاتێک دەبینێت کە لەپرسی ئیمامەتدا گرفت و کێشە پەیدا بووەو لەجیاتی ئەوەی بە پێی باوەڕی شیعە لەگواستنەوەی ئیمامەت لە باوکەوە بۆ کوڕ ، محەمەدی کوڕی ئیسماعیل بکاتە جێنشین، کوڕەکەی تری خۆی(موساکازم) دەستنیشاندەکات. و ئەمە دەبێتە هۆی درووستبوونی کێشەو لە ئاکامدا بەشێکی زۆر لە شیعە سەرپێچی لە بڕیاری ئیمام جەعفەری سادق دەکەن و لە جیاتی موساکازم، محەمەدی کوڕی ئیسماعیل بە ئیمامی خۆیان دەناسێنن. لەمەوە بە شیعەی ئیسماعیلیە ناسراون.

بەڵام جێگای سەرنجە کە ئەو ئیمامە بە پێی زۆرینەی سەرچاوەکان بۆخۆی هیچ مەیلی لەسەر کاری ئیمامەت نەبووەو لەترسی خەلیفەکانی عەباسیی زۆرترین

کاتی ژیانی خۆی لەخۆشاردنەوەدا بەسەر بردووە. و لەجێگای ئەو کەسێکی تر بەناوی عەبدوڵا کوڕی مەیمون قەداح (٢٠٤-٢٦٦کۆچی)، کاروچالاکی نواندووە. زۆربەی دیرۆکنووسانی ئیسلامی وەک: رشید ئەلدین فەزلوڵا، شهرستانی، عەبدولقادر بەغدادی... مەیمون قەداح بە دامەزرێنەری ئەم مەزهەبە دەزانن. و لەسەردەستی ئەو شیعەی ئیسماعیلیە لە عیراق، و شام، و ئێران بڵاوبۆوەو پەرەیسەند..١٧

بەڵام ئیسماعیلیەکان هەروەک لەبەشی پێشوودا ئاماژەمان پێکرد ڕێبەری مەزهەبی خۆیان نەک هەر بە ئیمام، بەڵکو بە پەیامبەر دەزانن. و پێانوایە لەئیسلامدا دووخولی پەیامبەرێتی هەیە. خولی یەکەم، بە پەیامبەرێتی محەمەدو، خولی دوومیش پەیامبەرێتی محەمەد کوڕی ئیسماعیل.

لێرەدا بەباشی دەردەکەوێ کە پرسی ئیمامەت چەندە گرفتی بۆ شیعە چارەسەرکردووە، دووئەوەندەی بۆ درووستکردووە. ئیمام بەپێی باوەڕی ئەوان دەبێ لە باوکەوە بۆ کوڕ بگوازرێتەوە. (جگە لەحەسەنەوە بۆحوسێن کە برابوون). ئەمەش ئەوە دەردەخات کە لەم سیستەمەدا هیچ ئەگەرو حساباتێک لە پێشچاو نەگیراوە کە ئەدی ئەگەر ئیمام بمرێت یان ئیمام کوڕی نەبێت چۆن دەبێت. و پێیانوابووە خواوەند بۆ خۆی هەموو کارەکان ڕێکدەخات. بۆیە کاتێک ئیمام دەمرێت، بێچارەو دەسەتەوەستان دەمێننەوەو لەئاکامی بێچارەسەریدا پارچەدەبن.

گەرچی تەواوی مەزهەبەکانی شیعەو سوننە دژی مەزهەبی ئیسماعیلی بوون، لەگەڵ ئەوەشدا ئەم ڕەوتە توانی پەرەبستێنێت و لەسەردەمی عەبدوڵا کوڕی مەیمون قـەداح، تا یەمەن، وڵاتانی باکوری ئەفەریقا، عەرەبستان، سـەرەڕای عیراق و شام و ئێران پەرەسەندنێکی بەربڵاوی بەخۆیەوەدیت. ئەمە لەکاتێکدا کە نەوەونەتیجەکانی ئیمام محەمەد کوڕی ئیسماعیل بەنهێنی و لەخۆشاردنەوەدا ژیانیان بەسەردەبرد، پەیڕەوانیان سەخت سەرگەرمی کاروچالاکی و پەرەپێدان وبڵاوکردنەوەی مەزهەبەکەیان بوون. تائەوەی لەساڵانی کۆتایی سەدەی سێیەمی

کۆچیدا پەیڕەوان و ڕێبەرانی ئیسماعیلی هەلومەرجێکیان سازکرد کە ئیمامی ئەو کاتیان بەناوی عوبەیدیلای مەهدی لەسوریاوە کۆچ بکات بۆ مەغریب و ساڵی ٢٩٧ی کۆچی لەوێ دەوڵەتی فاتمی بنیات بنێت. و ببێتە خەلیفەی فاتمیەکان. و ئەو خەلیفەیە کە بانگاشەی ئەوەشی دەکرد کە مەهدی مەوعودەو جیهان لەسەردەستی ئەو ڕزگاردەبێت، ماوەی ٢٥ ساڵ حوکمی کردو قەڵمڕەوی دەسەڵاتەکەی فراوانکردەوەو بووە گەورەترین ڕکەبەری خەلافەتی عەباسیی. بەڵام لەسەردەمی خەلیفەی هەشتەمی فاتمیان (مونتەسیر بیللا) کە لوتکەی هێزو توانایان بوو، بوون بە دووپارچە.

مونتەسیر دووکوڕی هەبوو، بەناوەکانی نزار، و ئەحمەد ناسراو بە (موستەعلی). خەلیفە سەرەتا نزاری وەک جێنشینی خۆی هەڵبژارد، بەڵام پاشان پەشیمان بۆوەو ئەحمەدی لە جێگای خۆی داناو هۆکاری پارچەبوونەکەش هەر ئەمەبوو. کە هەندێک بەدوای نزار کەوتن و ناویان لە خۆیان نا: شیعەی نزاریە. ئەوەی تریش شیعەی موستەعلیە. و شیعەکانی ئێران و شام بەسەرکردایەتی ڕێبەرێکی ناودارو بەتوانا، ناسراو بە (حەسەن سەباح) پەیڕەویان لە نزار کردو پەیڕەوانی موستەعلیەش جارێکی تر دابەش بوون بەسەر دوو گروپی (حافزیە) و (تەییبیە). و پاش چەند دەهە دیسان تووشی قەیرانی ئیمامەت بوون وساڵی ٥٦٧ کۆچی، بەدەستی سەلاحەدینی ئەیوبی لەناوچوون. بەڵام شیعەکانی نزاریە لە ئێران و شام بەسەرکردایەتی حەسەن سەباح، بەشێوازێکی سەسوڕهێنەرانە پەرەیانسەند.

حەسەن سەباح و تیرۆری ئیسلامیی١٨

حەسەن کوڕی عەلی کوڕی محەمەد کوڕی جەعفەر کوڕی حوسێن کوڕی سەباح حەمیری، (٤٦٤-٥١٨ کۆچی)، ئێرانی و بەڕەگەز عەرەب. بناغەداڕێژی دەوڵەتی

ئیسماعیلییە لە ئێران و پێشەواو پەرەپێدەری مەزهەبی شیعەی نزاری، ناسراو بە (حەوت ئیمامی).

حەسەن سەباح، مرۆڤێکی زیرەک و هۆشیارو زانا بە ئایین و قسەزان بوو. و ئەم سیفاتانە کاریزماییەکی تایبەتیان پێبەخشیبوو، کە بەئاسانی کاریگەریی لەسەر ئەو خەڵکانە دادەنا کە گفتوگۆی لەگەڵدا دەکردن. و ئەو بە کاریگەریی ئەو سیفاتانەی خۆی و باوەڕی پتەوی بە مەزهەبەکەی و لەپشت ئەویشەوە هەستی نەتەوەپەرستیی، شێلگیریی و ماندوونەبوونی.. توانی قەڵمڕەوی مەزهەبەکەی سەرەڕای ئێران، تا عیراق و شام و حیجاز و یەمەن بەرفرە بکاتەوە و دەسەڵاتی خەلافەتی عەباسی و سەلجوقی بەلەرزە بهێنێ.

ئەو لەپاڵ زیرەکیی و لێهاتوویی، مرۆڤێکی دڵـڕەق، بێبەزەیی.. بـەڵام عادل لەڕەفتارەکانیداو هەر لەسەر بنەمای ئەو سیفەتانەی دوو کوڕی بەدەستی خۆی کوشتووە. یەکێکیان لە سزای ئەوەی کەسێکی کووشتووە، و ئەوی تریش لەسەر مەی خواردنەوە.

حەسەن سەباح سەردەمێک وەزیری سولتان مەلیک شای سەلجوقیان بوو. بەڵام پاش ماوەیەک دەرکرا. و ئیتر ئەو خۆی لەهەموو شتێک دابڕی و ژیانی خۆی بۆ بڵاوکردنەوەو پەرەپێدانی مەزهەبەکەی تەرخانکرد. و بۆ ئەمەش لەژێرناوی بازرگانیکردندا سەفەرو گەشتێکی زۆری شام و بەغداو حیجازی کردو بە نهێنی بانگاشەی بۆ مەزهەبی ئیسماعیلیەی نزاری دەکرد. بەو پێیەی ئایینی هەرەباش و هەرەبەحەقی خواوەندیە و لە هەوڵەکانیدا پێ بەپێ سەرکەوتنی بەدەستدەهێناو هەرچی زۆرتر خەڵکی لەخۆی پتر خڕدەکردەوە.

مەزهەبی ئیسماعیلییە لەلایەن دەسەڵاتی خەلافەتی عەباسی و سەلجوقیەکان و تەواوی گروپ و مەزهەبەکانی سونەو شیعە، دژایەتی دەکراو لەهەر شوێنێک ئیسماعیلیەک هەبووایە بەتوندی سەرکوتدەکرا. بەڵام حەسەن سەباح بەنهێنی

لە کارو چالاکی خۆیدا بەردەوامبوو. و لایەنگرو موریدانی خۆی بۆ ڕاپەڕین ئامادەدەکرد. و هەرچی زۆرتریش پیاوانی خاوەن پلەوپایەی دەوڵەتیی و کەسایەتی ناسراو لایەنگیریان دەکردو دەهاتنە ژێر فەرمانیەوە.

نهێنیکاریی و چالاکی ژێرزەمینی ئەو نزیکەی ۱۰ ساڵی خایاند. تا سەرئەنجام بڕیاریدا لە ناوچەی ڕوودبار لە گوندی (ئەندەج) و نزیک بەقەڵای (ئەلەموت)۱۹نیشتەجێ بێت. و بەزوویی زۆربەی خەڵکی ئەوناوچە، بەدانیشتوانی قەڵاو پاسەوانانیشیەوە چوونە ژێر فەرمانی حەسەن سەباح و ئەویش لە یەکێک لەشەوەکانی ساڵی ٤٨٣ی کۆچی لەگەڵ گروپێک لایەنگرانی هەڵیانکوتایە سەر قەڵاکەو داگیریانکرد. پاشانیش فەرمانی بۆ لایەنگرانی دەرکرد، کەهەوڵبدەن هەرچی زۆرتری قەڵاکانی ئێران داگیربکەن و بیکەنە بنکەی بەرگریی و بەرپەرچدانەوەی هەر هێرشێکی ئیحتیمالی دوژمنان. و لەماوەیەکی کەمدا توانیان دەست بەسەر پتر لە سەد قەڵادا بگرن.

حەسەن سەباح، شێوازێکی بەرگریکردنی وای گرتەبەر کە ئەوکاتە بەبیری هیچکام لەدوژمنەکانیدا نەدەهات. ئەویش ناردن، یان بەدەستخستنی لایەنگیرو موریدانی لەهەر شوێنێک و تەنانەت دەربارو کۆشک و ژووری خەوتنی خەلیفەو پادشاو وەزیرو دەسەلاتدارانی تر.

حەسەن سەباح، لە ئیسلامدا بە عەقڵی داهێنەرانەی ترۆرو فێڵ و لەخشتەبردنی دوژمن و ناوکۆڵکردنی لەناوخۆی دوژمندا ناسراوە. و لەمریدانی خۆی گروپ و تاکی بەناو فیدایی درووستکردوو، کاری ترۆرکردنی کەسایەتییە ناسراوەکانی وەئەستۆدادان.

موریدانی حەسەن سەباح هەروەک ئەندامەکانی تالیبان و ئەلقاعیدەی ئەم سەردەمە، کە پێدەچێ سوودیان لە ئەزموونی حەسەن سەباح وەرگرتبێت، پێشبڕکێیان بەرەو مەرگ دەکرد تا هەرچی زووتر بچنە بەهەشت. ئەو بەهەشتەی ڕێبەرەکەیان بەڵێنی ناردنی پێدابوون. و ئەوانیش بێهیچ سەرپێچی و دوودڵی و ترسێک هەر فەرمانێکیان

ئەنجامدەدا.

دەگێڕنەوە ئەگەر یەکێک لە فیداییەکانی حەسەن سەباح، دوای ئەنجامدانی چالاکییەکەی بەزیندوویی بگەڕابایەوە، دایک و کەسوکارەکەی بەتوندی دڵگران دەبوون لەوەی کوڕەکەیان بەشەهیدبوون نەچۆتە بەهەشت و ئابڕوو، و سەربڵندیشی نسیبی خانەوادەکەی نەکردووە.

سولتان سنجەری پادشای سەلجوقیان دژایەتی حەسەن سەباح و ئیسماعیلیەکانی دەکرد. بەڵام بەیانییەک کەلەخەو هەستا دیتی خەنجەرێکی ڕووت و نامەیەک لە تەنیشت سەریەوە دانراوە و لەنامەکەدا نووسرابوو: دڵی تۆ لە سەرینەکەت نەرمتر بوو، هۆشیاربەو خۆت لە دژایەتیکردنی باتینیەکان(ئیسماعیلیەکان) بەدووربگرە.

لەمە بەدوا سوڵتان سنجەر جگە لە دروستکردنی پردی ئاشتیی و دۆستایەتیی لەگەڵیان چارەیەکی تری لەبەردەمدا نەمایەوە.

حەسەن سەباح، ماوەی ٣٥ ساڵ لەناو قەڵای ئەلمەوت نەهاتە دەرێ و بەردەوام خەریکی داڕشتنی نەخشەو پلان بوو. و لەئاکامدا ساڵی(٥١٨کۆچی) کۆچی دوایی کرد. و (کیا بزرگ ئومید) بووە جێنشین و درێژەپێدەری ڕێبازەکەی. و لەسەردەمی ئەودا، سوڵتان سنجەر بەدەستی فیداییەکی ئیسماعیلی کوژرا.

دوای ئەویش ساڵی(٢٣٥کۆچی)، (محەمەد بزرگ ئومید) بووە جێنشینی و لەسەردەمی ئەویشدا،خەلیفەی عەباسیان ئەلراشد بیللا بەدەستی موریدێکی تری ئیسماعیلی بکوژرا.

لە بەشێکی پێشتریشدا باسی ئەوەمان کرد کە ساڵی ٥٥٩ی کۆچی، یەکێک لە خەلیفەکانی حەسەن سەباح بەناوی حەسەنی دووەم ناسراو بە (حسن علی ذکره السلام)، چۆن بانگاشەی خواوەندی کرد.

بزووتنەوەکەی حەسەن سەباح، لەسەر ئاستی سیاسیی، هیچکات نەیتوانی دەسەڵاتەکانی سەلجوقی و عەباسی، وەک دەیخواست لەناوبەرێت. بەڵام لەناو دڵی

ئەواندا دەسەڵات و حکومەتێکی تری دامەزراندبوو، و لەلایەکی تریشەوە، لێوەشاوانە توانی مەزهەبەکەی بکاتە ئایینی زۆرینەو لەبەرانبەریشدا خۆی لەبەرانبەر هەر هێرش و پەلامارو دژایەتییەک، کەلەهەر لایەکەوە دەهات بپارێزێت. و بزووتنەوەی حەسەن سەباح، ۹۰ ساڵ بەردەوام بوو، تا بەر پەلاماری هۆلاکۆ کەوتن و لەناوچوون. ئەمڕۆ ژمارەی پەیڕەوانی شیعەی ئیسماعیلیە نزیک بیست ملیۆن کەس دەبێت کە زۆربەیان لە هیندوستان، پاکستان، ئەفغانستان، و باکوری ئەفەریقادا دەژین.

سەڕای ئەمانە چەندان، مەزهەبی گەورەو بچوکی تر لە منداڵدانی شیعەگەریی هاتوونەتە دەرێ کە تەنانەت وەک گوزەرێکی خێراش چەندان پەرتووک پێویستە بۆ باسکردنیان. لەمانە شێخیگەریی، بابیگەریی، کەریمخانی گەریی، ئەزەلیگەریی، بەهاییگەریی...

لێرەدا پێویستە ئاماژەیەکی کورتیش بێت بەبەهاییگەریی بکرێت، چونکە ئەم ئایینە لەڕۆژگاریی ئەمڕۆشدا هێشتا چەندان ملیۆن پەیڕەوی لە ئێران و دەرەوەدا هەیە.

ئایینی بەهایی ڕیشەکەی لە ئایینی ئیسلام و مەزهەبی شیعەگەرییەوە، پەیدابووە. ئەم ئایینە لە سەدەی نۆزدەهەمدا لەلایەن میرزا حوسێن نوری ناسراو بە (بەهائوڵڵا) (۱۸۱۷-۱۸۹۲)، ڕاگەیەنراوە. ئەمەش بەردەوامیی و درێژەی ئاینێکی ترە بە ناوی (بابیگەریی). بابیگەریی کە لەلایەن سەید عەلی محەمەد شیرازییەوە، دامەزراوەو خۆی بەنازناوی (باب)، واتا دەرگا پێناسەکردووە. واژەی (باب) یش لەمەوە هاتووە کە ناوبراو سەروەختێک کە تەنیا تەمەنی لە بیست و چەند ساڵێک تێپەڕیی نەکردووە و شیعەیەکی وەفادارو خاوەن بڕوا بە حەزرەتی مەهدی و نوقمی ناو ئەو باوەڕە بووە، خۆی وەک غولام و موریدێکی بچوکی حەزرەتی مەهدی ناساندووە، پاشان بەرەبەرە بانگاشەی ئەوەی کردوە کە ئەو ڕێگەخۆشکەریی هاتنی ئیمامی زەمانەو ئەو، ئەو دەرگایەیە کە ئیمام لێیەوە دێتە دەرێ. لەمەوە نازناوی (باب) ی پێوە لکێنراوە.

سەید باب لەسەردەمی لاوی، قوتابی زانایەکی ناسراوی شیعە سەید کازم ڕەشتی (١٢١٢-١٢٥٩)، بووە. ناوبراو خاوەنی پێگەو پایەیەکی وابووە، کە موفتی ئەوکاتەی بەغدا، مەحمود ئەلوسی، دەڵێت: ئەگەر بکرایە سەیدکازم ببێتە پەیامبەر من یەکەمین کەسێک دەبووم کە باوەڕم پێدەهێنا، لێرەدا جێگای خۆیەتی، شتێک لەم زانایە بگێڕینەوە. ئەویش لێکدانەوەیەتی بۆ حەدیسێکی پەیامبەر. کە لەو حەدیسەدا دەفەرموێ: **انا مدینه العلم وعلی بابها.** واتا: من شاری زانستم و عەلیش دەرگاکەیەتی. کە مەبەستەکە زۆر ئاشکراو ڕوونەو هیچ تەئویلێکی قوڵ و پێچاوپێچ هەڵناگرێت و دەخوازێ بڵێت کە عەلی کوڕی ئەبی تالب مرۆڤێکی شایستەو زاناو جێ متمانەی ئەوە. و ئەو شتانەی ئەو دەیانڵێت هیچ جیاوازی و دژایەتییەکی نییە لەگەڵ ئەوەی پەیامبەردا. زانست و زانیاریی هەردووکیان هەر بۆ یەک سەرچاوە دەگەڕێتەوە کە خودی پەیامبەرە. بەڵام سەید کازم دەڵێت: (مدینه العلم)، شارێکە لە ئاسمان. هەزاران هەزار گەڕەکی تێدایەو، هەر گەڕەکە هەزاران هەزار کوچەو کۆڵانی تێدایە. و هەروا دەڵێت: من ناوی تەواوی ئەو کوچەو کۆڵانانە دەزانم، بەڵام لەبەر ئەوەی ژمارەیان زۆرە درێژەدەکێشێت، تەنیا نای هەندێکیان دەبەم: ئەوانەش بۆ نموونە: کۆڵانێک خاوەنەکەی ناوی شەلەحلونە. کۆڵانێکی تر خاوەنەکەی سەگێکە بەناوی کەلحەلو.. ٢٠

ئیتر ئەم سەیدکازمە پێمان ناڵێت. ئەو چۆن دەزانێت، کە ئەو شارە لە ئاسمانەو چۆن ئەم هەموو کوچەو کۆڵانانەی ژماردووەو لەکوێوە ناوەکانیانی بیستووەو فێربووە. و چۆن سەگ دەبێتە خاوەنی کۆڵان..!

بەگەڕانەوە بۆ لێدوان لە سەید محەمەد عەلی شیرازی ناسراو بە سەید باب، دەبینین، پاشان کاتێک لایەنگرانی زۆرتر دەبن، پتر لەخۆی باییدەبێت و دەڵێت: من ئیمامی زەمانم و ئەو گەوهەرە لەناخی مندایە. سەرەڕای ئەمە سەید عەلی باب، ئەو مژدەیەش دەدات کە بەزوویی کەسێک وەک پەیامبەر پەیدا دەبێت و بانگەوازێکی

نوێی خواوەندیی بڵاودەکاتەوە کە ناوی (من یظهره الله) دەبێت. سەید عەلی باب لایەنگرێکی زۆری لە ئێران و عیراق و شوێنەکانی تر پەیداکرد، تا سەرئەنجام بە فەرمانی ئەمیر کەبیر کە سەرۆک وەزیرانی ناسرەدین شای ئێران بوو لە سەبازخانەی تەورێز حوکمی مەرگی بەسەردا دەسەپێنرێت.

بەمردنی سەید عەلی باب کار کۆتایی نەهات و چەندان کەس لە پەیڕەوانی بانگاشەی ئیمامەت و پەیامبەرێتیان کرد. هەریەکە بانگاشەی ئەوەی دەکرد کە کەسایەتی (من یظهره الله) خۆیەتی. بەڵام ئەوەی کە لەم ناوەدا پتر سەرکەوتنی بەدەستهێنا هەمان بەهائوڵلا بوو کە گووتبووی: (ئەو کەسەی کە دەبووایە بەدیار کەوێت منم. حەزرەتی باب مژدەدەرێک بوو بۆ هاتنی من.)

بەهائوڵلا کە لەو سەردەمەدا لە ئەستەمبول دەژیا، لەلایەن دەسەڵاتدارانی عوسمانییەوە دەگیرێت و بۆ شاری عەکا (دەکەوێتە باکووری ئیسرائیل) دووردەخرێتەوە. بەڵام لەوێوە درێژە بە بانگەوازەکەی دەدات و بەردەوام لە ڕێگای موریدەکانییەوە پەیام بۆ ناوەوی ئێران دەنێرێت و هەرچی زۆرتر لایەنگر لەدەوری خۆی خڕدەکاتەوە. ئەو پەیامانەی دەینارد ناوی لێنابوون لەوح. لەیەکێک لەو لەوحانەدا بەناوی لەوحی ئەحمەد هاتووە: **فأحفظ یا أحمد هذا اللوح ثم أقرأه فی أیامک ولا تکن من الصابرین. فأن الله قدر لقارئها أجر مائة شهید** . واتا: ئەی ئەحمەد هەر ڕۆژ بێسەبرانە ئەم لەوحە بخوێنەوەو ئەو پاداشتەی خواوەند بەخوێنەری ئەم لەوحەی دەبەخشێت بەرابەرە بەپاداشتی سەد شەهید.

ئەمڕۆ ژمارەی بەهاییەکان نزیک بە ٨ ملیۆن کەسە. ناوەندی ئەم ئایینە شاری حەیفایە.

بەهاییەکان باوەڕیان وایە، لەبەر ئەوەی مرۆڤایەتی هەمیشە لەگۆڕان و پێشکەوتندایە کەواتە هەمیشەش پێویستیان بە ڕێنوێنی نوێ و بەردەوامی خواوەندە کە لە ڕێگای پەیامبەرانی نوێوە مەیسەر دەبێت. هەرلەبەر ئەمەشە کە بەهائوڵلا خۆی لەڕیزی

پەیامبەرانی وەک نوح، ئیبراهیم، موسا، عیسا، محەمەد. دادەنێت.

عیبادەتی بەهاییەکان بەپلەی یەکەم نوێژکردنە کە سێ جار لە ڕۆژێکدا بەڕێوەدەچێت. و قیبلەشیان شاری عەکایە. ئەوشوێنەی مەرقەدی باهائوڵڵای لێیە. هەروا ساڵی ١٩ ڕۆژیش بەڕۆژوو دەبن.

ئایینی بەهائی خاوەنی پەرتووکی پیرۆزی تایبەت بەخۆیەتی بەناوی (کتاب الأقدس)، کە بەپێی باوەڕی خۆیان لەلایەن خواوەندەوە و لە ڕێگای وەحیەوە بۆ بەهائوڵڵای پەیامبەریان هاتۆتە خوار. ئەم پەرتووکە بەزمانی عەرەبی نووسراوەتەوەو بەئاشکرا کاریگەریی قورئانی بەسەرەوە دیارە. وەک نموونە لەوێدا هاتووە: **یا قلم الأعلی یا قلم الأنشاء قد کتبنا علیکم الصیام، أیام معدودات، وجعلنا النیروز عیدا لکم...**

واتا ئەی قەڵەمی باڵا، ئەی قەڵەمی ئینشا، ئێمە ڕۆژوومان بۆ دیاریی کردن، بۆماوەی چەند ڕۆژێک، و نەورۆزیشمان کردە جەژنی ئێوە..

دیارە کتاب الأقدس هەڵەیەکی زۆری زمانەوانی تێدا بووە. چونکە بەهائوللا پاشان فێری زمانی عەرەبی بووەو وەک لاساییکردنەوەیەکی قورئانیش زمانی عەرەبی هەڵبژاردووە بۆ نووسینەوەی تێکستە پیرۆزەکانی. لەبەر بوونی ئەو هەڵە زۆرە زمانەوانیانەوە، ڕەخنەو توانجی زۆری لەنەیارانییەوە تێگیراوە بۆیە دەڵێت:

قل یا معشر العلماء لا تزنوا کتاب الله بما عندکم من القواعد والعلوم. انه لقسطاس الحق بین الخلق قد یوزن ما عند الأمم بهذا القسطاس الأعظم وانه بنفسه لو انتم تعلمون.

واتا ئەی زانایان، پەرتووکی خواوەند بە یاساوڕێسای زمانەوانی خۆتان مەپێون، بەڵکو یاساو ڕیسا زمانەوانییەکانی خۆتان بە پەرتووکی خواوەند بپێون.٢١

لەکۆتایی ئەم بەشەدا، پێویست بە گوتنە کە مەبەستی ئێمە لە لێدوان لە بابەتی گروپبەندیی لە ئایینەکانداو بەتایبەتیش ئیسلام تەنیا گێڕانەوەیەکی ڕەوتە دیرۆکییەکان نەبوو. بەڵکو، پتر مەبەستمان چۆنیەتی پەیدابوونیان، هەروا ئەوەی

چۆن مرۆڤەکان ئەو مەزهەبەی لەقۆناغێکدا وەک ڕاستییەکی ڕەها باوەڕیان پێیەتی، لەقۆناغێکی تردا دەیگۆڕن، و چۆن لۆژیکی ڕاستبوونی مەزهەبێک بە لۆژیکێکی تری وەکخۆی تێکدەشکێت.

هەروا دەبینین زۆربەی هەرەزۆری مرۆڤەکان، لەپەیڕەوکردنی مەزهەبەکانی خۆیاندا شتێکی لێ نازانن و بەپەیامێکی غەیبی لە گیرفان دەرهێنراو، دایدەمەزرێنن و بە پەیامێکی تری هاوشێوەی لێکی هەڵدەوەشێننەوە.

دیسان دەبینین چۆن دوولایەنی سیاسی و ئایینی تێکەڵ بەیەکتر دەبن و چۆن سیاسەت ئیمام دەخوڵقێنێت، و کاتێک مرۆڤەکان، یان بەپێی ئەو پرەنسیپانەی باوەڕیان پێیەتی، پێویستیان بە ڕێبەرو ئیمام و پەیامبەر دەبێت، دەیخوڵقێنن و لەهیچەوە دایدەتاشن. و ئەگەر بۆخۆشی نەخوازێت هەردەیکەنە ئیمام و تەنانەت پەیامبەرو ئەگەر مردیش هەر دەڵێن زیندوویە..!

مەزهەب لەزۆربەی هەرەزۆری قۆناغە دیرۆکیەکاندا تائاستێکی زۆر پەیوەستەی دەسەڵات بووەو دەسەڵات برەو بە چ مەزهەبێک بدات، و پارسەنگ بەلای کام گروپدا دابشکێنێت، ئەو مەزهەبە دەبێتە مەزهەبی زۆرینە. ئایینی مەسیحی و مەزهەبە جۆربەجۆرەکانی، هەروا مەزهەبەکانی ئەشعەریی و موعتەزیلە.. لە ئیسلامدا بە پێی ئەم بنەمایە پەرەیاندەسەندو دەپوکانەوە.

بەڵام زۆر جاریش هاوکێشەکە پێچەوانە دەبێتەوەو. و خودی سەرکوتکردن و ڕێگرتن لەئازادیی مەزهەبیی، دەبێتە هۆی ڕاپەڕین و شۆڕش، و یان هیچ نەبێ پەنابردن بۆ توندوتیژی و تیرۆر.

لە پەیوەندیی لەگەڵ پەنابردن بۆ زانست و عەقڵ ، یانیش دژایەتیکردنیاندا، دەبینین لە هەرکوێ پتر عەقڵ و زانست ڕەواجی هەبێت و پشتی پێ ببەسترێت، مرۆڤەکان لۆژیکمەندانەتر مامەڵە لەگەڵ مەزهەبیشدا دەکەن و فکر و داهێنان پەرەدەستێنن، و چارەسەریی عەقڵانی و گونجاو بۆکێشەکانیان دەبیننەوە. لەهەر

شوێنێکیش نەبێت، کۆمەڵگا نەریتیی و خورافاتیی و چەقبەستوو، و ڕەهەندی کێشەکان بەلای بێچارەسەریدا دەچن و ئەو هەستە لای مرۆڤەکان دروستدەبێت کە مەزهەب هەموو کارەکان دەکات و کاتێکیش وەها دەرناچێت، تەنیا ئەوەندەیان لەدەستدێت کە حیکمەتێک بۆ خۆیان دابتاشن. وەهەرچی زۆرتر ملکەچی ئیمام و پادشاو سوڵتان بن. و ژیانی خۆیان لەبازنەی داخراوی کێشە بچووک و بێبایەخ و لەچارەسەرنەهاتووەکاندا بەسەربەرن.

ئایا بۆ دەبێ کێشە لەسەر ئەوە درووست بێت. کە داخوا مرۆڤ لەڕۆژی قیامەتدا دەتوانێ خواوەند ببینێت یان نا..؟ هێشتا کە قیامەت نەهاتووە، ئەو ئەگەرە کە دەبێت یان نابێت چ بایەخێکی بۆ مرۆڤ و چ پەیوەندییەکی بە ئیمان و باوەڕەوە هەیەو بۆ دەبێ مرۆڤ بە باوەڕپێبوون یان نەبوونی کافر بێت...؟ ئایا مەزهەب بۆ ئەمەیە ژیان و تواناکانی مرۆڤ و بواری عیبادەت و خواپەرستیی ئاسان بکات، یان تەڵەو یانسیبی بۆ دابنێتەوە کە ناچار بێت شێروخەتی لەسەر بکات..؟ ئایا پەیامبەران و پەرتووکە پیرۆزەکانیان بۆ ئەمە هاتوون تا مرۆڤ لەبەردەم پرسێکی ئاوادا دەستەوەستان بکەن و پاشان ئەوانەی ئەم یانسیبە دەبەنەوە بنێردرێنە بەهەشت و ئەوانی تریش ڕەوانەی دۆزەخ..؟ ئایا فەلسەفەو حیکمەتی مەزهەب لەمانەدایە..؟

یان، بەپێی باوەڕی پەیڕەوانی شیعە، ڕێزی ئیمامانی خۆیان لەمەدا دەبیننەوە کە مزگەوت و گونبەدو منارە لەسەر گۆڕەکانیان درووستکەن و بەزێڕو زیوو و ئاوێنە بیڕازێننەوەو، لەبەریان بپاڕێنەوە تا لای خواوەند میانجیگەرییان بۆ بکەن تا بەر بەخشەندەیی خواوەند بکەون. ئەمە باوەڕێکە بە پێی باوەڕهێنان بە ئازادیی مەزهەبی پێویستە جێگای تێگەیشتن و ڕێز بێت. بەڵام لەبەرانبەر ئەم باوەڕدا پەیڕەوانی سوننە بەتایبەتی مەزهەبیی حەنبەلی و پێشەواکانی وەک ئیبنوتەمیمە و محەمد کوڕی عەبدولوەهاب کە ئەمڕۆ زۆرینەی خەڵکی عەرەبستانی سعودی

پەیڕەوی لەو دەکەن پێیانوایە، ئەو باوەڕەی شیعە هاوتای بتپەرستی و شەریک دانانە بۆ خواوەند، چونکە تەنیا خواوەند، شایستەی لەبەرپاڕاناوەیە نەک پەیامبەرو ئیمامانی و ئەمەشیان دیسان باوەڕێکەو بەهەمان پرەنسیپی ئازادیی مەزهەبیی پێویستە ڕێزی لێ بگیرێت. بەڵام حەنبەلیەکان بەمەندە ڕاناوەستن و فتوای ئەوە دەدن کەهەرکەس سەردانی گۆڕستان بکات و مزگەوت لەسەر گۆڕی مردووان درووست بکات کافرەو کوشتنی حەڵاڵە. و بەپشتبەستن بەم فتوایە بەدرێژایی سەدە یەک لەدوای یەکەکانی تەمەنی ئەم دوومەزهەبە تەنیا لەبەر ئەم جیاوازییە، بەدەیان هەزارو بگرە پتریان لەیەکتر کوشتووە. و هێشتا ئەو جەنگە بەردەوامەو تا ئەمڕۆش تەقاندنەوەی مزگەوت و مەزارگەی ئیمامانی شیعەو وێرانکردن و سووتاندیان لە عیراق و پاکستان و باکووری ئەفەریقا کە هێزەکانی سەر بە تالیبان و ئەلقاعیدە ئەنجامی دەدەن هەر بە پشتبەستن بەم فتوایە بەردەوامە.

سەرچاوەو پەراوێزەکانی بەشی نۆیەم:

١- بۆ زانیاریی زۆرتر دەربارەی، کێشە نێوخۆییەکانی مەسیحیەت لە ئەوروپا، بۆ نموونە بڕوانە:کارین آرمسترونغ. النزاعات الأصولیه فی الیهودیة والمسیحیه والأسلام، ترجمة: محمد الجورا، دار الکلمة، دمشق ٢٠٠٥ض٩٠-١١٥

٢- عبدالقادرالبغدادی. الفرق بین الفرق. دار الآفاق الجدیدة. بیروت ١٩٧٧ص٥

٣- یوسف فضائی. تحقیق در تاریخ و فلسفەی مذاهب اهل سنت، و فرقەی اسماعیلیه. مؤسسه مطبوعاتی فرخەی تهران ص.٣٦

٤- هەمان سەرچاوە ل٨٢

٥- هەمان سەرچاوە. ص١١٢

٦- هەمان سەرچاوە ص١٣٧-١٤٧

٧- احمد امین. ضحی الأسلام. مصر. الطبعة السابعة. الجزء الثالث. ص٦٨

٨- أبو زهرة. مالک، حیاتەو عصرە- آرائوە الفقهیة. دار الفکر العربی. القاهره. الطبعه الثانیه. ص١٦٥

٩- یوسف فضائی. سەرچاوەی پێشوو.ل٩١

٠١- محمد بن عبدالکریم شهرستانی. ملل ونحل. چاپ تهران ١٣٥٠ هـ. قمری_ ص١١٠

١١- جعفرالسبحانی. بحوث فی الملل والنحل. دراسه موضوعیه مقارنه للمذاهب الأسلامیه. الجزء الثالث.ص٣٧

١٢- یوسف فضائی. سەرچاوەی پێشوو.ل٤٨٢

١٣- دکتور أحمد محمود صبحی. نظریة الأمامة لدی الشیعة الأثنی عشریة. بیروت، دار النهضه العربیه. ١٤١١ ق ص.٣٨

١٤- یوسف فضائی. سەرچاوەی پێشوو. ل٢٩٢

١٥- هەمان سەرچاوە. ل٢٩٤

١٦- هەمان سەرچاوە ل٣١٤

١٧- خواجە رشید فضلالله همدانی. جامع التواریخ. بتصحیح بهمن کریمی. انتشارات اقبال. جلد٣- ١٣٣٨ ص١١

١٨- بۆزۆرتر زانیاریی دەربارەی بزووتنەوەی حەسەن سەباح بڕوانە: یوسف فضائی، سەرچاوەی پێشوو، ل٤٦٤-٤٧٢

١٩- واژەی (ئەلەموت)، لە زمانی پەهلەویدا بەواتای (هێلانەی باز) دێت. بڕوانە یوسف فضائی. سەرچاوەی پێشوو ل٣٨٩

٢٠- احمد کسروی، بهائیگری، شیعگری، صوفیگری. انتشارات مهر١٩٨٩ کولن- المان ل٥٠

٢١- بۆ زۆرتر زانیاریی دەربارەی بەهاییگەریی و ڕیشەی ئەم ئایینەو ئایینەکانی تری وەک شێخیگەریی و بابیگەریی، بڕوانە:

احمد کسروی، سەرچاوەی پێشوو..

خوا، مەزهەب، مرۆڤ

بەشی دەیەم
مەزهەب و کۆیلایەتی

کۆیلایەتیی دیرۆکێکی لەمێژینەی هەیەو بەڵکو ڕابردووەکەی تا بەر لەدیرۆک درێژ دەبێتەوە. و پێناسەی کۆیلایەتی بریتییە لە بەکارهێنانی مرۆڤ، و کڕین و فرۆشتنی وەک هەرکاڵایەک، لە بازاڕدا. و یانیش ڕفاندن و بەدیلگرتن و بەدیاریی وەرگرتن، یان لەبری قەرز وەرگرتنی مرۆڤ، ژن یان پیاو یان منداڵ، بەمەبەستی بەکارهێنانی هێزوتوانای جەستەیی بۆ کار یان شەڕکردن، یان سێکس یان مامەڵەی بازرگانیی و بەدەستخستنی سوودو قازانجی مادیی.

کۆیلایەتی، بەشێوازی جۆراوجۆر لە گشت کۆمەڵگا جۆربەجۆرەکاندا هەبووە و تا چەند سەدە پێش بەشێوازێکی فەرمیی بەردەوام بووە، و زۆربەی کارە قورس و لەتوانابەدەرەکان بەپشتبەستن بەسیستەمی کۆیلایەتی و بەهێزی کۆیلەکراوان ئەنجامدراوە.

لە شارستانییە کۆنەکانی چین، هند، میسرییەکان، سۆمەرییەکان، بابلیەکان، یۆنانییەکان، ڕۆمانییەکان... کۆیلایەتی یەکێک لە بنەما سەرەکییەکانی سیستەمی دەسەڵات و سەرچاوەی هێزی مرۆیی بووەو ڕیشەی خۆی بەجۆرێک لە ژیانی سیاسیی و ئابووریی و کۆمەڵایەتییدا داکوتاوە کە تەنانەت لە ڕۆژئاوای مۆدیرندا کۆیلایەتی تا کۆتاییەکانی سەدەی نۆزدەهەم هەر بەردەوام بووە. و دانمارک، یەکەمین وڵاتێکی رۆژئاوایی بوو کە ساڵی ١٧٩٢ یاسای لابردنی سیستەمی بازرگانیکردنی کۆیلەی دەرکردو پاشان وڵاتانی تری ئەورووپا ساڵی١٨١٤ لە کۆنگرەی ڤێنا پەیمانی قەدەغەکردنی بازرگانی کۆیلەیان ئیمزاکردو ساڵی ١٩٠٦ عوسبەتولئومەم (League of Nations) لە کۆنفرانسێکدا تایبەت بە پرسی کۆیلایەتی،

بڕیاری ڕێگەگرتن لەبازرگانی کۆیلەو کۆیلایەتی بە هەموو شێوازەکانیی پەسەندکرد. کۆیلایەتی ڕیشەی خۆی بەجۆرێک لە کۆمەڵگا جۆربەجۆرەکاندا داکوتابوو، کە تەنانەت بیرمەندو فەیلەسوفەکانیش بە کارێکی سروشتییان دادەنا. و لەمڕووەوە ئیفلاتون کاتێک کۆمەڵگای دابەشدەکرد بەسەر دوو دەستەی ئازادو کۆیلەدا. ئازادەکان یۆنانییە ڕەسەنەکان، واتا مرۆڤە ژیرو عاقڵ و خاوەن مەعریفەکان، و کۆیلەکانیش مرۆڤە بێعەقڵ و خاوەن جەستەکان بوون. کە ئەم دابەشکردنەی بە پێویستییەکی حەتمی سروشتیی دادەنا بۆ بەردەوامیی و ڕێکوپێکی ژیان کەدەستەیەک حوکمی دەستەیەکی تر بکەن. ئیفلاتون تا ئەو جێگایە دەڕۆیشت کە تەنانەت ئەوەی قبوڵ نەدەکرد کە یۆنانییەک بە دیل بگیرێت و بکرێتە کۆیلە. چونکە بە باوەڕی ئەو، یۆنانی هەر لە ڕیشە سروشتیەکەیەوە بۆ کۆیلە درووست نەبووە.

هەروا، ئەرەستۆ کۆیلەی بە پێویستییەکی حەتمی دەزانی بۆ ڕێکخستن و بەردەوامیی ژیانی ئابووریی، و کۆیلەی وەک ئامرازێک ناودەبرد کە خۆبەخۆی ناتوانێت کاربکات و دەبێ لەلایەن مرۆڤێکی تری عاقڵەوە بەکاربهێنرێت.

یەکەمین بیرمەندانێک کە کۆیلایەتیان ڕەتکردەوەو ڕیسوایان کرد فەیلەسوفەکانی ناسراو بە سەگگەرایان (کەلبیون)، و ڕەواقیەکان بوون. لەمانە: (سینیکا)، و (ئەبیکتاتوس) کە خوازیاری بەرابەریی ویەکسانیی مرۆڤیان کردو داوای ئازادکردنی تەواوی کۆیلەکان و پاراستنی کەرامەتی گشت مرۆڤێکیان بەکارێکی شایستەو پیرۆز لەقەڵەمدا.

سینیکا دەڵێت: ئێمە هەموومان ئەندامین لەجەستەیەکی گەورەدا. و سروشت ئێمەی خوڵقاندووە کە خزمی یەکتر بین. چونکە بەیەک توخم ڕەنگی کردووین و یەک چارەنووسمان لەپێشە، و خۆشەویستیی بەرانبەری کردووە بە فیترەتمان و خەسڵەتی کۆمەڵایەتییبوونی پێ بەخشیوین. مرۆڤەکان هەموو هاوڵاتیی وڵاتێکی گەورەن، و ئازادیی تەنیا تایبەت بەوانە نییە کە جلوبەرگی ڕازاوە لەبەردەکەن. و

سروشت فەرمانمان پێدەدات تا بۆ خەڵکیی بە ئازادو کۆیلەوە سوودمەند بین. و لەهەر شوێنێکدا مرۆڤ هەبێت بواری کردەوەی باش لەئارادایە. ١

بەڵام کاتێک مەسیحیەت سەریهەڵدا ئەم بیروباوەڕە فەلسەفیە باڵایانە، شکەستیان پهێنراو بیرچوونەوە. ولەگەڵ ئـەوەدا کە پرسی کۆیلایەتیی لەڕیشەدا هیچ پەیوەندییەکی بە مەزهەبەوە نییە، و لـەدەرەوەی مەزهەب بەدییهاتووە، بەڵام مەزهەبە یەک لەدوای یەکەکان، لەگەڵ ئەوەدا کە بانگاشەی خواوەندیبوون و ڕزگارکردنی مرۆڤایەتیان لەزوڵم و زۆرو چەوساندنەوەی مرۆڤ بەدەستی مرۆڤ کردووە، بەڵام هیچکامیان ڕووبەڕووی ئەم پرسە نەبوونەوەو نەک تەنیا بەتێکستی ڕوون و ئاشکرا ئەم دیاردە زاڵمانەو نامرۆییەیان ڕەتنەکردۆتەوە، بەڵکو خۆیان بەشێوازی جۆراوجۆر، پەیڕەویانکردۆتەوە.

ئیبراهیمی پەیامبەر هاجەری لە فیرعەونی میسرەوە وەک کۆیلە پێبەخشرا. تابیکاتە کەنیزەک و خزمەتکاری سارای ژنی. پاشان ساراش پێشکەشی ئیبراهیمی کردەوە تا لەگەڵیدا بخەوێت و منداڵی لێی ببێت. چونکە سارا پیربوو، و چیتر توانای مبداڵبوونی نەمابوو، و هاجەر منداڵێکی بوو کە ئیسماعیل بوو.

هەروا یەعقوبی پەیامبەر لەگەڵ دوو کەنیزەکی خۆیدا کە پێشتر وەک کۆیلە لە لایەن پادشای یەمەنەوە پێشکەشی کرابوو، بێئەوەی هاوسەری بن، دەخەوێت و یوسفی پەیامبەرو دوازدە منداڵی تری لێیان دەبێت.

هەروا پەیامبەر حەزرەتی سلێمان ٣٠٠ ژن و ٤٠٠ کۆیلەی ژنی هەبووە.

لە ئاینی جوولەکەدا، شێوازی ئیفلاتوونی، سەبارەت بە کۆیلایەتی پەیڕەودەکرێت. کە شێوازێکی نەژادپەرستانەیە. و نەتەوەی جوو بە نەتەوەی خاوێن و هەڵبژێردراوی خواوەند و نەتەوەکانی تریش بەپلەی خوارترو شیاوی کۆیلەبوون ناودەبرێت. و لەتەوراتدا، لە پەرتووکی دەرچوون، بەشی ٢١ دا هاتووە: **(ئەگەر کۆیلەیەکت کڕی عیبرانی بوو دوای شەش ساڵ تێپەڕبوون، ئازادی خۆی وەردەگرێتەوە).** ئەمە

بەرلەهەرشت دانپێدانان و قبوڵکردنی کۆیلایەتییە. کە کڕین و فرۆشتن بەکارێکی سادەو ئاسایی دادەنێت. و ئەوەندە ڕێزە بۆ کۆیلەیەکی جوو دادەنێت کە پاش شەش ساڵ ئازاد بکرێت. ئەمەش واتای ئەوەیە کە ئەگەر کۆیلە جوولەکە نەبوو هیچ مافێکی ئازادبوون نایگرێتەوە .

هەروا لەبەشی بیستەم (پەرتووکی تەسنیە)دا هاتووە: **(کاتێک نزیکی شارێک دەبیەوە تا جەنگی لەگەڵدا بکەیت، داوای ئاشتی لێ بکە. ئەگەر پەسەندی کردو دەروازەی لێ کردیەوە ئەوە ئەوکات خەڵکەکەی هەمووی موڵکی تۆیە، و بیکە کۆیلەی خۆت. و ئەگەر ئاشتی قبوڵ نەکردو شەڕی هەڵبژارد، ئابڵووقەی بدە. تەواوی نێرینەیان بەزەبری شمشێر لەناو ببەو باقی ژن و منداڵ و ئاژەڵەکانیش بۆ خۆت ببە. ئەمانە دەستکەوتی تۆن لەخواوەندەوە.)** هەروا ئایینی مەسیحیش درێژەپێدەری هەمان باوەڕی تەوراتییە دەربارەی کۆیلەبوون، بەکەمێک وردەجیاوازییەوە لێرەو لەوێ. و هەرچەندە بیروباوەڕەکانی حەزرەتی مەسیح بەگشتیی بریتین لە لێبووردن و بەخشندەیی و میهرەبانیی ویەکسانیی.. بەڵام ئەوەی لەلایەن پەیڕەوانی و نووسەرانی ئینجیلەوە ئەنجامدراوە بریتییە لە قبوڵکردن و ڕەواجپێدانی کۆیلەبوون. لە ئینجیلدا هاتووە: **(ئەی کۆیلەکان بەترس و لەورزەوە ملکەچی خاوەنەکانتان بن بە پێی جەستەتان. و وابزانن ئەو کارەی بۆ خاوەنەکانتانی دەکەن بۆ حەزرەتی مەسیح و خواوەندە).** جێگای سەرسووڕمانە کە پەیڕەوانی سێ ئایینی ئیبراهیمی یەکتری بە لایەنگری کۆیلایەتی تۆمەتبارو خۆشیان بێبەری نیشان دەدەن. کەلەڕاستیدا هەریەکەیان بەشێوازێک یان پتر هەمان کردەوە پەیڕەودەکاتەوە.

ئایینی ئیسلام کە لەقۆناغ و هەلومەرجێکی نوێتردا لە چاو ئایینی جوویی و مەسیحی هاتەکایەوە، مامەڵکردنیشی لەگەڵ سیستەمی کۆیلایەتی لەهی ئەوان یانیش بەگشتیی سەردەمی پێش خۆی جیاواز بوو. لەهەندێک شوێندا پێشمەرجی داناو لەهەندێک شوێنی تردا نەرمی نواند.

له ئایەی ٣٣ سورەی (نور)دا هاتووە: **ولیستعفف الذین لا یجدون نکاحا حتی یغنیهم الله من فضله والذین یبتغون الکتاب مما ملکت أیمانکم کاتبوهم أن علمتم فیهم خیرا و أئتوهم من مال الله الذی أئتاکم ولا تکرهوا فتیاتکم علی البغاء أن أردن تحصنا لتبتغوا عرض الحیاة الدنیا ومن یکرههن فأن الله من بعد أکراههن غفور رحیم.** واتا: ئەوانەی بۆیان ڕێکناکەوێت ژن بهێنن، با خۆیان ڕابگرن، تا خواوەند فریایان دەکەوێت. ئەو کۆیلانەش کە دخوازن لەدەست ئێوە ئازادبن، لەگەڵیاندا ڕێکبکەون. و ئەگەر بەدڵتانبوون لەو ماڵ و سامانەی خوا پێی بەخشیون بەشیانبدەن. و کچەکانیشتان(کەنیزەکانتان) هان مەدەن بۆ داوێنپیسیی، و ئەگەر ئەوان ئەم کارەیان پێخۆش نەبوو، هەرکەس ئەو کارەیان بە زۆر پێبکات، خوا پاشان میهرەبانیان لەگەڵ دەنوێنێت و لێیان خۆش دەبێت.

دەبینین لەم ئایەتەدا لەچاو قۆناغەکانی پێشتر، باس لە ئازادی کۆیلەدەکات، کە لەو سەردەمەدا شتێکی تەواو نوێیە. هەروا باس لەوەدەکات کە بەزۆر کەنیزەکانیان ناچاری داوێنپیسیی نەکەن لە پێناوی پارەو ساماندا. بەڵام دەبینین کۆیلایەتی وەک سیستەم و ئایدیۆلۆژیایەک ڕەتنەکراوەتەوە. و باس لە خۆکڕینەوە دەکات. واتا مەرج و ئەگەر دادەنێت.

هەرواله ئایەی ٣٦ سورەی (نساء) هاتووە: **وبالوالدین أحسانا، وبذی القربی والیتامی والمساکین والجار ذی القربی والجار الجنب والصاحب بالجنب وأبن السبیل وما ملکت أیمانکم.** واتا: چاکە لەگەڵ دایک و باوک و خزم و کەس و هەتیو، و هەژاران و دراوسێ و ڕێبوارو ئەوانەی لەڕێگای باوەڕەکانتانەوە بەدەستان هێناون، بکەن.

ئیمامی قورتوبی لە لێکدانەوەی دەستەواژەی (وما ملکت أیمانکم) دا دەڵێت: مەبەست مەمالیکە.٢ مەمالیکیش بەو کۆیلە سپی پێستانە دەگوترا کە لەشەڕدا بەدیل دەگیران یان لە بازاڕدا دەکڕدران.

هەروا حەدیسێک هەیە کە دەڵێت: **للملوک طعامە وکسوتە، ولایکلف من العمل الا**

ما يطيق. واتا: کۆیلە مافی پۆشاک و خۆراکی هەیەو نابێ ناچار بەکارێک بکرێت کە لە توانایدا نییە.٣

لەگشت ئەم ئایەو حەدیسانەدا باس لە کۆیلەیەو ئیتر چ بە کۆیلە ناوبرابێت یان هاوناوێکی تر، وەک کارێکی ڕەواو شەرعیی دانی پێدانراوە. ئەوەی کە لێرەدا گرنگە ئەمەیە کە ئایینی ئیسلام عەقلّیەتی کۆیلایەتی لەناو نەبردو تەنیا لەشێوازو چلۆنایەتی، ڕیفۆرم و گۆڕانی بەسەرداهێنا. کۆیلە چەندە مامەڵەی مرۆییانەی لەگەڵدا کرابێت و هەلومەرجی ژیانی باشتر بووبێت لە چاو پێشدان لەپلەی کۆیلایەتی نەهێنراوەتە خوارەوە بۆ پلەی مرۆڤی ئازادو پێشدان کۆیلەبووەو دواتریش هەر کۆیلە.

لە حەدیسێکی تردا، کە ئیمامی غەزالی، لە پەیامبەر دەگێڕێتەوە: **أن الله ملككم أياه، ولو شاء لملكهم أياكم.** واتا خواوەند ئەوانی کردووە بە کۆیلەو موڵکی ئێوە. و ئەگەر بخوازێت ئێوە دەکات بە کۆیلەو موڵکی ئەوان.٤ لێرەدا دیسان باس هەر لەسەر ئەوەیە کە بە خواستی خواوەند یەکێک هەردەبێ ببێتە کۆیلەی یەکێکی تر. وەک بڵێی قەدەرێکە جگە لەوەی ملی بۆ کەچکەین چارەیەکی ترمان نییە.

ئەوەتا لەچەندان ئایەی تردا، کەفارەتی هەڵەو تاوان، بریتییە لە ئازادکردنی کۆیلەیەک. واتا کۆیلە دەبێ چاوەڕوان بێت و لەخواوەند بپاڕێتەوە تا خاوەنەکەی، هەڵەو تاوانێکی لەدەست بقەومێ تا بەڵکو بەئازادبوونی ئەو کۆتایی بێت.

ئایەی ٣ سورەی (المجادلة) دەڵێت: **والذين يظاهرون من نسائهم ثم يعودون لما قالوا فتحرير رقبة من قبل أن يتماسا...** واتا: ئەوانەی هاوسەرەکانیان بە دایکیان دەچوێنن، و پاشان پەشیمان دەبنەوە لەوەی گووتوویانە، لەسەریانە کۆیلەیەک ئازادبکەن لە جیاتی ئەو گوناهەیان.

هەروا ئایەی ٨٩ سورەی (المائدة) دەڵێت: **لا يؤاخذكم الله باللغو في أيمانكم ولكن يؤاخذكم بما عقدتم الأيمان فكفارته أطعام عشرة مساكين، من أوسط ما تطعمون أهلكم أو كسوتكم أو تحرير رقبة فمن لم يجد فصيام ثلاثة أيام.** واتا: خواوەند

لەسەر قسیەک یان سوێندێک سزاتان نادات کە بێمەبەست بەسەر زمانتاندا دێت. بەڵام ئەگەر بەزانابوون و بەمەبەست ئەم کارەبکەن، لەبەرابەرداو بۆ شوشتنەوەی ئەم گوناهە، لەسەرتانە نانی دە کەسی هەژار لەوخۆراکەی خۆت و خاوخێزانت دەیخۆن بدەیت، یانیش کۆیلەیەک ئازاد بکەیت.

لەو شەڕانەی نێوان موسوڵمانان لەگەڵ دژبەراندا دەکران، ئەوانەی بە دیل دەگیران، چوار چارەنووسیان لەبەردەمدا بوو:

١- ئازادکردنیان بەبێ بەرابەر. کەلە یاساکانی ئیسلامدا بە مەنیە، یان، مەن (من) ناودەبرێت.

٢- ئازادکردنیان لەبەرانبەر دەستکەوتێک، بۆ نموونە پارە، یان هەر شتێکی تر بەمەبەستی کڕینەوەی دیل. ئەمەش پێی دەگوترێت فدیە یان (فداء). لە ئایەی ٤ سورەی (محمد) هاتووە : **فأذا لقيتم الذين كفرو فضرب الرقاب حتى أذا أثخنتموهم فشدوا الوثاق. وأما منا بعد وأما فدا حتى تضع الحرب اوزارها** . واتا: کاتێک شەڕیان لەگەڵدا دەکەن و بەدیل دەیانگرن تا دەتوانن ملیان بپەڕێنن، کاتێک کە کوشتار زۆربوو، و زەوی بەلاشەی ئەوان پڕبوو، قۆڵبەستیان بکەن جا پاشان یان بێبەرابەر ئازادیان بکەن یانیش لەبەرانبەر دەستکەوتێکدا بیانگۆڕنەوە تا شەر کۆتایی دێت.

٣- کوشتن، لە سورەی ئەنفال ئایەی ٦٧ دا هاتووە: **ما كان لنبى أن يكون له أسرى حتى يثخن فى الأرض. تريدون عرض الدنيا والله يريد الآخرة. والله عزيز حكيم.** واتا: بۆ هیچ پەیامبەرێک نەبووە کە دیلی هەبێت، ئایا ، دەتانەوێ بەدەستکەوتی جیهانیی لە پارەو کەلوپەل بیانگۆڕنەوە، یان پەیڕەویی لەخواستی خواوەندیی بکەن کە دەیەوێت بیانکوژن و لەبەرابەردا پاداشتی ئاخیرەت بەدەستبخەن.

٤- بە کۆیلەکردن.

لێرەدا شەریعەتی ئیسلام بەڕواڵەت دەخوازێت چارەسەری کێشەیەک بکات، بەڵام چەندان کێشەی تر دەخوڵقێنێت. لەلایەکەوە پادشا و سەردار و فەرمانڕەوایان دەکاتە

سەرپشک لەوەی دیلەکان بەپارەو دەستکەوتی مادیی دەگۆڕنەوە یان دەیانکوژن. لەهەمان کاتیشدا خواوەند بەپێی ئەو ئایەتەی سەرەوە وەپێشیان دەکەوێت، کە وای پێخۆشترە بکوژرێن تا لەسەر زەوی جێگایان پێ پڕنەکرێتەوە..! لەلایەکی تریشەوە لە نێوان چوار هەڵبژاردەدا خواوەند دەستی فەرمانڕەوایان ئازاد دەکات، کە ئازادیانکەن یان بیانکوژن یان بیانکەن بەکۆیلە، ئیتر ئەگەر ئەو فەرمانڕەوایە، خاوەنی هەستی مرۆیی و بەزەیی بوو ئەوە ئازاد دەکرێن و دەنا بە پێچەوانەشەوە یان ملپەڕاندن یان زنجیری کۆیلایەتی.. لێرەدا دەپرسین ئایا ئەمە عەدالەتی خواوەندییە، چارەنووسی بەسەدان هەزار مرۆڤ کە ڕەنگە لە شەڕێکدا بە دیل بگیرێن بخرێتە ژێر ڕەحمەتی میزاجی شەخسی تاکە ڕێبەرێک کە بەدەقیقەو سەعات دەکرێ گۆڕان بەسەر ئەو میزاجەدابێت..؟

هەرواپاساوی ئەم یاسا بێدادەی ناو شەریعەتی ئیسلام بەوە دەدرێتەوە کە (ئیسلام گشت سەرچاوە کۆنەکانی کۆیلایەتی وشککرد جگە لەیەک سەرچاوە نەبێت، کە لەتوانادا نەبوو بکرێت، چونکە بەشێک لە سیستەمی سیاسیی جیهانی ئەوکاتە ئەوە بوو دیلەکانی شەڕ بکرێن بەکۆیلە)٥

لێرەشدا دەپرسین: ئایا ئاینی ئیسلام هات تا سیستەمێکی نامرۆیی و زاڵمی جیهانی بگۆڕێت، یان بۆخۆی ببێتە پاشکۆی ئەو سیستەمە..؟ و ئایا دەکرێ ئاینێکی خواوەندیی، هێندە دەستەوەستان و ناچاربێت کە مل بۆ سیستەمی زاڵی سەردەم کەچکات..؟ یان نەخێر پرسەکە بریتییە لە پاراستنی بەرژەوەندییەکی سیاسیی، نەک عەدالەتی خواوەندیی و شەڕ دەبێتە پاساوی بەکۆیلەکردنی مرۆڤ، و (ئەو شەڕەش کە ڕێگا بە بەکۆیلەکردنی دیل دەدات لەدیدی ئیسلامەوە، شەڕی ڕەوایە)٦

هەڵەیەکی تری ئەم جۆرە هەڵسەنگاندنانە کە ئایینی ئیسلام لە گەڵ ئایینەکانی جوویی و مەسیحی و بەگشتی ئایین و باوەڕەکانی پێش خۆیاندا بەراوورددەکەن. ئەم کارە بۆ پارتێکی سیاسیی یان دەسەڵاتێکی جیهانیی ڕاستە. بەڵام دەسەڵاتێکی

مەزهەبیی کە مەشروعیەتی خۆی لە خواوەندەوە وەردەگرێت، دەبێ یاساو شەرع و ڕێنوێنییەکانی بەشێوەیەکی ڕەها ڕاست و بێهەڵە بن. چونکە لەلایەن خواوەندەوەیەو خواوەندیش هەڵە ناکات. کاتێکیش هەڵەی تێکەوت، قودسیەتی لێ دادەماڵرێت و وەک هەر دەسەڵاتێکی تری جیهانی لێدێت و مەشروعیەتە خواوەندییەکەشی لێ دەستێنرێتەوە.

لایەنێکی تری هەڵەکە ئەمەیە کە ئایینەکانی جوویی و مەسیحی و پەیامبەرەکانییان، لەلایەن ئایینی ئیسلامەوە وەک ئایینی خواوەندیی پەسەندکراون. ئیتر کاتێک بۆ هەڵە لەواندا بگەڕێین بەم واتایەیە کە بۆ هەڵە لە خودی مەزهەب و خواپەرستیدا دەگەڕێین و دەیانخەینە ژێر پرسیارەوە. هەروا ئەمەش کە بەڵگەی خواوەندییبوونی ئاینێک تەنیا ئەوەندە بێت کە چەند هەنگاو لە ڕابردووی خۆی باشترو پێشکەوتووتر بێت، یەکجار بێواتایە. چونکە مرۆڤایەتی بەبێ مەزهەبیش پێشدەکەوێت و گۆڕانکاریی بەسەردادێت.

شتێکی تری شیاوی سەرنج سەبارەت کۆیلەو کۆیلایەتی لە ئیسلامدا، ئەمەیە کە گشت ئەم یاساو ڕێنوێنییە باشانە دەربارەی کۆیلە، تەنیا کۆیلەی موسوڵمان دەگرێتەوە، دەنا ئەگەر موسوڵمان نەبێت ئەوە هەر کۆیلەی جارانەو هەمان یاسا کۆنەکانی بەسەردا جێبەجێ دەکرێت و خراپتریش. چونکە ئەمجارەیان سەرەڕای ئەوەی کۆیلەیەکی بێمافە، کافرێکیشە. لەمە بەولاوەتریش ئەمەیە کە لەتەواوی ئەو ئایەتانەدا. بابەتی باس، کۆیلەو کۆیلایەتی نییە. بەڵکو خاوەن کۆیلەیە. کە چۆن بچێتە بەهەشت..!

لە ئایەکانی ١١-١٣ سورەی (بلد) دا هاتووە: **فلا أقتحم العقبة وما أدراك ما العقبة، فك رقبة** واتا: چۆن کۆسپ دەربازدەکرێت، و چووزانی ئەو کۆسپانە کامانەن، یەک لەوانە ئازادکردنی کۆیلەیەکە.

پاشانیش لە ئایەی ١٧ ی هەمان سورەدا دەڵێت: **ثم كان من اللذين آمنوا.** واتا

سەرەڕای ئەمانەش دەبێ لەوانە بێت کە باوەڕی هێناوە. کەواتە کۆیلە تەنیا ئامرازێکە بۆ ئەوەی خاوەنەکەی پێ بچێتە بەهەشت نەک شتێکی تر. و ئەگەر خاوەن کۆیلە موسوڵمانێکی خاوەن باوەڕ نەبێت، کۆیلەکانی بەردەستی ئازادیش بکات ، هیچ گرنگ نییە. و خواوەند نایبەخشێت و ناچێتە بەهەشت. چونکە کرۆکی بابەتەکە ئازادکردن و نەکردنی کۆیلە نییە. بەڵکو باوەڕهێنان و نەهێنانە بە ئیسلام. جگە لەهەموو ئەمانە ئایدیۆلۆژیاو بیرو سیستەمی کۆیلایەتیی بەخراپترین و ناشیرینترین شێواز لە ناو ژیانی ژندا بەرجەستەبوو، و لەویش ناشیرینتر لە مامەڵەکردن لە گەڵ ژن لەچوارچێوەی کەنیزدا بەدییهات.

کەنیز(جاریە) لەشەریعەتی ئیسلامدا بریتییە لە هەر ژنێکی ناموسوڵمان کە لەشەڕدا بەدیل دەگیرێت، یان لەبازاڕدا دەکڕدرێت، یانیش وەک دیاری و پاداشت پێشکەش دەکرێت. و شەریعەتی ئیسلام ئەو بوارەی دا بە خاوەنی کەنیز کەوەک هەرکاڵایەک ڕەفتاریان لەگەڵدا بکەن و لەڕووی سێکسیشەوە بێهیچ کۆسپێک بە خواستی خۆیان بەکاری بهێنن، و بێئەوەی ببن بەهاوسەر منداڵیشیان لێیان ببێت...

پەیامبەری ئیسلام، کاتێک ماریەی قیبتی لە لایەن (مەقوقس)ەوە بەدیاری پێشکەش کرا، و بوو بەهۆی دروستبوونی کێشەو ناخۆشی لەگەڵ هاوسەرەکانی تریدا بە تایبەتی حەفسەو عائشە، و ڕایگەیاند کە ماریە لەخۆی حەرام دەکات. بەڵام خواوەند لە ئایەی ١ سورەی تەحریمدا پێی دەفەرموێ: **یا أیها النبی، لم تحرم ما أحل الله لک. تبتی مرضات أزواجک والله غفور رحیم.** واتا: ئەی پەیامبەر تۆ بۆچی شتێک لەخۆت حەرام دەکەی کە خواوەند لێی حەڵاڵ کردووی ئایا دەتەوێ دڵی هاوسەرەکانت ڕازی بکەیت..خواوەند لێبووردەو میهرەبانە.

ئیتر ڕەواییبەخشین و حەڵاڵکردنی ژنی کۆیلە لە قاڵبی کەنیزدا لە پیاوی موسوڵمان بوو بە کولتوورێک کە پاشان تەواوی خەلیفەو سوڵتانەکانی خەلافەتی عەباسیی و ئەمەویی و عوسمانیی... پەیڕەویان کردو هەر ڕۆژێک لاپەڕەیەکی ڕەشتریان

دەخستە سەر دیرۆکی پڕ لەشەرمەزاریی خۆیان.

ژمارەی ئەو کەنیزانەی کۆشک و باڵەخانەی خەلیفەکانی پێ پڕدەکرا جار هەبوو لە دووهەزار تێدەپەڕی، و هێندەیان منداڵ لێدەکەوتەوە کە نەدەزانرا چیان لێبکەن، و لەناو ئەو منداڵانەدا هی واهەبوو کە لەئایندەدا جێگای باوکیان دەگرتەوەو دەبوونە خەلیفە.

گەلێک لەبیرمەندانی ئیسلام شانازی بەمەوە دەکەن کە ئایینی ئیسلام بە نیشانەی لێبووردەیی و عەدالەت، هیچ ڕیگریەک دانانێت لەبەردەم ئەوەی کوڕانی کەنیزەکان بەرابەر لەگەڵ ئەوانی تردا بین بە خەلیفە. بەڵام وەڵامی ئەو پرسەیان پێ نادرێتەوە، کە ڕاستە لەناو ئەو هەموو منداڵانەدا کە لە کەنیزەکان دەبوون یەکێکیان ئەو بەختەی دەبوو ببێت بەخەلیفە، بەڵام ئەدی لەشکری کەنیزەکان کەنەک تەنیا کۆشک و تەلاری خەلیفەکان بەڵکو تەنانەت ماڵی هەر ساماندارێکیشیان لێ پڕبوو، دەبوون بەچی..؟

کەنیز، لەنێوان خەلیفەو وەزیرو پیاوماقوڵ و فەرمانبەراندا.. دەستاودەستی پێدەکراو دەکرا بەدیاریی و خەڵات و پاداش.

بیرمەندی ناسراوی موعتەزیلە،(جاحزی کەنانی) لە (رسالة القیان)دا دەڵێت: کەنیز وەک سێویێک لەناو خەڵکیدا دەستاودەستی دەکرد.٧

هارون ئەلڕەشید ، کە یەکێک لەباشترین خەلیفەکان لەڕووی دادپەروەریی، ڕێزگرتن لەئەدەب و هونەر،و زانستپەروەریی بوو، و لەڕووی خواناسیی و دینداریشەوە دەگوترێت ڕۆژانە سەد نوێژی کردووە، کەچی پتر لە دووهەزار کەنیزی لە تەلاری خۆیدا خڕکردبۆوە. ٨ لەناو ئەوانەدا کەنیزێک بەناوی (دەنانیر)، کە پێشتر بە ٣٠ هەزار دینار لە وەزیرەکەی خۆی، یەحیا کوڕی خالیدی بەرمەکی کڕیبۆوەو هێندەی لەگەڵدەبوو، کە زبێدەخانمی ژنی، پێ توورە کردو لەئاکامدا زبێدە خانم دە دانە کەنیزی تری لەهەرە جوانەکان بۆکڕی تا دەست لە دەنانیر هەڵگرێت.٩ و ئەمە

یەک لەو هەزاران هەزار چیرۆکانەیە کە ڕۆژانە لەحەرەمسەرای ئەو خەلیفانەدا ڕوویاندەدا..! هارون ئەلڕەشید هەردەبووایە ئاوابێت، چونکە ئەو ئایینەی ئەو باوەڕی پێیەتی و ئەوی هێناوەتە سەر کورسی دەسەڵات، دەرگای ئەوکارەی بۆدەخاتە سەرپشت و ڕەوایی پێدەخشێت.

جێگای سەرنجە کە ئەو کەنیزانەی گوایا لەشەڕدا بەدیل گیراون، لەگۆڕەپانەکانی شەڕدا نەدەبوون. بەڵکو دوای هەرسەرکەوتنێک لەناو گوندو شارەکانداو لەناو ماڵەکانی خۆیاندا دەردەهێنران.

ئیبن ئەسیر دەگێڕێتەوە کە موسا کوڕی نەسیر، کاتێک ساڵی(٩١ی کۆچی) مەغریبی داگیرکرد، و کاتێک گەڕایەوە دیمەشق ٣٠هەزار ژن و کچی بەدیلگیراوی لەگەڵ خۆیدا هێنابوو.٠١

مامەڵەکردنی شەریعەتی ئیسلام لەگەڵ ژن، پاشان موسوڵمانانی پیاو کردیان بە یاسایەکی ئەبەدی نەگۆڕ کەلە پرسەکانی وەک: فرەژنی، دەستبەسەرداگرتنی زۆربەی مافەکانی ژن لەلایەن پیاوەوە لەکاتی تەڵاق و جیابوونەوەی ژن و مێردا، حسابکردنی ژن وەک نیو مرۆڤ لە میرات و شاهیدیدا، بەخشینی پلەو پایە بە پیاو لەبەرانبەر ژندا بە پێی ئایەی٣٤ی سورەی (نساء) **الرجال قوامون على النساء،** شاردنەوەو بەندکردنی ژن لە تاریکستانی حیجابدا، سووکایەتی و لێدان و شکەنجەی جەستەیی دەرهەق بەژن... و هیتر، بەئاشکرا دەردەکەوێت و دانی پێدانراوە. و گەرچی ژن لەمانەدا وەک کۆیلە ناوی نەهاتووە بەڵام ناوەرۆکی یاسا شەرعییەکان و بەکردەوەش لە ناو هەمان سیستەمی کۆیلایەتی دەرناچێت.

دیسان هەموو ئەمانە لە یاسایەکی جیهانیدا چاوەڕوانکراوە، و بەلەبەرچاوگرتنی دووفاکتەری کات و شوێن، شیاوی تێگەیشتنیشە. بەڵام بۆ ئاینێکی خواوەندیی هیچ پاساوێک نایگرێتەوە. مەگەر ئەوەی دان بەمەدا بنێین کە گشت ئەو یاسا شەرعی و بنەمایانە بۆسەردەمێکی دیاریکراو، و بارودۆخی تایبەت بەکۆمەڵگایەک بووە. ئەو

کاتەش دەبێ ئیتر باسی ئەوە نەکرێت کە یاسا شەرعییەکان ئەبەدین.

سەرچاوەو پەراوێزەکانی بەشی دەیەم

١- عبدالسلام التمانينى.الرق ماضيه و حاضره. عالم المعرفة. كويت، نوڤمبر ١٩٧٩ ص٢٧

٢- حمدى شفيق. الأسلام محرر العبيد. التأريخ الأسود للرق فى الغرب، ل١١١

٣- هەمان سەرچاوە ل١١٣

٤- هەمان سەرچاوە ل١١٤

٥- عبدالله صالح علوان، نظام الرق فى الأسلام، دار السلام للطباعة والنشر والتوزيع والترجمة. ص٩

٦- هەمان سەرچاوە لاپەڕە ١٠

٧- سعيد ابو العينين. حكايات الجوارى فى قصور الخلافة. دار اخبار اليون. القاهره ١٩٩٨ ص٢٧

٨- هەمان سەرچاوە ل٢٠

٩- هەمان سەرچاوە ل٢٦

١٠- هەمان سەرچاوە ل٣٣

بەشی یازدە
خورافات و جادووگەریی١

مێژووی خورافات دەگەڕێتەوە مێژووی بیری مرۆڤایەتیی. واتا هەرلەو کاتەوە مرۆڤ بیری لەخۆی و دەوروبەری، مەرگ و ژیان، بوون و نەبوون، سەرەتاو کۆتایی، خەم و شادی، سروشت و نهێنییەکانی.. کردۆتەوە... خورافەش پەیدابووەو هەندێجار بۆ بەدەستخستنی وەڵامی پرسە فەلسەفییەکان و هەندێجاری تریش بۆ ڕزگاربوون لەدست مەرگ و نەخۆشی و دژوارییەکانی ژیان، و جاری تریش بۆ لێکدانەوەی دیاردە سروشتییەکان.. مرۆڤ چارەو وەڵامی لە خورافاتدا دیتۆتەوە. ئەمەش بەهەمان دیرۆکی مەزهەب و شیوازی ئەو پەیدادەبێت و سەرهەڵدەدات، لەگەڵیدا ئاوێتە و تێکەڵ دەبێت. لەهەندێک شوێندا مەزهەب دەبێتە خورافە یان خورافە دەبێتە مەزهەب و لەجیاتی یەکتر بەکاردێن و جێگۆڕکێ بەیەکتر دەکەن تا ئەو شوێنەی بەزەحمەت توانای لەیەکتر جیاکردنەوەیان دەبێت.

خورافە لە بناغەدا بەبەشێک لە توانای داهێنان و خوڵقاندنی مرۆڤ و پێشکەوتنی دادەنرێت نەک بە پێچەوانەوە. چونکە ئەو بیروبۆچوون و باوەڕانەی هێشتا نەبوونە خورافات، زادەی بیرکردنەوەو هەوڵی مرۆڤن بۆ دیتنەوەی کلیلی نهێنییەکانی ژیان و وەڵامی پرسە ئەبەدییەکان.

کاتێک مرۆڤ بۆ دیتنەوەی وەڵامی پرسەکانی وەک: من چیم؟ لە کوێوە هاتووم؟ ئاکام و کۆتاییم چۆن دەبێت..؟ دەستەوەستان داماوە، ناچاربووە لۆژیکێک بۆخۆی ببینێتەوە کە لە سەرلێشێوان و ونبوون دەربازی بکات. ئەو مرۆڤەی پێیوابووە خواوەند بریتییە لە(خۆر)، پشت بەو لۆژیکە دەبەستێت کە خۆر سەرچاوەی بوونەو ئەگەر خۆرو وزەکەی نەبن ئیتر ژیانیش نابێت. و بۆ مرۆڤێکی سەرەتایی ئەمە داهێنانەو

هەنگاوێکی مەزنە بەرەوپێش. و گەیشتن بەوەها بۆچوونێک ئەنجامی بیرکردنەوەو فراوانکردنەوەی مەودای خەیاڵ و فزولی و هەوڵی بێوچانی بەدەستخستنی زانینە. ئیتر مرۆڤەکانی ئەو قۆناغە، کاتێک ئاژەڵ، یان بەشێک لە سروشت، یان ئەندامی سێکسی پیاو یان ژن، یان هەر شتێکی تر دەپەرستن .. پشت بەهەمان لۆژیک دەبەستن. ئەمە لۆژیکی ئایینیشە. و ئەو باوەڕانە تەنیا کاتێک دەبنە خورافات کە باوەڕێکی لۆژیکمەندانەتر، عاقڵانەتر.. جێگایان بگرێتەوە. و یانیش ناڕاستبوونیان لەڕێگای ئەزموون و زانستەوە بسەلمێنرێت.

هەروا جادووگەریی ڕیشەیەکی عیرفانیشی هەیە. کەدەکرێ ئەمەش وەک لایەنە بێ زیانەکەی جادووگەریی هەڵسەنگێنرێت. ئەمیش کاتێک ڕیشەکەی دەچێتەوە ناو زانستیی کیمیاگەری و پاشانیش هەردووکیان لەجیهانی گنوسیزم، یان باوەڕی عیرفانیی و سۆفیگەریدا دەبینینەوە. پەیڕەوانی ئەم باوەڕە حیکمەتی خواوەندییان لە خوڵقاندنی هەبووندا، لە پێویستی خواوەند بە مرۆڤدا دەدیتەوە. بەوپێیەی خواوەند کاتێک هەبوونی خوڵقاندووە، تەنیا نیوەی کارەکەی ئەنجامداوە. و بۆ تەواوکردنی نیوەکەی تری، پێویستیی بەچالاکیی فکریی مرۆڤ هەبووە. لەناو ئەو مرۆڤانەشدا کە توانای ئەم کارەیان هەبووبێت، ئەوانەی تایبەتمەندیی تواناو خەیاڵفراوانی و زانستییان تێداهەبووە، مۆڵەت و بواری ئەم کارەیان پێدراوە. بەمجۆرە سیحربازو جادووگەر، خۆی بەبەشدار زانیوە لەخوڵقاندنی هەبووندا و خۆی لەگەڵ گەردوون و تەنانەت خواوەندا یەکێک دیتۆتەوە.

ئەم باوەڕو بۆچوونە ئەگەرچی هەڵەش بووبێت، لەبناغەوە دوور لەجیهانی فێڵ و ساختەبازان بووە. مەگەر کەسێک بەزانابوون ئەم کارەی کردبێت. دەنا تەنیا لەچوارچێوەی باوەڕێکی فەلسەفی و عیرفانیدا بووە، و بەشێکیش بووە لەزانستی پزیشکی.

پزیشک و جادووگەری سویسری- ئەڵمانی، پاراکسلوس(١٤٩٣-١٥٤١) کە بە

بناغەدارێژی زانستی کیمیاو دەرمانسازیی مۆدێرن دادەنرێ، دەڵێت: هیچکەس نازانێت چ شتێک لەناخی ئەودا حەشاردراوە. شتێکە کە تەنیا بەیارمەتی و کۆششی خۆی ئاشکرا دەبێت. هەربۆیە مرۆڤ پەی بەمەدەبات کە ئەوەی خواوەند بەوی سپاردووە ئەو بەردەوام بیبینێتەوە.٢

جگە لەمانە مرۆڤ بەسروشتی خۆی ئارەزوودەکات سەرەڕای ئەو واقیعانەی دەیبینێت و هەستی پێدەکات، ئینتیمایەکی تری قوڵتری خاوەن ڕازونهێنیشی هەبێت، کە پاساوی ئەوشتانەبێت کە نایزانێت، یان لێیان دەترسێت، و ئایندەی هەرەدووریشی بۆ مسۆگەربکات.

گەرچی خورافات بەر لەپەیدابوونی ئەو جۆرە شێوازانەیە کە پاشان، و ئەمڕۆش پێیاندڵێین ئایین، بەڵام لەڕاستیدا خورافە بۆخۆی ئایینە. ئۆگۆست کۆنت دیرۆکی زانست بەسەر سێ قۆناغدا دابەش دەکات:

١- قۆناغی ئایینی، واتا سەرەتاییترین قۆناغی زانست و پێشکەوتن. کە مرۆڤ هەر شت بە هێز، یان بوونەوەرێکی سروشتییەوە دەبەستێتەوە، کە پێیوایە خاوەن هێزو توانای غەیبی و پڕ لە ڕازو نهێنی هەیە. ئیتر گرنگ نییە ئەو بوونەوەرە مانگ، خۆر، بەردودارە، یان شتێکی تر..و بەواتایەکی تر هەمان قۆناغی خورافاتە.

٢- قۆناغی میتافیزیک، کەلەسەردەمی فەلسەفەی یونانییەوە دەستپێدەکات. لەو سەردەمەدا مرۆڤ کەوتە شرۆڤەکردن و لێکدانەوەی دیاردە سروشتییەکان. لەوێشدا زانست دوو بەش بوو. **بەشی یەکەم** : زانستی سروشتیی، وەک فیزیک، کیمیا، ماتماتیک، جیوگرافیاو سیاسەت. **بەشی دووەم** : زانستەکانی دەرەوەی سروشت. وەک خواو سیفاتەکانی خوا، فریشتەو بەهەشت و دۆزەخ...

٣- قۆناغی مۆدێرن، کەلەسەردەمی ڕۆشنگەرییەوە، واتا لە ١٧٠٠ ەوە دەستپێدەکات و تائەمڕۆش بەردەوامەو بەسەردەمی نوێ ناودەبرێت.. لەم سەردەمەدا مرۆڤ بۆ هەر شرۆڤەو لێکدانەوەیەک پەنا بۆ زانست دەبات و کەم و زۆر جێگای خورافە نابێتەوە.

ئەمەش بەم واتایە نییە کە خورافە لەناوچووە. بەڵکو بەم واتایەیە لە ناو نێوەندو دامودەزگا زانستیە فەرمیەکاندا، تەنیا زانست جێگای متمانەیە، و گشت پرسەکان لەو کەناڵەوە چارەسەر دەکرێت. بەڵام لەمەشدا، گەلێک دیاردەی نائاسایی هەیەو لەهەندێک وڵاتدا بەتایبەتی وڵاتانی ئیسلامیی هێشتا پەیوەندی زانست بە خورافەوە نەپچڕاوەو بۆ هەر لێکدانەوەیەکی زانستیی، پاشکۆیەکی خۆرافیشی پێوەدەلکێنرێت. یانیش بۆ سەلماندنی بیروباوەڕە ئایینییەکان پەنا بۆ زانست دەبردرێت، وەک بۆ نموونە ناچارکردنی پزیشکێک بەوەی بێت و سوودی لەژماردن نەهاتووی ڕۆژووی ڕەمەزان لەڕێگای زانستییەوە بسەلمێنێت. کە لەوەی بە ڕێگایەکی خورافاتیدا بیبات هیچ ئاکامێکی تری نابێت.٣

پەیوەندیی خورافات و ئایین زۆرتـر لەو بنەمایەوەیە کە هـەردووک پشت بەهێزوتوانایەکی غەیبی دەبەستن، و هەوڵ بۆ ڕامکردن یان ڕازیکردن و یانیش بەگشتیی پەیڕەوکردنی مامەڵەیەکی گونجاو لەگەڵ ئەو هێز، (هێزانە)ەدا دەدەن. مرۆڤناسی ئینگلیزی جۆرج فرایزەر(١٨٥٤-١٩٤١ز) لە پەرتووکی (لکی ئاڵتوونی) دا، و لە پێناسەی ئایین و جادووگەرییدا دەڵێت: ئایین بریتییە لەو هێزە ئارامبەخشەی لەسەرووی مرۆڤەوەیە و ڕێکخەری ڕەفتارو ژیانییەتی. جادووش لەسەر بنەمای یاساگەلێکی سروشتیی نەگۆڕ دامەزراوە. بەڵام باوەڕ بە هێزێکی ڕێکخەر بناغەی ئایینە. ئەمەش جیاوازیی سەرەکی نێوان ئایین و جادووگەرییە. ئێمە دەزانین کە بەلای مرۆڤی سەرەتاییەوە ئایین و جادووگەریی لەڕووی حوکم و کردارو باوەڕو ترس و هەستبزواندنەوە تێکەڵ بەیەکترن. بەڵام جادوو قۆناغێکی پڕە لەتەشویش. لەحاڵێکدا ئایین مایەی ئاسایش و ئارامیی دەروونی مرۆڤە. ٤

تۆماز هۆبز، بە شێوازێکی تایبەت خورافەو مەزهەب لەیەکتر جیادەکاتەوەو دەڵێت: (ترسان لە هێزی نادیارو شاراوەی ناو هزر یان تەسەور لەو بابەتانەی خاوەن پسولەیەکی ڕەسمین بە مەزهەب ناو دەبرێن، و ئەگەر خاوەنی وەها پسوولەیەک

نەبێت بە خورافە دەناسرێتر)٥

لەڕاستیدا ئەم جیاکردنەوەی هۆبز، شتێکی ڕواڵەتییەو بریتییە لەو جیاکردنەوەیەی کە لەناو کۆمەڵگادا باوە، نەک بە حەقیقەتی خۆیان. چونکە ئەو پسوولە ڕەسمییە دەدرێـت بە دەیـان و سـەدان بیری خورافاتی. بۆ نموونە پاپای فاتیکان، یان ڕێبەری هەر کڵێسایەک، زانایانی ئایینی ئیسلام، دەسەڵاتی تەواوی بەخشینی ئەو پسوولانەیان هەیە. موسوڵمانان سەدە لەدوای سەدە ڕێنوێنی حەدیسەکانی پەیامبەر دەکەن و هیچکەس نابێ گومان لەڕاستبوونیدا بکات بەڵام کاتێک کە لە ڕێگای زاستەوە ناڕاستبوونی بەجۆرێکی گومانهەڵنەگر سەلما، ئەمجار دەڵێن: (ئەو حەدیسە زەعیفە). و هێشتاش ڕەنگێکی کاڵی ئەو پسوولە ڕەسمییەی هەر پێوە دەمێنێتەوە. بۆیە ڤۆلتێر پێیوایە لە نێوان مەزهەب و خورافەدا هیچ جیاوازییەک نییە. بەتایبەتی هەرجۆرە دەمارگیریی و توندڕەویەک بە توندڕەویی مەزهەبییشەوە لەگەڵ خورافاتدا هێندە لەیەکچوو، و نزیکن لەیەکتر کە (پەیوەندی نێوان دەمارگیری و خورافات وەک پەیوەندی نێوان لەرزو تاو وڕێنە، یان ڕق و توڕەبوونە.)٦ ئەمە لەکاتێکدا ڤۆلتێر، مەزهەب و خواپەرستی لەیەک جیادەکاتەوەو دەڵێت: (خوانەناسی بەڵایەکی مەزنە)٧، (چونکە بناغەییترین پایەی ئەخلاقیی مرۆڤ لەناودەبات،)٨

هەروا پەیوەندیی خورافەو مەزهەب، سەرنجی کانتیش بۆ لای خۆی ڕادەکێشێت و لە کتێبی مەزهەب لە چوارچێوەی عەقڵی سادەدا دەڵێت: (خورافە ئەو باوەڕەیە کە مرۆڤ پێیوابێ لە ڕێگای عیبادەتەوە شتێک لە خوا بستێنێ، و خورافە ئاینی کۆیلەبوون بۆ بتانە)٩. کە ئەمەش تا ئاستێکی زۆر یەکساندیتنی مەزهەب و خورافەیە.

نزیکبوونی مەزهەب و خورافە لەیەکتر، لەم ڕوانگەیەوەیە کە کاریگەریی خورافە لە ئاستێکدایە کە لە توانایدا هەیە خودی مەزهەب لەناوبەرێت و خۆی ببێتە جێنشینی. ئەمەش وەک باروخ سپینوزا دەڵێت، کاتێک دەبێت کە(لەجیاتی فەرمانەکانی خوا

مل بۆ دوعای درۆزنانەو کاغەزی بە ڕێشکەوپێشکە پڕکراوە شلکرا..)١٠

بەگشتی ئایین ئەو جێگا گونجاوەیە کە خورافە بە ئاسانی لەوێدا جێگای دەبێتەوەو ئارامدەگرێت. ئەو کێڵگە بە پیتەیە کە لەوێدا گەشەدەکات و پێدەگات. و هەردووکیش ئەو دوو بوارەن کە مرۆڤ بە ئاسانی ناتوانێ دەستبەرداریان بێت. چونکە باس لە پاداشت و سزا، زیان و قازانج، سەرکەوتن و شکەست، نەخۆشی و چاکبوونەوە، بەهەشت و دۆزەخ... هتد دێتە ئاراوە. هەربۆیەش چۆن سەرەتاییترین ئایین هێشتا لێرەولەوێی ئەم جیهانەدا کەموزۆر پەیڕەوانی ماون، سەرەتاییترین خورافاتیش هێشتا کاریگەریی خۆی لەسەر ژیان و چالاکی و ڕەفتاری مرۆڤ دادەنێت.

لەدیرۆکی ئایینە ئیبراهیمییەکاندا، لەهەرکوێ باس لە موعجیزە کرابێت. ئەوە دەقاودەق باس لەخورافاتە. و لانیکەم بۆ کەسانێک کە باوەڕیان بە موعجیزە لە مەزهەبدا هەیە، دەبێ ئەو بەگریمانە موعجیزەیەش لۆژیکێک، یان حیکمەت و پەندێکی تێدابێت. و کاتێک هیچکام لەمانەی تێدا نەبن، پاساوێک نامێنێتەوە کە ئەمانەمان پێ خورافات نەبن. و زۆرترینی ئەو خورافانەش بەر تەورات و ئینجیل دەکەون.

لە تەوراتدا هاتووە، کە یەشوع کوڕی نون، فەرماندەی سوپایی موسا، لە کاتی جەنگەکانیدا لەدەشتی کەنعان، بۆئەوەی کات و مۆڵەتی زۆرتری بۆ کوشتاری ژن و پیاو، و منداڵ و ئاژەڵی فەلەستینیانی ئەوکاتە بەدەستەوەبێت و ڕۆژگار درێژتر بێتەوە، مانگ و خۆر لەئاسمان لەجووڵەڕادەگرێت، تا لە کوشتاریی بێبەزەییانەی خۆی دەبێتەوە. و دەڵێت: **ئەی خۆر بەردەوامبە بەسەر جەبعونەوە. ئەی مانگ بەردەوامبە بەسەر دۆڵی ئەیلونەوە.. و خۆر بەردەوامبوو، و مانگیش بەئاسمانەوە لەجووڵەکەوت و بەدرێژایی ڕۆژێکی تەواو ئاوانەبوون.** (یوشوع. بەشی دەهەم. ١٠-١٤).

لە ئینجیلدا هاتووە، ڕۆژێک حەزرەتی عیسا بەبەلەم دەچێتە شووێنێکی دوور.

کاتێک خەڵکی ئەو ناوچەیە هەواڵی هاتنی عیسا دەبیسن هەموو بەرەو پیری و بۆ دیتنی دەڕۆن، پاشان دەڵێت: **نزیک خۆرئاوابوون، قووتابیانی پێیانگووت، کە ئێرە جێگایەکی دوورەدەستە، و کاتیش درەنگە، خەڵکی ئیزندە بابڕۆن لەم دەورەوبەرە، بۆخۆیان خۆراکێک بکڕن. عیسا پێی گووتن: پێویست ناکات بڕۆن، بۆخۆتان نانیان بدەنێ. قووتابییەکان گوتیان بەڵام ئێمە جگە لە پێنج نان و دووماسی هیچی ترمان نییە. عیسا گووتی: بۆ منیان بهێنن. پاشان ڕوو لە خەڵکەکە فەرمووی، کەلەسەر گیایەکە دابنیشن. ئەمجار پێنج نان و دوو ماسییەکەی گرت و ڕووی لە ئاسمان کردو سووپاسی خوای کرد. پاشان نانەکەی لەتکردو دای بە قووتابییەکانی و ئەوانیش بەسەر خەڵکەکەدا دابەشیانکرد. هەموو تێروپڕیان خواردو لە وەی مابووشەوە، دوازدە سەبەتەیان لێ پڕکرد. وژمارەی ئەوخەڵکەی لەو نانەیان خوارد جگە لەژن و منداڵ پێنجهەزار کەس بوون.** (مەتی بەشی چواردەهەم ١٣-٢١- مەرقس بەشی شەشەم٣٠-٤٤).

بەڵام لەشونێکی تر ئەمە لەبیردەچێتەوە کە عیسا چۆن خوڵقێنەری موعجیزەیەو بەسوپاسێکی خواوەند بە پێنج نان و دووماسی پێنجهەزار کەس جگە لە ژن و منداڵ تێردەکات و هێشتا دوازدە سەبەتەی پڕیش دەمێنێتەوە. و ڕۆژێکی تر بۆخۆی برسی دەبێت، و بەدوای خۆراکێکدا دەگەڕیت و هیچی دەست ناکەوێت. و هیچ ڕوون نییە بۆچی ئەمجارەش بەسوپاسێک نان بۆخۆی پەیدا ناکات و خۆی دەخاتە تەنگانەوەو هاتووە:

سەرلەبەیانی زوو، عیسا برسی بوو، لەکەنار ڕێگاکە درەختێکی هەنجیری دیت. بەرەو ئەوێ ڕۆیشت. بەڵام جگە لە گەڵای سەوز هیچی تری پێوە نەدیتەوە. و ئیتر ڕووی لەدرەختەکە کردو گووتی: (ئەی درەخت وشک ببەو هیچکات میوەت لێ بەرهەم نەیەت. و دەمودەست درەختەکە وشک بوو. (مەتی، بەشی بیستویەکەم ١٨-١٩- مرقس بەشی یانزەهەم ١٢-١٤). ئایا ئەگەر مرۆڤێک برسی بێت و تووشی

درەختێک بێت و توانای ئەنجامدانی موعجیزەشی هەبێت، دەبێ کارێک بکات ئەو درەختە مێوەی پێوە بێت یان چونکە ئەو درەختە بێهەست و بێعەقڵە میوەی نەگرتووە لە ڕقان وشک بێت و هیچکات کەسێک سوودی لێ وەرنەگرێت..؟

ئەوکەسەش خودی حەزرەتی عیسای لێبووردەو دڵنەرم و میهرەبان بێت..؟

توێژەریی بەریتانیایی مورتون سمیت، لەتوێژینەوەو شرۆڤەکردنی خۆی بۆ ئەو شتانەی بەناوی موعجیزەی حەزرەتی عیساوە لە ئینجیلدا هاتوون، بەم ئاکامە گەیشتووە کە تەواوی ئەمانە لە ئەفسانە کۆنەکانی کلدانی و بابلی و میسریدا هەبوون. بۆنموونە لەپەورتووکی دیرۆکنووسی لاتینی (تاسیتوس)دا هاتووە کە سیحربازێک لەئەسکەندەرییە بە یارمەتی خواوەندی (ئاپیس)، بە تفلێکردن، بینایی بۆ کوێرێک دەگێڕێتەوەو دوولاقی ئیفلێجێک، چاکدەکاتەوە، و ئاو دەکاتە شەراب و تەواوی ئەمانەش لە ئینجیلدا، (یوحەنا، بەشی دووەم ٦-١١)، (مەتی بەشی بیستەم ٢٩-٣٤)، (مرقس بەشی حەوتەم، ٣١-٣٧) و هیتردا هاتوون.١١

هەروا گەلێک لەو چیرۆکانەی ناو قورئانیش پێشینەی ئەفسانەیی حاشاهەڵنەگریان هەیە. بۆنموونە، چیرۆکی ئەسحابولکەهف، لە ئەفسانەی (حەوت خەوتوو) ، کە ساڵی ٥٦٠ی ز، واتا سەدەیەک بەر لە پەیدابوونی ئیسلام لە پەرتووکی سن گریگۆریۆس قەدیسدا هاتووە. کە ئەویش لە پەرتووکێکی تری سەدەی پێنجەمی زایینیەوەی وەرگرتووە.١٢

دیسان چیرۆکی یونس و ماسی کە لەتەورات و قورئاندا هاتووە، ڤۆلتێر دەڵێت کە لە ئەفسانەیەکی کۆنی یۆنانییەوە وەرگیراوە کە دوو شاعیری ناوداری یۆنانی: هۆمێر، و لیکۆفۆرن کە لە ڕاڤەکردنی دوازدەخوانی هەرکۆلدا باسیان لێوەکردووە. ٣١

ئێمە لێرەدا، سەبارەت بەم بۆچوونانە هیچ شرۆڤەیەک بەپێویست نازانین. بەڵام بێ هیچ گومانێک گشت ئەمانە پێویستییان بەوەڵامدانەوەی ڕاست و درووست و لۆژیکمەندانەیە.

خورافات و جادووگەریی١

لەسەرنجێکی خێرادا بە وڵاتان و ناوچە جۆربەجۆرەکانی جیهاندا، بە ئاسانی ئەو جیاوازیانە دەبینینەوە کە کاریگەریی نێگەتیڤانەی ئایین، لە برەوبەخشین بە خورافات و بە گشتی لەسەر ڕەوتی پێشکەوتنەکانی کۆمەڵگادا دایدەنێت. لەمڕوەشەوە سەیر نییە کە ئەم برەوپێدانە لەسەر دەستی پیاوانی ئایینی بێت. و زۆر جاریش لەلایەن دەسەڵاتی سیاسیی و دامودەزگاکانی ڕاگەیاندنەوە پشتڕاست دەکرێتەوە.

زۆر بیروباوەڕی خورافی، زوو زوو، باس لە نزیکبوونەوەی کۆتایی جیهان و ژیان دەکەن و کاتێک ئەو وادەی دایاننناوە بەسەردەچێت و هیچ ڕوونادات، بەهانەیەکی بێواتا، وەک ئەوەی خواوەند ئەمجارەش وادەی وێرانکردنی وەدواخست بۆکاتێکی تر، یان هەل و مۆڵەتێکی تر بە مرۆڤ دەدات بۆ خۆباشکردن، دەهێننەوەو وادەیەکی تر دادەنێن.. ئەمەش تەنیا لەکۆمەڵگا دواکەوتووەکاندا نییە بەڵکو لە هەموو جیهان و لە پێشکەوتووترین وڵاتیشدا بەئاست و شێوازی جیاواز بوونی هەیە. روبرت سابت، ونوستراداموس.. لەو ناوە دیارانەن لە ڕۆژئاوا کە وەک ئەستێرەناس، و ئایندەخوێن ناسراون و ئەمانە پێشبینی ئەوەیان کردبوو کە ساڵی ٢٠١٢ کۆتایی جیهان و ژیان دەبێت.

لە وڵاتی ئیتالیا، خەڵکانێکی زۆر لە دانیشتوانی ڕۆما بەر لە هاتنی ١١-١١-٢٠١١. شاری ڕۆمایان بەجێهێشت. چونکە ساڵی ١٩١٥ رافائیل بیندادی، پێشبینی کردووە کە بوومەلەرزەیەکی بەهێز لە مانگی ١١-١١-٢٠١١دا شاری ڕۆما بەتەواوەتی بەسەریەکدا دەڕمێنێت. هەرچەندە لایەنە پەیوەندارەکانی دەوڵەت هەوڵیاندا خەڵک ئارامکەنەوە کە پێشبینیەکی لەوجۆرەو پێش ئەم مەودا زەمانییە. زانستیی نییەو دوورە لەڕاستییەوە. بەڵام ئەمجاریش خەڵکانێکی زۆر بەبەهانەی نەخۆشی و وەرگرتنی مۆڵەت، نەچوونە سەرکار.

یان دیاردەی ڕۆژگیران و مانگگیران، لە ناو تەواوی گەلانی جیهان بەرلەوەی زانست هۆکاری ڕاستەقینەی ئەم دیاردەیە ئاشکرابکات، بە شێوازی جۆراوجۆر لێکدراوەتەوەو

زۆربەی ئەو لێکدانەوانە بەستراوەتەوە بە هێزی غەیبی، وەک شەیتان و جندوکەو دێو و عفریت و هیتر...

لەسەردەمی پەیدا بوونی ئایینی ئیسلامیشدا کاتێک کە هۆکاری ئەم دیاردەیە نەدەزانرا لە کاتی ڕوودانیدا دەبووە هۆی نیگەرانیی و ترسێکی زۆر لە ناو خەڵکیدا. و دەبووایە قوربانییکردن و ڕێوڕەسمی پاڕانەوەو عیبادەت بگرنەبەر تا بەڵکو خواوەند خۆرو مانگ لەدەست ئەو هێزە چەپەڵ و شەڕانیانە ڕزگار بکات. و بۆ نموونە: نوێژێکی تایبەتیان دەکرد، بەناوی (صلاة الكسوف). کە لەدیرۆکی ئیسلامدا زۆر باسی لێوەکراوەو پەیامبەر، لەگەڵ هەر ڕۆژگیران و مانگیرانێکدا ، ڕێنوێنی بە نوێژکردن دەکرد.

هەروا لە دوایین ڕۆژەکانی ساڵی ٢٠١١ لە دەزگاکانی ڕاگەیاندنەوە گوێبیستی ئەو هەواڵە بووین لە وڵاتی تایلاندەوە کەلەکاتی مانگگیراندا، چوارکەس بەگوللە برینداربوون کاتێک، لەترسی مانگگیران خەڵک دەستیانکردبوو بەتەقەکردن بۆ ترساندنی شەیتان و ئەو ڕۆحە چەپەڵانەی مانگیان گرتووە.

هیچ جێگای سەرسووڕمان نییە، کە دەبینین لەهەرکوێ مەزهەب، و بیروباوەڕەکانی سەردەست بن و بیرومێشکی خەڵکی بەخۆیەوە خەریک کردبێت، خورافاتیش بەهەمان ئاست بوونی هەیە. کۆمەڵگای ئیسلامی خۆشمان، بەپێی ئاستیی نەریتیبوونی ئەو ئایینە، وکاریگەریی ڕیبەرانی ئایینی لەسەرکۆمەڵگا، و ئاستی پێشکەوتنی ئەو ڕێبەرانەو دیدو بۆچوون و جیهانبینییان، بەهەبوونی جیاوازییەوە لەنێوان شوێنێک و شوێنێکی تردا، بەگشتیی کۆمەڵگایەکی تەواو خورافاتییە. و خورافات تائەو جێگایە دەڕوات کە خۆی وەک ئەڵتەرناتیڤی زانست دادەنێت و بەناوی زانستەوە خۆی دەخاتەڕوو.

زانایەکی ئاینیی میسری بەناوی (متولی شعراوی)، چەند ساڵ لەمەوبەر لە چاوپێکەوتنێکی تەلەفزیۆنیدا بەشانازییەوەو وەک بەهرەو داهێنانێک ڕایدەگەیەنێت

کە ماوەی ٤٠ ساڵە لەقورئان زیاتر هیچ کتێب و بابەتێکی تری نەخوێندۆتەوە.

هەروا وڵاتانی کەنداو، ئەو بەشە دیارەیە لەجیهاندا کە کەم شوێنی تر لەباوەڕهێنان بەخورافات هاوشێوەیەتی. لەم وڵاتانەدا باوەڕێکی زۆر بە جندوکەو، خێو، عفریت... لەئارادایە. ئەو باوەڕانە هێندە بڵاوو پتەو و جێگای باوەڕی خەڵکین کە وەک واقیعێکی حاشاهەڵنەگر هەڵدەسەنگێنرێت. ئەمەش هیچ زانستێک ناتوانێت ئەو باوەڕانە بگۆڕێت چونکە دەقی ئایینی قورئان و حەدیس کە ئەو باوەڕانە پشتڕاست دەکەنەوە، پتر لەزانست کاریگەرییان هەیە.

لەقورئاندا سورەیەکی تایبەت بەناوی (جن) هەیەو واژەی (جن)، و (جان) ، و واژەکانی تری وەک فریشتە، و شەیتان..کە دیسان لەگەڵ (جن) دا هەر یەک واتایان هەیە یان لەیەک ڕەگەزن. دەیان جار ناویان لەقورئاندا هاتووە.

جێگای سەرنجە، کە لەناو پەرتووکە پیرۆزەکانی، ئایینە ئیبراهیمییەکاندا تەنیا قورئان باس لە بابەتی (جن)، دەکات. و لەتەورات و ئینجیلدا شتێکی لەوجۆرە، لەئارادا نییە. بەڵام لە ئەفسانە کۆنەکانی سۆمەری، بابلی، فینیقی، یۆنانی، سلاڤیدا... وەها باسێک هەیەو بۆ نموونە، لە ئەفسانەی کۆنی بابلیدا باس لەبوونەوەرانێکی نادیار دەکرێت بەناوی (ئوتوکو)، کە لە ئاگر درووستکراون، و بەسەر دووجۆری باش و خراپدا دابەشکراون. جۆرە باشەکان بەناوی (شەدۆ)، کە دۆستایەتی مرۆڤ دەکەن و یارمەتی و هاوکاری پێشکەشدەکەن. و جۆرە خراپەکەش بەناوی (ئەدیمۆ)، هەمیشە لەهەوڵی ئازردانی مرۆڤ و گرفت بۆ درووستکردنیدان.١٤

لە ئایەی ٥٠ سورەی (کهف) شەیتان وەک (جن) ناوی هاتووە کەدەڵێت: **وأذا قلنا للملائکة أسجدوا لآدم فسجدواألا أبلیس کان من الجن ففسق عن أمر ربه.** واتا: کاتێک بە فریشتەکانمان گووت کڕنۆش بۆ ئادەم بەرن کڕنۆشیان برد جگە لە شەیتان نەبێ کە لەبەرەی جندوکانە، و فەرمانی خوای شکاند.

هەروا لەئایەکانی ٩-١٠ سورەی جن هاتووە: **و انا لمسنا السماء فوجدناها ملئت**

حراسا شديدا وشبها، وأنا كنا نقعد منها مقعد للسمع فمن يستمع الآن يجد له شهابا رصدا ا. واتا جاران جندوکان بەدزیەوە دەیانخواست گوێ لە قورئان ڕابگرن و شتی لێ بدزن و لەگەڵ شتی تردا تێکەڵی بکەن و سەر لەخەڵکی بشێوێنن. بەڵام ئێستا ئیتر ناتوانن ئەم کارە بکەن چونکە نیازکمان بۆ ئامادەکردوون و هەرکات ویستیان بەدزیەوە گوێ ڕابگرن ئەو نیازەکانەیان پێدادەدەین.

ئەو چیرۆک و ڕووداوە خورافیانەی باس لە بوونەوەرانی غەیبی و ناوونیشان و خەسڵەت و سیمای ئەوانە دەکات و ئەو خەڵکانەی بانگاشەی دیتن و کاریگەرییە ڕاستەوخۆکانی ئەو بوونەوەرە غەیبیانە دەکەن هێندەزۆرن و لەناو خەڵکیدا باوەو دەگێڕدرێتەوە کە کەم شتی تر تا ئەم ئاستە مێشک و بیری خەڵکی بەخۆیەوە خەریکدەکات.

لەوڵاتانی کەنداو باوەڕ بەوە هەیە کە جندوکەیەکی تایبەت بە ناوی (دعيدع)، هەیەو لەناو خەڵکیدا دەردەکەوێت و کاریگەریی خۆی دادەنێت. و ئەو جندوکەیەش بەناوونیشانی تری وەک، أبوالخلاقين، هەروا أبو الشماطيط ، ناودەبرێت کە گوایا لە مەیمون یان پشیلە بە دووگوێی زۆر درێژ دەچیت و وێنەی فۆتۆگراف کە زۆر ئاسایین و لەکاتی جووڵەی خێرای هەر ئاژەڵێکدا کە سیمای زۆر بەئاسانی دیارنەبێت و هێڵە کانی تێکەڵ بەیەک و درێژبووبنەوە و کاریگەریی جۆربەجۆریی ڕووناکایی لەسەربێت وەک وێنەی ئەو بوونەوەرە خورافیانە لەدامودەزگاکانی ڕاگەیاندنی فەرمی و ئینتەرنێت بڵاودەکرێنەوەو دەبنە جێگای باوەڕو متمانەی بەشێکی یەکجار زۆر لەخەڵکی عەوام.

هەروا دەیان کتێب و بابەتی کۆن و نوێ کە سەردەمیان بەسەرچووەو زانست و عەقڵ ناڕاستبوونی سەلماندوون، هێشتا لە قوتابخانە ئاینییە جۆربەجۆرەکاندا دەخوێندرێن و لەدەرەوەش ڕەواجی خۆیان لەدەست نەداوە. لەمانە: مروج الذهب للمسعودی، تاريخ الطبری، قصص الأنبياء المسمی عرائس المجالس، صحيح البخاری،

قصص الخرافة من فضائل الصحابة والتابعين....

بۆ نموونە ئەگەر چاوێک بە (صحیح البخاری)دا بخشێنین، کە ئەم پەرتووکە لە ناو موسوڵمانانندا پێگەیەکی تایبەتی هەیە. دەبینین چەندان حەدیس بەناوی پەیامبەری ئیسلامەوە گوتراون، وەک؛ ئەگەر مێشێک کەوتە ناو ئەو ئاوەی دەیخۆیەوە دەبێ بەتەواوی نوقمی بکەی چونکە لەباڵێکیدا نەخۆشی و پیسیی هەیەو لەباڵەکەی تریشیدا دەرمان و پاکیی. هەر لەهەمان پەرتووکدا هاتووەو دەڵێت: کاتێک خۆر ئاوادەبێت، دەڕوات تا لەژێر بارەگای یەزدان کڕنۆش ببات، داوای مۆڵەت دەکات و مۆڵەتی پێدەدرێت. خەریک دەبێ دابێتەوە بۆ کڕنۆش و ڕێگای پێنادرێت و پێیدەگوترێت: بگەڕێوە ئەو شوێنەی لێیەوە هاتووی جارێکی تر هەڵدێتەوە.

هەروا ئەم جۆرە کتێبانە خۆ لە هەندێک لایەنی زانستیی دەدەن و هێشتا خوێندنەوەی خورافاتی بۆدەکەن لە حاڵێکدا کە لایەنە ڕاستییەکەی بەشێوازێکی حاشاهەڵنەگرو ڕەها سەلماوە. وەک ئەوەی لە کتێبەکانی تەبەری و مەسعودیدا هاتووە کە زەوی لەسەر قۆچی گا ڕاوەستاوە.

دیسان زانای ناوداری سەدەی شەشەمی کۆچی ئیبن عەبدوڵلا شبلی لە پەڕتووکی (فی احکام الجن)دا لە ١١٢ بەشدا چەندهەزار حەدیسی خڕکردۆتەوە کە بۆ نموونە لەبەشێک لەو حەدیسانەدا هاتووە کە هەندێک سەگ لە بنەڕەتدا جندوکەن. یان ئەوکەسانەی بەدەستی چەپیان دەنووسن و کاردەکەن جندوکە چۆتە ناخیانەوە، و یان جندوکەی واهەن بەشێوازێکی نامەشروع دەستدرێژی سێکسی دەکەنەسەر ژنان و یانیش ژنان لە مێردەکانیان دەدزن.١٥

محەمەد باقری مەجلیسی لە زاری ئیمام جەعفەری سادق دەگێڕێتەوە کە (کورد)، نایەفەیەکن لە نەوەی جندوکان.١٦ و کەسایەتیی ناوداری ئیسلامیی تر وەک مەسعودی و تەبەریش لەشوێنی دیکەدا هەمان باوەڕیان درکاندووە.

هەروا لە بیروباوەڕە کۆنەکانی بەشێک لە ناوداران و پێشەوایانی ئیسلامدا

بیروبۆچوونی وا هەن کە گەرچی بەلای هەندێک مەزهەب و گروپی ئیسلامی ترەوە ڕەتکراونەوە بەڵام لەلایەن بەشێکی هەرەزۆری ترەوە وەک بنەمای هەرەپیرۆز پەیڕەوکراون. بۆنموونە لە باوەڕی ئەشعەرییدا کەزۆربەی هەرەزۆری سوونە باوەڕی پێەتی و ڕێزی بۆدادەنێت، باس لە شکەنجەی گۆڕ و حەوزی کەوسەرو سیرات... دەکات و وەک حەتمییەکی خواوەندیی پێیوایە کەهەرکەس باوەڕی بەمانە نەبێت، لەپردی سیرات لاقی دەخلیسکێت و دەکەوێتە ناو ئاگری دۆزەخ..١٧ ئەمە لەحاڵێکدا بیرمەندانی تری ئیسلام باوەڕیان وایە کە (صراط)، لەڕووی زمانەوانیشەوە لەعەرەبیدا بەواتای ڕێگا دێت. کەلە قورئاندا واتایەکی مەعنەوی هەیە کە مەبەست ڕێگای چاکەو پەیڕەوکردنی کرداری چاکە. نەک ئەوەی ڕێگایەک یان پردێک بەهەبوونێکی مادییەوە.

زانایەکی ئایینی وەک محەمەد عەبدەش، کە لۆژیک و عەقڵگەرایی لەتەفسیری قورئاندا بە بنەمای هەرەسەرەکی دەزانی و پەیڕەوی دەکرد، لە لێکدانەوەی چەمکی جندوکەدا کەلەقورئاندا بەچەندان شێواز ناوی هاتووە، دەڵێت مەبەست میکرۆبە..!١٨. لێکدانەوەیەکی ئاوا سادەو کاڵفامانە دوورە لەو هەموو بیروباوەڕو لێکدانەوە بایەخدارو پێشکەوتووخوازانەی ئەو. ئەمەش نیشانەی کاریگەریی خورافاتی مەزهەبییە کەمرۆڤ بەئاسانی ناتوانێت خۆی لەژێر دەربازبکات. ئەو پێشوەخت باوەڕی وایە کە جندوکە شتێکە حەتمەن هەبوونێکی هەیە. و کاتێکیش بەمەحاڵی دەزانێت جندوکە ئەوەبێت کە تا ئێستا پێناسەی کراوە، دەگەڕێت بۆ ڕاستییەکەی و لەنێوان ئەم دووانەدا بەم لێکدانەوە نا لۆژیکمەندانەیە دەگات. لەحاڵێکدا ئەگەر لێکدانەوەیەکی جوانناسیانەی بۆ بکردایە بەئاکامێکی لۆژیکمەندانەتر دەگەیشت. بۆنموونە ئەگەر چەمکی جندوکە وەک سیمبۆلی ویژدان دابنێین دەبینین چۆن دەگوترێت جندوکەی باش وخراپ هەیە، لەهەندێک شوێن یاریدەی مرۆڤ دەدات و لەهەندێ شوێنی تریش دەبێتە کۆسپ و ڕێگریی، ویژدانیش بەهەمان شێوەو زۆر

لەو خەسڵەتانەی دەدرێنە پاڵ جندوکە، دەتوانرێ لەچەمکی ویژداندا ببینرێنەوە. بێگومان مرۆڤ لە ڕێگای عەقڵ و زانستەوە زۆر لە نهنییەکانی ژیان و بەگشتیی بوونی ئاشکراکردووە. گەلێکی تریش هێتا شاردراوەن و نازانرێن. لێرەدا ئەم پرسیارە دێتە گۆڕێ کە ئایا ڕەوایە مرۆڤ بۆ لێکدانەوەی نهێنی و لایەنە شاردراوەکانی ژیان خورافەیەک بۆخۆی داتاشێت..؟ بێگومان، نەخێر..! کارێکی وا دوور لە لۆژیک و عەقڵە. ئەمڕۆ ئەو سەردەمە نییە کە مرۆڤی سەرەتایی بەبێ چەکی زانست و ئەزموون بەرپرسیارێتی دیتنەوەی کلیلی نهێنییەکانی وەئەستۆگرتبوو. بەڵکو ئەوشتانەی کە نایانزانین دەبێ ڕشکاوانە بڵێین نازانین و تەواو..!.

ئێمە کاتێک باس لەڕۆڵی زانست بۆ سەلماندنی ناڕاستبوون و پەردەهەڵدانەوە لەڕووی خورافات دەکەین، ناتوانین بڵێین پشتبەستن بەزانست هەمیشەو بۆهەموو کەس پەناگەیەکی یەکلاکەرەوەو ئاسان و ڕەهایە. چونکە لەلایەکەوە زانست مامەڵە لەگەڵ مادەو بەرهەمەکانی مادەدا دەکات و لەدەرەوی ئەمە تەنیا بوار دەخولقێنێت تا مرۆڤ بۆخۆی و لەمێشکی خۆیدا بەهەندێک ڕاستیی بگات. و کاتێک مرۆڤ بۆخۆی و لە مێشکی خۆیدا جندوکەی درووستکردبێت و وەکو بوونی خۆی باوەڕێکی ڕەهای پێهەبێت و پێیوابێ دیتووشیەتی و هیچ لێکدانەوەیەکی زانستیانەش لەم بارەیەوە نەسەلمێنێت، ئیتر زانست چی لەو مرۆڤە بکات و چۆنی پێ بسەلمێنێت کە جندوکە بوونی نییەو یانیش بوونی جندووکە بوونێکی خەیاڵی و روئیاییە نەک حەقیقەتێک و تەنیا لەو کۆمەڵگایانەداو لەجیهانی ئەو کەسانەدا هەن کە باوەڕیان پێیەتی و کەسێک باوەڕی پێیان نەبێت هیچکات جندوکەیەک نابینێت. و ئەگەریش بوونەوەرێکی غەیبی یان ناحەقیقی هاتە پێش چاوی ئەوە لێکدانەوەیەکی زانستیانەی بۆدەکات، کە بریتییە لەحاڵەتی نەخۆشی وەک لەرزوتا کە مرۆڤ وڕێنە دەکات و ئاژەڵی ترسناک و بوونەوەرانی سەیرو نائاسایی دەبینێت، یان هۆکاری دەروونیی و نائارامیی و ناساغیی... مرۆڤ دەبنە سەرچاوەی پەیدابوونییان

و یانیش بەگشتی لەحاڵەتی نائاسایی و کەمبوونەوەی ڕادەی ئەو ئۆکسژینەی بۆ مێشک دەچێت، دەبێتە هۆی ئەوەی مرۆڤ لەجیهانی واقیعی دەربچێت و بوونەوەرانی روئیایی ببینێت. و هەروا هەندێک شتی تریش وەک، ترس، تاریکی، زانیاریی نادرووست، و شناسایی نەکردنی هەندێک جووڵەو دەنگ کە سروشتیی و ئاساییں بەڵام ئەگەر لەکات و شوێنی نائاساییدا ڕووبدەن، لەگەڵ فاکتەرەکانی تردا مرۆڤ لەجیهانی واقیعی دووردەخەنەوەو هەر دەنگ و جووڵەو تارماییەک دەتوانێ لەبەرچاوانی ببنە بوونەوەرانێک کە وەک واقیعێک خۆیان نیشانی ئەو دەدەن.

خورافات کاتێک بەوجۆرە خۆی سەپاند، یان بوار بەسەپاندنی درا، ئابڵوقەی مێشکی مرۆڤ دەدات و لۆژیک و عەقڵ بەجۆرێک لەناودەبات، کە هەر شتێک چەندە پووچ و بێواتا، ناعەقڵانی و نالۆژیکمەندانەش بێت.. دەتوانێ ببێتە جێگای باوەڕی خەڵک و ئیتر هیچ سنوورێکی تەنانەت باریکیش لە نێوان واقیع و خەیاڵ، ڕاست و درۆدا نامێنێتەوەو لەمە بەولاوەتریش ڕاست و درۆ جێگە گۆڕکێ بەیەکتر دەکەن. بۆنموونە ئەگەر ئەو جۆرە خەڵکانە بەچاوی خۆیان فڕۆکەیان نەدیتبایە، باوەڕیان نەدەکرد کەچەند تەن ئاسن و مەتریاڵ بە چەندسەد سەرنشین و بارەوە دەتوانێ بەئاسمانا بفڕێت و ئێستاش کەسانی واهەن باوەڕ ناکەن مرۆڤ توانیێتی بچێتە سەر مانگ. کەچی هەر هەمان ئەو کەسانە بەئاسانی باوەڕ بەکەسێک دەکەن بێت و پێیان بڵێت کە خەونی دیتووەو بۆتە پەیامبەرەی ئەوان. و لەمە بەولاوەتریش تەنانەت ئەگەر بڵێت ئەو خواوەندیانە هێشتا باوەڕدەکەن و ئەمانە بەدیرۆکی مرۆڤایەتی و ئیسلامیش نامۆ نین و چەندان نموونەی دوورو نزیکمان لەمانە هەیە. کە لە بەشەکانی پێشوودا هەندێکمان باسکرد.

ڕەنگە بۆ خەڵکانی ئەم سەردەمە کە گوێبیستی وەها شتێک دەبن پێیانوابێ ئەوە لەگەڵ بەسەرچوونی زەماندا فاکتەری دووبارەبوونەوەی خۆی لەدەستداوەو ئیتر مرۆڤەکانی ئەم سەردەمە گۆڕانیان بەسەردا هاتووەو ئەم جۆرە شتانەیان ناچێتە

ناو مێشکەوە. بەڵام بۆچوونێکی وا بەتەواوەتی هەڵەیە. چونکە کاتێک مرۆڤەکان باوەڕیان بەمە کرد کە شەیتان و جندوکە لەژیانی ئەواندا هەن، نانیان لەگەڵدا دەخۆن و دەچنە ژووری خەوتنیان و باشەکان هاوکاریان دەکەن و خراپەکان کۆسپیان بۆ چێدەکەن..، ئیتر بەئاسانیش باوەڕ بەمەدەکەن کەسێک بێت و بڵێت من پەیامبەرتانم و تەنانەت خواوەندتانم.

لەعیراق، دوای ڕووخاندی سەدام و ڕژێمەکەی. واتا لە ۲۰۰۳ بەملاوە چەندان گروپی گەورەو بچووک دروستبوون کەلەبەشەکانی سەرەوەدا ئاماژەمان بە هەندێکیان کرد. یەک لەمانە بزووتنەوەیەکە بە ناوی: (الموطئون). بەڕێبەرایەتی (فاضل عبدالحسین الموسوی)، کا بانگاشەی ئەوە دەکات گوایە خواوەند لەناو ئەودا بەرجەستە بووەو لەڕێگای ئەوەوە بەدیاردەکەوێت و داوای یەکبوونی هەموو ئایینەکان و لابردنی جیاوازییەکان دەکات. لە ناوچە شیعە نشینەکاندا بەهەزاران خەڵک، لایەنگریی و پەیڕەویی ئەم گروپە دەکەن.

گەرچی زانست و خورافات دوو جەمسەری دژ بەیەکن بەڵام خورافە هەوڵدەدات لەناو زانستیشدا جێگای خۆی بکاتەوە. و بۆچوونە خورافییەکان بە زانستەوە بلکێنێ. و وای نیشان بدات کەلەگەڵ زانستدا دێنەوە. و پرسیار لە سوودو بایەخی پووچترین خورافاتێکی وەک نوشتەو دوعا، قاوەگرتنەوە، فاڵگرتنەوە، قسەکردن لەگەڵ مردوان... بکەیت بێ سێ و دوو دەگوترێت، کەلەڕووی زانستییەوە ڕاستبوونی سەلماوە. بەڵام ڕستەکە بەمەندە کۆتایی دێت و ناگوترێت کە زانستبوون بەواتای چی دێت.

نموونەی هەرە دیاری تێکەڵبوونی زانست و خورافات بواری ئەستێرەناسییە. کە زانست و هونەرێکی گەلێ کۆنی مرۆڤایەتییەو هەر لەدەستپێکیشەوە بەشێکی لەناو جیهانی خورافاتدا بووە.

ئەستێرەناسیی کەلە کۆندا لەناو گەلان و شارستانییە کۆنەکانی ڕۆژهەڵاتدا سەریهەڵدا بە دووبەشی هاوتەریب لەگەڵ یەکدا. بەشێکی کە لە زمانی لاتینیدا بە

ئاسترونۆمی- Astronomy ناودەبرێت، بریتییە لەو توانا مرۆییەی نهێنییەکانی ژیان و ئایندەو کاریگەریی هێزە غەیبییەکان دەبینێتەوە. ئەمەش بە پشتبەستن بە جووڵەو مەودای نێوان هەندێک ئەستێرەو هەسارە و بەراوردکردن و پێوانی و بەستنەوەی بەبەخت و چارەنووسی خەڵکییەوە. کە ئەمە لەهەموو حاڵەتەکاندا جۆرێک هونەر بووە کە پێی لە جیهانی خورافاتدا بووە.

خەڵکی لە سەردەمە کۆنەکاندا هەروەک لەبەشەکانی پێشووتریشدا ئاماژەمان پێکرد، پێیانوابووە کە ئەستێرەو جورمە ئاسمانییەکان گیاندارن و دەتوانن ڕاستەوڕاست کاریگەرییان لەسەر ژیانی مرۆڤ هەبێت و لەبەشێک لەو باوەڕانەشدا هەر مرۆڤەی خاوەنی ئەستێرەی خۆیەتی کە بەخت و چارەنووسی بەوەوە بەستراوەتەوە. لەزۆر باوەڕی تریشدا ئەستێرە ئەو خواوەندانە بوون، کەمرۆڤ بەشیاوی پەرستنی زانیون و هەبوونی لەتوانای ئەوانەوە دیتووە. هەربۆیە بە پێی ئەوباوەڕانە شتێکی سروشتییە کە مرۆڤ بۆ هەر ئارەزوو، یان کێشەو گرفتێک پەنا بۆ ئەوان بباتەوەو میکانیزم و ڕێگایەک ببینێتەوە کەلە نهێنی خۆی و هەبوون ئاگاداری بکاتەوە کە ئەسترۆنۆمی یەکێک لەو ڕێگایانە بووە. و لەبەر ئەوەش کە ئەم پرسانە پەیوەندییان بە جیهانی غەیبەوە هەبووە، بەشێک بووە لە باوەڕە مەزهەبییەکان و ئەو کەسایەتیانەش کە شارەزایی خۆیان لەو بوارەدا نیشانداوە، بەزۆری پیاوانی ئایینی و کاهینەکان بوون. و بەپێی بیروباوەڕی ئەو خەڵکە، ئەرکی کاهینان بووە کە ئایندەو بەختی خەڵکی بخوێننەوە، لەڕووداو، و پێشهاتەکان ئاگاداریان بکەنەوەو ڕێگای چارەسەریی و خۆپاراستن لەو ڕووداوەنەش ببیننەوە. و ئەوانە سەرەڕای کاری کاهینی بە (منجم) یش ناسراون.

بەڵام زانستی ئەستێرەناسیی کە زمانی لاتینیدا بە ئاسترۆلۆژی-

ناودەبرێت، زانستێکە هیچ کاری بە بەخت و چارەنووسەوە نییەو دوورە لە جیهانی خورافات و ئەو بەشەیە کە تەنیا بە جووڵەو مەودای نێوان ئەستێرەکان

Astrology دەستهەڵناگرێت، بەڵکو بەقوڵاییاندا دەچێتە خوار بۆ بەدەستخستنی پێکهاتە، قەبارە، قورسایی، هێزی ڕاکێشان، تەمەن و چۆنیەتی پەیدابوون، و مەدارەکانیان... دیراسەدەکات. هەرلەبەر ئەمەشە کەلەزمانی عەرەبی و فارسیدا بەم زانستە دەگوترێت، (علم هیأت). ئەم زانستە لە ناو شارستانییە هەرە کۆنەکانی وەک سۆمەریی، کلدانیی ، بابلیی... بایەخێکی زۆری پێدراوە. لەئاکامی ئەو بایەخپێدانەوە بووە کە بابلییەکان توانیویانە، ساڵ و مانگ و هەفتەو ڕۆژو سەعات... بەدەستبهێنن و مەداری خۆر دیاریی بکەن و بیکەن بە دوانزە بەشەوە، ئەمەش کە بنەمای هەمان سیستەمی دابەشکردنی کاتە کەلە ڕۆژگاری ئەمڕۆشماندا بەکاردێت.

هەروا بابلییەکان بوون کە بازنەیان بە ٣٦٠ پلە دابەشکرد. کە ئەمیشیان بە چڕی لە زانستەکانی ماتماتیک و فیزیکدا بەکاردێت.

بەگشتیی، هەردوو بەشەکەی ئەستێرەناسیی، واتا بەشە خورافات و زانستییەکەی تا ماوەیەکی درێژ تێکەڵ یەکبوون و بەزەحمەت دەتوانرا لەیەکتر جوێ بکرێنەوە تا ئەوەی یۆنانییەکان هاتن و ئەم دوانەیان بەتەواوەتی لەیەک جیاکردەوە. بناغەی ئەمەش تالس (٥٤٨-٦٢٤ پ ز) دایڕشت.

زانستی ئەستێرەناسی لە ناو یۆنانییەکاندا پەرەسەندنی زۆری بەخۆیەوەدیت، تا ئەوەی بتلیموس(١٠٠-١٧٠ز) بیروبۆچوونی نوێی خستە سەرو بەلای ئەوەوە تەواوی هەبوون، بریتیە لە نۆ فەلەک کەئەمانە وەک توێکڵی پیاز لە ناو یەکتردان و مەودای نێوانیان سەدان هەزار فرسەخەو هەریەک لەو فەلەکانە بەدەوری خۆیدا دەسوڕێتەوەو نێوەندی هەمووشیان زەویە.

بەتلیمۆس دەزگایەکیشی درووستکرد بۆ بەرجەستەکردنی باوەڕەکەی خۆی کەلەوێدا زەوی وەستاوەو باقی فەلەکەکانی تر بەدەوری زەویدا دەسوڕێنەوە.

بیروباوەڕی بتلیموس تاسەدەی پانزەهەمی زایینی، بنەمای زانست و بیروباوەڕەکان بوو دەربارەی هەبوون تائەوەی کۆپرنیک (١٤٧٣-١٥٤٣)، ئەو بیرو باوەڕانەی

سەرلەبەر هەڵگێڕایەوەو دەستکەوتەکانی کۆپرنیک پاشتر ڕاستییان سەلماو ئەمڕۆ وەک بنەمای زانستی ئەستێرەناسیی دەناسرێت.١٩

بەڵام لەناو کۆمەڵگا ئیسلامییەکاندا بەداخەوە بەشە خورافاتیەکەی ئەستێرەناسیان وەرگرت و بەشە زانستییەکەشی بەتەواوەتی پشتگوێ خرا.

لەسەردەمی خەلافەتی عەباسییەکان، کە ناسراوە بەسەردەمی پەرەسەندنی زانستیی و درووستکردنی پردی پەیوەندیی بە گەلانی تری دەوروبەر بەتایبەتی هیندو یۆنان، تەنیا گرنگیی بە دووزانستی پزیشکیی و ئەستێرەناسیی دراو تەواوی خەلیفە یەک لەدوای یەکەکان هەمیشە بەو جۆرە کەسانە دەورە درابوون کە شارەزاییان لەم دووبـوارەدا هەبوو. هەروا لەڕووی ئەکادیمیشەوە زۆربەی زۆری هەوڵەکان بۆ وەرگێڕانی ئەو پەرتووکە بیانیانەبوون کە دەربارەی ئەم دوو زانستە بوون. سەرەتاش بە ئەستێرەناسیی دەستپێکرد.

گرنگیدانی خەلیفەکانی عەباسیی و ئەمەویی بە زانستی پزیشکیی تەنیا بۆ پاراستنی تەندرووستیی خۆیان بوو. و ئەستێرەناسیش هەروا. چونکە لەو باوەڕەدابوون کە ژیانی دەوڵەتان و خەڵکی بە ئەستێرەو گەردوونەوە بەندەو ئەوان هێشتا لەو باوەڕەدابوون کە ئەستێرە بوونەوەری گیانلەبەرن و چارەنووسی ڕاستەوخۆیان لەسەر ژیان و چارەنووس و گرفت و چارەسەرییەکان هەیە. بەمجۆرە ئەستێرەناسان ئەو ڕاوێژکارانە بوون کە پرس و ڕاوێژی شەڕو ئاشتی و ڕەفتاری ڕۆژانەو هەر کارێکی تریان پێدەکرا. لەم بارەیەوە لە خەلیفە موعتەسەم دەگێڕنەوە کە ئەگەر بیبیسایە لەهەر شوێنێکی ئەم جیهانەدا ئەستێرەناسێک هەیە لەدوای دەنارد یان دەبووایە بۆی بهێنن.

خەلیفەی ناوبراو بەیانیانی هەموو ڕۆژێـک ئەستێرەناسانی لـەدەوری خۆی خڕدەکردەوەو پرس و ڕاوێژی پێدەکردن و دەیخواست بزانێ داخوا ئەو ڕۆژەی چۆن دەبێت و ئەستێرەی بەختی دەدرەوشێتەوە یان نا. .! و چی بکات تالەکارەکانی ئەو

ڕۆژەیدا سەرکەوتووبێت.٢٠

دیارە کە خورافات و جادووگەریی تەنیا تایبەت بە کۆمەڵگا نەریتیی و ئیسلامیەکان نییە. بەڵکو لەهەر شوێنێک مەزهەب هەبێت، خورافاتیش هەیە. و لەبەر ئەوەش کە مەزهەب لە هەموو شوێنیک هەیە، کەواتە خورافات و جادووگەریش هەروا.

ڕێبەران و پەیڕەوانی هەر ئاینێک، یان ئەوانەی نانی ئاینەکەیان دەخۆن، بۆ نیشندانی خواوەندیبوون و ڕەسەنایەتی و سەلماندنی قودسیەتی ئایینەکەی خۆیان، پەنا بۆ نیشاندانی موعجیزە دەبەن و لەبەر ئەوەی موعجیزە لە ڕیشەوە هەبوونێکی نییە، و تەنیا سیمبۆلی کارە هەرە دژوارو سەختەکانە، کەواتە جگە لەپەنابردن بۆ خورافات و جادووگەریی شتێکی تریان لەدەست نایەت.

ئەگەر لە ڕێگای تەلەفزیۆنەوە چاو لەو کەناڵانەی سەر بەئاینە جۆربەجۆرەکانی: مەسیحی، ئیسلام، جوویی، هیندۆسی،.. بکەین، دەبینین هەموو خاوەنی یەک گووتارن، و بۆ سەلماندنی ڕاستبوونیی خۆیان، جگە لەهەوڵدان بۆ نیشاندانی موعجیزە، کەمتر خۆ بە شتێکی ترەوە خەریکدەکەن.

لە ڕۆژئاوا، بەشێوازێکی ڕێکوپێک و بەردەوام لەلایەن کۆمەڵێک کەشیشەوە جۆرە بەرنامەیەک سازدەکرێت کە لەوێدا گوایا، بەهێزی باوەڕهێنان بە حەزرەتی مەسیح، بینایی بۆ کوێر، توانای ڕۆیشتن بۆ ئیفلیج، لەشساغی بۆ تووشبوانی شێرپەنجە... دەگێڕنەوە.

هـەروا لەوکەناڵە بازرگانییەکانی ڕاگەیاندنیشەوە بۆ نیشاندانی موعجیزەو قسەکردن لەگەڵ مردووان، دیتنی ڕۆح. پێشبینی داهاتوو، چارەسەرکردنی گرفتە جۆربەجۆرەکانی ماڵی، عاتیفی، لەشساغی... بەرنامەگەلێکی واسازدەکرێت کە بە شانۆگەرییەکی ساختەبازانەوە پێشتر ئامادەکاریی بۆ کراوە. و هۆکاری سازکردنی ئەو جۆرە بەرنامانەو ڕێگاپێدانیان لەلایەن دەوڵەتەوە جگە لە هەوڵدان بۆ بەدەستخستنی پارەو زۆرکردنی ژمارەی بینەران بۆ تەلەفزیۆنەکانیان و گرانکردنی ئەو ریکلامانەی

لەکاتی ئەو بەرنامانەدا پێشکەش دەکرێن شتێکی تر نییە.

سیستەمی سیاسی و ئابووریی ڕۆژئاوا، سەرمایەدارییەو ئیتر هەر شتێک ببێتە هۆی دەستاودەستکردنی پارەو لەم ڕێگایەوەو بڕێکیشی بێتە ناو خەزێنەی دەوڵەت، ڕەوایەو ئەگەر زیانەکانی زۆر زەق و ڕاستەوڕاست نەبن ڕێگایان پێدەدرێت. ئەمەش هەر وەک دەستبڕێنی ئەم هەموو خەڵکەیە کە ساڵانە کۆمپانیا بازرگانییەکان لەڕێگای درووستکردنی داودەرمان و کەلوپەلێکی زۆری ئارایشی ژنان و پیاوان، کە گوایە پیری ناهێڵێت و سەری ڕووتاوە چاردەکات و باڵای کورت درێژدەکات، و لاقی گەورە بچوکدەکاتەوەو چەندان و چەندانی تر کەلە درۆودەلەسەو قۆڵبڕینێکی ئاشکرا بەولاوە شتێکی ترنییە، بەڕێوەدەچێت. و داموەزگا پەیوەندارەکانی دەوڵەتیش زۆر باش دەزانن کە ئەمانە هیچ سوودێکیان نییە، بەڵام لەبەر ئەوەی قازانجی ماڵیی بۆخۆی ئامانجێکی گەورەیە، کەواتە لەئاکامدا هەر بەسوودی کۆمەڵگاو خەزێنەی دەوڵەت دەشکێتەوە. ..!

لەڕاستیدا ئەگەر هەلومەرجەکان گونجاوبن، خورافات دەبێتە کولتورێک و سەرتاپای کۆمەڵگا دەگرێتەوەو هەوڵ و کاتێکی زۆری دەوێت تا سەر لەنوێ کۆمەڵگا لەسەر تەرزێکی ڕاست و درووست بنیات بنرێتەوە.

خورافە ئەگەر بواری بۆ ڕەخسا بێتە گۆڕەپانی ژیانەوە، بەدەستبەسەرداگرتنی لایەنێک و دووان لەلایەنەکانی ژیان دەستهەڵناگرێت و هەموو کەلەبەرەکان دەتەنێتەوە. ئیتر ئەو کاتە لەچوارچێوەی سیحروجادوو، فاڵگرتنەوەو نووشتوو، و دوعا ڕاناوەستێ و تەواوی بیرو ڕەفتارەکان دەکەونە زەلکاوی خورافات.

شاعیری گەورەی عەرەب ئەدۆنیس دەڵێت: (دیرۆکی عەرەب خورافاتە)٢١ ئەو تەواوی دیرۆکی عەرەب و ئیسلام بەخورافە دەزانێت و خۆگرێدانی جەماوەری موسوڵمانان بە شارستانییەکی ڕابـردووەوە کە خۆیان لەناویدا نەژیاون و تەنیا پاشماوەکەیان بۆ ماوەتەوە، لە دیرۆکێکی خورافاتی بەولاوە شتێکی تر نابینێت و

دیسان دەڵێت: (عەربە موسوڵمانەکان خاوەنی ڕابردوویەکی نێگەتیڤن بەهەموو ڕەهەندەکانییەوە)٢٢. بێگومان کاتێک ئەدۆنیش بەمجۆرە دەنووسێت خۆ دوژمنی نەتەوەکەی خۆی نییە. بە پێچەوانەوە. بەڵام ئەو ناخوازێت خۆی بداتە دەست سۆزو عاتیفەیەکی پووچ و بێبایەخ و بەتەمای خەونی شیرین سەربنێتەوەو بەکارەسات بێداربێتەوە. بەڵکو دەخوازێت بینایی بەو کەسانە ببەخشێت کە لەتاریکستانی خورافاتدا دەژین.

هەروا لەزۆر بوارو نموونەی تردا کاریگەریی خورافات لەسەر کۆمەڵگاو بوونیان بە کولتوور دەبینینەوە.

پاکستانییەکان لە بەرانبەر هیندە گڵاوەکاندا (بەبۆچوونی ئەوان) ناوی پاکیان بەسەر خۆیاندا بڕیوە. ئەمەش بەواتای نووقمبوونی ژیانی یەک نەتەوە لە خورافاتدایە.

یان بەگشتی کاتێک تاک یان کۆمەڵ، گەیشتنە ئەو ئاستەی پێیانوابێ بیروباوەڕەکەی، کولتوورەکەی، ئاینەکەی، زمانەکە، خواردنەکەی، جلوبەرگەکەی، هونەرو موزیکەکەی، لەهی خەڵکانی تر باشترو جوانترو ڕەسەنترو لەپێشترە، یان ئەو خەباتگێڕەی بەتەمای بەهەشت خۆی و خەڵکانی تر دەکوژێت و ناوی بەهەشتیی لەخۆی دەنێت.. و یان ئەو مرۆڤەی بە خەونەکانی دەیان و سەدان و هەزاران ساڵەی ڕابردووی ئایندەی خۆی دەکاتە کەلاوە.. یان و گەلێک نموونەی تری جۆربەجۆرو لەیەک نەچوو.. ئەو کەسایەتییە خورافاتیانەن کەلەدەریای خورافاتدا نوقم بوون و بەم شێوازی بیرکردنەوەیانەوە هیچکات ناگەنە کەنار.

خوا، مەزهەب، مرۆڤ

سەرچاوەو پەراوێزەکانی بەشی یانزە

۱- لەژمارە ۳۲ نۆڤامبری ۲۰۰۳ ی گۆڤاری کوردستانی ئیمڕۆدا بابەتێکم لە ژێر ناوی خورافات و کاریگەرییەکانی بڵاوکراوەتەوە. لێرەدا جارێکی تر و تا ئاستێکی زۆر سوودم لە هەمان بابەت وەرگرتۆتەوە.

۲- سیریل اسمیت. کارل مارکس و خودآفرینی انسان. ترجمە دکتر فاتح رضایی. نشر نیکا. مشهد-۱۳۸٤ ل۵۲-۵۳

۳- دکتر محمد جواد مشکور. خلاصه أديان در تاريخ دينهای بزرگ. انتشارات شرق. چاپ ششم ۱۳۷۷ ل۸

٤- هەمان سەرچاوە بەشی دیباجە ل۱٦-۱۷

۵- ژولی سادا. تساهل در اندیشه غرب. ترجمە دکتر عباس باقری. نشر نی. تهران ۱۳۷۸ ل ۲۵۳

٦- هەمان سەرچاوە ل۱۱۹

۷- هەمان سەرچاوە. ل ۲۲۲

۸- هەمان سەرچاوە. هەمان لاپەڕە.

۹- هەمان سەرچاوە ل ۲۵۳

۱۰- هەمان سەراوە. لاپەڕە ۲۵۳

۱۱- شجاع الدین شفا، تولد دیگر، نشر فرزاد، ۱۰۰۲ ل۲۳۸

۱۲- هەمان سەرچاوە ل۲۹٦

۱۳- هەمان سەرچاوە، ل۲۹٤

۱٤- هەمان سەرچاوە. ل ۲۵۱

۱۵- هەمان سەرچاوە ل۲۵۳

۱٦- هەمان سەرچاوە، هەمان لاپەڕە.

۱۷- یوسف فضائی. تحقیق در تاریخ و فلسفەی مذاهب اهل سنت و فرقەی

اسماعيليه. انتشارات فرخی. تهران. ل٢٤١

١٨- عمر حسن القيام. أدبية النص القرآنی. نحث فی نظرية التفسير. المعهد العالی للفكر الأسلامی .هرندن. فرجينيا. الولايات المتحده الأمريكية. ٢٠١١ ص٣٩

١٩- بۆ زۆرتر زانیاری دەربارەی ئەستێرەناسی بە هەردوو شێوازە خورافاتی و زانستییەکەیەوە بڕوانە یوسف فضائی. سەرچاوەی پێشوو ل٩٣-١٠٣

٢٠- حنا عبود- الترجمه والتبعية الثقافية. الآداب. العددان ٦/٥ ايار/حزيران ١٩٩٩. بيروت- لبنان.

٢١- محمود الكسوانی، ادونيس، بين الخرافه والتخريف. ماذا بقی من حداثته..؟ لە (alarabnews)ەوە.

٢٢- هەمان سەرچاوە.

خوا، مەزهەب، مرۆڤ

بەشی دوانزە
فەلسەفەو حیکمەتی مەزهەب

مەزهەب بۆچی درووستدەبێت..؟ ئەگەر مەزهەب سەرچاوەیەکی خواوەندیی هەیە، مەبەستی خواوەند لە ناردنی پەیامبەران و ڕێنوێنییەکانی خواوەندیی چیە..؟ ئەگەر مەزهەب سەرچاوەیەکی خواوەندیی نیە، دیسان چ حیکمەت و فەلسەفەیەک لەپشت سەرهەڵدان و درووستکردنی و بڵاوکردنەوەی لەناو خەڵکیدا هەیە..؟

ئێمە لەم پەرتووکەدا ، تا ئێرە ئەوەندەی باسمان لە بیروباوەڕە مەزهەبییەکان کردبێت، دەبینین فەلسەفەو حیکمەتی گشت ئایینەکان یەکێکە. کە لەچەند ئاستدا بەشێوازی جیاواز لە نێوان ئاینێک و یەکێکی تردا خۆی دەردەخات.

بەڵام پرسیارێکی گرنگ کە پێویستی بەوەڵامدانەوەیە ئەمەیە ئایا ئایین درووست دەبێت، یان دروست دەکرێت..؟ ئەگەر پرسەکەش بەجۆرێکی تر بکەین دەبێ بڵێین ئایا ئایین وەک حەتمیەتێک، بەسەر مرۆڤدا دەسەپێت، یان دەستکردی چەند کەسانێکەو ئەگەر دەسپێشخەریی ئەمانە نەبوایە درووست نەدەبوو..؟

لێرەدا دوو وەڵامی بنەڕەتی لەیەک جیاواز، وەڵامی ڕۆحانی، و وەڵامی مادی. بۆ ئەم پرسە دەدرێتەوە: وەڵامە ڕۆحانییەکە ئەمەیە کە مەزهەب لەدیرۆکی خۆیدا بەسەر ئایینە ڕەسەن، و ئایینە ساختەکاندا دابەشدەبێت. ئاینی ڕەسەنیش لەم دیدەوە، بریتییە لەهەر ئاینێک کە لەسەرچاوەیەکی خواوەندییەوە بەدیهاتبێت. وئەمەش ئەو ئاینەیە کە هیچ خواستێکی مرۆڤ لەپەیدابوونیدا ڕۆڵ نابینێت و تەنیا بەخواستی خواوەندیی درووستدەبێت. ئایینی ساختەش ئەوەیە کە لەلایەن پەیامبەرو ئیمامانی درۆیینەوە پەیدا بووبێت. کەتەنیا بەدەستپێشخەری مرۆڤ، و دوور لەخواستی خواوەندیی، و لەپێناو دەسەڵات و دەستکەوتیی مادیی و جیهانییەوە

درووستکرابێت. جێگای ئاماژەیە کە کەم ئایین هەیە لەجیهاندا ئاینێکی تری قبوڵ بێت و لەباشترین حاڵەتدا، ئەگەر قبوڵیشی بێت، بەئاینێکی دادەنێت کەسەردەمی بەسەرچووە، و خۆی وەک تاکە ئەلتەرناتیڤ و موقەدەسی ڕەها، دەخاتەڕوو.

بەڵام بەپێی بیروباوەڕە مادییەکان، مەزهەبی ڕەسەن و ناڕەسەن، هەبوونی نییەو هیچ مەزهەبێک سەرچاوەیەکی خواوەندیی نییەو هەموو ئایینەکان دەستکردی خودی مرۆڤن. بەڵام لەپاڵ ئەمەدا کەدەستکردی مرۆڤن لەئاکامی حەتمییەتێکی دیرۆکییەوە بەدیدێن. کە تاکی پەیامبەر تەنیا ئامرازێکی گەیاندنی ئەو حەتمیەتەیەو ئەگەر ئەو پەیامبەرەش نەبێت یەکێکی ترو، بەگشتی مەزهەب وەڵامدەرەوەی هەلومەرجە مادییەکانە. ئەمەش ئەو ئایینەیە کەدەتوانێ بەردەوامبێت و ببێتە جێگای متمانەی خەڵک. کاتێکیش ئایین نەک وەک پێویستییەکی دیرۆکیی، یان وەڵامدانەوەی پرسەکانی سەردەم و قۆناغێک، بەڵکو بەپێی خواستی تاک یان گروپێکی بچوک کە لەئاستی قۆناغەکەی خۆیدا نییەو لەدەرەوەی خواست و ئارەزوو، و جیهانبینی و کولتووری کۆمەڵگاو نەبوونی ئامرازی کارتێکردن و قەناعەتپێکردن و لۆژیکێکی پەسەندکراو لەلایەن خەڵکییەوەیە... هیچی لێ پەیدانابێت. و لەئاکامیشدا ئەوەی کە مۆرکی ڕەسەنایەتی بە ئاینێکەوە دەنێت. باشی و خراپی، خواوەندیی بوون یان نەبوونی.. ئەو ئایینە نییە بەڵکو شانسی سەرکەوتن و ئاستی پەسەندکردنی لەلایەن خەڵکییەوە، کە مەرج نییە ئاینێک باش بیت تا ئەمانە بەدەست بێنێت.

یەکەمین حەتمییەتێکیش کە مەزهەب درووستدەکات، دۆشدامانی مرۆڤ و نەزانینی وەڵامی پرسە ئاڵۆزەکانی پەیوەستەی هەبوون و سەرەتاو کۆتایی خۆی و سروشتی دەوروبەری... و کاتێکیش ئەو وەڵامانە لە جیهانی مادیدا بەدەست ناخات، لە جیهانی غەیبدا بۆیدەگەڕێت و بەپێی روئیاو خەیاڵ و ئارەزوو، و گومان و ترسەکانی فۆرمی پێدەبەخشێت. و ئەمەش لە شێوازە ئەفسانەییەکانی مەزهەبدا بەڕوونترین شێواز بەدیاردەکەوێت.

هەندێک لە لێکۆڵەرەوان، (ترس) بە فاکتەری هەرەبنەڕەتیی خواپەرستیی و درووستبوونی مەزهەب دەزانن. گۆستاف لۆبۆن دەڵێت: (بە گریمانەی هەرە بەهێز ئەو فاکتەرەی بۆتەهۆی بەدیهێنانی مەزهەب ترس لە نادیارو نەناسراوە. ترسی مرۆڤی سەرەتایی لە هێزە بەتواناکانی سروشت، کە ئەویان لەخۆگرتووە، ترسی مرۆڤی پێشکەوتووتر، لەو خواوەندانەی کە ئەو هیزە سروشتییانەیان لەژێر دەسەڵاتدا بووە. و ترسی مرۆڤی لەویش پێشکەوتووتر لە خواوەندێکی یەکتا کە حوکمی بەسەر تەواوی ئەم هێزانەدا کردووە. کاردانەوەی هەمووان لەمڕووەوە، کاردانەوەی بومیەکانی مەکسیک و پێرۆ لەکاتی دیتنەوەی کیشوەری ئەمەریکا لەلایەن جیهانگەڕە ئیسپانیاییەکانەوە، کاتێک بەسواری ئەسپەوە دیتیانن کە پێشتر شتێکی وایان نەدیتبوو، و ئەو دەنگی تەقینەوانەی لە لوولەو تۆپەکانیانەوە دەردەچوو، کە هیچکات نەیانبیستبوو.. گومانیان لەوەدا نەبوو، کە ڕووبەڕووی خواوەندان بوونەوە و پێویستە بیانپەرستن.) ١

فاکتەرێکی تری درووستبوونی مەزهەب وەک حەتمییەتێکی دیرۆکی، ململانێی چینایەتی، و دابەشبوونی کۆمەڵگاکان بەسەر چینە سەردەست و ژێردەستەکان، چەوسێنەرو چەوساوەکاندا. و لەئاکامیشدا ڕاپەڕین و شۆڕشی مرۆڤە ڕەنجکێش و بەشخوراوەکانە. ئەمەش هەمان ئاکامە، کە لە هەر شۆڕش و ڕاپەڕینێکی مرۆڤایەتیدا بەدیدێت و پاشانیش لەبەرگی سیاسەت و هەوڵی بەدەستخستنی دەسەڵاتدا خۆی دەنوێنێت. بەم جیاوازییەوە کە شۆڕشە مەزهەبییەکان مەشروعیەتی بێ چەندوچۆنی خۆیان لەخواوەندەوە وەردەگـرن، نەک خەڵک. و بەدرێژایی دیرۆکی مرۆڤایەتی تا ئەمڕۆش، مەزهەب سەرچاوەیەکی ئاسان، و لەهەمان کاتدا بەهێزوکاریگەر بۆ مەشروعییەت بەخشین بەدەسەڵاتە جۆربەجۆرەکان بووەو هەیە. کە ئەم مەشروعییەتە پێویستیی بە هیچ سەلماندنێکی مادیی نییەو دەسەڵاتدار بێئەوەی شایستەیی دەسەڵاتدارێتی تێدابێت، یان مایەی پەسەندی خەڵک بێت،

و هەرکاروکردەوەیەکی پەیڕەوکردبێت، و بکات پەنابردن بۆ تێکستێکی پیرۆز یان یاسایەک کە بەغەیبەوەی ببەستێتەوە بەسە بۆئەوەی ئەم مەشروعیەتە بەدەست بخات. و لەهەمان کاتدا مەزهەب بۆدەسەڵاتداران پەناگەیەکە بۆ خۆڕزگارکردن لە دیتنەوەی وەڵامی لۆژیکمەندانەو سەلمێنەر بۆ هەرکردارێک: کۆمەڵکوژیی، تاڵان و بڕۆ، وێرانی و خراپکاریی، دەستدرێژیی و سوکایەتیپێکردن... کە پاساوەکەی بەشێوازی مادی لەتوانادا نابێت، بەئاسانی و تەنیا بەوەندەی بگوترێت: خواستی خواوەندییە! دەبڕیتەوەو پێویست بەهیچ شرۆڤەو پاساوێکی تر ناکات.

لەمڕۆوە ئایینی ئیسلام، لەهەر ئایینێکی تری دیرۆکی مرۆڤایەتیی پتر سیاسەت ئاوێتەی مەزهەب دەکات. و ئایین دەکاتە ئایدیۆلۆژیای دەسەڵاتێک کە لەچوارچێوەی دەوڵەتێکی خاوەن دامودەزگای تۆکمەو تەواوی بەتواناو فراوانخوازدا بەرجەستەی دەکات.

بەگشتیی لەدیدی ماتریالیستییەوە، مەزهەب دیاردەیەکی کۆمەڵایەتی دیرۆکییەو یەکێکە لە شێوازەکانی ئایدیۆلۆژیا، و بەرهەمی لایەنی مەعنەوی مرۆڤە. و بەپێی هەلومەرجی مادیی و پەیوەندییە کۆمەڵایەتییەکانی ناو ئەو کۆمەڵگایەی تیایدا پەیدادەبێت، بەدییدێت. و فۆرم و تایبەتمەندیی بەخۆیەوە دەگرێت. هەر ئاینێک کە لەقۆناغ و شوێنێکی دیاریکراودا پەیدادەبێت، ڕەنگپێدەرەوەی، ئاستی ئابووریی، کۆمەڵایەتی، کولتووری... ئەو کۆمەڵگایەو هەمان مەزهەب بەهەمان گوتارو کەرەسەوە، لەناو کۆمەڵگایەکی تردا پەیدا نابێت و یانیش ئایینێکی تری لێ درووستدەبێت. و هەربۆیەش هیچکات یەک ئایین لەناو وڵاتانی جۆربەجۆردا وەک یەک نییەو لەهەر شوێنەی مۆرکی ئەوکۆمەڵگایە بەخۆیەوە دەگرێت. ئەمەش خەسڵەت و تایبەتمەندیی مەزهەبە بەگشتیی.

لە قۆناغی فرەخواوەندیدا، دەبینین کۆمەڵگا پەرت و بڵاو، بەش بەش لەشێوازی تیرەو خێڵ و ماڵبات، بەبێ هەبوونی ناوەندێکی بەهێز کە ئەو کەنارە پەرت و

بڵاوانە بەخۆیەوە ببەستێتەوە. و ئەوکات هەر تیرەو خڵ و تەنانەت ماڵباتە خاوەن خواوەندی تایبەت بەخۆیەتی. بەڵام کاتێک کۆمەڵگا دەبێتە خاوەن ناوەندێک و کەنارەکان لەچاو ئەو ناوەندەدا ڕەنگیان کاڵ دەبێتەوە، ژمارەی خواوەندەکانیش کەم دەبنەوە تا لەئاکامدا دەبن بەیەکێک.

یان ئەگەر لەمڕووەوە نموونەی کۆمەڵگای ئاتێنی سەردەمی ئیفلاتوون هەڵسەنگێنین، دەبینین ئیفلاتوون، خۆی نەک تەنیا بەزانست و فەلسەفەوە بەڵکو بەکارێکەوە خەریک دەکات کە تابەت بە پەیامبەرانە. و باس لە مەرگ و قۆناغەکانی دوای مەرگ و زیندووبوونەوەو پاداش و سزا... دەکات و ڕوونیشی ناکاتەوە، لەسەر چ بنەمایەک بەم پێشبینیانە گەیشتووە، و دەڵێی داخوا لەغەیبەوە پێی وەحی کراوە. بەڵام ناشبێت بە پەیامبەر. ئەمەش نەک تەنیا لەبەر ئەوەی خۆی نەیخواستووەو بانگاشەی نەکردووە. بەڵکو لەبەر ئەوەی هەلومەرجە مادییەکانی ناو ئەو کۆمەڵگایە بۆ وەها شتێک گونجاو نەبوون. و ڕوونتریش بڵێین کۆمەڵگای ئاتێن لەئاستێکدا بوو هیچکەس نەیدەتوانی لە ناو وەها کۆمەڵگایەکدا بانگاشەی پەیامبەرێتی بکات.

هەروا ئەگەر وەک نموونەیەکیش لەمڕووەوە ئیسلام هەڵسەنگێنین، دەبینین تایبەت بەکۆمەڵگای نزیک بەچوارده سەدە پێشی نیوەدوورگەی عەرەبەو تایبەتمەندیی ئەو کۆمەڵگایە لەبەرچاودەگرێت نەک تەواوی مرۆڤایەتی و ئەگەر هەر بۆنموونە زمانی ئەو ئایینە عەرەبی نەبووایە، یان بەدی نەدەهات، یان دەبوو بە ئاینێکی تر. و ڕەنگە بگوترێت، ئەدی چۆن هەمان ئایین بووە مایەی پەسەندی نەتەوە ناعەرەبەکانی وەک تورک و فارس و هیندو کوردو... هتد کە هیچییان لەزمانی عەرەبی نەدەزانی..؟ وەڵامەکەی دیسان هەمان بۆچوونی سەرەوەیە. لەکۆمەڵگای عەرەبدا زمانەکەی یەک لە فاکتەرو هەلومەرجە مادییەکانیەتی بەڵام لە قۆناغی دووەمدا کە دەپەڕێتەوە ناو کۆمەڵگاکانی تر، ئامرازو فاکتەری تری وەک چەک، خواستی دەسەڵاتی دەوڵەت، کۆنترۆڵی ئابووریی، و بەگشتی توانای یارییکردن

بەبەرژەوەندییە مادییەکانی خەڵک.. دەبن بەفاکتەرو زەمینەسازی هەلومەرج. تەنانەت بەهەشت و دۆزەخ، بەوخەسڵەتانەوە کە لە ئایینی ئیسلامدا هەیانە، دیسان هەڵقوڵاوی بارودۆخ و جیوگرافیاو ئاووهەوای نیوەدوورگەی عەرەبن. بەوپێیەی ئاووهەوایەکی بیابانی گەرم و سووتێنەر. کەمرۆڤی ئەو ئاووهەوایە لەوگەرمایە بێزارەو بەردەوام تامەزرۆی، فێنکایەتی و شنەباو سەوزایی و ئاوە. لەمەوە دۆزەخ دەبێتە ئەوشوێنە گەرم و سووتێنەرەی مرۆڤ هەر لەبنەڕەتەوە لێی بێزارەو بەهەشتیش ئەو شوێنە فێنک و پڕلە مێرگ و مێرگوزارەی خەونی پێوەدەبینێت. بەڵام هەمان شت بۆ نموونە لە ئایینی زەردەشتیدا پێچەوانە دەبێتەوەو لەبەر ئەوەی پێگەی ئەو ئایینە لەسەرزەویەکی شاخای و ساردو پڕ لەبەفرە، مرۆڤ هەمیشە تامەزرۆی ئاگرو گەرمبوونەوەیە، دەبینین دۆزەخ لەبری ئەوەی گەرم بێت ساردوسڕو شێدارەو بەهەشتیش شوێنی ئاگرو گەرمبوونەوەیە.

سەرەڕای ئەمانە مەزهەب لەدیدی ماتریالیستییەوە، مێتۆدی قەناعەتپێکردن و ڕکێفکردنی مرۆڤە بۆ بەکارهێنان وەک کەرەسەو ئامرازێک. دەبینین لە بیروباوەڕە مادییەکاندا مرۆڤ لەبەرانبەر دەستکەوتە مادییەکانی ئێستا یان داهاتوو، بۆخۆی یان بۆ خەڵک، دەکەوێتە خزمەتکردنی ئەو بیروباوەڕە. بەڵام لەمەزهەبدا، هەمیشە پێویست بەو پاداشتە مادییانە نییەو ئەمانە هەڵدەگیرێن بۆ ژیانی دوای مەرگ کە لەبەهەشتدا بەرجەستەدەبێت.

بەڵام لەدیدی ڕۆحانییەوە، پەیدابوونی مەزهەب، لەئەنجامی هەلومەرجی گونجاوی مادییەوە نییە. بەڵکو تەنیا بەپێی خواستی خواوەندیی و هەڵبژاردنی شوێن و کات و کەسایەتی پەیامبەر، لەلایەن خواوەندەوەو لەبەرانبەر هەر پرسیارێکیش وەک چماو بۆچی، لەوەها کاتوشوێنێکداو بۆچی فڵانە کەسایەتی وەک پەیامبەر نەک یەکێکی تر!... وەڵامەکان زۆربەکورتی تەنیا لەحیکمەتی خواوەندیدا چوارچێوەدار دەکرێن. لەدیدی ڕۆحانییەوە یەکەمین حیکمەت و فەلسەفەیەک کە هەموو ئایینەکان بە

ئاسمانی و جیهانییەکانیشەوە کە بانگاشەی هۆکاری پەیدابوونی خۆیانی پێدەکەن بریتییە لە ڕێنوێنی مرۆڤ..! بەڵام وەڵامی پرسەکان بەمەندە کۆتایی نایەن و دەبێ وەڵامی پرسێکی تریش بدرێتەوە کە ڕێنوێنی بەچی..؟ دیارە بەڕواڵەت وەڵامی ئەم پرسیارەش هێندە زەحمەت نییە. چونکە حەتمەن دەبێ وەڵامەکەی بریتی بێت لە: ڕێنوێنی بەچاکەو دوورکەوتنەوە لە خراپە.. لێرەدایە کە دووچاری ئەم گرفتە دەبین کە بە چ شتێک دەگوترێت چاکەو بە کێهەشیان خراپە..؟ لێرەدایە کە جیاوازیی و پەرتبوون و کێشە گەورەو بچووکەکان لە نێو ئاینەکاندا دێنەکایەوە.

تەواوی مرۆڤەکان، ئەوەی کەمێک عەقڵی لەسەر خۆیبێت، بەئاسانی کارە باش و خراپەکان لەیەکتر جیادەکاتەوە. بەڵام هەمیشە هەڵبژاردنی چاک، لەجیاتی خراپ، کارێکی هێندە ئاسان نییە..!

مرۆڤ لەکاتێکدا باش دەزانێت درۆ، کردارێکی ناپەسەندە. بەڵام چونکە جار هەیە لەمەترسیەک دەیپارێزێت، یان سوودێکی لێ بەدەستدەخات، یان هەر هۆیەکی تر... دەیکات.

یان مرۆڤ، کاتێک دەبینێت، گیانی لەلایەن مرۆڤێکی ترەوە لەمەترسیدایە، لەسەندنی گیانی ئەو مرۆڤە مەترسیدارە سڵ ناکاتەوە...و گەلێک کرداری خراپی تریش هەروا. و یەکێک لەو پاڵنەرانەش کەمرۆڤ بەرەو مەزهەب پەلکێشدەکات، بەدەستخستنی بەخشینی خواوەندییە، لەو کردارە خراپانەی مرۆڤ لەتوانایدا نییە خۆیان لێ بپارێزێت.

ئەمڕۆ دەبینین ئەگەر بیانییەکی دوورەدەست و نائاشنا بەئیسلام ، بپرسێت لەم جیهانە گەورەو گرانەدا نموونەی موسوڵمانی ڕاستەقینە کێهەیە، هیچ مرۆڤێک وەڵامی پێنادرێتەوە. هەیە دەڵێ: موسوڵمان ئەو کەسەیە جیهاد بکات، خۆی بتەقێنێتەوەو هەرچی زۆرتر خەڵکی بکوژێت، و نانی ئێوارەش لەبەهەشت لەگەڵ پەیامبەردا بخوات. هەشە دەڵێ: موسوڵمان ئەو کەسەیە نوێژ بکات و ڕۆژو بگرێت و بچێتە

حەج، و پاشانیش لەبەرانبەر هەزار گوناه و تاوانیدا تۆبەیەکی بەسە بۆ ئەوەی بچێتە بەهەشت. ئەوی تر دەڵێت: مرۆڤ چی دەکات بیکات لەسەرەمەرگدا یەکجار بڵێ: لا اله الا الله تەواوی گوناهانی پاکدەبنەوە. ئەوەش کە لەهەمووان لۆژیکمەندترە دەڵێت: بنەمای کار (أمر بالمعروف و نهی عن المنکر)ە. کە لەمەشیاندا ڕوون و دیار نییە کێهە کارانە (معروف) و کامانەش (منکر)ن.!

لەناوموسوڵمانانی وڵاتانی باکووری ئەفەریقادا، حەشیش و تریاک، لەیەمەن و سۆماڵ و وڵاتانی کەنداو مادەی سڕکەری قات لەبەر ئەوەی لەناو قورئاندا نەهاتووە کە حەرامە، وەک شەکروچاو گوڵەبەڕۆژە دەخورێت و بەکاردێت. لە ئێرانی ئیسلامیدا بەردباران تا مردن و حوکمەکانی قەساسی تۆلە بەتۆڵە، و لەعەرەبستانی سعودی دەستبڕین لەسەر دزی.. حوکمی شەرعین و بەپێی یاسا بەکرداری هەرەباش دادەنرێن.

لەمەزهەبدا، لەپاڵ ڕێنوێنی بە کرداری باش، چەمکی عیبادەت، یەک لە بنەما سەرەکییەکانە؛ لەقورئاندا هاتووە: **وما خلقت الجن والأنس ألا ليعبدوا.** بەڵام واتای عیبادەت چییە..؟ ئایا عیبادەت بۆخۆی بەشێکە لە کرارەباشەکان، یان کردارە باشەکان بەشێکن لە عیبادەت..؟ بەواتایەکی تر، ئایا مەبەستی خواوەند لەعیبادەت، بۆ ئەوەیە مرۆڤ لە میانیەوە بە باشی بگات.. یان مەبەست لەباشی ئەوەیە کە لەمیانییەوە بە عیبادەت بگات..؟ لە ئاکامدا خواوەند بەپلەی یەکەم دەخوازێت مرۆڤ عیبادەت بکات یان باش بێت..؟

پرسی عیبادەت، بنەمایەکی سەرەکی مەزهەبەو تەنانەت ئایینە جیهانییەکانیش، ڕێوڕەسمی عیبادەتیان تێدایە. بەڵام ئەگەر مەبەستە سەرەکییەکە خودی عیبادەت بێت، ئەوە پێچەوانەی زات و مەزنیی خواوەندەوەیە.

ئایا خواوەند ئەو پادشا ئەفسانەییەیە کە حیکمەتی هەبوون و مەزنایەتی خۆی، لە میانی کڕنۆش و پاڕانەوەو بێدەسەڵاتیی و حەقارەتی مرۆڤەوە بەدەستدەخات..؟ کە

پاشان چ شتێک بێ..؟

کاتێک پادشایەک خۆی لەگەڵ پادشاکانی تردا بەراووردەکات و لەناو ئەواندا خۆی بەژمارەی کۆیلەکانی و ئاستیی گوێڕایەڵیانەوە هەڵدەکێشێت، شکۆمەندیی خۆی بەدەستدەخات. بەڵام ئایا خواوەند پادشایە..؟ ئایا خواوەند کە تاک و تەنییایەو پێویستیی بە خۆهەڵنانەوەو خۆبەراووردکردن لەگەڵ خواوەندیی تردا نییە، زۆریی ژمارەو گوێڕایەڵیی بەندەکانی چ سوود یان زیانێکی بۆ خواوەندو شکۆمەندیی و مەزنایەتییەکەی هەیە..؟

کەواتە ئەو گریمانەیەی پتر خۆی لەناو لۆژیکمەندیدا دەبینێتەوە، ئەمەیە کە عیبادەت مەبەستی سەرەکی نییە، بەڵکو ئامرازێکە بۆ چوونە ناو جیهانی پاکیی و چاکییەوە.

عیبادەت بەهێزکردنی خواستی مرۆڤە بۆ زاڵبوون بەسەر هەوەسبازییە شەیتانیەکانییەوە. چونکە مرۆڤی هەوەسباز، بێبەزەیی و خۆویست و زیانبەخشە بۆ مرۆڤەکانی تر.

عیبادەت، درووستکردن و گەشەپێدانی هەستی خۆشەویستیی و هاودەریی و بەزەیی و میهرەبانیی مرۆڤ بەرانبەر مرۆڤ و گیاندارو ژینگەیە. نەک ڕیایی بۆ خواوەند کە نەفرەتی لێدەکات.

عیبادەت، ڕاستگۆییە لەکارو پیشەو ئەرک و فەرماندا. و بێدەنگنەبوونە لەئاست ناحەقی و ستەمدا.

عیبادەت، ملکەچنەکردنە بۆ دەسەڵاتدارو خاوەن توانا و زۆردار. و مەرایی نەکردنە بۆ مرۆڤ...

عیبادەت نەرمی و لێبووردەیی و تێگەیشتنە لەوەی ئێمە هەموومان، چەندەش باش بین لە ئاکامدا بێمەبەست خەتاکارو شیاوی هەڵەو کەموکوڕیین.

نوێژو ڕۆژوو، و چوونە مزگەوت و کڵێسا... تەنیا بە تێگەیشتن لە حیکمەتەکانیان

دەتوانن ببن بە بەشێک لە عیبادەت.

عیبادەت، بریتییە، یان پێویستە ڕێگایەک بێت بۆ خاوێنکردنەوەی جەستەو ڕۆحی مرۆڤ، نەک کۆبوونەوەی حزبیی کە فەرمان لە ئیمامێکەوە وەربگیرێت تا تێزاب بەلاقی ڕووتی ئافرەتاندا بکەن، یان دوکانەکانی مەیفرۆشی بسوتێنن، یان سالۆنەکانی ئارایشی ژنان بتەقێننەوە. یان ژنان لەچواردیواری پەڕۆدا ئابلۆوقەبدەن.!

عیبادەت، پاکڕاگرتنی مەعنەوی دەست و چاوو و زارو مێشک، و کەمکردنەوەی هەڵپەو هێنانەخوارەوەی ئاستی تێرنەبوونمانە لەچێژوخۆشیەکانی ژیان، بێئەوەی تۆزقاڵێک بیر لە پاداشتەکانی بەهەشت بکەینەوە..

ئەگەر خۆبەدوورگرتنمان لەخراپە تەنیا لەبەر ترسی چوونە دۆزەخ و هیوای بەدەستخستنی پاداشتی بەهەشت بێت، ئەوە نە لە هیچ حیکمەتێکی خواوەندیی گەیشتووین. و نەبەڕاستیش لە پیسییەکان خاوێن بووینەوە. بەڵکو تەنیا وانموود دەکەین. ئەمەش فێڵێکە بەسەر خواوەندەوە دەرباز نابێت.

عیبادەت، ئەو جەنگ و جیهادە نییە کە دەخوازێ بەزۆر باوەڕی مرۆڤەکان بگۆڕێت و باوەڕی خودیی بکاتە ئایدیۆلۆژیای پادشایەکی دیکتاتۆر.

بیرو باوەڕی مەزهەبی ، کاتێک دەڵێت: (من باوەڕم وایە..). دەبێ جێگای ڕێزبێت. بەڵام کاتێک دەڵێت: (دەبی تۆش باوەڕت وابێت..) ئیتر بوارێک نامێنێتەوە بۆ ڕێزلێگرتنی. و تامەزهەبگەرایان و جیهانگەرایان ئەمە وەک پرەنسیپێکی نەگۆڕ پەیڕەونەکەن، دژایەتیکردن و سووکایەتیکردن بەیەکترو بەمەزهەب، هەروا بەدەوامدەبێت..!

باوەڕ چۆن پەیدا دەبێت..؟ باوەڕی مرۆڤ چ واقیعی و چ خورافاتی. چ مەزهەبی و چ جیهانی، بە یەک لەدوو شێواز درووستدەبێت: یەکەم، بەسەلماندنی مادیی. دووەم، بە لۆژیک و عەقڵ.

یەکەمیان ئاسانە، لەهەرشووێنێک سەلماندنێکی مادیی هەستپێکراو هەبێت، مرۆڤ

بۆخۆی ببینێت، یان هەستی پێبکات، یان لەئاکام و کاریگەرییەکانەوە پەی بە هەبوون و ڕاستبوونی ببات، یانیش بە پشتبەستن بە ئەزموونی مەرجەعیەتێکی باوەڕپێکراوەوە ڕاستیەکەی بۆدەربکەوێت.

بەڵام لۆژیک، بەو شێوازە ئاسان، و ڕەش یان سپییە نییە. چونکە ئەوەی بەلای کەسێکەوە لۆژیکمەندانەیە، مەرج نییەبۆ کەسێکی تریش هەروابێت.

تەورات، پڕیەتی لە نالۆژیکمەندیی. و ئێمەش چارەیەکمان نییە جگە لەوەی بڵێین دەستکاریی کراوە. بەڵام بەلای پەیڕەوانی ئاینیی جوویی‌یەوە جوانترین پەرتووک و لوتکەی لۆژیکمەندییەکی ڕەهایە. کە ناشکرێ ئەو پەیڕەوانە بە بێعەقڵ بزانین. چونکە لەبواری تردا سەلماوە، کە لە عەقڵ و زانستدا، گەلێکیش لەپێشن.

هەر لەهەمان دیدەوە، قورئانیش، لەحاڵێکدا بۆسەدان ملیۆن موسوڵمانی ئەم سەرزەمینە، پەرتووکی هەرە تۆکمەو تەواو، و بێهەڵەی خواوەندییە. بۆ خەڵکانێکی تر، پەرتووکێکە لەناکۆکی زۆرو نالۆژیکمەندیی خاڵی نییە.

ئیتر کاتێک پرسی باوەڕهێنان بەشتێک، کەوتە بواری هەڵسەنگاندن و پێوانەی لۆژیکمەندانە، نە نوکی شمشێرو نەپاداشت و سزای دۆزەخ.. ناتوانن بەدیی بهێنن. مەزهەب بە ماهیەتی خۆی، سەروکاری لەگەڵ واقیعدا نییە. ئەمەش بەواتای ئەمە نییە کە درۆیە. بەڵکو زۆر بواری تریش هەن بۆ نموونە فەلسەفە، تائاستێکی زۆر سەروکاری لەگەڵ واقیعدا نییە. ئەمەش چونکە بوارێکی ئەزموونگەریی نییەو ناتوانین لە ڕووی ئەزموونەوە ڕاستیی یان ناڕاستبوونی بسەلمێت. هەربۆیە ئەوەی چوارهەزار سال پێش، مرۆڤ باوەڕی پێ هەبووە، هێشتا هەر هەن باوەڕییان پێیەتی.

پرسیار ئەمەیە: ئایا لە پەیوەندی لەگەڵ مەزهەبدا هیچکات دەتوانین بگەینە ڕاستییە حاشا هەڵنەگرەکان..؟ وەڵامەکەی، نەخێرە..! ئەم هەموو ئاینە جۆربەجۆرانەو ئەم هەموو گروپبەندییە گەورەو بچووکانەی ناو یەک ئاین، و ئەم هەموو تەفسیرو تەئویلانەی بۆ دەقە مەزهەبییەکان کراون، نیشانەی ڕاستیی ئەم وەڵامەیە.

بەڵام ئایا پێویستە ڕاستیی و درووستیی مەزهەب، یان ئایینێکی دیارییکراو بسەلمێنرێت..؟ بەبڕوای من وەڵامەکە دیسان نەخێرە..! ئەمەش لەبەر ئەوەی مەزهەب، هەر لە ڕیشەوە شیاوی سەلماندن نییە. و ئەگەر پەیڕەوانی ئاینێک لەڕووی باوەڕی خۆیانەوە، باس لەسەلماندن دەکەن، چەندە لە واقیعیشەوە نزیک بێت، دیسان بۆ بەشێک لەمرۆڤەکانە نەک هەمووی. لەئاکامیشدا گەڕان بەدوای سەلماندنا هیچ سوودێکی نییە..

ئێمە بەشی هەرەزۆری مامەڵەکردنەکانمان لەگەڵ مەزهەب، پەیوەندیی بەڕابردووەوە هەیە: پەیامبەران، دەقە مەزهەبییەکان، چیرۆک و ڕووداوەکانی ناو ئایینەکان... هەموو ڕابردوون و کەمتر شتێک دەمێنێتەوە پەیوەندی بە حاڵی ئێستاوە هەبێت. ئەگەر هەشبێت دەکەوێتە جیهانی خورافاتەوە. کەواتە ئێمە لەگەڵ دیرۆک سەروکارمان هەیەو یانیش پێویستمان بەدیرۆکە. بەڵام دیرۆک بۆ تۆمارکردنی ڕابردوو، پێویستی بە حەقیقەتە. ئەگەر (حەقیقەتیش بریتیی بێت لە وەکیەکبوونی نێوان زەین و واقیع)٢ مەزهەبیش هەروەک گوتمان، بوارو بابەتێکی واقیعی نەبێت، کەواتە مەزهەب لەبواری دیرۆک دەچێتە دەرەوە. جگە لەمە دیرۆک پێویستیی بە شاهیدو بەڵگەنامە هەیە، ئەمانەش لەبەردەستاندا نین. چونکە شاهید دەبێ بە سەدان هەزارو بە ملیۆن بن، و دەقی پیرۆزیش، وەک بەڵگەنامەی دیرۆکی هەڵناسەنگێنرێت. کەواتە دیرۆک باس لە چۆنییەتی و خەسڵەت و سەردەم و ڕووداوە جیهانییەکانی پەیوەستەی مەزهەب دەکات. بەڵام کاری بە پشتڕاستکردنەوە، یان ڕەتکردنەوەی هیچ باوەڕێکی مەزهەبی نییە کە بیسەلمێنێ داخوا کێهە ڕاستەو کێهەش نا..!

کەواتە بەدیوێکی تریشدا، دیدوبۆچوونەکان هەرچۆنێک بن نابێ بەو مەبەستە بن، گومان لەسەرخواوەندیبوونی دەقە پیرۆزەکان بسەلمێنین، و هەوڵبدەین خەڵکانێک لە ئایینەکەی خۆیان چ موسوڵمان و چ مەسیحی و چ پەیڕەوانی هەر ئایینیکی تر پەشیمان بکەینەوە. کارێکی وا هیچ کێشەیەک چارەسەرناکات. و بۆ ژیانی

ئادەمیزادیش لەسەر ئەم زەویە هیچ گرنگ نییە داخوا کێهە پەرتووکە ئاسمانییەو کێهەش نا.. ! با لێگەڕێین مرۆڤەکان بە پێی دڵخوازی خۆیان و باوەڕەکانیان هەڵبژێرن. و گرنگ ئەوەیە ئێمە لەکرداردا چی پەیڕەودەکەین..! بەواتایەکی تر، مرۆڤێکی خاوەن باوەڕی مەزهەبیی، ڕێنوێنیەکانی ئایینەکەی خۆی، بەچ میکانیزمێک وەردەگرێت..؟ ئایا، وەک بوونەوەرێکی جێبەجێکار، لە ڕێگای میانجیگەرێکی تری وەک ئیمام و کەشیش و کاهین، و بەپشتبەستن و باوەڕێکی ڕەها بە لێکدانەوەی ڕێبەرانی ئایینی، ڕەفتاردەکەین، یان بەو باوەڕەی کە هەر حیکمەتێکی خواوەندیی دەبێ حەتمەن لەگەڵ ویژدانی بەرزی مرۆڤایەتی یەکبگرێتەوە..؟

ئێمە لەچەند شوێنی جیاوازیی ئەم پەرتووکەدا چەندان نموونەمان هێنایەوە کە چۆن ئیمامان و ڕێبەران درووستدەبن، و چۆن لەحاڵێکدا کە ئیمام و ڕێبەریی ئایینی زانا، ڕاست و درووست و پاک هەن، چەندان هێندەش نەزان، و ناڕاست.. ئایا ئێمە زاناو نەزان، ڕاست و ناڕاست چۆن لەیەکتر جیادەکەینەوە..؟ ئایا ئێمە دەبێ ملکەچی حیکمەتی خواوەندیی بین یان ملکەچی ئەو بۆچوونە خورافاتیانەی ناوی حیکمەتی خواوەندییان لێنراوە..؟

ئایا ئێمە، سەرەڕای سنوورداربوونی توانای لۆژیک و عەقڵ، بەڵام دیسانیش، جگە لە لۆژیک و عەقڵ و ویژدانی خۆمان، میکانیزمێکی ترمان هەیە، تا حیکمەتەکانی خواوەندیی لەوانەی مرۆڤ جیاکەینەوە..؟

هەرلەم دیدەشەوە (کانت)، پێناسەی ئایین دەکات بەوجۆرەی کە (ئەرکەکانی خۆمان وەک فەرمانی خواوەندی ببینین)٣. ئەمەش واتایەکی یەکجار فراوان، بەڵام ڕوونی هەیە. بەوپێەی مرۆڤ تائاستێکی زۆرو بەشێوازێکی گشتیی دەتوانێ بە پشتبەستن بەعەقڵی خۆی چاکەو خراپە لەیەکتر جیاکاتەوە. کارە باش و بەسوودەکان بۆخۆی و کۆمەڵگاو مرۆڤایەتی دەستنیشان بکات. بەڵام گرفت ئەوەیە لەگەڵ ئەم زانینەشیدا لەکاتێکدا لەگەڵ حەزو ئارەزوو، و بەرژەوەندییەکانی ئەودا یەکنەگرنەوە،

یان کاتێک پێویستی بە پێشکەشکردنی بایەخێکی مادیی یان مەعنەوی هەبێت. و بۆ ئەوەی ئەو بایەخە نەدات، خۆی لەپەیڕەوکردنی ئەمانەش دەبوێرێت. بەڵام کاتێک بیسەلمێنین کە ئایین بەشێوازێکی ڕەها فەرمان بە شتەباشەکانی وەک: خۆشویستنی مرۆڤ و مرۆڤایەتی، خۆشویستنی زیندەوەران و ژینگە، و پاراستنی هەبوون و ئاسوودەیی و ئارامیان و کارکردن لە پێناوی ئەمانەداو پێشکەشکردنی ئەو بایەخانەی پێویستن...و ناسینی ئەمانە وەک ئەرکێکی خواوەندیی و کردنی ویژدانی خۆمان بە چاوەدێرو فریشتەی لێپرسینەوە، بێئەوەی چاوەڕوانی پاداشتێک یان سزایەک بکەین و پاداشەکە لە ئاسوودەیی ویژدانی خۆمانەوە ببینین.. ئەمە باشترین پەیڕەوکردنێکی فەرمانی خواوەندییە.

دیسان کانت دەڵێت: لەئایینی سروشتیدا ئەرکێک کە لەسەر شانم بێت، بەرلەوەی بزانم کە ئەمە فەرمانێکی خواوەندییشە ئەنجامی دەدەم. بەڵام لە ئایینی وەحییکراودا پێویستە، بەرلەوەی دایبنێم کە ئەرکێکی سەرشانمە، بە فەرمانی خواوەندیی بزانم. باوەڕەکانی (کانت)، لەمڕووەوە لەسەر سێ بنەما دامەزراون: یەکەم، ئازادیی تەواویی پەیڕەوکاریی. دووەم، هەبوونی خواوەند. سێیەم، نەمریی ڕۆح. ٤

مەزهەب، ئامرازێکە وەک هەر ئامرازێکی تر بۆ بەدەستهێنانی ئامانجێک. لەشوێنێکدا ئەم ئامانجە دەسەڵاتە، لەشووێنێکی تر هیوای بەختەوەریی، و لەیەکێکی تریشدا دەتوانێ تەنیا بەدەستخستنی پاداشتێکی خواوەندیی بێت نەک شتێکی تر..

ئەگەر مرۆڤەکانی تەواوی جیهان ببن بە مەسیحی، یان بودایی، موسوڵمان یان دەست لە مەسیحیەت و بووداییبوون و ئیسلام هەڵگرن، نە لەحاڵەتی یەکەمیاندا کێشەیەک چارەسەر دەبێت و نە لە حاڵەتی دووەمیشیاندا مرۆڤایەتی بەخترەشتر دەبێت. دیرۆکی تەوای ئایینەکانی جیهان، پڕ لەئەزموونی باش و خراپن. بەداخەوە خراپەکان گەلێک زۆرترن لەباشەکان..! و بەگشتی شتێک نەماوە تاقی نەکرابێتەوە. ئەزموونی ڕابردووی مەزهەب ئەوە دەسەلمێنێت، کەهەرکات ئایین لەپەیوەندیی

دەروونی و ویژدانی نێوان خواوەندو تاک دەربچێت و پشت بەڕێنوێنی مرۆڤەکانی تر ببەستێت، ئاکامی بەسەر لێشێواوی دەگات.

هەروا ئەوە دەسەلمێنێت، کە ئایین کاتێک دەبێتە ئایدیۆلۆژیای دەسەڵات، لەقودسیەت و خواوەندییبوونی خۆی دەشۆرێت و وەک هەر ئایدیۆلۆژیایەکی جیهانی لێدێت. بەهاپیرۆزەکانی خواوەندیی لە عەدالەت، لێبووردەیی، بنپێ دەکرێن و درۆو فێڵ و ساختەو خۆپەرستیی جێگایان دەگرنەوە.

بەختەوەریی مرۆڤایەتی لەپەیوەندیی لەگەڵ مەزهەبدا پەیوەستەی ئەوە نییە داخوا چی لەدووتوێی تێکستە پیرۆزەکاندا نووسراون. بەڵکو پەیوەستەی ئەوەی کێ، چ کەس و دەستەو گروپێک ڕاپەڕاندن و جێبەجێکردنی ئەو دەقانە وەئەستۆدەگرن..؟!

ئایینی بودایی لێبووردەترین ئایینە لەجیهاندا کەچی بوودابیەکانی بۆرما کەمینەیەکی بچووکی موسوڵمانانیان لەخەڵکی وڵاتەکەی خۆیان پێ تەحەمول ناکرێت.

هەروا، دیرۆکی ئیسلام و دەسەڵاتە سیاسییەکەی نموونەی، خوێنڕێژو ستەمکارانی وەک: یەزیدی کوڕی معاویە، حەجاجی کوڕی یوسفی سەقەفی، و تەیموری لەنگی.. تێدایە. لەهەمان کاتدا نموونەی وەک: عەلی کوڕی ئەبی تالب، و عومەر کوڕی عەبدولعەزیزیشی تدایە. کە نموونەی لێبووردەیی و عەدالەت و ئەدەب و زانست پەروەریی بوون.

ئەمەش هەر لە شێوازیی دەسەڵاتە جیهانییەکاندایە کە دیسان بەسەر باش و خراپدا دابەش دەبێتەوە.. و دیسان دەپرسینەوە، ئەدی حیکمەتی هەبوونی مەزهەب لەچیدایە..؟

پەیڕەوانی ئایینە ئیبراهیمییەکان لە حاڵێکدا ئەو شانازییەیان بەنسیب بووە، کە خواوەندی تاک و تەنیایان بەمرۆڤایەتی ناساندووە، بەداخێکی زۆرەوە ئەم نەنگیەشیان بەنسیب بووە کە پێش پەیدابوونی ئایینی مەسیحی و ئیسلام هەرگیز مرۆڤایەتی بەناوی مەزهەبەوە هێندەی کوشتار لەیەکتر نەکردووە. و هەروەک ماکس فیبر

دەڵێت: (بەر لەوەی کەنیشته و کڵێساو مزگەوت، ببنه خاوەن مافی ڕەوایبەخشین به کوشتاریی موقەدەسی مرۆڤ ، هیچ پەرستگایەک بانگاشەی وەها مافێکی بەناوی خواوەندەکانی خۆیەوە نەکردبوو. و هیچ شمشێرێک بەو مەبەسته دەرنەکێشرابوو تا خواوەند لەڕێگای یاسای خودییەوە بەسەر خەڵکانی تردا بسەپێنرێت.) ٥

لەو شەڕوشۆڕە مەزهەبییە لەژماردن نەهاتووانەی بەدرێژایی دیرۆک، مرۆڤ دژی هاوڕەگەزی خۆی کە دیسان مرۆڤە کردوویەتی، لەوەی بوویێتە ئاژەڵێکی بێ مێشکی بێ ئیرادە، کە تەلاری بەهەشتی خۆی لەسەر کەلاوەی کووشتنی بێگوناهان بنیات نابێت بەولاوە شتێکی تر نەبووەو تائەمڕۆش بەردەوامە.

لەسەدەی یازدەهەمی زاینیدا یەکێک لەشارەکانی باشووری فەرەنسا، دژی کڵێسای کاتۆلیک ڕاپەڕین. ڕێبەری مەسیحیانی ئەو کاتە پاپا ئینۆسانی سێهەم فەرمانی سەرکوتکردنی ڕاپەڕینی دەرکردو ئەو ئەرکەشی بەدەرەبەگەکان سپارد. کاتێک دەرەبەگەکان له نوێنەری پاپایان پرسی کە چۆن گوناهکاران له بێگوناهان، و خاوەن باوەڕان له بێباوەڕان جیاکەنەوە. نوێنەری پاپا وەڵامدەداتەوە (ئێوە هەمووان بەزەبری شمشێر لەناو ببەن. و پاشان خوا بۆخۆی دەزانێت کێ خاوەن باوەڕەو لەو دنیا پاداشتی دەداتەوە.)٦

دیسان ساڵی ١٥٧٢ لەیەکێک لەو شەڕانەدا کە کاتۆلیکەکان دژی پرۆتستانەکان بەرپایانکرد، کە بە کارەساتی سین بارتلمی لەفەرانسە ناوی دەرکردووە، و لەئاکامدا پتر له ١٣٠٠٠ کەسی تێدا کوژرا، کەشیشێکی خاوەن ویژدان دەنووسێت:

(ئەمڕۆ بەچاوی خۆم دیتم چۆن سکی ژنانیان بە خەنجەر هەڵدەدڕی و منداڵانی شیرەخۆرەیان لەباوەشی دایکیان دەکردەوەو لەسەر دیوارەوە فڕێیاندەدانه خوار تا هەرچی زۆرتر دڵی عیسای مەسیح لەخۆیان ڕازی بکەن). ٧

تۆماس ئاکینۆس دەڵێت: (کوشتنی زەندیقێک کە بە زمانی خۆی تۆبەنەکات، بەلای خواوەندەوە گەورەترین کرداری خێرەو لەوەها حاڵەتێکدا تەکفیری مورتەدان لەلایەن

کڵێساوە بەس نییەو بەڵکو دەبێ بوونی شوومیان لەلاپەڕەی ڕۆژگار بسڕدرێتەوە).٨ قەدیسێکی تر بەناوی سن برنارد دەڵێت: خۆزگە بە حاڵی ئەو جەنگاوەرە مەسیحیە نەکات کە شمشێرەکەی خەڵتانی خوێنی کافران (کە موسوڵمانانیش دەگرێتەوە) نەبێت. ٩

ئەسقوفی گەورەی تۆلۆزیش دەڵێت: ئەی شمشێر لەکالانت وەرەدەر تیژو تیژتربە تا هەرچی بتوانی زۆرترین قوڕقوڕاگە هەڵدڕیی...١٠

لەو تاوان و دڕندایەتی و خوێنڕشتنانەش کە بەناوی ئیسلامەوەو بە فەرمانی ڕاستەوڕاستی خەلیفەو سوڵتان و ئیمامانەوە ئەنجامدراون هێندەزۆرن، کە لە ژماردن نایەن.

تەیموری لەنگ، وەک موسوڵمانێکی محەمەدیی کە بۆ ڕازیکردنی خواوەندو لە ئەویندارییِ بەهەشتدا بەدووشمشێری دەستی شەڕی دەکردو لەتەواوی ژیانیدا وەک یەکێک لەخوێنڕێژترین و بێبەزەییترین فەرماندەیەکی دیرۆک بەشی هەرەزۆری قوربانییەکانی موسوڵمان بوون، و لەکەللەسەری کوژراوانی بێگوناە و دەستەوەستان لە ژنان و منداڵان و پیاوانی بێچەکی موسوڵمان، منارەی درووستدەکردو پێشیوابوو بەو تاوانانەی هەر ڕۆژێک هەنگاوێکی تر لەبەهەشت نزیکتر دەبێتەوە.

خەلیفەکانی عوسمانی، چەندەیان کۆمەڵکوژی دژی یەنیچیریەکا، بوڵگارەکان، یۆنانییەکان، ئەرمەنییەکان، کوردەکان... ئەنجامداوە، شاراوە نییە. بەڵام ڕەنگە کەمتر باسی ئەوەکرابێت کە ئەو خەلیفانە کەمیان هەبووە لەپێناو پاراستنی کورسی دەسەڵاتەکەی، دەستی تەنانەت بەخوێنی کەسانی ناو بنەماڵەکەی خۆی لە کوڕوکچ، هاوسەر،و براو برازاو دۆستی خۆی سوورنەبێت.

لێرەدا هیچ سەیر نییە، فەرماندیەکی بێبەزەیی، دڕندەو خوێنڕێژ.. چ مەسیحی چ موسوڵمان یان هەر ئایینێکی تر.. کەدەکرێ شێت، یان نەخۆش، یان هەر لەماهیەتیدا خاوەن ناخ و ویژدانێکی گەندەڵ و چەپەڵ بێت.. پەیدا بێت. و بەناوی خواوەندەوە

درەوی گیانی مرۆڤ بکات. بەڵام بەدرێژایی دیرۆک هەمیشە ئەو پرسیارە کراوە، ئەدی چۆن ئەم هەزاران هەزار کەسە، چ وەک سەربازو یان پەیڕەوو موریدانی ئەو ستەمکارانە، خۆبەخشانە، وەک ڕانەمەڕ وەپێش ئەو فەرماندانە دەکەون و ناپرسن ئایا دەکرێ خواوەند هێندە بێبەزەیی بێت و حیکمەتی ئەم هەموو ڕق و تووڕەیی و کوشتوکوشتارە دژی بێگوناهان چییە..؟

لێرەدا جارێکی تر ڕۆڵی ویژدان دێتەوە ئاراوە..! بەڵێ..! مرۆڤ، چ ئاینێک لەناو ئایینەکاندا هەڵدەبژێرێت یان یەکێکی تر بۆخۆی چاکدەکات با بیکات. با لێگەڕێین مرۆڤەکان لەگەڵ مەزهەبدا چۆنیان هێناوە با بەدڵخوازی خۆیان هەروا ژیان بەردەوامکەن. بەڵام با بەو بەشە تاریکەیدا بچینەوە، کە سەپاندن و تۆقاندن و زۆرەملێ و توندوتیژیی و شکەنجەو کوشتاری تێدایەو هەرکات، بانگاشەی حاخامێک و کەشیشێک و ئیمامێک ختوکەی هەست و خەیاڵمانیداو مژدەی چونە بەهەشتی پێداین، با بپرسین بەچ بایەخێک..؟ و باهەوڵبدەین حیکمەتەکانی خواوەندیی کە ناکرێ جگە لە لێبووردەو دۆستانەو پڕ لەخۆشەویستی بن، لە پەیامی شەڕخوازانەی پەیڕەوانی شەیتان جیاکەینەوە.

پەیڕەوانی تەواوی ئایینەکانی جیهان، پێویستە ئەم خەیاڵە لە مێشکی خۆیاندا دەرکەن، کە ڕۆژگارێک تەواوی جیهان بخەنە ژێر کۆنترۆڵی خۆیانەوەو ئایینەکانی تر لەناوبەرن. جیهان ئەو قۆناغەی دەربازکردووە کە کارێکی وا لەتواندا بێت.

ئەوەی لەتوانادایەو ڕەوایەو پێویستە باوەڕمان پێهەبێت و کاری بۆ بکەین تەنیا پێکەوەژیانەو بەس.

هەرچی کێشە هەیە لە جیهاندا لە ژیانی خودی مرۆڤەوە سەرچاوەدەگرێت. بەم واتایەی، ئەگەر ستەم و بێعەدالەتی و کۆت و بەند، هەروا نەخۆشیی و پیریی و لەئاکامیشدا مەرگ نەبووایە، نە مەزهەبێک لەئارادا دەبوو، و نە هیچ ئایدیۆلۆژیایەکی جیهانیش. کەواتە کرۆکی باسەکە لەسەر گرفتەکانی مرۆڤ و

چۆنیەتی چارەسەرکردنیانە. هەرچی مەزهەبیش هەیە سەرەتا بە هەوڵی ڕزگاریی لەستەم و دەرچوون لەخراپە دەستپێدەکات. بەڵام جارێکی تر دەیڵێینەوە کاتێک دەبێتە ئایدیۆلۆژیای دەسەڵات دروشم و ڕێنوێنییەکان بەئاقارێکی تردا دەڕۆن.

بێتوانایی مەزهەبە جۆربەجۆرەکان لە هێنانەکایەی کۆمەڵگایەکی خوازراو کە شایستەی مرۆڤایەتی بێت چی دەگەیەنێت..؟ ئایا ئەمە دەگەیەنێت کە ئەرکی پەیامبەران ئەمەیە تەنیا پەیامێکی خواوەندیی بە مرۆڤ بڵێن و باقیەکەی هەرکەسە کێشەی خۆیەتی داخوا ڕێگای چاکە هەڵدەبژێرێت یان ناو پاداش و سزاش بۆ ئاخیرەت، و کە ئەوەتا لە قورئانیشدا هاتووە: **وما علی الرسول الا البلاغ مبین** . واتا: ئەرکی پەیامبەر جگە لە گەیاندنی پەیامی خواوەندیی بە شێوەیەکی ڕوون و ئاشکرا شتێکی تر نییە..؟ یان ئەوەیە کە کۆمەڵگا بخاتە سەرڕێگای ڕاست و مرۆڤایەتی ڕزگاربکات..؟ ئەمەی دواییان کە تائێستا نەهاتۆتەدی و هیچ نیشانەو بەڵگەو لۆژیکێکیش لەوەدا نییە کە پەیامبەرو سەحابەکانی لەوانەی لە ناو (عشرة المبشرة) دا لەگەڵ یەکتر ڕێکنەکەون و لەسەر دەسەڵات لێیان ببێتە کێشە، لە ئایندەداو دوای تێپەڕینی چەندان سەدە ئەم کارە لەتوانادابێت. و ئەگەر ئەوەی یەکەمیشیان بێت، کە بەلانی زۆرەوە هەرواشەو ئەرکی پەیامبەران گەیاندنی پەیامێکەو بەس، کەواتە نە هەبوونی پارتی سیاسیی و نە هەڵپەی بەدەستخستنی دەسەڵات لە لایەن موسوڵمانان و یانیش لایەنگرانی هەر ئایینێکی ترەوە، واتایەکی هەیە. کاتێک لەتوانای مەزهەبدا نەبێت خۆشگوزەرانیی و دابینکردنی ژیانێکی شایستە بۆ خەڵک بهێنێتە دی چ حیکمەتێک لە هەبوونی دا هەیە؟ و خۆ ئەگەر توانایەکی وەهاشی بەدەستخست ئەوە لەبەر ئەوە نییە کە مەزهەبەو پشتیوانی خواوەندی لەگەڵدایە بەڵکو وەک هەر ئایدیۆلۆژیاو بیروباوەڕێکی جیهانیی خاوەن پرۆژەیەکی سەرکەوتووترەو لەم حاڵەشدا باشی و خراپییەکان ڕێژەیین و بۆ یەک یان چەند قۆناغی کورت یان درێژە، نەک هەمیشەو هەتاهەتایی.

جگە لەهەموو ئەمانە، بەدرێژایی دیرۆک هیچکات، کۆمەڵگا باش و خراپەکان، سەرکەوتوو، و ناسەرکەوتووەکان، هۆشیارو جاهیلەکان... پەیوەستەی بوون و نەبوونی مەزهەب، ئاستی خواپەرستیی و ژمارەی مزگەوت و کڵێساو پەرستگاکانی تر نەبووە. بێئەوەی ئێمە بەهیچ جۆرێک خوانەناسی، وەک باشی و نیشانەی پێشکەوتن پێناسە بکەین، بەڵام پەیڕەویی لە ئەخلاقی بەرزو ڕێزگرتن لەبەهاکانی مرۆڤایەتی و پابەندبوون بە بڕوومەندییەکان... هەرگیز بە خواناسی یان نەناسی سنووردار نەبووە، و دیاریی نەکراوە. و (خوانەناسی، دژایەتی لەگەڵ پاکی و چاکیدا نییە، چونکە بنەما ئەخلاقییەکان تایبەت بە مەزهەب نین)١١و مەزهەبگەرایان، لەبەر ئەوەی خۆیان تەنیا لە ترسی خواوەندو سزاکانی و لەپێناوی بەدەستخستنی پاداشتەکانیدا، هەوڵدەدن ڕێگای چاکی و پاکی بگرنەبەر، پێیانوایە هەرکەس ئەو ترسە، و هیوای ئەو پاداشتانەی نەبێت، ئیتر مۆتیڤ و پاڵنەرێکی نابێت، کە بەهۆشیارییەوە چاک و خراپ لەیەکتر جیاکاتەوە. و ئەوان ئەمە لەبیردەکەن کە مرۆڤ بەسروشتی خۆی، وبۆ وەڵامدانەوەی ویژدانی خۆی کەدەکرێ هەر ئەم ویژدانەش هێزێکی خواوندیی بێت، ئەخلاق و بایەخە مرۆییە بەرزەکان بەسوودی تاک و کۆمەڵ پەیڕەوبکات. و هەستی هاودەردی و بەزەیی و خۆشەویستی هاوڕەگەزو بوونەوەرانی زیندوو، و جوانیی، و پاکیی و میهرەبانیی.. بەرلەدەرکی مرۆڤ بەهەر مەزهەب و خواوەندێک بوونیان هەبووەو دەشبێت.

سەرچاوەو پەراوێزەکانی بەشی دوانزە:

١- شجاع الدین شفا. تولد دیگر. نشر فرزاد. چاپ پنجم ٢٠٠١ ل٣٦٨

٢- مایکل استنفورد. درآمدی بر فلسفه تاریخ، ترجمه احمد گل محمدی.نشر نی، تهران ١٣٨٢ ص١١٧

٣- جاکلین لاغریه. الدین الطبیعی. ترجمة: منصور القاضی. بیروت-١٩٩٣ ص٥٩

٤- هەمان سەرچاوە، ل٩٦-٩٨

٥- شجاع الدین شفا- تولد دیگر. سەرچاوەی پێشوو.ل٣٧٤

٦- ا.و.اگیبالوا- گ.م دنسکوی. تاریخ سدەهای میانه. ترجمه رحیم رئیس نیا. انتشارات پیام. چاپ دوم، تهران٢٥٣٧ ص١١٨-١١٩

٧- شجاع الدین شفا. سەرچاوەی پێشوو. ل٣٨٠

٨- هەمان سەرچاوە . هەمان لاپەڕە.

٩- هەمان سەرچاوە هەمان لاپەڕە.

١٠- هەمان سەرچاوە. هەمان لاپەڕە.

١١- ژولی سادا- ژاندرون. تساهل در أندیشه غرب. ترجمه: عباس باقری. نشر نی. ١٣٧٨ یهران ل١٤٥